KB188640

최악의
대통령

국가와 국민의 삶을 파괴한
10인의 대통령 이야기

국가와 국민의 삶을
파괴한
10인의 대통령 이야기

네이선 밀러 지음 | 김형곤 옮김

최악의 대통령

Worst
PRESIDENTS

페이퍼로드
paperroad

일러두기

• 본문에서 지은이 주석은 미주, 옮긴이 주석은 각주로 달았습니다.

• 본문에서 단행본 도서, 정기 간행물은 『 』로, 단일 기사 및 문헌은 「 」, 영화, 노래 등
  의 예술작품은 〈 〉로 표기했습니다.

옮긴이의 말

2024년 여름은 더웠다. 더워도 너무 더웠다. 과일, 채소, 동물 그리고 사람도 모두가 힘든 시간을 보냈다. 분명 크로노스가 정해 놓은 시간에 따르면 가을이 지나가고 겨울이 다가왔는데, 날씨는 아직도 여름에 머물고 싶었는지 한동안 더위가 이어졌다. 늦더위가 이어지던 어느 초겨울, 페이퍼로드 출판사에서 전화가 왔다. 2002년에 번역했던 책을 다시 출간하고 싶다는 용건으로.

　너무 오래된 도서라 처음에는 망설였다. 사실 2002년에 번역했던 도서에 오타와 오류가 적잖았기에 내심 께름칙하기도 하였다. 그렇지만 페이퍼로드 출판사가 이리도 오래된 도서를, 이미 번역까지 된 도서를 다시 시장에 내놓으려 하는 이유가 무엇인지 진지하게 고민했다. 그것도 도서 시장이 그야말로 위기 수준인 한국에서, 독자 입장에서 딱딱하거나 지루할 수 있는 정치/사회 도서를 왜 다시 번역해야 하는가? 이른바 '돈'이 될 상품이 전혀 아닌 도서를 굳이 출간하고자 하는 데에는 분명 어떤 목적이 있으리라 생각했다.

　새롭게 번역하여 재출간하기로 얼떨결에 동의한 후 사장님을 만났다. 만나서 대화를 하니 그 이유를 알 듯했다. 2002년에 번역하여 출간했던 당시 제목처럼 "이런 대통령 뽑지 맙시다!"라는 말이 여전히 유효하기 때문이다. 그리고 2024년을 떠나 보낸 지금, 미국은 물론이고 대한민국에서 제발 다시는 '이런 대통령'이 나오지 않기를 간절히 소망하기 때문이다.

이 책은 볼티모어의 유명한 신문사 『더 선The Sun』에서 15년 이상 기자로 근무하고 상원의원의 보좌관으로도 일해본 네이션 밀러의 'Star-Spangled Men'(1998)이란 책을 번역한 도서다. 지은이는 시어도어 루스벨트, 프랭클린 루스벨트 등 미국 대통령과 미국 역사에 관한 여러 저서를 남겼을 만큼 해당 분야에 정통했다. 이 책을 번역하면서 지은이가 선정한 인물들이 왜 최악의 대통령으로 꼽혔는지 알 수 있었다. 네이션 밀러의 명단에 선정된 최악의 대통령들에게는 가장 명예로운 자리에서 가장 불명예스러운 자리로 추락할 수밖에 없는 명백한 이유가 있었다.

지도자란 공동체가 달성해야 할 목표를 제시하고, 그 목표를 향해 공동체를 이끌어야 하며, 구성원이 무엇을 필요로 하는지를 알고 있는 사람이다. 지도자란 자신을 추종하는 구성원과 함께 목표를 성취하기 위해 배우고, 서로를 교육하고, 상호신뢰하며 협조한다. 솔선수범하며 스스로를 날로 혁신하는 인물이야말로 위대한 지도자라 할 수 있다. 더욱이 한 나라를 대표하는 대통령이라면 이러한 가치를 두루 겸비해야 할 것이다.

그러나 네이션 밀러의 명단에 오른 대통령들은 하나같이 배우려는 자세가 없었다. 국민에게 무언가를 알려주거나 가르치려 하지도 않았다. 국민을 믿고 협조하지도 않았고, 극단적으로 우유부단하거나 독단적이라 솔선수범한다는 인상도 보이지 않았다. 미래의 비전을 위한 혁신 따윈 더더욱 없었다. 지미 카터는 도덕적 독선에 빠진 채 미래에 대한 비전과 목표를 제시하지 못했다. 윌리엄 태프트는 진보의 시대에 보수주의를 고집한 시대착오적인 사람이었고, 용기와 결단력이 부족했다. 벤저민 해리슨은 사회성이 너무도 부족하여 인간적인 따뜻함이 없었다. 캘빈 쿨리지는 모든 사안에 무능과 침묵으로 대응해 대통령으로서 해야 할 최소한의 업무조차 수행하지 않았다. 율리시스 그랜트는 무능하고 부정부패의 주범인 친인척의 잘못을 방관했다. 앤드루 존슨은 합의와 타협의 원리를 통한 상생의 정치를 철저히 무시하고 안하무인의 정치를 펼쳤다. 프랭클린 피어스는 너무나 소심하여 대통령으로서의 지도력을 일절 발휘하지 못했고, 여당 지도부의 놀림거리에 불과했다. 제임스 뷰캐넌은 편협한 사고와 이기적인 행동으로 미국 남북전쟁의 불꽃을 지폈다. 워런 하딩은 친구와 친인척의 악명 높은 스캔들을 막지 못했다. 리처드 닉슨은 헌법을 파괴하고 민주주의에 냉소적인 태도에서 비롯된 거짓말을 일삼아 미국인에게 대통령제와 국가에 대한 불신을 심어주었다.

성공적인 대통령으로 기억되기 위해서는 반드시 국민과 성취해야할 목표를 동반해야 한다. 대통령이 되어 아무리 지도력을 발휘하고 싶어도, 믿고 따르는 사람이 없으면 무슨 소용이 있겠는가? 따르는 사람이 있다고 한들, 가야 할 방향이 불분명하다면 지도력 또한 무용지물이다. 다시 말해 역사가 게리 윌스Garry Wills의 말처럼 지도력이란 성취해야 할 목표를 앞에 두고, 지도자와 추종자가 상호작용하며 형성하는 '변증법적 기술'이다.* 이 책에서 소개하는 9명의 대통령은 이런 기술을 알지 못했고, 활용하지 못했다. 악덕의 조건이라고

---

* 게리 윌스, 곽동훈 옮김, 『시대를 움직인 16인의 리더』 (서울: 작가정신, 1999), p. 3.

나 할까? 가장 명예로운 자리에 오른 인물이 우유부단한 지도력, 독선과 아집, 인사관리 실패, 불성실과 불신 등 결코 명예롭지 못한 용어로 설명되고 있으니 말이다. 미국 민주주의가 성장한 데에는 여러 가지 이유를 제시할 수 있을 것이다. 그중 이른바 지존의 위치에 있는 대통령이라 하여도 잘못이 있다면 가차 없이 비판하고 이를 여론화할 수 있는 정치·사회적 풍토가 가장 중요할 것이다. 미국인은 주기적으로 역대 대통령들을 객관적이고 역사적이며 미래지향적인 기준으로 평가했고, 이를 통해 자국의 민주주의를 한층 발전시킬 수 있을 거라 생각한다.

국적은 다르지만 대통령제를 운영하는 대한민국에 타산지석의 교훈을 줄 수 있기를 소망하는 마음으로 이 책을 번역했다. 책을 읽어가면서 작은 교훈은 물론이고 내용의 흥미로움에 빠져든 적이 한두 번이 아니었다. 지은이가 독자에게 던지는 화두, "왜 이들을 최악의 대통령 명단에 올려야 하는가?"를 이해하게 될 때마다 더욱 흥미로웠다. 이런 내용이야말로 대통령이 되고자 하는 수많은 정치가 또는 조직을 이끄는 여러 지도자, 무엇보다도 위대하고 성공적인 대통령을 애타게 갈망하고 소원하는 모두가 읽어야 한다고 생각한다.

그동안 나는 미국 대통령의 리더십을 역사적 관점에서 평가하는 작업에 숟가락을 얹었다. 처음에는 역사를 공부한다는 자만심에 실패한 미국 대통령을 냉소적으로 비판하는 일에 열을 올렸다. 이 책이 처음 한국에 소개된 2002년 번역서도 그런 호기로 출간했음을 인정한다. 그런데 어느 순간부터 실패한 미국 대통령을 비판하는 나 자신이 너무도 냉소적이고 비관적인 인간으로 변하고 있음을 깨달았다. 원래 성격은 전혀 그렇지 않은데 말이다. 나는 비판보다 칭찬을, 냉소보다 활기를 더욱 좋아한다. 특히 다른 사람이 나로 인해 즐거워하기를 즐기는 성격의 소유자다. 오죽하면 "남을 웃기자"를 가훈으로 삼아 내 아이들에게 가르쳤다. 그래서 연구의 방향성을 실패한 미국 대통령이 아니라 성공한 미국 대통령의 리더십으로 바꿨다. 이후 링컨의 삶을 연구해 『원칙의 힘』(2007)이라는 책을 저술했다. 마찬가지로 프랭클린 루스벨트의 삶을 연구해 『소통의 힘』(2010)이라는 책을, 워싱턴을 연구해 『조지 워싱턴의 정직의 힘』(2012)이라는 책을 저술했다. 그리고 성공한 미국 대통령 3인과 더불어 로널드 레이건과 존 F. 케네디의 사례를 추가해 『국민을 행복하게 만든 대통령들』(2021)이라는 책을 출간했다.

여러 책을 내놓은 덕분인지 여러 곳에서 강연과 방송 출연 제의를 받았다. 그곳에서 마이크를 잡고 이야기를 하면서 사람들에게 여러 질문을 받았다. 그중 가장 많이 접한 질문은 "왜 우리나라는 미국처럼 성공한 대통령이 나오지 않나요?"였다. 독자 여러분들도 궁금하시리라 믿는다. 이 물음에 대답하기 위해 『안자춘추晏子春秋』에 등장하는 제환공과 안자의 대화 중 하나를 소개하겠다.

제나라 환공은 사냥과 낚시를 좋아했다. 어느 날 그가 깊은 산 속으로 사냥을 하러 갔을 때다. 그곳에서 무척 크고 사나운 호랑이가 나타난 탓에 사냥을 그만두고 하산하였다. 제환공은 그다음 낚시를 하러 호수로 향했다. 그런데 이번에는 엄청나게 흉측한 뱀이 나타나 두려움에 낚시를 그만두고 궁으로 돌아왔다. 마침 자리에 있던 재상 안자에게 제환공이 이렇게 물었다.

아! 사냥과 낚시를 하려는데 엄청나게 무서운 호랑이와 뱀이 나타났으니, 아무래도 나라가 망할 것 같구나.

군주의 푸념을 듣고 안자가 이렇게 답했다.

호랑이가 나오고 뱀이 나온다고 하여도 나라는 망하지 않습니다. 호랑이와 뱀은 원래 그곳에서 살았기 때문에 나올 뿐입니다. 오히려 세 가지 이유가 나라를 망하게 합니다. 첫째는 주군께서 나라에 현자가 있는 줄 모르는 것이오, 둘째는 현자가 있는 줄 알면서 그를 쓰지 않는 것이오, 셋째는 현자를 쓰기는 하는데 미관말직을 맡기는 것입니다.

제환공은 안자의 말을 듣고는 군주의 업이란 인재를 두루 등용하는 것임을 깨닫고 실천했다. 이후 제나라는 약 200년 동안 중원의 패자로서 군림하였다.

'통령統領'이란 직책이 있다. 통령은 학연, 지연, 혈연, 정당, 이데올로기 그리고 나와 너의 편을 대표하는 직책이다. 하지만 '대통령'은 자신과 같은 편이든 자신에게 반대하는 편이든 모두를 대표하는 직책이다. 그래서 '통령' 앞에 '대大' 자를 붙이는 것이다. 그래서 대통령은 '누가 국가와 국민을 위해 올바르고 효율적인 업무를 할 수 있는가?'라는 기준에 맞는 사람을 찾고 발탁하는 일에 충실해야 한다. 세종대왕이 유능한 인재를 집현전에 데려와 그렇게 했다. 워싱턴 대통령과 링컨 대통령이 자신보다 현명한 사람을 찾아 요직에 임명하여 그렇게 했다. 대통령이 능력과 인품을 무시한 채 자신의 이해관계에 유리한 인물을 요직에 임명하는, 이른바 '근친상간적 인사'의 유혹에서 벗어날 때 우리도 성공한 대통령을 만날 수 있을 것이다.

머리말

역대 미국 대통령 중 최고로 위대한 대통령을 선정하는 일은 어렵지 않다. 조지 워싱턴, 에이브러햄 링컨, 프랭클린 루스벨트는 항상 최고의 대통령으로 선정된다. 시어도어 루스벨트, 해리 트루먼, 우드로 윌슨 등은 그다음으로 위대한 대통령에 선정된다. 그러나 최악으로 끔찍한 대통령을 선정하는 일은 그렇게 단순하지 않다. 훨씬 신중하고 세심하게 검토해야 한다. 최악의 대통령에 워런 하딩, 율리시스 그랜트를 뽑는 일은 쉽다. 그러나 리처드 닉슨은 어떠한가? 워터게이트 사건과 이 사건으로 인한 여러 조잡한 사건들을 제외하면, 더군다나 여러 최악의 대통령과 비교한다면, 닉슨은 최악이라 불릴 만큼의 악당은 아니었다. 그런데도 그는 대통령직에서 사실상 강제로 물러난 유일한 미국 대통령이다. 그는 헌법과 헌법정신을 무시하고 훼손한 대명사로 등극했다. 한편 허버트 후버도 끔찍한 대통령 목록에 등재되어야 하는가? 지미 카터는 어떠한가? 로널드 레이건은 어떠한가? 윌리엄 클린턴(빌 클린턴)은 어떠한가? 사실상 (누구를 최악의 대통령으로 선정하든) 개연성은 무궁무진하다.

역대 대통령에 순위를 매기는 작업은 미국인과 미국 사회에서 대단히 활발히 이루어지고 있다. 아마도 최초의 대통령 인기투표는

1948년에 있었을 것이다. 당시 하버드대학교의 아서 슐레진저Arthur M. Schlesinger 교수가 55명의 유명 역사가에게 역대 대통령에 대한 평가를 요청했다. 반세기가 지난 이후 그의 아들 슐레진저 2세가 32명의 전문가에게 똑같은 질문을 던졌다. 결과적으로 두 여론 조사에서 참으로 놀라운 사실을 발견했다. 세월이 많이 흘렀고, 새로운 대통령들이 등장했음에도, 위대한 대통령 명단은 그대로였다. 최악의 대통령 명단 역시 거의 변하지 않았다. 차석으로 대단한 대통령 혹은 평범한 대통령들에게서나 순위 변동이 있었다.

머리말에서, 필자는 순전히 주관적으로 미국 역사상 최악의 대통령을 선정했음을 밝힌다. 따라서 이 책은 역사가, 미국 사회 지도층, 시민 다수에 의해 진행된 과학적인 조사 결과를 담고 있지 않다. 그렇지만 평생에 걸쳐 미국사를 탐구하여 얻은 지적 성취, 대학원 과정에서의 연구, 저널리즘 업계에서 근무한 경험과 그로 인해 얻은 식견, 연방의회 출입기자 생활에서 터득한 지혜, 그리고 두 명의 대통령에 관한 전기와 필자 본인의 정치적 견해가 포함된 다른 책들을 쓴 경험을 두루두루 고려해 신중하게 최악의 대통령을 선정했다.

혹시 독자들이 필자를 당파적 편견에 휩쓸린 작가라고 의심할 수도 있기에 필자의 경험을 밝힌다. 필자는 13번의 대통령 선거에 투표권을 행사했다. 그중 민주당 후보에게 7회, 공화당 후보에게 4회, 소수당 후보에게 2회 투표했다. 더불어 필자가 투표해 대통령으로 당선까지 된 인물 중 두 명이 이 책에서 필자가 선정한 최악의 대통령 명단에 포함되었다는 사실도 밝힌다.

실용주의, 자신감이 넘치는 성격, 미래를 향한 비전, 조화와 협력을 끌어내는 정치력, 정직과 성실 그리고 미국인의 의견을 수렴하고 그들의 목소리를 경청해 정책에 반영하는 능력 등은 일반적으로 위대한 대통령과 좋은 대통령이 갖추고 있는 덕성이다. 그렇다면 최악의 대통령, 나쁜 대통령의 특징은 위대하거나 좋은 대통령의 덕성과 반대되지 않겠는가? 즉 자신감의 결여, 불량한 성격, 타협과는 거리가 먼 형편없는 정치력과 무능, 비전의 결핍, 부정직하고 불성실한 태도, 의사소통 단절 등이 그것이다. 이 책에서 필자는 한 가지 판단 기준을 추가했다. 바로 '그들이 대통령으로 활동하면서 국가와 국민에게 얼마나 큰 손해를 끼쳤는가?'이다.

결과적으로 필자가 선정한 최악의 대통령 명단은 일반적인 인기 투표 결과와는 다소 차이가 있다. 지금부터 필자가 이 명단을 작성할 때 원칙으로 삼은 기준이 무엇인지 설명하겠다. 일단 윌리엄 해리슨, 재커리 테일러, 제임스 가필드의 임기는 너무 짧았다. 그들은 특별한 영향력을 발휘할 시간이 없었기에 탐구 대상에서 제외했다. 또한 이 책을 집필하던 시기에 집권하고 있는 현직 대통령 빌 클린턴 역시 제외했다. 더불어 1948년 이후 거의 모든 평가에서 최악의 대통령으로 꼽히는 두 명, 존 타일러와 밀러드 필모어 역시 제외했다. 그들은 선명하지 못하고 칙칙하며 단조로운 판테온 신전에서 재커리 테일러와 함께 멍에를 뒤집어쓰고 있다. 말하자면, 먼지 가득한 초상화의 주인공인 이들은 백악관의 회랑 뒤에 처박혀 국민의 뇌리에서 오래전에 사라졌다. 따라서 그들이 받은 낙제점은 그들이 백악관에서 했던 일과는 관계가 없다고 판단된다. 오히려 아서 슐레진저가 1948년에 내린 최초의 평가 이후 그들을 알아보려고 했던 사람이 없었기 때문에 항상 낮은 점수를 받을 수밖에 없다고 생각한다.

사실 구체적으로 따진다면 그들은 평가만큼 나쁜 대통령이 아니다. 존 타일러와 밀러드 필모어는 둘 다 부통령으로 근무하다가 상관의 사망으로 의도치 않게 대통령직을 승계했다. 윌리엄 해리슨의 사망으로 대통령 자리에 오른 버지니아주 출신의 숫기 없는 부통령 존 타일러는 '우연히' 대통령이 되었고, 자신의 권위에 도전하는 수많은 세력과 맞서 싸웠다. 그는 의회가 자신을 무시하도록 내버려 두지 않았고, 정부를 통제하기도 했다. 현명한 통솔력으로 텍사스주 합병을 성사시켰고, 나아가 캐나다와 미국 사이의 주요한 국경분쟁을 매듭짓기도 하였다. 이런 모든 점을 고려할 때, 제대로 된 일을 한 번이라도 했던 적이 없는 벤저민 해리슨보다는 높은 점수를 받아야 하지 않을까 싶다.

역사가 앨런 네빈스Allan Nevins의 말에 따르면, '정직하고 평범한' 필모어 대통령 역시 원래의 평가보다는 좋은 평가를 받아야 한다. 제12대 미국 대통령 재커리 테일러의 사망으로 대통령직을 승계한 그는 남북전쟁의 비극을 약 10년 정도 지연시킨 1850년 타협*을 성사시킨 핵심 인물이었다. 페리Matthew C. Perry 제독을 일본에 파견해 일본이 미국에 문을 열게 만든 인물 역시 필모어 대통령이었다. 1856년 대통령 선거에서, 반反가톨릭과 반反이민을 표방한 미국당 American Party**의 후보로 출마했다가 낙선했다는 사실 때문에 그의

---

* 남부 노예주와 북부 자유주의 대치를 유보하고자 1850년 9월 4일에 제정된 다섯 개의 연방 법률을 의미한다. 멕시코와의 전쟁 이후 합병한 영토의 분배, 해당 영토에서의 노예제 존폐 문제를 두고 갈등한 남부와 북부는 1850년 타협으로 잠시나마 분열과 내전을 미룰 수 있었다.
** 1855~1856년에 미국당(아메리카당)의 당원은 당에 관한 질문을 받으면 아는 것이

평가가 이리 처참한 것이 아닌가 싶다. 그 외에도 왠지 '밀러드 필모어'라는 이름은 그 자체로 웃음을 자아내는 듯하다.

이 책을 집필하는 동안 필자는 계속해서 최악의 대통령 명단에 최근의 대통령, 특히 로널드 레이건과 조지 H. W. 부시를 포함할지 말지를 고민했고, 결국 두 사람을 제외했다. 레이건은 '정부'의 영향력을 줄여 작은 정부를 구축하겠다는 것, '악의 제국'을 파괴하겠다는 것을 표방하며 워싱턴 D.C.에 입성했는데, 두 목표를 모두 성취했다. 물론 레이건 대통령의 공약과 이를 성취하기 위해 사용한 방법과 수단을 어떻게 평가할 것인지를 두고 논란의 여지가 있다. 그렇지만 그는 목표를 달성하기 위해 자신이 원하는 방향으로 미국인을 이끌었고, 자신을 따르도록 미국인에게 확신을 불어넣었다. 그는 그런 능력을 갖추고 있었다. 레이건을 향한 역사적 평가는 현재 그렇게 높진 않지만 다가올 미래에는 아이젠하워 대통령만큼은 높아지지 않을까 생각한다. 현재(원서 기준 1998년) 아이젠하워 대통령은 불과 몇 년 전에 받았던 평가보다 훨씬 높은 평가를 받고 있다.

조지 H. W. 부시는 어떠한가? 필자는 그를 간신히 최악의 대통령 명단에서 제외했다. 그가 1991년 걸프 전쟁 당시 연합군을 지휘했다는 점이 그의 평판을 구했다. 그러나 그는 미래를 위한 비전이 부족했기 때문에 재선을 담보할 수 없었다.

한편 대공황의 희생양인 허버트 후버 역시 명단에서 제외했다. 사실 그는 전임 행정부의 무책임하고도 범죄에 필적한 무관심의 희생자다. 백악관 대통령으로서 마지막 고전적 자유주의자였던 후버

아무것도 없다고 대답했는데, 이에 따라 미국당은 'Know-Nothings'라고도 불렸다.

는 냉엄한 현실로 임박한 공황을 막을 능력이 없었다. 사실 위대한 능력을 소유하고 발휘했던 프랭클린 루스벨트를 제외하면 아무도 그렇게 할 수 없었을 것이다.

이 책을 읽다 보면 대부분의 대통령 후보자에게서 승자든 패자든 뚜렷한 차이점을 거의 발견할 수 없다는 사실을 알게 될 것이다. 미국은 나쁜 대통령과도 생존할 수 있고, 발전할 수 있다. 그렇지만 미국인은 지성과 경험은 물론이고, 높은 도덕성을 갖춘 사람을 찾아 그를 대통령으로 선출해야 한다. 인격과 행동은 분명히 연결되어 있다. 한 대통령의 인격적 결함은 종종 대중에게 책임이 전가되기도 한다. 워런 하딩의 티포트 돔Teapot Dome 스캔들*, 리처드 닉슨의 워터게이트 사건, 빌 클린턴의 화이트워터 사건**은 해당 대통령들의 인격적 결함으로 인해 촉발되었다.

이 책을 집필할 당시 대체로 평범한 자료들을 참고했지만, 필자가 따로 찾은 자료들도 십분 활용했다. 필자는 이 책에 담긴 필자의 주관성을 두고 많은 비판과 혹평이 쏟아지기를 기대한다. 이 지점에서 영국의 역사가 프라우드J. A. Froud의 발언을 떠올린다.

유의미한 역사적 사실이란 어떤 어린아이의 편지박스와 같다. 단지 당신이

---

* 1920년대 워런 하딩 대통령이 재직한 당시, 내무장관 앨버트 폴(Albert Fall)은 뇌물을 받고 국유지 유전 개발권을 사기업에 넘겨주었다. 해당 비리 사건의 실체 배후라는 의혹을 받던 워런 하딩은 임기 도중 사망하였다. 해당 비리 사건과 연루된 유전지대가 주전자 모양을 닮았다는 이유로 '티포트 돔'이라 불렀다. 자세한 내용은 본문 9장에서 소개한다.
** 빌 클린턴 대통령의 비리 스캔들로, 부동산 사업 및 토지개발을 둘러싼 사기 의혹을 받았다. 클린턴 부부는 2000년에 무혐의 처분을 받았다.

원하는 편지를 해당 박스에서 (취사선택해) 끄집어내 당신이 원하는 말을 쓰기만 하면 된다.

만약 여러분이 나의 선택에 동의하지 않는다면 여러분 자신이 직접 편지박스에서 원하는 말을 끄집어 썼으면 한다.

| 차례 |

부록1 역대 미국 대통령 순위(1997)

전체 순위		지도력	업적과 위기 관리 능력	정치력	인사	성격과 도덕성
1	링컨	2	1	2	3	1
2	프랭클린 루스벨트	1	2	1	2	15
3	조지 워싱턴	3	3	7	1	2
4	토머스 제퍼슨	6	5	5	4	7
5	시어도어 루스벨트	4	4	4	5	12
6	우드로 윌슨	7	7	13	6	8
7	해리 트루먼	9	6	8	9	9
8	앤드루 잭슨	5	9	6	19	18
9	아이젠하워	10	10	14	16	10
10	제임스 매디슨	14	14	15	11	6
11	제임스 포크	12	8	12	15	20
12	린든 존슨	11	12	3	10	37
13	제임스 먼로	15	13	16	8	13
14	존 애덤스	17	11	21	13	3
15	케네디	8	16	10	7	34
16	클리블랜드	13	17	19	17	16
17	매킨리	18	15	17	18	19
18	존 퀸시 애덤스	20	20	25	12	4
19	카터	28	22	32	14	5
20	윌리엄 태프트	25	21	30	20	14
21	밴 뷰런	19	24	11	22	25

22	조지 H.W. 부시	224	18	27	25	2
23	빌 클린턴	26	23	20	24	38
24	허버트 후버	22	33	34	21	11
25	러더퍼드 헤이스	29	26	23	26	22
26	로널드 레이건	16	27	9	39	39
27	제럴드 포드	34	28	24	23	17
28	체스터 아서	31	25	22	27	33
29	재커리 테일러	23	31	33	28	23
30	제임스 가필드	30	36	26	32	26
31	벤저민 해리슨	32	29	29	29	28
32	리처드 닉슨	21	19	18	34	41
33	캘빈 쿨리지	37	34	28	31	21
34	존 타일러	35	30	35	30	27
35	윌리엄 해리슨	33	39	36	35	29
36	밀러드 필모어	36	32	31	33	31
37	프랭클린 피어스	38	37	37	36	35
38	율리시스 그랜트	27	35	40	40	32
39	앤드루 존슨	39	38	41	37	30
40	제임스 뷰캐넌	40	41	39	38	36
41	워런 하딩	41	40	38	41	40

자료 : William, J. Ridings, Jr., and Stuart B. McIver, 『RATING THE PRESIDENTS; A RANKING OF U.S. LEADERS, FROM THE GREAT AND HONORABLE TO THE DISHONEST AND INCOMPETENT』.

부록 2 역대 미국 대통령 순위(2024)

등수	이름	등수	이름
1	링컨	24	윌리엄 매킨리
2	프랭클린 루스벨트	25	제임스 포크
3	조지 워싱턴	26	그로버 클리블랜드
4	시어도어 루스벨트	27	제럴드 포드
5	토머스 제퍼슨	28	밴 뷰런
6	해리 트루먼	29	러더퍼드 헤이스
7	오바마	30	제임스 가필드
8	아이젠하워	31	벤저민 해리슨
9	린든 존슨	32	조지 W. 부시
10	케네디	33	체스터 아서
11	제임스 매디슨	34	캘빈 쿨리지
12	빌 클린턴	35	리처드 닉슨
13	존 애덤스	36	허버트 후버
14	바이든	37	존 타일러
15	우드로 윌슨	38	재커리 테일러
16	로널드 레이건	39	밀러드 필모어
17	율리시스 그랜트	40	워런 하딩
18	제임스 먼로	41	윌리엄 해리슨
19	조지 H.W. 부시	42	프랭클린 피어스
20	존 퀸시 애덤스	43	앤드루 존슨
21	앤드루 잭슨	44	제임스 뷰캐넌
22	지미 카터	45	트럼프
23	윌리엄 태프트		

출처: Brandon Rottinghaus(University of Houston), Justin S. Vaughn(Coastal Carolina University), 『Official Results of the 2024 Presidential Greatness Project Expert Survey』

부록 3 미국 주 지도

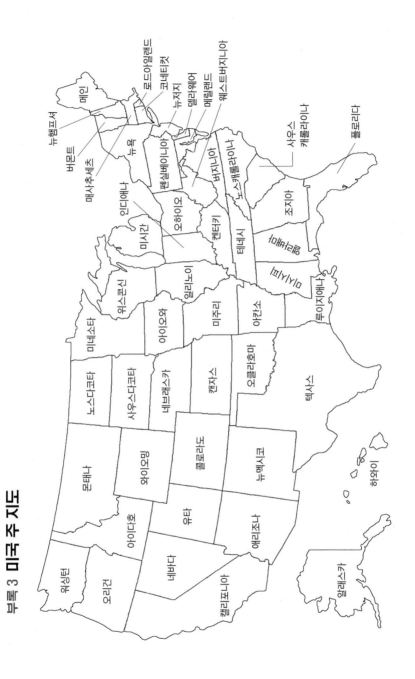

뉴햄프셔
메인
로드아일랜드
코네티컷
뉴저지
델라웨어
메릴랜드
웨스트버지니아
버몬트
매사추세츠
뉴욕
펜실베이니아
버지니아
사우스캐롤라이나
플로리다
인디애나
오하이오
노스캐롤라이나
조지아
사우스캐롤라이나
미시간
켄터키
테네시
앨라배마
위스콘신
일리노이
미주리
아칸소
미시시피
미네소타
아이오와
루이지애나
노스다코타
사우스다코타
네브래스카
캔자스
오클라호마
텍사스
하와이
몬태나
와이오밍
콜로라도
뉴멕시코
아이다호
유타
애리조나
알래스카
워싱턴
오리건
네바다
캘리포니아

1장
Jimmy Carter

지미 카터 1977년 1월 20일 ~ 1981년 1월 20일

국정 경험의 부족과 독선적인 도덕주의로
국민과 유리된 미숙한 대통령

그는 숲도 아니고 나무도 아니고,
나뭇잎 하나만 보는
사람이었습니다.

지미 카터가 대통령에 당선되고 첫해가 지나가는 1977년 새해 전날, 카터는 이란 국왕 팔라비Mohammad R. Pahlavi가 주선한 화려한 만찬식장에 있었다. 축배의 잔을 들며 카터는 다음과 같이 외쳤다.

국왕 폐하의 위대한 지도력 덕분에 이란은 이 혼란스러운 세계에서 가장 안정된 지역이 되었습니다.

단지 자신이 보고 싶은 것만 보고 다른 것은 보지 못했던 카터는 며칠 전부터 이 '안정된 지역'에서 시작된 거칠고 폭력적인 반反국왕-반서방 데모를 철저히 무시했다. 이후 1년도 지나지 않아 이슬람 과격분자들이 팔라비를 추방했다. 그들은 테헤란에 있는 미국대사관을 공격하여 53명의 미국인을 인질로 사로잡아 무려 444일 동안을 억류했다. 카터가 이 위기에 대처한 방식은 결국 '무능한 지도자'라는 미묘한 이미지를 확산시키는 결과를 낳았다. 그리고 이러한 문제는 그의 정치적 에너지, 그를 향한 국민의 신뢰, 행정부의 역량을 소진시켰다. 지미 카터는 1981년 20세기에 가장 인기 없는 대통령으로 퇴임했다. 카터는 대통령 임기가 거의 끝나갈 무렵에 실시한 어느 여론조사에서, 지지율 13퍼센트라는 결과를 기록했다. 불명예를 안고 퇴임한 리처드 닉슨조차 카터보다는 지지율이 높았다.

워터게이트의 후유증, 경기침체, 베트남 전쟁에서의 패배 등 불길한 먹구름이 미국을 뒤덮은 시기에 지미 카터가 제39대 대통령으로 당선된 것이 카터 본인에게는 불운이라면 불운이었다. 그동안 미국인은 대통령과 국가를 향한 신뢰를 아끼지 않았다. 하지만 닉슨 대통령의 워터게이트 사건으로 드러난 미국 정부의 진부함과 거짓에 환멸을 느꼈다. 또한 제2차 세계대전 이후 누렸던 경제적 번영의 가파른 몰락에 신음하였다. 이에 더해 그들은 치솟는 인플레이션, 우후죽순처럼 늘어나는 마약 복용 문제, 인종갈등 문제, 테러리스트와의 싸움, 석유생산을 억제해 무자비하게 가격을 올리는 아랍 지도자들의 협박 앞에서 망연자실하였다. 더구나 세계 곳곳에서 미국적 체제가 패배한다는 징조와 그로 인한 당혹감은 미국인을 더욱 혼란스럽게 만들었다. 1975년 베트남과 캄보디아가 공산화되었다. 이는 동남아시아에서의 전쟁이 쓸데없는 짓이었고, 국가적으로든 인적으로든 낭비였다는 사실을 입증하였다.

그런데 이러한 모든 문제를 해결할 수 있는 지도자가 없었다. 심지어 카터의 지지자들조차 이런 시대에 대통령으로 당선되었다는 것은 카터 개인에게도 불운이고, 카터에게는 시대적 난제를 해결할 능력이 없다고 여겼다. 그래서 그는 문제를 해결할 능력이 없는 부족한 지도력 때문에 더 많은 적대감을 샀고, 조롱을 당하는 궁지에 몰리곤 했다. 어떤 지도자들은 이런 문제들의 해결방안으로 일보후퇴라는 방법을 사용하곤 했으나 카터는 이것마저 사용할 기회와 능력이 없었다. 그는 백악관의 역대 대통령 중 가장 지적이고 기지 넘치는 인물로 알려졌다. 하지만 그는 자신의 굳건한 신념으로 자주 내세웠던 도덕주의의 틀을 넘어서는, 구체적이고 현실적인 목적의식과 방향을 결코 제시하지 못했다. 이에 역사가 에릭 골드먼Eric Goldman은 "이른바 카터주의Caterism는 조화를 이루어 진전한다거나 활기를 띠게 하는 것이 아니다. 카터주의는 너무 신중하다 못해 소심해서 말도 제대로 못하고, 뚜렷한 색깔을 내지 못해 잿빛을 띠고, 심지어 종종 옆길로 새는 것이다."라고 혹평했다.[1]

대통령직에서 떠난 후 카터가 보여준 전직 대통령으로서의 역할은 많은 찬사의 대상이 되고 있다. 존 퀸시 애덤스와 윌리엄 태프트, 허버트 후버와 마찬가지로 그는 백악관 이후의 삶이 있으며, 또 그것이 중요하다는 사실을 입증했다. 그는 집 없는 사람들에게 집을 지어주는 일에 나섰다. 그는 입에 발린 말로 그친 것이 아니라 청바지를 입고 직접 집을 짓기 위해 사용할 못을 모으는 일을 주도했다. 가난한 사람을 돕기 위해 연설에만 그친 것이 아니라 직접 아프리카와 빈곤한 지역에서 가난과 질병을 근절하기 위해 일했다. 그는 민주주의를 확대시키는 일에 대해 강조만 한 것이 아니라 세계 전역에서 이루어지는 선거를 감독하고 나아가 자신의 명성을 이용해 세계평화를 증진시키는 데 이바지했다. 물론 그의 노력은 종종 조롱을 당하기도 하고 환영받지 못할 때도 있었다. 특히 북한과의 관계에서 그의 프리랜서적인 외교는 많은 비판과 방해의 대상이 되었다. 심지어 그의 행동이 순수한 이타주

의에서 나온 것이 아니라 어떤 목적을 가진 것이라고 의심하기도
했다. 카터를 비판하는 사람들은 그가 자신의 평판을 회복할 수
단으로 노벨평화상을 수상하기 위해 수년간 교묘히 행동했다는
식으로 지적했다. 그렇지만 의도가 어쨌든 미국의 정치적 현실에
비추어 볼 때 전직 대통령으로서의 카터는 성인의 반열에 오를
만한 자격을 갖추었다.

수정주의 시각을 견지하는 많은 학자는 퇴임 이후 카터의 업
적을 두고 그에 대한 역사적 평가를 상향 조정해야 한다고 주장
한다. 그러나 전직 대통령의 퇴임 후 활동이 그가 대통령으로서
저지른 수많은 실수와 결핍을 결코 메우거나 변명해줄 수는 없다.
카터의 실패는 확실히 시대적 불운과 단순하고 소박한 카터의 성
격 탓이기도 했다. 하지만 더 큰 문제는 따로 있었다. 1976년 민주
당 대통령 후보를 결정할 때 너무도 화려한 선거운동을 펼친 것
이 문제였고, 닉슨이 낙점한 계승자 제럴드 포드Gerald R. Ford를 너
무 근소한 차이로밖에 이기지 못한 점도 문제였다. 대통령이 되었
을 때도 그는 진정 자신이 무엇을 원하는지, 자신이 해야 할 일이
무엇인지 뚜렷하게 알고 있지 않았다. 카터는 전략적인 시각과 비
전이 부족했다. 대다수 미국인 역시 궁극적으로 그가 자신들의
생활에 직접적으로 영향을 주는 문제를 다루거나 해결해 줄 것이
라 믿지 않았다.

『뉴욕타임스New York Times』의 헤드릭 스미스Hedrick Smith는 "카터
는 목적과 수단을 전도시켜 상황을 어렵게 만들 뿐만 아니라 고
매한 자신의 목표를 정치적 흥정거리로 바꾸어 버리는 이상주의

자이자 선한 정부의 도덕주의자다. 그는 너무나 많은 우선권을 가지고 있어서 정작 할 수 있는 것은 아무것도 없는 것처럼 보인다. 내가 백악관의 고위 관리들에게 카터가 무엇을 우선시하는지에 관해 질문할 때마다 그들이 내놓는 대답에는 12가지가 넘는 현안으로 가득했다."라고 말했다.[2]

대통령에 당선된 남부 출신 주지사 빌 클린턴처럼 카터는 통치행위보다는 선거운동에 더 능숙했다. 카터가 처한 곤경은 영화 〈더 캔디데이트The Candidate〉의 마지막 장면을 연상케 한다. 예상치도 않게 연방 상원의원에 당선된 역할을 연기한 배우 로버트 레드포드는 그의 참모들을 돌아보며 애처롭게 물었다. "자, 우리는 이제 무엇을 해야 하지?"

카터는 자신에 관한 기록들을 최대한 수집했다. 로널드 레이건에게 패한 1980년 대통령 선거 전날, 그는 CBS와의 인터뷰에서 대통령으로서의 본인은 외교정책에서는 B 혹은 C+를, 미국 내부 문제에서는 C, 전체 지도력 면에서는 대략 B를 받을 만하다고 자평했다. 그러나 역사가 제임스 번스James M. Burns의 지적처럼 "대통령에게 있어서 B와 C는 실패한 점수다."[3]

정계의 아웃사이더

백악관으로 입성하기 위한 긴 행로에서, 카터는 자신을 '워싱턴 D.C.의 아웃사이더'라 불렀다. 또한 목적을 위해 수단을 가리지 않는 기존의 워싱턴 주류들에게는 혐오스럽게 보일 '평범한 시민의 대표'로 스스로를 소개했다. 카터는 "나는 변호사가 아닙니다. 나는 의회 의원이 아닙니다. 나는 결코 워싱턴 D.C.에서 일한 적이 없는 사람입니다."라고 참으로 자랑스럽게 떠들었다. 그의 명랑하고 쾌활한 외관, 이가 드러나는 상쾌한 웃음과 주름으로 만연한 얼굴, 어찌 보면 시골뜨기 같고 어찌 보면 멋지게 보이는 머리모양, 민첩하고 경쾌한 태도는 당시까지 미국 정치에 가득했던 칙칙하고 잿빛의 인물들과 카터 본인을 구분하게끔 하였다.

카터는 워싱턴 D.C.의 거대 정부에 대해 불만을 품고 외교정책에서 이전보다 적게 행동하고 국내 사안에 적게 개입할 것을 주장하는 여러 미국인의 열망에 부응했다. 그는 더 이상의 워터게이트, 더 이상의 베트남 전쟁은 없다고 단언했다. 그는 "이상적이고 고귀하며 유능하고도 동정적인 선량한 정부와 그런 국민만 있을 것"이라 강조했다. 그는 처음부터 끝까지 "나는 결코 여러분에게 거짓말을 하지 않는다!"라고 맹세했다.

이런 약속은 일종의 사기행위처럼 터무니없는 소리에 불과했지만 유권자 대다수는 이 거짓말에 넘어갔다. 사실 대다수 미국인은 대통령직이란 경험이 요구되는 자리고, 풍부한 경험이 대통령의 자산이라는 점을 알고 있었다. 그들은 한 번도 소송을 심리해본 적이 없는 변호사를 고용할 생각이 추호도 없고, 경험 없는 외과의사에게 자신의 몸을 맡길 생각도 없었다. 그런데도 그들은 무의식중에 지미 카터와 율리시스 그랜트처럼 정치적 경험이 없는 후보를 대통령으로 선출했다. 이들이 유권자에게 자랑할 수 있는 최고의 덕성이란, 자신들이 해야 하는 업무에 대해 아는 것이 거의 없다는 무지였다.

 카터가 무엇을 하고자 하는지는 거의 알려지지 않았다. 그는 흐릿한 이미지를 유지하는 일에서는 천재적인 재능을 발휘했다. 그는 서로 적대하는 양편 사이에 아무 일도 하지 않고 멍하니 서 있기만 한 사람이었다. 그는 이 나라의 가난한 지역 출신으로, 농업관련 일을 했던 기업인 출신이었다. 그는 흑인의 인권이 보장되어야 한다고 생각하면서도 인종차별주의자들과 인종분리주의자들에게 알랑거려 조지아주 주지사로 당선된 인물이었다. 그는 카리스마적인 종교적 믿음이 의심받고 있는 나라에서 다시 태어난 크리스천Born-again Christian이었다. 미국인은 그들이 원하는 방식으로 카터를 이해했다. 어떤 사람들은 카터를 인민주의자로 보았다. 또 어떤 이는 그를 뉴딜 휴머니즘의 실천자로 보았다. 어떤 이는 백악관의 다른 전문 엔지니어인 허버트 후버처럼 냉담한 정치기술자로 보았다. 심지어 어떤 이는 16년 전 존 F. 케네디가 뿌린 활력 넘치는 약속을 카터에게서 보았다고 고백하기도 했다. 말하자면 그가 어떤 이미지로 평가를 받든 카터는 거대 정부에 반대하고 재정 긴축을 요구하는 보수의 입장을 대변하는, 기본적으로 중도파 인물이라 할 수 있다.

 모순어법을 사용하는 카터 행정부는 전임자 닉슨의 행정부가 펼친 현실정치를 '순진하기 짝이 없는 이상주의'로 바꾸었다. 인권, 환경의 질, 핵무기 감축, 평화와 정의의 추구 등이 카터 행정부가 선언한 최우선 정책이었다. 대다수 전임 대통령과는 달리 카터는 소련의 궁극적인 의도가 위협적이고 적대적이라고는 생각하지 않았다. 그는 그동안 미국이 핵무기 경쟁 때문에 더욱 커다란 위협에는 거의 관심을 기울이지 않았다고 주장했다. 또한 미국이 억압적이고 폭력적인 우익 독재체제를 지지하는 동안 공산주의에 대해 너무나 큰 두려움을 가지게 되었다는 주장을 되풀이했다. 카터 행정부에서 미국의 적은 공산주의가 아니라 일반적인 폭력이었다.

비록 카터는 어떤 개별문제에 대해서 확고한 입장을 견지하고 자신 있게 대처했지만 그것을 상호 연결시켜 문제를 해결하는 능력은 턱없이 부족했다. 문제해결을 위해 그가 제안한 방식들은 자주 자가당착에 빠졌다. 그는 정부의 영향력을 줄이겠다고 약속했지만 오히려 수천 명의 피고용인과 10억 달러 이상의 예산을 잡아먹는 두 개의 관료주의 괴물, '에너지부the Department of Energy'와 '교육부the Department of Education'를 신설했다. 핵무기도 감축되기는 커녕 오히려 닉슨과 포드 때처럼 국가의 핵무기 병기고는 풍족하게 채워졌다.

심지어 그가 호언장담한 인권정책도 자기모순에 빠졌다. 그의 오지랖 넓은 인권정책은 소련의 심기를 건드려 강대국 간의 무기 감축과 긴장을 완화하려는 노력을 물거품으로 만들었고, 이는 미국과 동맹국의 관계에 악영향을 미치게 했다. 카터 행정부의 인권정책과 외교정책에 관해 헨리 키신저는 이런 조롱을 남기며 비난했다.

카터 행정부는 우리의 동맹국은 물론이고 적대국과도 최악의 관계를

형성했고, 제2차 세계대전 이후 가장 중요한 대변화를 이룩해 역사에 큰 업적을 남기려 한다.[4]

실질적인 정책 측면에서, 에너지 정책이든 경제, 세금 또는 국민 건강에 관련된 정책이든, 카터 정부는 끊임없이 혼란을 반복했다. 이에 『월스트리트 저널Wall Street Journal』의 칼럼니스트 앨런 오턴 Alan Otten은 카터의 정책에 대해 이렇게 비꼬았다.

카터 정부에서는 위기가 연속적으로 발생하여 이리저리 흔들렸다. 사방에서 서투른 행동을 하고, 그로 인한 부적절함이 화려하기까지 했다.[5]

분명한 목적이 없었기 때문에 카터는 거의 모든 영역에서 비난을 받았다. 그는 자기편이라고 확신할 만한 정치적 지지세력이 없었고, 많은 사람이 그에게서 어떤 충실함을 기대하지도 않았다. 결국 그는 정치적 연립체제를 구성할 수 없었다. 의회는 바로 얼마 전에 권력을 남용하고 자신의 주장을 오만하게 고집하던 닉슨 대통령을 권좌에서 밀어낸 경험과 능력을 갖추고 있었다. 닉슨 다음 대통령이 된 카터는 공격적이고 예리한 의회에 대처해야 했다. 여당인 민주당은 의회를 주도하긴 했으나 대통령이 제시하는 프로그램이나 그가 주도하는 일에 소극적으로 굴었다.

물론 외교 문제에 있어 성공한 부분이 없지는 않았다. 『볼티모어 선Baltimore Sun』의 외교 문제를 다루는 특파원인 헨리 트루히트

Henry L. Trewhitt는 "카터는 지나치다 못해 순진하리만큼 권력 행사에 결벽증이 있는 사람이다. 국제적 경험을 전혀 갖추지 못한 지방 출신의 이 정치가는 이런 조건에도 국제무대에서 나름의 성공을 거두었다."라고 평가했다.[6] 그는 1999년 12월 31일에 파나마 운하의 통제권을 완전히 파나마에 넘기는, 파나마 운하 조약을 성사시키기 위해 끈질기게 노력했다. 덕분에 미국과 라틴아메리카 사이에 존재했던 그동안의 껄끄러운 감정을 해소할 수 있었다. 카터가 거둔 가장 큰 외교적 성과는 이집트와 이스라엘 사이의 오랜 전쟁에 종지부를 찍고 중동지역에 평화에 대한 희망을 심은 캠프 데이비드 협정Camp David Accords의 중재를 이끌었다는 점이다. 그러나 다른 한편으로는 소련의 의도를 너무 순진하게 판단한 나머지 1979년 소련의 아프가니스탄 침공에 놀라움과 경악을 금치 못했다. 그리고 연이어 이란 문제가 발생했다.

대다수 사람은 카터의 인격적인 측면을 두고 우드로 윌슨을 떠올린다. 둘 다 남부 출신으로, 다른 사람에게 분노를 살 만큼 종종 신성한 체하고 오만하다. 사람들이 그의 이름인 J. C.를 말할 때 괜히 얼굴을 찡그린 게 아니다. 카터의 사촌인 휴 카터Hugh Carter는 지미 카터를 두고 본인의 야망과 그보다 더욱 큰 정신적·정치적 목적 사이에서 조화를 이룩한 '평신도 선교사'라고 불렀다.[7] 1940년 프랑스가 독일에 항복할 때의 샤를 드골처럼 카터는 자기 자신에게 국가를 맞추었다. 한때 카터의 연설 원고 작성자였던 헨드릭 허츠버그Hendrik Hertzberg는 카터에 대해 이렇게 논평했다.

카터는 정치적 지도자라기보다 도덕적 지도자다. 그는 정치에 대해 떠들기보다는 더욱더 많이, 더욱더 효과적으로 종교와 도덕에 대해 떠들었다.[8]

카터의 아웃사이더적인 이미지와 영적인 각성을 요구하는 전략은 1976년 민주당 대통령 후보 지명을 위한 선거전에서 큰 효과를 보았다. 유권자들은 교활한 술책, 위선, 교묘한 속임수, 기만의 분위기를 몰고 다니는 매디슨가Madison Avenue packaging*의 포장된 상품을 외면했다. 당시 유권자들은 거짓과 기만으로 점철된 닉슨에 대한 반대급부로 하얀 이빨을 드러내며 "국민에게 거짓말을 하지 않겠다."라고 말하는 카터의 약속과 미소에 속아 넘어갔다. 그리고 선거에 이기기 위한 것으로 생각했지만 어쨌든 절반의 진리half-truths와 거짓untruth은 전혀 사용하지 않겠다고 약속하는 모습에서 정말로 전문 정치가의 모습을 보았다. 그의 순수하게 보이는 모습, 허풍 떨지 않는 행동, 심지어 선거판에서 내밀기에는 왠지 어색하게 보이는 주일학교 교사Sunday-school-teacher 경력까지도 유권자들의 마음을 자극했다.

카터는 종교적 열의가 너무나 강해서 필라델피아의 흑인 외과 의사인 에설 앨런Ethel Allen이 '예수의 구속Jesus bit'이라고 부르는 일을 종종 행하곤 했다.

---

* 매디슨가는 뉴욕에서 맨해튼 지역을 남북으로 가로지르는 길이다.

그는 나에게 다가와서는 마치 나를 축복하듯이 혹은 내게 무언가를 주듯이 어깨에 손을 올려놓았다. 어떤 때는 마치 메시아처럼 한없이 부드럽게 손을 잔 모양으로 만들어 내 얼굴을 어루만지곤 했다. 그럴 때면 나는 거의 황홀경에 빠지게 된다. 그럴 때면 나는 정말 근질근질해지기까지 한다. 그 일은 계속되고, 대다수 흑인은 그런 일이 환상적이라고 생각한다.[9]

카터에게서 너무나 진지하고 분투적인 종교적 열정과 외모에서 풍겨 나오는 솔직함이 서로 혼합되어 있음을 본 사람은 에설 앨런만이 아니었다. 『애틀랜타 컨스티튜션Atlanta Constitution』의 정치부 편집자로 일하고 훗날 총편집자가 된 레그 머피Reg Murphy는 카터의 정치적 성장 과정을 줄곧 지켜본 사람으로 이렇게 증언했다.

지미 카터는 내가 만난 서너 명의 사기꾼 중 한 사람이다. 나는 그가 인간적으로 온화한 사람이라고 생각지 않는다. 그래서 나는 그에게 인도되어 감동받을 사람은 아무도 없다고 생각한다. 그는 하루나 이틀 정도는 복음의 소리를 들려줄 수 있을 것이다. 그러나 결코 4년씩이나 복음을 들려줄 수는 없다. … (중략) … 나는 지도력이란 어떻게 하면 표를 많이 받을 것인지를 궁리하는 냉정한 자질 이상의 무엇인가가 필요하다고 믿는다.[10]

불행히도 머피의 냉소적인 평가는 너무나 정확한 것으로 판명되었다.

조지아주 토박이 가문

지미 카터를 대통령으로 선출하는 일은 마치 미국인이 전화번호부에서 '지미'라는 이름을 찾는 것과 유사하다. 그가 1974년에 처음 조지아주 주지사를 한 차례 지낸 후 대통령에 출마하겠다고 발표했을 때, 그의 제안이 어찌나 엉뚱해 보였던지 어머니 릴리안 카터 Lillian Carter마저 "대통령이 어쨌다고?"라고 외쳤다.[11] 당시 이 나라의 논객 중 그를 아는 사람은 거의 없었다. 그가 TV 프로그램 〈나는 누구일까요?What's My Line?〉에 출연했을 때는 참석한 패널 중 누구도 그를 알아보지 못했다. 모두가 물었다. "지미가 누구야?"

지미 카터는 1924년 10월 1일 조지아주 남서부의 플레인스 Plains에서 태어났다. 그의 가문은 미래의 대통령이 태어나기 전 여덟 세대 동안 조지아주에서 살았다.[12] 카터의 조상들은 대부분 자영농이었고, 소규모 상인도 있었다. 그들은 거의 모두 강건했고, 쉴 새 없이 부지런히 일했으며, 다소 성미가 급한 사람도 있었다. 두 명은 사소한 말다툼을 하다가 총에 맞아 죽었다. 그중 한 사람이 지미의 할아버지인 윌리엄 카터William A. Carter였다. 그의 작은 아들인 제임스 얼 카터James Earl Carter는 지역학교를 10등으로 졸업했는데, 이는 지금까지 카터 집안 아이들이 학교에서 받은 최고의 등수였다. 그는 친척이 운영하는 가게에서 일했다. 제1차 세계대전 때 잠시 군에 복무한 후 제임스 얼 카터는 얼음가게를 창업하고, 이후에는 세탁소를 운영했지만, 크게 성공하지는 못했다. 그러나 약간씩 모은 돈으로 농지와 삼림지를 사들였고, 그렇게 사들인 토지의 가격이 오르자 많은 돈을 벌었다. 1923년에 그는 지역 병원에서 간호학을 공부하는 자유로운 정신의 소유자 릴리안 고디Lillian Gordy와 결혼했다. 그녀는 조지아주 남서부지역에서 상당한 명사에 속하는 가문의 딸이었다. 릴리안의 할아버지인 짐 잭 고디Jim Jack Gordy는 33년 동안 근처 리치랜드Richland의 우체국장직을 역임했다. 33년 동안 네 명의 대통령이 당선되었는데도 말이다. 이는 짐 잭 고디가 정치적으로 민첩하게 대처했음을 의미한다.

제임스 카터와 릴리안 고디가 결혼했을 때, 남편은 29세였고 아내는 25세였다. 그들의 맏아들인 제임스 얼 2세가 다음 해에 플레인스의 병원에서 태어났다. 이로써 카터는 병원에서 태어난 최초의 미국 대통령이라는 기록을 보유하게 되었다. 작고 포동포동한 그를 보고 훗날 한 만화가는 아기 땅딸보Baby Dumpling라고 불렀다. 1926년에는 동생 글로리아Gloria가, 1929년에는 루스Ruth가, 지미가 열세 살 되는 해에는 빌리Billy가 태어났다. 지미가 네 살 되던 해에 플레인스에서 서쪽으로 2마일 정도 떨어진 알처리Archery에 있는 농장으로 이사했다. 알처리의 주민은 대부분이 흑인이었다. 알처리는 붉은색의 진흙땅, 진흙땅과 선명한 대조를 이루는 녹색 소나무, 참나무, 어린 피칸 호두나무pecans로 들어찬 아름다운 곳이었다. 그러나 그만큼 생활조건이 원시적일 수밖에 없었다. 당시 대부분의 시골농가처럼 카터의 집에도 실내배관이나 전기시설이 없었다. 4개의 구멍이 난 옥외변소가 집 뒤에 있었다. 물은 뒷마당의 우물에서 수동펌프를 이용해 얻었다. 음식은 장작을 패는 부엌에서 요리했다. 많은 사람이 가난하고 목가적인 지역을 낙원으로 표현하는데 훗날 카터도 자기가 나고 자란 이 알처리를 낙원으로 표현하며 회상했다.

> 대공황 동안 농장에서 지낸 생활은 2000년 전의 농촌생활과 많이 유사했다. 나의 소년기는 대체로 힘들었다. … (중략) … 태양 아래서 땅콩을 캐고, 목화송이를 따며, 물을 긷고 면화 밭을 일궈야 했다.[13]

그러나 가난하고 힘든 일을 하면서 어린 시절을 보냈다는 아들의 말에, 어머니 릴리안은 코웃음을 지었다. 어머니가 아들의 회상을 지나치게 과장했다고 생각했기 때문이다.

> 우리가 가난했다고 하는 아들(지미 카터 대통령)의 말은 지나치게 과장되었다. 우리는 결코 가난하지 않았다. 사실 가난을 느끼지도 못했다. 우리는 항상 차가 있었다. 플레인스에서 제일 처음 라디오를 소유한 집, 제일 처음 텔레비전을 소유한 집은 우리 가족이었다.

아버지 얼 카터는 종종 대금으로 지불할 현금이 부족하기는 했지만 궁극적으로 수천 에이커에 달하는 농지와 삼림지를 사 모았다. 그곳에서 약 200명 이상의 흑인 소작인이 땅콩과 면화를 재배했다. 또 그는 보험회사를 인수해 운영했고, 땅콩 중간매매업자로서 근처 농부들에게 땅콩을 사들여 대단위 가공업자에게 팔아 중간이득을 취했다. 지미의 아버지는 비록 프랭클린 루스벨트와 그가 펼치는 정책 대부분을 몹시 싫어했지만 뉴딜정책의 일환으로 전개된 농촌 프로그램 덕분에 약삭빠르게 많은 돈을 벌었다. 따라서 플레인스라는 지역의 수준에서 볼 때, 제임스 얼 카터는 대단히 부유했다. 그는 섬터 카운티 학교교육위원회the Sumter County School Board에서 일하면서 조지아주 주의회에서 의원으로도 일하는 등 지역사회에서 막강한 영향력을 발휘했다.

카터의 아버지와 어머니는 너무나 대조적이어서 이에 대해 좀 짚고 넘어갈 필요가 있다. 아버지 얼은 무신경할 정도로 보수적이고, 인색하며, 남부의 전통적 가치를 충실히 지키는 사람이었다. 이에 비해 어머니 릴리안은 매사에 형평을 유지하는 균형적인 감각을 소유하고 있었다. 사람들은 그녀 주위에서 즐거움을 느꼈다. 그녀는 남부의 농촌지역에 아주 가끔 등장하는, 다루기 힘들고 활력 넘치는 여성 중 한 사람이었다. 또한 예리하고 재치가 풍부했다. 언젠가 북부 출신의 한 여성 저널리스트가 릴리안에게 이런 질문을 던진 적이 있었다. 아들에게 하는 '악의 없는 가벼운 거짓말white lies'이 무엇인지 알고 싶다고 질문하자, 릴리안은 이렇게 답했다.

여기 앉아 있는 당신이 얼마나 예쁜지에 대해 말할 때 그것을 '악의 없는 가벼운 거짓말'이라고 생각한다.

유능한 간호사로 일했던 그녀는 백인과 흑인 환자를 똑같은 마음으로 간호했다. 종종 그녀는 산파 일도 했고, 무보수로도 일했다. 그녀는 자식들에게 흑인을 비하하는 깜둥이(니그로, Nigger)라는 말을 쓰지 못하게 가르쳤고, 흑인들을 백인들과 똑같이 존중해야 한다고 가르쳤다. 그러나 아버지 얼은 가정교육이 엄했던 사람이라 자식들에게 어머니보다 더욱 큰 영향력을 행사했다. 농촌지역에서 성장한 지미는 주로 흑인 아이들과 함께 놀았다.

> 우리는 노새와 말을 타고 숲속을 돌아다녔다. 높게 쌓여 있는 헛간의 귀리 덤불 속을 뛰어들어 레슬링도 하고 싸우기도 했다. 우리는 냇가에서 낚시도 했으며 수영도 했다.[14]

그러나 흑인들은 자신들이 있어야 할 위치를 잘 알고 있었다. 학교에 갈 때도 지미는 플레인스에 있는 백인 통합학교행 버스 안에 있었다. 하지만 그와 함께 놀았던 흑인 친구들은 황톳빛 시골길을 터벅터벅 걸어 학교건물에서 따로 떨어져 있는 흑인 교실로 갔다.

카터는 자신을 선전하는 자서전에서 이러한 사회적 불문율이 어떻게 지켜졌는지를 회고했다. 1938년 6월에 흑인인 조 루이스 Joe Louis와 백인인 독일 권투선수 막스 슈멜링Max Schmeling이 두 번째로 대결했다. 이날 밤 카터 집안의 흑인 노동자들이 전지 라디오를 들어도 되는지에 대해 얼 카터에게 물었다. 라디오는 집의 창문틀 위에 있었고, 모든 사람이 잔디밭에 둘러앉아 방송을 들었다. 흑인 선수 루이스가 1회전에서 상대 백인 선수를 거의 그로기 상태로 몰아붙이자 아버지 얼은 크게 실망했다. 이에 흑인들은 공손하게 "(라디오를 들려주셔서) 감사합니다. 얼 씨."라고만 말하고는 아무 말도 하지 않았다. 경기가 끝난 후 철로 건너편에 있는 자신들의 오두막으로 들어오자마자 흑인들은 루이스의 승리에 기쁨의 환호성을 질렀다. 카터는 이때의 일을 두고 "인종적으로 분리된 사회에서, 이상한 사회적 관행이 널리 인정되고 잘 지켜졌다."라고 회상했다.

카터는 모범적인 학생이었다. 예의 있게 행동했고, 열심히 배웠으며, 다양한 책을 읽었다. 같은 학급의 한 친구는 지미 카터는 좋은 학생이었고 모든 사람과 잘 어울렸다고 증언했다. 그 친구는 카터가 자신에게 했던 조언을 떠올렸다.

누군가 너를 두고 키가 작고, 붉은 머리에, 주근깨가 많다고 놀리면, 그저 이를 드러내며 웃는 것이 최선의 대응책이야.

카터가 가장 좋아하는 과목은 영어와 역사였다. 이 시기에 카터에게 가장 큰 영향을 준 인물은 영어교사인 줄리아 콜먼Julia Coleman이었다. 그녀는 카터에게 독서목록을 적어주고 열두 살 난 카터에게 톨스토이의 『전쟁과 평화』를 소개해 주었다. 이 책을 읽은 지미는 실망했다. 지미는 카우보이나 북아메리카 인디언에 관한 이야기를 기대했지, 러시아 귀족에 대한 이야기를 기대하지 않았기 때문이었다.

1941년 고등학교를 졸업한 17세의 카터는 아나폴리스Annapolis에 있는 미국 해군사관학교 진학을 목표로 삼았다. 그의 삼촌 중 한 명이 해군 사병이었는데, 머나먼 외국의 어느 항구에서 보낸 삼촌의 편지는 외국여행과 해군을 향한 소년의 구미를 충분히 자극했다. 그의 아버지가 지역의회에서 그를 추천해 해군사관학교 입학을 준비하는 동안 지미는 아메리커스Americus에 있는 조지아 사우스웨스턴 주립대학Georgia Southwestern State University을 1년 다녔고 얼마 후에는 조지아 공대에 입학해서 공부했다. 그곳에서 지미는 해군 학생군사교육단NROTC에 가입해 활동했고, 고등학교 때 별로 좋아하지 않았던 수학과 화학도 공부했다. 1943년 6월에 제2차 세계대전이 한창일 때 그는 해군사관학교에 입학했다.

지미 카터의 해군 생활

카터는 해군사관학교의 관리체제에 잘 적응했다. 여러 함대가 전쟁에 동원되어 이전보다 더 많은 장교가 필요했던 탓에 원래는 4년이던 정규과정이 3년으로 축소되어 해군 및 기관학 관련 여러 과목이 이수과정에서 생략되었다. 외국어 선택과목을 제외하면, 선택과목도 없었다. 그는 스페인어를 외국어로 선택했다. 해군사관학교 생도였던 카터는 비록 벌점을 받기도 했고, 상급생들의 괴롭힘에 고생도 했으며, 반항기가 찾아오기도 했지만, 공부에는 별 어려움을 겪지 않았다.[15] 그러나 계속되는 전쟁은 사관학교의 신입생을 괴롭혔다. 입학 직후 1년 동안 그는 히죽 웃는 습관을 자제하지 못할 때마다 질책을 받았다. 또한 조지아주를 가로질러 가며 셔먼군Sherman's troops의 군가 〈조지아를 가로지르는 행진Marching Through Georgia〉을 부르기 거부할 때에도 질책을 받았다. 훗날 카터가 선거유세를 다닐 때 애리조나주 피닉스Phoenix에 위치한 한 고등학교 밴드부가 〈조지아를 가로지르는 행진〉을 연주하며 카터 후보자를 환영했다. 유머감각이 부족했던 카터는 이를 참지 못하고 "이것이 남부인의 노래가 아니라는 사실을 누가 모르고 있습니까?"라고 말하며 연주 중단을 요청했다.

1944년 여름에 그는 동부해안에서 호송 경비를 맡은 구식 전투함 '뉴욕New York호'에서 복무하며 머리를 깎았다. 카터와 함께 공부한 동료 중 그가 장차 중요한 인물이 될 것이라 예상한 사람은 아무도 없었다. 그들은 카터를 낙제생 또는 문제없이 잘 지내는 '좋은 녀석Nice guy' 정도로 생각했다. 미국 해군사관학교 졸업생을 위해 출간되는 연보 『럭키 백The Lucky Bag』에는 "지미 카터는 공부에 크게 연연하지 않았다."라는 기록이 적혀 있다.

사실 그가 시험을 치면서 책을 펼쳐 본 것은 단 한 번 그의 친구들이 어떤 문제에 대해 도움을 청했을 때뿐이었다.[16]

카터는 1946년 6월에 820명 중 60등으로 졸업했다. 후에 그는 59등이라고 주장했지만 대체 무슨 의미가 있겠는가? 졸업식 후 릴리안 카터와 플레인스 출신의 예쁜 엘리너 로잘린 스미스Eleanor Rosalynn Smith가 해군 배지와 노란색 천을 어깨에 두르는 전통의식에 참여해 카터에게 해주었다. 21세의 지미와 18세의 로잘린은 몇 주 후 플레인스에서 결혼했다.

어머니 릴리안은 로잘린이 영리하고 매력적이기는 하여도 그녀의 집안이 카터 가문과 혼맥으로 엮이기에는 사회적으로 격이 너무 떨어진다고 생각했기 때문에 이 결혼을 별로 탐탁지 않게 생각했다. 플레인스에서 기계공으로 일했던 로잘린의 아버지는 그녀가 13세가 되는 해에 죽었고, 어머니는 우체국 점원으로 일하며 삯바느질 일까지 종종 했다. 로잘린은 마을의 한 미용실에서 파트타임으로 머리 감겨주는 일을 하거나 다른 아르바이트를 하며 용돈을 벌었다. 그녀는 조지아 남서부에 있는 고등학교를 다녔고, 졸업생 대표를 맡았다. 카터의 여동생 루스의 친구였던 로잘린은 지미를 원래도 어렴풋이 알고 있었다. 그러나 1945년 여름 지미가 집에 다니러 왔을 때까지도 그들은 서로에게 매력을 느끼지 못했다. 카터가 로잘린에게 사관학교를 졸업한 후 청혼했을 때만 하더라도 그녀는 거절했다. 그러나 지미는 집요했고 그녀도 마음을 바꾸었다.

카터는 체서피크만Chesapeake Bay에서 신무기 실험을 위해 운영되던 한 구형 전투함에 배속되어 해군경력을 시작했다. 의무 복무기간인 2년의 해상근무를 마친 후 카터는 전쟁으로 자리가 많이 비어 진급 기회가 큰 잠수함 근무를 자원했다. 잠수함 근무를 위한 훈련을 마치자마자 지미는 진주만에 기지를 둔 잠수함 '폼프렛Pomfret호'에 배속되었다. 극동지역으로 항해하던 중 이 잠수함은 폭풍을 만났다. 그때 거대한 파도가 잠수함의 전망탑을 무너뜨려 카터는 하마터면 파도에 휩쓸려갈 뻔했다. 다행히 갑판에 달려 있던 5인치 총신을 꽉 붙잡고 있다가 무사히 구조되었다.

해군이 핵잠수함을 만들기 시작했을 때 카터는 핵무기실험 프로그램에 참가하기 위해 자원하였다. 이 과정에서 그는 부하에게 엄격하고 성미 급한 제독인 하이먼 리코버Hyman G. Rickover의 엄격한 면접을 받은 후에 지원 서류를 낼 수 있었다. 이 일과 관련하여 훗날 카터는 "그는 항상 내 눈을 똑바로 응시하며 결코 웃지 않았다. 그럴 때면 온몸에서 식은땀이 났다."라고 말했다. 리코버는 카터에게 해군사관학교 시절 성적표를 요구했고, 이 젊은 장교는 자신 있게 성적표를 제출했다. 그리고 그는 제독의 축하를 기다렸다. 그러나 축하 전화는 오지 않았다. 카터는 이 일을 이렇게 회고했다.

축하의 전화 대신 "제군은 최선을 다했는가?"라는 질문을 받았다. 나는 "예, 제독님."이라고 대답했다. 그러나 나는 (해군사관생도 시절에) 과연 최선을 다했는지 생각했다. 그리고 사관학교에서 내가 더 많이 배울 수 있었고, 더 노력할 수 있었으나 그렇지 못했다는 사실을 깨달았다. 결국 나는 기어드는 목소리로 "아닙니다 제독님. 저는 매번 그러지는 않았습니다."라고 답했다. 제독은 한참 동안 나를 응시하다가 의자를 돌려 면접을 끝냈다. 그리고 나에게 마지막 질문을 했다. 그 질문은 내가 결코 잊어버릴 수 없고, 대답할 수도 없는 물음이었다. "왜 최선을 다하지 않았는가?" 나는 그 자리에서 한참 앉아 있다가 악수를 하고 방을 나왔다.[17]

이 인터뷰는 카터에게 오랫동안 강렬한 영향을 주었다. "왜 최선을 다하지 않았는가?"라는 질문은 그가 대통령 선거운동을 하는 동안 핵심 캐치프레이즈가 되었고, 자신을 홍보하는 자서전의 제목인 'Why Not the Best?'가 되기도 하였다. 지미 카터는 리코버를 크게 존경했고, 부모님을 제외하면 리코버가 자신의 인생에 가장 많은 영향을 끼쳤다고 답했다. 카터가 해군을 떠난 후에도 리코버의 영향은 카터에게서 오랫동안 이어졌다. 심지어 조지아주 주지사로 일할 때에도 카터는 리코버에게 전화를 거는 동안에 식은땀을 흘렸다.

카터는 당시 건조 중이던 해군 최초의 핵잠수함의 하나인 '시울프Sea Wolf호'의 기관실 장교로 배속되었다. 잠수함이 완성되는 동안 그는 뉴욕의 쉐넥태디로 파견되었는데 이곳에서 이 잠수함의 원자로가 만들어지고 있었다. 그곳에서 그는 고된 훈련을 받으면서 유니언 대학Union College에서 한 학기 동안 핵물리학 과목을 청강했다. 교육을 받으면서 그는 조금도 당황하지 않았다. 이 경험으로 후에 그는 자신도 핵물리학자가 될 수 있다고 말했다.

그는 잠수함 전문의 노련한 해군장교였고, 해군에서 승진가도를 달리고 있었다. 그리고 존 윌리엄, 제임스 얼 3세, 도널드 제퍼리Donald Jeffrey로 불리는 세 아들의 아버지가 되어 있었다. 그와 로잘린은 보람되고 즐거운 해군생활을 만끽했다. 카터 가족은 해군과 관련된 일, 여러 새로운 경험, 다른 장교들과 그 가족들 사이에 존재하는 동료의식 등을 좋아했다. 이 시기의 카터는 평생 해군에 남아 있을 작정이었다.

그런데 1953년 카터는 아버지 얼 카터가 암으로 죽었다는 소식을 받았다. 아버지와 아들의 관계는 아들 지미가 아나폴리스 해군사관학교로 떠나고 난 후부터 소원해졌다. 그러나 지미가 종

종 플레인스에 있는 얼을 방문할 때는 아버지와의 관계가 소원해
진 것을 후회하곤 했다. 아버지의 죽음 이후 지미는 자신의 삶을
돌아보는 시간을 가졌다. 카터는 아버지의 죽음 이후에 관해 이렇
게 말했다.

> 나는 아버지의 인생과 내 인생의 중요성에 대해 자주 생각했다. 그는
> 자신이 살던 지역사회에서 매우 중요한 역할을 맡았다. 아버지는 아주
> 폭넓게 활동했고, 자신의 사익과 공인으로서의 책임 등을 조화롭게 연
> 결하여 일했다. 아버지는 본인 스스로에게도 지도자적인 존재였다. 그
> 는 지역사회를 천천히 변화·발전시켜 안정된 생활을 이룩했다.[18]

지미는 아버지의 인생과 자신의 인생을 비교했고, 아버지의 인
생이 자신의 인생보다 더욱 만족스럽다는 확신을 느꼈다. 플레인
스로 되돌아가기를 싫어하는 로잘린의 반대와 장모의 만류에도,
지미는 7년간 몸담았던 해군을 떠났다.

해군을 떠나 정계로

농장경영과 땅콩 중간 매매업을 물려받은 카터 부부는 사업을 확
장하고 발전시켰다. 아내 로잘린은 특히 회계장부를 담당했다. 카
터는 자신이 사업을 시작한 첫해 수입이 단지 200달러밖에 안 되
었다고 말했다. 그러나 이 주장도 '새빨간 거짓말' 중 하나였다. 그
가 경영하는 땅콩 사업에서 씨앗과 장비에 들어가는 비용만 해

도 무려 9만 달러였다. 이 돈은 이듬해 수확한 돈으로 지불해야 했다. 카터 도매점Carter Warehouse은 조지아주에서 가장 큰 땅콩도 매상으로 성장했다. 1970년 초에 지미는 백만장자가 되었다. 아내 로잘린과 어머니 릴리안의 갈등이 완화되지 않은 채 어머니는 1955년 어번대학Auburn University의 기숙사 사감으로 일했다. 그녀는 6년 동안 이 일을 했다. 지미는 행여나 사람들이 어머니에게 생활비가 없다고 손가락질할까 우려하여 어번대학을 떠나기 전에 어머니에게 흰색 캐딜락 차를 새로 선물했다. 카터는 생전의 아버지처럼 교회와 지역사회 업무에 열정적으로 활동했다. 플레인스 침례교회의 집사로서 지역사회의 여러 계획을 수립하고, 발전을 도모하는 지역위원회의 위원으로 그리고 섬터 카운티 교육위원회 위원으로도 일했다.

카터가 교육위원회의 위원이 된 해는 1954년으로, 당시 남부 전역은 학교 내 인종분리의 중단을 명시한 대법원 판결 때문에 시끄러웠다. 이때의 카터는 기존에 존재하던 인종차별적 관행을 대체로 따랐고, 큰 문제로 발전할 가능성이 있는 것에 대해서는 자신의 입장을 표명하지 않았다. 카터가 이러한 모호한 태도를 취할 수 있었던 까닭은 그가 살던 지역이 조지아주 남서부였기 때문이다. 당시 그곳에서는 인종통합에 극렬히 반대하는 움직임이 일시적이나마 힘을 발휘했고, 1960년대까지는 사실상 인종의 혼합이 없었기 때문이었다. 얼마 후 카터는 주정부 정계로 뛰어들었다. 정치권으로 진출한 지미는 인종차별주의자들의 모임인 백인 시민평의회White Citizen Councils 지부 가입 권유를 거절했다. 이로 인해 지미의 가족은 흑인들의 입교를 금지하는 침례교회에서 배척을 당했다.

지미 카터는 38세 생일이 오기 전인 1962년, 조지아주 상원의원직에 출마하기로 결심했다. 그는 민주당 예비선거에서 섬터 카운티의 지지를 받았다. 그러나 인접한 카운티의 지역에서 자체적으로 후보를 냈고, 그 후보를 당선시키기 위한 부정투표 때문에 카터는 139표 차이로 패배했다. 그러나 카터는 이 결과에 승복하지 않고 법정에 부정투표소송을 제기하여 결국 주 상원의원으로 당선되었다. 2년 후 그는 압도적인 표차로 재선했다. 대통령이 될 전조였는지는 모르겠으나 그는 열심히 일했고, 중도-진보적 노선을 견지했다. 또한 그는 제출된 법안들을 진지하고 성의를 다해 검토했다. 1965년에 그는 한 신문의 여론조사에서, 조지아주에서 가장 영향력 있는 의원 중 한 사람으로 선정되었다.

이듬해 더 높은 공직을 목표로, 카터는 조지아주 주지사에 입후보하겠다고 발표했다. 경제적으로는 상당한 성공을 거두었지만 사실 카터는 자신의 지역 외에서는 이름이 거의 알려지지 않았다. 따라서 많은 정치전문가는 그가 선거에서 이길 확률이 거의 없다고 논평했다. 사업을 동생 빌리에게 맡긴 카터는 가문 특유의 부지런함으로 조지아주 전체를 종횡으로 돌아다녔다. 이를 두고 어떤 기자가 "카터의 모습은 곡식 수확을 몹시 서두르는 인부와 같다."라고 표현했다. 그러는 동안 68세의 어머니 릴리안은 평화봉사단the Peace Corps에 가입하여 2년 동안 인도에서 봉사활동을 하고 있었다.

선거 전날, 카터의 전망은 매우 밝았다. 그래서 카터는 전 주지사 엘리스 아날Ellis Arnall이나 레스터 매독스Lester Maddox 중 한 사람과 결승전을 치를 것으로 기대했다. 매독스는 애틀랜타Atlanta에 어느 레스토랑을 소유하고 있었는데, 레스토랑 현관에 흑인의 출입을 금지하는 도끼를 그려 전국적으로 악명이 자자한 인물이었다. 그러나 선거결과는 카터의 예상을 완전히 빗나갔다. 그는 주지사 선거에서 3위에 지나지 않았고, 승리는 매독스에게 돌아갔다. 선거결과에 카터는 크게 실망했다. 깊은 수렁에서 한참 헤매다가 종교적 위안을 충분히 받은 후에야 벗어날 수 있었다.

그 후 카터는 마치 어린아이처럼 생활했다. 그는 독실한 믿음은 없었음에도 꼬박꼬박 침례교회에 출석했다. 신앙요법을 베푸는 사람이자 복음전도사인 자신의 여동생 루스 카터 스테이플턴Ruth Carter Stapleton과 많은 대화를 나눈 후 카터는 스스로 거듭난 크리스찬a born again Christian이 되는 종교적 경험을 했다고 고백했다. 카터의 배경을 둘러싸고 일어난 논쟁 가운데 그의 종교적 귀의보다 더 논쟁거리가 된 것도 없다. 그가 대통령에 출마했을 때 자유주의자들은 카터가 '종교적 신념'과 '시민으로서의 의무' 사이에서 모종의 갈등을 겪을지도 모른다며 우려했다. 그는 자서전에 전혀 예기치 못한 기적도 없었고, 또 다마스쿠스로 가는 여정에서 신을 만난 바울과 같은 경험을 한 적이 없다고 말하는 것이 고통스러웠다고 적었다.

나는 예수 그리스도를 통해 하나님과 진실로 밀접하고 친밀하며 사적

인 관계를 형성했다. 그것은 나에게 엄청난 평화를 가져다주었다.[19]

그는 매일 성경을 읽고, 북동부지역에서의 선교 사업에 자원했다. 이른바 '그리스도를 증거하는 일'이었는데, 이는 훗날 대통령 퇴임 후 전임대통령으로서 수행한 업무의 전형이 되었다.

예수 그리스도에 대해 새롭게 발견하고 이를 수용한 카터는 정치를 떠나지 않았다. 오히려 신앙심을 토대로 봉사에 참여하며 자신의 생각과 책임감을 길렀다. 그는 신학자 라인홀드 니부어Reinhold Niebuhr의 "정치의 진지한 의무는 죄로 가득한 세상에서 정의를 확립하는 것이다."라는 금언을 자신의 정치적 신념으로 삼았다. 그는 마음의 평정을 되찾은 후 1970년에 다시 주지사에 출마했다. 선거에 임한 그는 패배의 쓴잔을 마신 또 다른 조지아인이었던 『바람과 함께 사라지다』 속 스칼렛 오하라Scarlett O'Hara처럼 어떤 대가를 치르더라도 다시는 패배하지 않을 것이라 단언했다.

그가 신앙인으로 거듭났든 아니든 카터는 조지아주 선거 역사상 가장 격렬한 선거를 겪었다. 그는 인종적으로 중도적인 입장을 표방하는 주요 상대인 전 주지사 칼 샌더스Carl E. Sanders를 무차별 공격했다. 칼 샌더스는 특히 전 부통령 허버트 험프리Hubert Humphrey 같은 민주당 자유주의자들과 손잡고 활동했고, 흑인 야구선수와 함께 축제 분위기에 젖은 적도 있었는데, 카터는 샌더스의 그런 행적을 담은 사진을 농촌지역에 살포했다. 그 결과 앨라배마주 주지사 조지 월리스George C. Wallace를 지지하는 인종차별주의자들과 백인우월주의자들이 칼 샌더스에게 공개적인 해명을 요구하는 일이 벌어졌다. 또한 백인과 흑인을 융합시키려는 강제 버스통합 정책이 엄청난 비난을 받았다. 거기다 샌더스는 닉슨이 추진했던 베트남 전쟁 정책을 무조건적으로 인정하는 쪽이었다. 이런 분위기에 힘입어 카터는 수월하게 샌더스를 물리치고 주지사로 당선되었다.

일단 주지사에 당선되자 카터는 자신의 입장을 바꾸었다. 그는 취임식에서 "인종분리의 시기는 끝났다."라고 선언하여 자신의 지지자들을 크게 놀라게 했다. 그리고 애틀랜타에 있는 주청사의 원형 홀에다 마틴 루터 킹Martin L.King, Jr 목사의 초상화를 내걸도록 명령했다. 카터가 주지사로 있는 동안 주 전체에서 흑인 노동자의 수가 40퍼센트나 증가했고, 이전에는 백인 일색이었던 각종 위원회에 다수의 흑인 위원이 임명되었다. 가난한 지역과 부유한 지역의 학교 운영자금도 평등하게 배분되었다.

카터의 주요 목적이었던 주정부의 재조직은 자신의 전략적 실수 때문에 많은 반대를 받았음에도 대부분 실행되었다. 자신이 진행하는 프로그램에 대한 수많은 반대는 공동선에 의해서가 아니라 반대자들의 이기적인 동기 때문이라고 판단한 카터는 그들과의 타협을 고집스럽게 거절했다. 이런 행동 역시 그가 대통령 때의 모습을 미리 보여주었다. 어쨌든 카터는 전반적으로 괜찮은 주지사였고, 머지않아 남부의 새로운 정치를 대표하는 인물로 주간지 『타임TIME』의 전면을 장식했다.*

---

* 『타임』은 1976년 12월호에서 '올해의 인물'로 지미 카터를 선정했다.

주지사 임기가 절반밖에 지나지 않았던 시기, 카터는 1976년 대통령 선거에서 승리하기 위해 노력했다. 그에게 대통령 후보로의 출마는 정치경력을 상승시키기 위한 유일한 선택지처럼 보였다. 조지아주의 법률상 카터는 주지사로 더는 출마할 수 없던 상황이었다. 그리고 허먼 탈매지Herman Talmadge가 오랫동안 차지하고 있던 연방 상원의원 자리도 차지할 확신이 없었다. 그는 민주당 대통령 후보가 될 가능성이 있는 전직 부통령 허버트 험프리, 워싱턴주 연방 상원의원 헨리 잭슨Henry M. Jackson, 앨라배마주 주지사 윌리엄, 애리조나주 연방 하원의원 모리스 유돌Morris Udall을 만나보고 나서 자신에게 대통령 자격이 있다는 결론을 내렸다. 카터는 조지아주 이외의 지역에서는 실제로 잘 알려져 있지 않은 인물이었음에도 두 명의 젊은 지지자, 해밀턴 조던Hamilton M. Jordan과 영국 태생의 정신과 의사이자 주지사 시절 마약 문제 고문으로 있던 피터 본Peter Bourne의 적극적인 후원으로 대통령 출마를 결심했다. 이 두 사람은 아무리 뛰어난 경험 많은 정치꾼이라도 실수할 수 있고, 경쟁자들의 실수로 카터가 승리할 수 있다는 사실을 예리하게 파악하였다. 그들은 1968년 이후 민주당의 대통령 후보 지명 절차가 더욱 민주적으로 바뀌었다는 점을 부각했다. 이제부터 대통령 후보는 전문가나 당의 간부들이 아닌 평범한 시민들이 선정할 예정이었다. 이러한 정치 현실의 변화, 유권자들이 느끼는 통상적인 정치에 대한 불신, 새로운 것에 습관적으로 흥미롭게 반응하는 미디어 등은 아웃사이더 지미 카터에게 크게 유리한 조건이었다. 그리고 카터가 여러 자유주의자 후보와 보수주의자 후보 월리스 중 가장 중도적인 입장의 후보였던 점도 큰 장점이었다. 해밀턴 조던은 1976년 대선 후보 지명 경선의 승리전략이 무엇인지를 대략적으로 설명하는 메모를 카터에게 전했다. 메모에는 선거운동에 임하는 방법에 관한 내용이 적혀 있었는데, 구태의연한 정치적 방법에서 탈피해 가능한 많은 예비선거에 나서 열광적인 지지자를 수천 명씩 동원하라는 것이 핵심이었다.[20]

주지사 임기가 끝나고 1974년을 시점으로, 카터는 선거운동을 위해 조지아주를 떠나 전국을 돌아다녔다. 만나는 사람마다 "나의 이름은 지미 카터입니다. 나는 대통령에 출마했습니다!"라고 인사하며 끈적끈적한 악수를 했다. 실직자들은 그에게 도움이 되었다. 그들은 선거운동에 하루 종일 몰두할 수 있었기 때문이었다. 전국유세를 하면서 카터는 아이오와주, 뉴햄프셔주, 플로리다주에 특별히 관심을 쏟았다. 이곳들은 후보선정을 위한 당 간부회의와 예비선거가 초기에 개최되는 곳으로, 전국적으로 영향을 줄 수 있는 지역이었기 때문이었다. 그러나 정작 그는 각종 현안에 대해서는 애매한 입장을 취했다. 예컨대 낙태 금지조항을 넣기 위한 헌법수정에는 반대하면서 낙태를 제한하는 연방 단위의 법률 제정에는 지지를 표했다. 그는 가족과 종교의 가치를 강조했고, 유권자들의 몽매함과 워싱턴 D.C.에 대한 반감을 교묘하게 이용했다. 심지어 1970년 선거에서는 인종차별주의자 후보인 월리스를 지지했음에도 카터는 남부 흑인들의 확실한 지지를 받았다. 그는 남부 흑인들에게 자신이 기독교인의 사상, 용서, 화해의 정신을 흑인과 공유하는 후보임을 역설해 호응을 받았다. 그는 북부 자유주의자들의 지지도 확보했다. 그들이 카터를 보수적인 앨라배마주 주지사 월리스를 견제하는 보루로 간주했기 때문이다. 이와 관련해 조지아주 연방 하원의원이자 카터의 지지자인 흑인 정치가 앤드루 영Andrew Young은 "흑인은 백인에 대한 일종의 탐지기와 같다. 어디를 가든 카터는 이 장치를 잘 통과했다."라고 설명했다.[21]

해밀턴 조던의 예측처럼 민주당 자유주의자들은 유세장마다 찾아다니는 바람몰이 부대를 형성해 여러 후보에게 표를 분산했고, 결국 카터가 최고 득표를 받았다. 최초의 성공은 아이오와주에서 있었다. 아이오와주 경선에서 카터는 27.6퍼센트의 득표율을 받았는데, 사실상 전체 유권자의 10퍼센트도 채 안 되는 수가 참여했음에도 단지 결과만을 고려한 미디어는 민주당 대선 후보 지명 경선의 '승자'로 카터를 호명했다. 아이오와주에서의 승리로 카터 진영에는 막대한 선거자금이 유입되었고, 이는 뉴햄프셔주 예비선거를 승리로 이끄는 원동력이 되었다. 또한 카터가 플로리다주와 노스캐롤라이나주에서 비록 간발의 차이지만 월리스를 누르는 데에도 중요한 도움을 주었다.

민주당 전국위원회 대표단이 굳게 제휴하고, 시민권의 노래 〈우리 극복하리라We Shall Overcome〉*가 울려퍼지는 가운데 카터는 민

---

* 1960년대 미국에서는 흑인을 포함한 사회적 소수자들의 인권을 보장해야 한다는 민권운동이 대대적으로 진행됐다. 기독교 찬송가로 불리던 〈우리 극복하리라〉는 민권운동 시기에 민중가요로 불리며 사회운동에 참여하는 시민들의 연대를 상징하게 되었다.

주당 대통령 후보로 지명되었다. 그는 남북전쟁 이후 최초의 진정한 남부인으로 거론되었다. 당의 분열을 해결하기 위해 그는 미네소타주 연방 상원의원으로 워싱턴 D.C. 정가의 자유주의자인 허버트 험프리의 지지자, 월터 먼데일Walter F. Mondale을 부통령 후보로 지명했다. 선거운동 중에 실시된 여론조사에서, 공화당의 제럴드 포드보다 30퍼센트를 앞선 카터는 쉽게 승리를 거머쥘 것처럼 보였다.

당시 전국은 실업과 인플레이션으로 몸살을 앓고 있었다. 현직 대통령 포드 역시 예비선거에서 전 캘리포니아주 주지사 로널드 레이건과 격렬하게 다투었다. 대통령직에 대한 신뢰성과 완전함을 회복하기 위해 포드는 애를 썼지만 닉슨이 워터게이트 사건에서 저질렀다고 추정되는 죄를 사면한 대가로 국민의 반감이 극심했다. 또한 포드는 TV 토론에서 소련이 동유럽을 지배하지 못할 것이라는 등 어리석고 멍청한 주장을 떠들어 유권자들의 신임을 사지 못했다.

카터와 포드! 두 사람 사이에 선거운동이 시작되자 카터의 선두 자리가 많이 흔들리기 시작했다. 예리한 말솜씨를 자랑하는 공화당 부통령 후보인 캔자스주 연방 상원의원 로버트 돌Robert Dole은 각종 현안에 대한 카터의 '희미한 태도'를 무차별적으로 공격했다. 엎친 데 덮친 격으로 카터는 선정적인 성인 잡지 『플레이보이』와의 인터뷰에서 "비록 아내를 사랑하긴 하지만 마음속으로는 여러 번 간통을 저질렀다."라고 말해 물의를 빚었다. 만약 선거가 예정된 날짜보다 더 뒤에 실시되었다면 포드는 카터와의 차이를 뒤집고 역전할 수도 있었다. 그러나 결국 카터는 포드를 48퍼센트로 밀어내고, 50.1퍼센트의 득표율을 획득해 대선에서 승리했다. 이제 그에게는 이 나라를 잘 다스리는 일만 남았다.

앤드루 잭슨 이래로 지미 카터의 취임식만큼 간략하고 수수한 취임식도 없었다. 추운 날씨였지만 태양이 내리쬐는 1977년 1월 20일 오후, 카터는 취임식에서 입는 의례적인 전통복장이 아닌 사무실에서나 입는 간단한 신사복 차림으로 대통령 선서식에 나섰다. 대통령직을 수락하면서도 그는 자신의 이름을 '제임스 얼 카터 2세'로 부르지 않고 단지 '지미 카터'로 말했다. 군중의 환호와 함께 대통령과 영부인은 고풍스러운 리무진에서 뛰어나오듯 걸어 나와 함께 손을 잡고 백악관으로 향했다. 펜실베이니아 거리를 걷는 동안 부부의 아홉 살짜리 딸 에이미Amy가 동행하였다.

대통령으로 취임하고 얼마 지나지 않아 카터는 프랭클린 루스벨트를 열심히 흉내 냈다. 스웨터를 입고, 탁탁 소리를 내며 타는 난롯가에 앉아 있는 모습으로, 텔레비전에 출연하여 '노변정담 Fireside chat'을 했다. 미국 대통령 전용기에서 내릴 때는 자신의 옷가방을 직접 들고 내렸다. 대통령 임기 초에는 카터의 겸손하고 서민적인 모습을 수많은 시민이 긍정적으로 받아들였다. 이에 힘입은 카터는 여러 전격적인 법안과 정책을 의회에 제안했다. 후보 시절 공약했던 베트남 전쟁 당시 징병기피자 사면은 취임한 그해 1월 21일에 실시했다. 경제를 활성화하기 위한 제안, 복지체제를 전면적으로 조사하여 조정하려는 제안, 대통령 선거인단제도의 철폐를 위한 제안, 대통령선거는 물론 연방의원 선거에 공공

자금을 제공하자는 제안 등이 연속적으로 제출되었다. 이런 안건들은 의회 내에서 저항을 받았는데, 의회에서는 대체로 소극적으로 저항했다. 전임 대통령 제럴드 포드가 2년 동안 의회의 활동을 거부하기 바빴다면, 카터는 대통령 임기 대부분을 의회로부터 거부당하기 바빴다. 새로운 대통령에게 허락된 국민과의 신혼 기간 Honeymoon을, 카터는 어떤 확실한 성과나 업적도 내지 못한 채 소진하였다. 그러자 미국인은 슬슬 대통령의 흔해 빠진 의사표시를 진지하게 고려하기보다는 그저 속이 텅 빈 강정쯤으로 여기게 되었다.[22]

그때부터 카터에 대한 비난이 일기 시작했다. 그는 눈앞에 직면한 각종 현안을 다루고 해결해 나가는 데에 필요한 지식과 경험이 부족했기 때문에 민주당 주류파처럼 길잡이와 지지자 역할을 해줄 세력이 누구보다도 크게 필요했다. 그러나 그는 수도 워싱턴 D.C.와 수도 주민들을 일단 의심부터하는 '아웃사이더'로 통용되었다. 또한 본인도 그렇게 생각하고 행동했으며, 거만한 태도로 민주당 주류의 조언을 거절했다. 카터는 모든 권력을 자신에게 집중시키고, 거의 모든 결정을 스스로 내렸다. 결국 혼란만 가중되었다. 대통령은 선거운동에 대해서는 뭐든 알고 있었지만 정작 국가의 최고지도자로서 수행해야 할 외교 문제나 국가적 차원의 대사大事에 대해서는 무지한 '조지아 마피아Georgia Mafia'*의 조언만 신뢰하여 실수를 거듭했다. 악마 같은 친구들 때문에 카터는 고

---

* 조지아주 출신인 카터와 그의 최측근을 통칭한다.

통과 곤혹 속에 빠졌고, 수많은 특별검사가 바쁘게 뛰어다녀야 했다.

정가에서 상원의원 한 명 당선시키고자 후원한 것을 제외하면 경험이라고는 전무한, 카터의 백악관 비서실장Chief of Staff이 된 해밀턴 조던은 다른 정치인을 경멸하면서 내심 희열을 느끼는 자였다. 그는 선거운동 기간에 자신이 발휘한 잔꾀가 승리를 끌어냈다고 자신하였다. 대통령 취임식 당일, 연방 하원의장 토머스 오닐Thomas P. O'Neill과 내빈들의 자리는 취임식 만찬장에서 발코니 맨 끝 테이블에 마련되었다. 모욕을 당한 오닐은 비서실장 해밀턴 조던을 '저든Jurden'이나 '저킨Jerkin'으로 부르며 등 뒤에서 욕하기 일쑤였다. 대통령의 입법 프로그램을 의회에 상정하고 많은 사안을 주도할 책임이 있는 사람과의 관계가 이딴 식으로 시작된 것이다.

카터의 근본적인 문제는 카터 자신이 민주당 주류파의 주요 관심사와는 전혀 다른 목표를 추구했고, 민주당 주류파의 주요 정책과는 전혀 다른 정책을 강하게 지지했다는 점이었다. 일찍이 하원의장 오닐은 카터에게 선거운동 기간에 내놓은 화려한 수사적 공약과 실제 입법 과정이 반드시 분리되어야 한다고 충고했다. 그러나 이 말을 했을 때 "카터는 무슨 말인지 이해하지 못했던 것 같다."라고 오닐은 회상하였다.[23] 카터는 조지아주에서의 자신의 경험을 자주 회고했다. 당시 주입법부가 자신의 프로그램에 찬성하지 않고 방해하면, 주지사 카터는 유권자들에게 직접 호소하는 방법을 썼다. 만약 그가 연방의회에서 유사한 상황에 놓이게 되면, 아마도 조지아주에서 취했던 방법을 주저 없이 선택하였을 것이다. 실제로 그는 다음과 같은 경고성 발언을 자주 했다.

나는 당신 의원들보다 당신들의 유권자들에게 직접 말하는 편이 더 쉽다.

카터에게서 이런 말을 들은 의원들은 카터를 곱게 생각할 리가 없었다. 당연히 대통령과 의회 사이는 틀어졌다. 여러 댐과 물 연구 과제를 없애고자 하는 카터의 제안을 둘러싸고 본격적으로 갈등이 촉발되었다. 거기다 카터는 민주당 주류로 채워야 할 연방정부의 공직에 사람을 임명하기 위해 '재능'을 확인하기 위한 기구를 설치했다. 이 역시 민주당의 여러 의원의 심사를 불편하게 만들었다. 민주당은 여러 일을 수행하는 과정에서 당과 손발을 맞출 대통령이 필요했다. 그러나 여당이 믿었던 인물과의 갈등이 끊이지 않았고, 결국 주요 공직은 민주당 주류와는 동떨어진 인물들이 차지했다. 백악관과 의회와의 관계는 행정부가 경제에 힘을 실어주고자 후보 시절 공약으로 내세운, "모든 납세자에게 50달러를 상환하겠다."라는 제안을 취소한다는 예상치 못한 발표와 함께 더욱 긴장되었다. 결국 대통령을 배출했음에도 민주당 의원들이 얻은 소득은 거의 없었다.

카터의 경제 정책과 운영은 국내 문제에서 카터가 저지른 실패의 전형이었다. 대통령에 취임할 당시 그는 10퍼센트에 달하는 인플레이션과 8퍼센트에 달하는 실업률을 둘 다 절반으로 줄이겠다고 공약했다. 그러나 역사가 제임스 번스의 지적처럼 카터에게는 이를 실현할 청사진조차 없었다.

백악관은 무엇을 뚜렷하게 원하는지에 대한 메시지를 내놓지 않았다. 오히려 혼합된 신호만 보낼 뿐이었다. 사전 준비과정은 부적절했고, 이후의 실행과정은 산발적이었다. 심지어 백악관에서 수렴해야 할 의견 조율이 이루어지지 않아 담당자들이 서로 싸우는 지경에 이르렀다. 행정부와 입법부 사이의 주기적인 갈등은 말할 것도 없었다. 특히 카터 행정부의 보잘것없는 참모진들 때문에 더욱 증폭되었다. 무엇보다도 "무엇을 우선 해결할 것인가?" 같은 문제에 대한 감각, 즉 우선권에 대한 감각이 절대적으로 부족했다.[24]

경제 문제를 제외하고 카터를 가장 크게 압박한 문제는 에너지 위기와 관련된 것이었다. 아랍의 산유국들은 1973~1974년에 이스라엘과 아랍 삼국 사이에서 벌어진, 이른바 '욤키푸르 전쟁Yom Kippur War'* 이후 석유생산량을 줄이고 가격을 올렸다. 그 결과 외국산 석유 가격은 무려 두 배 상승했다. 당시 외국자원에 대한 미국의 의존도는 전체 수요의 50퍼센트를 넘고 있었다. 수입 석유에 대한 의존도를 줄이기 위해 카터는 에너지보존 법안을 촉구했고 더불어 에너지 소비를 줄이기 위해 에너지 가격을 올리는 법안

---

* 라마단 전쟁, 10월 전쟁이라고도 부른다. 이집트, 시리아, 리비아 삼국이 이스라엘과 싸웠다.

과 미국 내 새로운 에너지의 개발을 격려하는 법안을 의회에 요구했다.

그러나 불행하게도 카터 행정부가 제출한 에너지보존 프로그램은 너무나 비밀리에 이루어져 쓸데없는 조항이 많이 포함됐다. 무려 113개 조항으로 이루어져 있었는데, 대다수가 운영상의 결점으로 빼곡했다. 훗날 클린턴 행정부는 궁극적으로 포기해야 했던, 너무나 쓸데없고 복잡한 조항으로 가득한 건강복지 프로그램을 비밀리에 추진했는데, 이는 카터가 저지른 실수와 똑같은 실수였다. 정치적 문제에 종교적 의미를 적용시키는 평상시 행동의 일환으로, 카터는 이 문제에서 '전쟁에 임하는 것과 같은 도덕적 노력moral equivalent of war'을 쏟아부었다. 비판자들은 이를 두고 글자를 따서 '경멸MEOW'이라고 놀렸다. 예상 못할 바는 아니라지만, 백악관이 마침내 이 계획을 발표했을 때 행정부 관료들조차 너무나 혼란스러워 서로를 반박하는 결과를 초래하게 될 것임을 인식했다.

카터가 내놓은 프로그램이 너무나 복잡하다는 점이 비판의 핵심이었다. 그의 프로그램은 너무 황당하거나 보잘것없었다. 이 문제와 관련하여 카터가 사전에 의회 지도자들과 에너지 문제 해결을 위한 발전방안을 논의하고 협조를 구했다면, 의회의 노골적인 반대만큼은 면할 수 있었을 것이다. 그러나 그는 협조를 구하는 대신 대규모 석유회사의 탐욕과 의회 내에서 활동하는 석유회사 로비스트의 압력에 비난을 퍼부었다.

개혁을 추구한 카터의 또 다른 노력 역시 의회의 반대에 부딪혀 빛을 보지 못했다. 연방 복지체제에 대해 규제를 가하고자 하는 정책이 조용하게 사라져 버렸다. 카터의 중요 선거공약 중 하나였던 세금제도 개혁은 알맹이가 다 빠져 버렸다. 50달러 세금 상환계획이 좌절된 후 지지자들은 만약 정치적 압력이 다른 방법으로 제기된다면 카터가 언제든지 공약을 포기하지나 않을까 염려했다. 카터의 지지율은 1977년 말에 급속히 하락하기 시작했고, 이후 결코 회복되지 못했다. 또한 그에게 반대한다고 해서 어떤 정치적 보복이나 악영향을 두려워할 사람은 아무도 없었다. 이제 그는 속눈썹이 약간 휘날린 채 경멸과 수치를 모면하는, 꾸며진 미소만 가득 머금어야 했다.

거듭되는 실책

대통령에게 가장 중요한 일은 명확한 목표를 달성하기 위해 강한 지도력으로 실천하는 것이다. 다시 말해 국가가 직면한 다양한 문제를 확인하고, 국민에게 그 문제를 알리며, 국민의 의견을 종합해 그것을 해결하는 것이다. 이를 위해 설득력 있게 호소하는 대통령의 웅변술은 필수적인 조건이다. 카터에게서 도저히 찾아볼 수 없는 능력이 바로 이 웅변술이었다. 카터는 자신의 정책을 수행하는 과정에서 국민을 집결시키지 못했다. 그는 대통령으로 있는 4년 동안 기억할 만한 가치 있는 문장은커녕 문장 속의 구句 하나도 내놓지 않았다. 그는 단 한 번도 비전을 제시한 적이 없었다. 그는 단 한 번도 고무적이고 감동적인 연설을 한 적이 없었다. 물론 훌륭한 설교도 한 적이 없었다. 로버트 달렉Robert Dallek 은 대통령에 관한 책에서 카터에 대해 이렇게 지적했다.[25]

국가의 비전을 제시하는 것은 정부의 책임이다. 좀 더 명확히 말하면 대통령의 책임이다. 만약 대통령이 비전을 제시하지 못한다면 대통령이 될 당시 그에게 쏟아졌던 그 수많은 호의와 지지를 상실한 채 종말을 맞게 될 것이다.

프랭클린 루스벨트나 로널드 레이건은 카터가 직면한 위기와 비슷한 위기를 맞이했을 때, 국민의 힘을 결집했다. 그러나 카터는 이러한 지도력을 보여줄 어떠한 능력도 없었다. 혹시 얼마의 능력이 있더라도 카터는 모든 기회를 상실했다. 카터는 대신에 너무나 사소한 문제에 골몰했다. 예를 들면 백악관의 테니스코트를 사용하기 위해 예약하는 일, 거기에서 사용된 돈은 물론 일상적인 일을 일일이 장부에 기입하는 일, 그가 매일 듣는 고전음악 레코드의 목록을 작성하는 일 따위 말이다. 카터가 당선되었을 때,『워싱턴 포스트Washington Post』는 "이 나라 국민은 '최초로 시민 지배인the country's first national city manager'을 대통령으로 뽑았다."라고 논평했다. 백악관에 관련 업무를 많이 담당했던 국방성의 한 관리는 이렇게 말했다.

어떤 지도자는 큰 그림을 파악하는, 이른바 '숲을 보는 사람forest man' 이고, 다른 지도자는 '숲속의 나무를 보는 사람tree man'이다. 그러면 카터는 어떤 사람인가? 오 하나님! 그는 '하나의 나뭇잎을 보는 사람a leaf man'이다![26]

1979년 여름 또다시 유가가 폭등하자 새로운 정책을 구상하기 위해 캠프데이비드(미국 대통령의 별장)에서 비밀회의가 열렸다. 여기서 측근들에게 설득당한 카터는 TV 프로그램에 나와 "이 나라는 '정신의 위기'로 고통받고 있다."라는 메시지를 전했다. 평상시처럼 그의 메시지에는 절반 정도 복음주의적 색채가 들어있었다. 즉 당시 좋지 않은 상황에 직면했던 미국인을 진지하게 나무라고 질책한 것이다. 그러나 우리가 앞에서 많이 보았듯이 국가적 위기와 어려움을 해결하기 위한 정책을 구체화하지 못한 대통령의 무능이 더욱 실질적인 문제였다. 그리고 거의 모든 정책이 기대를 벗어나 실패로 끝나는 것도 문제였다. 결국 캠프데이비드에서 조깅을 하긴 해도 육체적으로 많이 쇠약해진 모습이 담긴 카터의 사진을 보며, 국민들은 관심과 이해가 아닌 조롱과 비웃음을 보냈다.

카터는 조지아주 은행가 출신이자 선거 당시 참모였던 친구 버트 랜스Bert Lance를 예산관리국Office of Management and Budget 국장으로 임명했다. 그런 그가 강제로 사퇴를 당하자 카터의 지지율도 크게 하락했다. 랜스는 조지아주에서 워싱턴 D.C.로 오기 전에 은행거래와 관련해 많은 의혹에 휩싸였으나 카터는 정치적 분별력을 상실해 친구를 지지했다. "버트! 나는 당신을 자랑스럽게 생각한다."라는 말을 했던 카터는 신중치 못한 행동으로 불행한 결과를 낳고 말았다. 해밀턴 조던과 또 다른 핵심 참모인 팀 크래프트 Tim Kraft가 마약복용 혐의로 조사를 받았다. 그러나 이들은 둘 다 기소되지 않았다. 이렇게 되자 많은 사람이 카터는 그의 동료와 관련된 문제에서는 명확한 기준을 적용하지 않는다고 생각하였고, 나아가 카터가 정부에 규정한 높은 수준의 도덕적 기준을 스스로 낮추고 포기하는 것이라고 비난했다.

대통령의 동생으로 알코올 중독자인 빌리 카터 역시 지미 카터의 명성을 손상했다. 물론 빌리 카터가 유일하게 대통령의 친인척으로서 문제를 일으킨 인물은 아니었다. 앞으로 소개할 사례를 미리 알려주자면, 율리시스 그랜트 대통령의 형은 북아메리카 인디언과의 교역 문제에 개입해 이익을 챙겼다. 책에서는 나오지 않지만 린든 존슨 대통령의 남동생 샘 휴스턴 존슨은 어음을 남발해 이익을 챙겼고, 닉슨 대통령의 남동생 도널드 닉슨은 투자계의 거물 하워드 휴스와 어울리느라 갈피를 잡지 못했다. 미국인들도 처음에는 남부 출신의 교양 없는 인간이 사소한 범죄를 저질렀을 때는 실소를 했으나, 빌리 카터가 테러리스트를 후원하는 리비아의 지도자 카다피에게 로비 차원으로 22만 달러를 사용했다는 사실을 알게 되었을 때는 웃을 수가 없었다.

파나마 운하 조약, 캠프데이비드 협정과 같은 외교적 성공은 카터의 인기도를 일시적으로는 상승시켰다. 그러나 카터의 엄벙덤벙하고 흐릿한 태도, 무능력과 무효능한 임기에 대한 비난의 화살은 그칠 줄 몰랐다. 1979년 차기 대통령 선거를 정확히 1년 앞둔 11월 4일의 황량하고 차가운 일요일 아침, 카터에게 가장 치명적인 최종 일격이 날아들었다. 이란 혁명 당시 이란 시민들이 테헤란에 있는 미국대사관을 습격해 약 100명에 달하는 미국인을 인질로 사로잡는 일이 발생했다. 미국을 증오하는 노래가 울려 퍼지고 성조기가 불타는 가운데 인질들에게 눈을 가린 채 대사관 마당을 행진하도록 했다. 대사관을 습격한 이란 시민들은 인질 석방 조건으로 '이란 국민에 대한 범죄행위'를 저지른 이란 왕 팔라비를 재판에 회부할 것이니 그를 이란으로 돌려보낼 것을 요구했다.

이 사건으로 카터는 큰 충격에 빠졌다. 여성과 흑인 인질을 먼저 석방해 전체 인질이 53명으로 줄어들고 나서야 긴장이 다소 누그러질 수 있었다. 1953년 이래로 줄곧 미국은 자국의 이익을 추구하여 이란에서 음모를 꾸민 탓에 두 나라의 관계는 원만하지 못했다. 1953년은 CIA가 좌익 민족주의자들의 쿠데타로 축출당한 이란 왕에게 왕위를 되돌려준 해였다. 그 대가로 전임 대통령 리처드 닉슨 시기에는 이란이란 나라 자체가 석유가 풍부한 페르시아만(걸프만) 지역에서 미국의 튼튼한 방어벽 역할을 맡았다. 바로 이런 점 때문에 이란 내 반왕-반미 감정이 강화되었다. 여러 이란인은 이란 왕이 저지르는 가혹한 만행과 사회적으로 널리 확산된 부정부패 현상에 분노하고 있었다. 그러는 동안 이슬람 근본주의자들은 사회를 현대적으로 개혁하고자 한 팔라비의 개혁을 이슬람 율법과 이슬람 전통을 위반하는 행위라고 여겼다.

절대적 지배자라는 왕의 이미지와 그 체제를 잘 활용하던 미국 외교관들, CIA를 비롯한 첩보기관들은 이란 왕 팔라비의 종말을 믿을 수 없었다. 팔라비는 노쇠한 종교적 열광주의자 호메이니Ayatollah Ruhollah Khomeini에게 충성을 맹세하는 하층민 시위대에게 왕위를 박탈당하고 축출당한 것이다. 일단 당시 호메이니는 파리에서 망명 생활을 하고 있었다. 거기다 이 상황은 캠프데이비드 협정, 중국과의 관계 정상화 원칙, 무엇보다 소련과의 협상을 통한 무기제안조치에 따라 미국의 외교정책 기구들이 이미 많은 부담을 떠안고 있던 상태에서 일어난 사건이었다. 워싱턴 D.C.의 외교정책 수립자들은 이란에서의 위기에 대처하고 해결할 여력이 사실상 전혀 없었다. 미국이 할 수 있는 일이라고는 고작해야 이란왕의 미국 망명을 도와주는 것밖에 없었다.

대다수 서방 정치지도자처럼 카터는 이 사건이 어떻게 진행될 것인지 예상하고 합리적으로 문제를 해결하는 것이 당연하다고 생각했다. 그러나 이란위기를 다루는 과정에서, 카터는 제3세계에서의 문제 해결방식에 대한 서구 모델의 부절적성을 고려하지 않았다. 카터는 전임자들처럼 냉전의 잣대로 국제문제를 보았다. 그래서 미국과 소련을 둘 다 비난하는 근본주의자들의 종교혁명을 목격하고도, 그 심각성을 인정하지 않고 무시하는 태도로 일관했다. 특히 이란에서 공존할 수 없는 극좌파, 정치적 중도파, 보수적 종교지도자들이 강력하게 결속했고, 근본주의자들의 평등사상, 반미주의, 이란 왕의 독재체제에 대한 반감 등이 뒤섞여 있다는 사실을 카터는 전혀 인지하지 못하였다.

1979년 2월, 이란의 시위대가 테헤란에 있는 미국대사관을 점령한 그날, 카터는 폭도들에게 강력한 경고를 해야만 했다. 그리고 겸손하고 신중한 태도로 외교적 노력에 나서야 했다. 그러나 카터는 이 사건의 빠른 종결이야말로 이란을 '정상Normalcy'으로 되돌려놓는 최선의 방법이라 생각했다. 카터의 그런 생각은 결국 걷잡을 수 없을 정도로 문제를 확대시켜 버렸다. 카터는 호메이니 체제와의 관계를 개선하기 위한 노력의 일환으로, 이슬람 시아파의 지도자로 신앙심이 뛰어난 인물에게 주어지는 아야톨라Ayatollah라는 칭호를 호메이니가 부여받았다는 것을 인정했다. 또한 국제연합의 공사였던 앤드루 영은 호메이니를 '성자와 같은 사람'이라 불렀다.

　카터의 해결법은 문제를 해결할 열쇠를 이슬람 극단주의자에게 넘겨주는 결과를 야기했다. 혼란이 거듭되었지만 대중의 열광이 식어가자 이슬람 극단주의자들은 혁명을 급진적으로 이끌어가기 위한 모종의 조치를 모색하고 있었다. 석유와 은행을 통해 막대한 이익을 취한 이란 왕이 미국에서 암 치료를 받고 있었는데, 그들이 이란 왕을 송환하라고 요구한 것은 단순히 구실에 불과했다. 미국대사관 습격 사건이 발생하고 444일이 경과하자 언론을 통해 인질들의 고통스럽고 곤궁한 생활이 보도되었다. 그러자 안에서부터 곪던 사건이 완전히 밖으로 터져 나오기 시작했다. 이제 이 문제는 카터의 대통령직 수행을 방해하는 최악의 걸림돌이 되어버렸다.

　거의 모든 언론에서 명확히 드러난 인질 문제는 곧 미국인 전체에게 알려졌고, 그럴수록 카터는 점점 초췌해졌다. 그는 인질 문제를 개인적으로 해결하겠다는 강력한 의지를 표명했다. 아마도 인질들을 석방하지 못했다는 죄의식에 기인한 행보가 아닌가 싶다. 카터는 잠을 설쳤고, 지칠 대로 지쳤으며, 인질들의 고통에 분노하는 대중을 차마 마주할 수가 없었다. 그는 백악관에서 거의 칩거하였다. 이듬해 이란 왕은 암으로 죽었으나 인질이 석방되진 않았다. 미국에 이란 왕이 있었다는 사실 자체가 인질 억류의 평계가 되었기 때문이다. 호전적인 이란의 폭도들이 인질을 억류하고 있는 한 '혁명 속의 혁명'을 요구하는 정화의 불길은 계속해서 타오를 예정이었다.

카터는 어떻게든 인질을 구출해 그 여파를 최소화했어야 했지만 그렇게 하지 못했다. 이 사건을 풀어가는 지렛대 역할을 해줄 만한 것을 아무것도 가지고 있지 못했기 때문이다. 어떤 비평가들은 이런 카터를 두고 연재만화 〈피너츠Peanuts〉의 주인공 찰리 브라운Charlie Brown에 비견했다. 성격 좋은 찰리는 축구공을 차려 할 때마다 장난기가 많은 '루시'에게 자기를 향해 공을 차라고 부탁하는데, 루시는 매번 공을 잽싸게 낚아채고 찰리는 튀어오르는 공 때문에 영락없이 엉덩방아를 찧는다. 비극적이지만 호전적인 이란 시위대에게 미국대사관 인질이란 찰리의 축구공과 같은 것이었다. 카터는 인질석방을 위해 계속 협상을 시도했지만 그를 얕잡아 본 이란의 시위대들은 끝까지 축구공을 마음대로 가지고 놀고 있었다.

이 인질 위기가 1980년의 대통령 선거에서 악재로 작용할 것을 염려한 카터는 드디어 인질을 구출할 특공대에게 명령을 내렸다. 그러나 이 결정은 이내 악몽으로 변해 버렸다. 구출을 위한 특공대가 테헤란에 도착하기도 전에 사막의 모래폭풍 때문에 헬리콥터가 충돌한 것이다. 한밤중에 사막에서 헬리콥터가 충돌하여 8명의 미군이 사망하자, 카터는 수치심 속에서 이 임무를 포기하지 않을 수 없었다. 지미 카터가 잡고 있던 한 가닥의 희망마저 이란사막의 타오르는 화염 속에서 사라져버렸다. 결국 이 인질 문제는 로널드 레이건이 대통령이 취임한 후에나 해결되었다.

실패한 대통령의 전형

지미 카터는 자신이 대통령을 지내면서 이루려 했던 높은 희망의 희생자라 할 수 있다. 대중의 기대는 터무니없이 높아져 있었고, 자신은 인간으로서 할 수 있는 그 이상의 일을 성취하고자 했다. 이와 동시에 변화와 개혁을 끌어낼 적절한 프로그램을 수행하고자 했던 그의 노력도, 닉슨 추방 후 계속 권한을 지키고자 했던 의회와의 충돌로 한계에 부딪혀 빛이 바래고 말았다. 심지어 카터는 새로운 이익집단들과의 갈등으로 괴로워했는데, 그 집단들은 정당의 기본 질서가 붕괴한 후 미국 정치에서 중요한 역할을 수행하였다.

카터는 선하고 도덕적인 사람임이 분명하다. 대통령직에서 물러난 이후의 그의 경력은 이를 더욱 확실하게 보여준다. 그러나 그는 대통령으로서는 분명히 실패한 사람이다, 백악관에 있는 4년 동안 그는 선한 의지와 목적을 가지고 있었지만 실천으로 얻은 성과는 보잘것없었다. 아웃사이더로 워싱턴 D.C.에 입성한 그는, 선거 중에는 싸워야 했던 기존 제도와 이익집단과의 조화와 수용을 기대해야 한다는 사실에 적응하지 못했다. 그는 지적이고, 정직하고, 봉사를 생활화하는 인간이었다. 그러나 너무 독선적으로 자신의 도덕적 우월성만 믿었다. 그는 자신이 추진한 프로그램과 정책에 대해 근면하고 성실한 태도로 임했다. 그러나 실천하는 과정에서 국민을 설득하고 교육하는 데에 실패했다. 무엇보다도 카터가 자기 행정부의 임무나 미국이라는 나라의 목적을 알맞게 형성해 지도하지는 못했다는 사실이 가장 중요하다. 이것은 성공한 대통령의 공식이 아니다.

2장
William Howard Taft

윌리엄 태프트 1909년 3월 4일 ~ 1913년 3월 4일

진보의 물결이 몰려오는 혁신의 시대에
보수주의를 고집한 시대착오적인 대통령

그는 부적절한 시대에
부적절한 권좌에 앉은
부적절한 인물이었다.

1908년 1월 어느 저녁. 제26대 미국 대통령 시어도어 루스벨트는 사이좋은 친구이자 전쟁장관 윌리엄 태프트와 그의 아내 넬리 Nellie를 백악관으로 초대했다. 만찬 이후 대통령은 가죽의자에 등을 기대고 눈을 지그시 감았다. 황홀경에 빠져 있는 목소리로 기도문을 외우듯 그는 다음과 같은 말을 했다.

그는 일곱 번째 딸의 일곱 번째 아들로 태어났다.* 나는 날카로운 천리안을 가지고 있다. 나는 내 앞에 서 있는, 몸무게 350파운드의 사람을 보고 있다. 그 사람의 머리 위에 뭔가가 다가오고 있다. 나는 그것이 무엇인지 확인할 수가 없다. 그것은 가느다란 실에 매달려 있다. 어떤 때는 그것이 대통령처럼 보이고, 또 어떤 때는 대법원장처럼 보인다.

태프트가 "대법원장이 되게 해주십시오."라고 말하자 그의 야심 넘치는 부인 넬리 태프트가 "대통령이 되게 해주십시오."라고 말했다.[1]

---

* 윌리엄 태프트와 그의 모친 '루이즈 태프트'를 가리키는 말이다. 윌리엄 태프트의 부친 '알폰소 태프트'는 두 번 결혼했다. 두 명의 부인에게서 낳은 모든 자녀를 나이순으로 나열하면, 윌리엄 태프트는 일곱 번째 자식이다.

대통령 임기를 2년 남겨 두고 시어도어 루스벨트는 자신을 계승할 인물을 선정하는 문제로 많은 고민을 했다. 시어도어 루스벨트는 1901년 9월 제25대 미국 대통령 윌리엄 매킨리가 암살당하자 그를 계승하여 대통령이 되었다. 매킨리의 잔여 임기 3년을 마치고 나서 다시 대통령으로 출마하여 선거운동을 하면서 시어도어는 재선을 위한 대통령 후보로 나서지 않겠다고 공약했다. 그러면 그는 자신의 자리를 누구에게 넘겨주려고 했는가? 아마도 그가 가장 먼저 꼽은 사람은 엘리후 루트Elihu Root였을 것이다. 루트는 루스벨트 대통령 임기 초기에 전쟁장관으로 일하다가 1905년에 국무장관으로 일하며 시어도어 루스벨트를 훌륭하게 보좌한 인물이었다. 그러면 뉴욕 주지사 찰스 휴스Charles E. Hughes는 어떠한가? 그는 당시 보험 시장을 전반적으로 조사하여 많은 지지를 받았다. 그런데 루스벨트는 루트와 휴스를 제쳐두고 태프트를 선택했다. 넬리의 소망이 이루어지자 시어도어 루스벨트 본인과 윌리엄 태프트는 물론이고 미국인 전원이 불행해졌다.

시대착오적인 대통령

윌리엄 태프트는 시대착오적인 사람이었다. 그는 뚱뚱했고, 활발하지 못했으며, 행동이 굼떴다. 정치가로서 서툴렀고, 말을 더듬거렸으며, 늘 우물쭈물거리곤 했다. 그는 부적절한 시대에 부적절한 권좌에 앉은 부적절한 인물이었다. 당시의 시대적 흐름은 혁신주의였다. 그러나 그는 보수주의자였다. 당시 미국은 역동적인 대통령을 원하고 있었다. 그러나 그는 현상을 그대로 유지하고자 하는 사람이었다. 그는 백악관과 의회를 통제하는 당의 지도자로서, 그것도 압도적인 대중의 지지를 받으며 대통령이 되었음에도, 자신의 통치와 국민의 인기를 쓸데없는 곳에 소진했다. 결국 4년 후 대선에서 단지 2개 주에서만 간신히 선전하고 말았다. 아마 이런 사람이라면 누구라도 최악의 대통령 명단에 오를 것이다. 그러나 당시의 시대적 배경은 태프트의 무능과 부적절함을 가리는 베일이 되어주었다. 어떤 전문가들은 그가 붙임성 있고, 연민의 정을 느낄 줄 알 만큼 정서적인 인물이었기 때문에 그의 명성을 회복시켜줘야 한다고 주장하지만 이는 변명에 불과할 뿐이다.

태프트는 성격, 기질 그리고 자신의 경력이나 교육 등을 고려할 때 대통령보다는 판사직이 훨씬 잘 어울리는 사람이었다. 그는 자주 "나는 판사직이 좋다. 나는 법정에서 일하는 것을 좋아한다. 판사직은 나의 이상이다. 판사란 직업은 장차 정의로운 하나님과 독대할 때의 모습이 어떠한지를 현세에서 확인할 수 있게 한다."라고 말하곤 했다. 1921년 태프트는 마침내 자신의 꿈을 실현했다. 당시 제29대 미국 대통령 워런 하딩Warren G. Harding이 그를 대법원장에 임명했다. 이로써 그는 대통령직과 대법원장직 둘 다 겸은 유일무이한 인물이 되었다. 사실 태프트는 정치를 몹시 싫어했다. 선거운동을 하면서 기쁘게 악수하는 유권자가 자신에게는 힘든 고통이었다. 그는 "나는 정치를 좋아하지 않는다. 특히 내가 그것에 관여하고 있을 때는 더욱 그러하다."라고 말했다.[2]

넓디넓은 몸과 뱃살과는 상반되게 역동적인 상상력과 영감은 턱없이 부족했던 태프트는 의회의 지도자가 아니었고, 대중의 여론을 수렴해 본 경험이 있는 정치가도 아니었다. 그는 시어도어 루스벨트가 역동적으로 휘두른 지휘봉을 서투른 솜씨로 승계한 인물에 불과했다. 더 나쁜 것은 자신이 백악관에 입성하는 데 도움을 준 사람을 배신했고, 그로 인해 백악관에서 다시 퇴출당하게 되는 잘못을 저질렀다는 점이다. 태프트는 제대로 해보고자 노력하긴 했다. 그렇지만 시어도어 루스벨트가 평범한 미국인에게 어느 사안에 관한 자신의 의견을 호소하고, 역동적이고 강인하게 문제를 처리하려 했던 것과는 달리 태프트는 그렇게 할 능력이 부족했다. 시어도어 루스벨트는 한 세력이 다른 세력을 완전히 무시하지 않도록 정치세력을 골고루 배려했다. 부지런하고, 민첩했으며, 타인을 위한 염치와 예의범절이 있었다. 그러나 태프트는 아니었다. 시어도어 루스벨트는 공화당 내 상호적대적으로 공존하는 보수파와 혁신파를 조율하여 자신의 지도력에 충성하도록 이끌고자 강인하고 역동적으로 행동했으나 태프트는 그렇지 못했다.

태프트의 거대한 몸집은 그의 스타일과 너무나 잘 어울렸다. 다이어트를 하든 말든 평상시 약 300~350파운드(약 136~158킬로그램)의 체중을 유지한 태프트는 역대 가장 뚱뚱한 대통령으로 꼽힌다. 그의 몸이 욕조에 끼어 움직이지 못했다는 소문이 나돌았을 때에는 온 나라가 웃었다고 한다. 수소문 끝에 그는 백악관에 거대한 크기의 욕조를 설치했다. 이 욕조는 길이가 7피트(213센티미터), 폭이 41인치(104센티미터), 무게가 1톤에 육박했다. 평균 체형의 사람 4명이 동시에 입수할 수 있는 크기였다. 한편 그는 골프광

이기도 했는데, 백악관에 입성한 대통령으로서는 처음이었다. 다만 너무 뚱뚱한 나머지 허리를 굽힐 수 없었다. 그래서 늘 그의 캐디가 골프공을 관리해야만 했다. 필리핀 총독으로 근무했을 당시, 그는 마닐라에서 몹시 아프고 난 뒤 전쟁장관 엘리후 루트에게 전보를 보냈다. "오늘 오랫동안 말을 탔다. 많이 좋아졌다." 이에 루트는 비꼬는 투로 즉시 답장을 보냈다. "말은 괜찮나?"[3]

저녁식사를 마치고 나면 태프트는 종종 이야기 중간에 자신의 가슴께까지 머리를 떨어뜨렸다. 그는 곧바로 10분 혹은 15분 정도 잠을 자고 깨어나 아까 했던 이야기를 반복하곤 했다. 그는 교회에서 예배를 드리는 시간에도 늘 졸았다. 장례식에 참가하여 맨 앞줄의 애도자 사이에 앉아 졸고 있다가 보좌관이 슬쩍 찔러 깨운 적도 한두 번이 아니었다. 초상화를 그리는 동안 서서도 잠을 잤다. 그는 중요한 결정을 내려야 하는 시점에도 뒤로 미루거나 다른 사람을 시켜 결정을 맡겼다. 그는 다른 정치가, 의회의 지도자, 매일 자신을 취재하는 기자들의 이름조차 기억하지 못했다. 그는 약속을 자주 잊어버리곤 했다. 결국에는 수많은 사람이 그의 적이 되어버리고 말았다. 그는 대통령으로서의 업무보다 책상 위에 쌓여 있는 종이카드로 다리를 건설하는 브리지 게임에 더 몰두했다. 각종 연설문도 연설 직전까지 준비되지 않은 경우가 허다했다. 대통령으로 근무한 이후 그는 "나는 사인으로서의 안락함과 편안함을 너무 좋아한 탓에 대통령으로서 해야 할 일을 더 많이 하지 못했다."라고 고백했다.[4]

정치에 부적격한 인물이었음에도, 태프트는 조지 허버트 워커

부시George Herbert Walker Bush와 비슷하게 선거가 아니라 임명으로 정치 분야에서 괄목할 성장을 했다. 오하이오주Ohio 대법원장 선거에 출마한 사례를 제외하면 태프트는 대통령 출마 전까지 어떤 선거에도 출마한 적이 없었다. 상시 붙임성 있는 태도를 유지한 그는 훗날 "교육을 잘 받은 모든 오하이오주 사람들처럼 어떤 공직에서 물러나게 되면 곧바로 다른 공직이 날 기다리고 있었다."라고 말했다.[5] 그의 가족, 특히 아버지의 정치적 영향력을 활용하여, 그는 판사, 행정관 그리고 루스벨트의 분쟁조정자로서 공직을 두루 거치며 경력을 쌓고 대통령의 자리에까지 오른 사람이었다.

여러 면에서 태프트와 조지 H. W. 부시는 닮았다. 둘 다 미국의 상류계층 출신으로 예일 대학을 졸업했다. 둘 다 영감이 부족한 평범한 지도자였다. 둘 다 역동적인 생명력을 발휘한 지도자(시어도어 루스벨트와 로널드 레이건)를 선임자로 두었다. 이들은 선거를 통하지 않는 공직 이외의 직책에서 성공을 거두었다. 그러나 그들의 그런 경력이 대통령직을 성공적으로 수행할 수 있을 것이란 약속을 담보하진 않는다는 사실이 증명되었다. 태프트나 부시는 미국의 미래에 관한 비전을 제시하지 못했다. 즉 부시와 마찬가지로 태프트에게는 국가의 현안을 해결할 방법이나 미래에 관한 비전을 제시할 폭넓은 선견지명이 없었다. 또한 두 사람은 공화당의 지지율을 분산시키는 역할을 수행하는 제3당의 후보자에게 덜미를 잡혀 재선에 실패하였다.

태프트는 임명직 공직을 지내면서 나름의 정치술을 습득했다. 비록 그 정치술이 판사직이나 행정관직 등 한정된 세계에서만 적합하긴 했으나 추후 선거를 통해 당선된 지도자로 일하는 데에도 약간의 자산이 되었다. 언론과 대중들로부터 모욕을 당했지만 그렇다고 그는 결코 정치적 접촉을 통한 조화를 이끌어야 한다는 필요성 내지는 노련한 정치가들이 잘 사용하는 과민한 정치적 장치를 개발할 필요성을 느끼진 않았다. 대통령으로서 그가 남긴 업적은 수수하고 평범했다. 개인이 운영하는 속달회사와 싸워 속달우편 제도를 만들었고 은행업자와 싸워 우체국예금 제도를 만들었다. 또한 노동부를 독립적인 부서로 승격시켰고, 주식회사의 과도한 행위를 자제시키는 강력한 반反트러스트* 정책을 추진했으며, 기업의 선거운동 기부금을 규제하는 법안을 제정했다. 특히 반트러스트 정책을 추진하고자 선임자 루스벨트보다 훨씬 더 심혈을 기울였으나 많은 성취를 얻진 못했다. 태프트는 대통령 임기 초창기에 기업의 트러스트에 대해 강력한 공격을 가하였다. 하지만 그는 독점에 대한 자신의 입장을 전환한 후에는 '트러스트 파괴자'가 아니라 '트러스트 규제자'의 노선을 택했다. 또한 그는 미국의 자연자원을 보존하기 위해 노력한 전임자의 정책을 유지했고, 애리조나 지역과 뉴멕시코 지역을 주State로 승격시켰다. 대외적으로 태프트는 달러외교를 권장하고 추진했다. 이는 유럽 강대국들의 침투를 막기 위해 라틴아메리카 국가에 미국으로부터 차관을 권장한 정책으로, 미국의 군사적 간섭과 외교적 영향력을 확대하여 특히 카리브해 지역과 중앙아메리카 지역에서 미국의 상

---

* 트러스트란 동일 업종의 기업이 자본적으로 결합한 독점 형태를 지칭한다.

업적 이익을 신장시키는 결과를 창출하였다.

당시 미국 대중이 보기에 태프트는 선뜻 이해하기 어렵고, 개성이 복잡한 인물이었다. 무기력해 보이는 모습과 행동에도 불구하고, 태프트는 아주 체계적이고 합리적인 법률가의 지성을 소유한 인물이기도 하였다. 루스벨트는 물론 태프트 대통령의 군사보좌관으로 일한 소령 아치볼드 버트Archibald Butt는 태프트 대통령을 두고 이렇게 평가했다.

윌리엄 태프트는 내가 알고 있는 사람 중 가장 이해하기 어려운 사람 중 한 명이다.[6]

캔자스주에서 기자로 활동하던 윌리엄 앨런 화이트William Allen White 역시 이렇게 증언했다.

태프트야말로 껌벅거리는 눈의 이면에 '뱀과 같은 교활하고 음흉한 모습'을 숨겼다. 그는 거의 모든 미세한 것을 감지하는 사람이다.[7]

태프트는 다양한 경력을 통해 스스로를 재기가 뛰어나고, 훌륭하지는 않으나 지적이고 좋은 행정가라고 생각했다. 태프트와 루스벨트는 1890년 이래로 좋은 친구 사이를 유지했다. 그때 태프트는 제23대 미국 대통령 벤저민 해리슨 아래에서 법무차관으로 일하고 있었고, 루스벨트는 미국 공무원위원회 위원장직을 맡고 있었다. 태프트는 대통령이 된 루스벨트의 정책을 무조건적으로 지지했다. 그침이 없는 미소와 종종 제어할 수 없을 정도로 폭소하는 웃음은 그에게서 따뜻함과 신뢰를 자아내기도 했다. 루스벨트가 언젠가 서부로 여행을 떠났을 때, 그는 수도에서는 모든 것이 잘 되고 있다며 주위 사람을 안심시켰다. 그는 태프트의 몸무게를 떠올리면 여러 면에서 웃기다는 말을 하면서 "나는 사소한 일을 처리하도록 태프트를 워싱턴에 남겨 두었다."라고 자신 있게 말했다.

루스벨트는 태프트를 대법원 판사에 임명하려고 여러 차례에 걸쳐 제안했다. 친구 태프트가 간절히 원했기 때문이었다. 그러나 뜻대로 되지 않았다. 태프트의 아내 넬리, 태프트의 자금을 관리한 이복형 찰스 태프트Charles P. Taft가 그에게 1908년 대선을 노리라 권고했기 때문이다. 어느 날 친척 중 한 사람이 윌리엄 태프트의 아홉 살짜리 아들 '찰리 태프트Charlie Taft'에게 아버지가 대법원 판사가 된다면 어떻겠냐고 묻자 소년은 단호하게 말했다.

안 돼요. 어머니는 아버지가 기다렸다가 대통령이 되기를 원하세요.[8]

보수파와 혁신파의 갈등

만약 태프트가 전임자의 뒤를 제대로 계승했다면, 아마도 평범한 미국 대통령의 범주에는 들어갈 수 있었을지도 모른다. 그러나 시어도어 루스벨트는 모방하기 힘든 사람이었다. 그는 중남미 카리브해에 자리한 푸에르토리코Puerto Rico의 수도 산후안San Juan 언덕에서 부하들에게 명령을 내린 것처럼 자신만의 새로운 이념을 품고 백악관에 입성했다. 그는 대통령의 역할에 대한 새로운 패러다임을 추구했다. 그는 대통령이란 직책을 이전보다 강력한 행정수반으로서의 역할로 제고提高했다. 남북전쟁 이후 수년간 대부분의 미국 대통령은 의회에 주도권을 빼앗긴 채 근무했다. 그러나 시어도어 루스벨트는 정국의 판도를 뒤집었다. 그는 대통령이란 자리가 지역 및 경제 이익집단 사이의 중재를 하는, 의회의 한 구성원에 국한되어서는 안 된다고 보았다. 그는 대통령이 모든 국민의 보호자로, 마치 고대 로마 공화정의 호민관 같은 존재가 되어야 한다고 간주했다. 이에 대해 루스벨트를 비판하는 사람들은 그를 두고 '행정부의 권력 강탈자'라고 비난했다.

맹렬한 역동성을 가지고 정치를 펴나간 루스벨트는 국외문제에 대해서는 '강권'을 휘둘렀고, 국내문제에 대해서는 '정정당당한 거래'를 약속했다. 최초의 친환경 대통령이라 할 수 있는 루스벨트는 미래세대를 위해 국가의 자연자원을 보존케 했다. 그가 직접 석탄산업의 파업을 종결시켰고, 보수적인 공화당이 본인의 정치적 기반이었음에도 기업의 독점 체제에 강력하게 응수했다. 그는 세계사적인 문제에서 중요한 역할을 한 미국 최초의 대통령으로 활동했고, 오랫동안 미국인이 꿈꿨던 파나마운하 건설에 착수했다. 심지어 거의 혼자서 러일전쟁의 평화적 종결을 중재한 포츠머스 조약을 성사시킨 공로로 노벨평화상까지 수상했다. 그는 자서전에서 다음과 같이 기록했다.

나는 이전에는 대통령에 의해 이루어지지 못한 많은 것을 이루게 했고, 이를 통해 대의를 실현하고자 노력했다. 나는 권력을 강탈하지 않았다. 그러나 나는 행정수반에게 허락된 권력의 사용권을 기꺼이 확대시켰다. … (중략) … 나는 우리 모든 국민의 공동 복리를 위해 행동했다.[9]

시어도어 루스벨트가 대통령이 될 무렵 그동안 이름을 바꾸면서 여러 번 이 나라를 휩쓸었던 십자군 정신이 부활했다. 가장 최근의 정신인 혁신주의Progressivism는 깨끗한 정부와 '직접 민주주의'를 강력히 주창했다. 그것은 정부와 대기업 사이의 부정적인 관계인 이른바 '정경유착' 현상을 공격대상으로 삼았다. 정경유착 현상은 몇몇 기업이 생산과 유통을 합병하여 독점하는 양태로 가시화됐다. 본래 보수적인 성향의 공화당에 정치적 기반을 두고 있으나 시어도어 루스벨트는 공화당 내 혁신주의의 산파이자 아들이었다.

이러한 역동적인 대통령을 계승할 인물을 선택할 시간이 다가오자 루스벨트는 백악관을 자신과 무관한 상태로 내버려두기가 몹시도 싫었다. 50세의 루스벨트만큼 대통령직을 화려하고 강력하게 이끌어간 역대 대통령은 없었다. 더불어 50세의 루스벨트는 여전히 젊고 역동적이었으며, 그래서 그런 행동을 원하고 있었다. 루스벨트가 한 친구에게 "나는 대통령으로서의 공식적인 임무에서 벗어났다고 한들 (지위에) 크게 구애받을 생각이 없다."라고 말했다.[10] 거기다 그가 대통령직에 오래 있으면 있을수록 그는 정치적 정통파의 관행에서 더욱 멀어져 갈 것이고, 그대로 간다면 국가적 차원에서 혁신주의 운동을 더욱 적극적으로 전개해 나갈 참이었다. 만약 1904년에 "1908년 대통령 선거에 나서지 않겠다."라는 불행한 약속을 하지 않았다면, 그는 틀림없이 새로운 임기를 위해 노력했을 것이다.

　루스벨트의 본능과 행동에 비추어 보면 그는 자신의 계승자로서 엘리후 루트를 선택했어야 했다. 그러나 개혁적인 성격의 혁신주의 시대에 엘리후 루트는 금융과 상업의 중심지인 월스트리트에 너무 근접한 인물로 알려졌다. 그래서 루트는 시대정신에 적합지 않다고 생각했다. 냉철한 성격의 소유자인 뉴욕 주지사 출신 찰스 휴스는 능력도 있고 혁신적이었지만 루스벨트는 그를 독립적인 성향이 너무 강한 인물로 간주했기 때문에 실상 좋아하지 않았다. 적어도 루스벨트에게 충실한 태프트는 자신을 이어 자신의 프로그램을 지속시켜 줄 것처럼 보였다. 그리고 1908년 어느 저녁 태프트는 대통령의 축복을 받았다. 루스벨트는 보좌관들을 돌아보며 "우리, 태프트 쪽으로 방향을 돌리는 편이 좋을 것 같군."이라고 말했다.

인기 없는 후계자

루스벨트의 축복을 받았음에도 태프트는 사실 적극적이지도 않았거니와 달갑지도 않았다. 이에 비해 그의 아내를 비롯한 가족은 강한 의욕과 야망을 드러냈다. 이런 상황에서 루스벨트는 오랜 친구가 대통령직에 적합한 인물이 아니라는 점을 신속하게 인식하며 다른 선택을 했어야만 했다. 그러나 루스벨트는 이런 불길한 징조를 무시했다. 루스벨트는 태프트가 어떤 사안에서든 잘 협조하고, 특히 윗사람에게 동조하는 예스맨으로 이해했다. 그가 루스벨트의 노선에서 이탈하지 않는다면 태프트야말로 루스벨트가 쉽게 통제하고 마음대로 조종할 수 있는 인물이라 생각했다. 따라서 자신이 백악관을 떠나더라도 자신의 권위와 권력을 계속 유지할 수 있으리라 믿어 의심치 않았다. 결국 루스벨트는 태프트 또한 자신처럼 혁신주의의 옷을 입을 것이라고, 그리하여 본인이 자유롭게 활동할 수 있을 것이라 굳게 믿었다. 심지어 루스벨트는 미국 유권자에게도 그런 확신을 부여했다.

비록 대통령직을 달갑게 여기지는 않았으나 우여곡절 끝에 대통령 선거에 출마하게 된 태프트 역시 루스벨트와 같은 생각을 했다. 태프트는 "나는 루스벨트가 이끌고 나간 정책에 충심으로 동의하며 그와 같은 길을 갈 것이다."라고 선언했다.[11] 그러나 본능적으로, 정서적으로 그리고 이념적으로 볼 때 태프트는 자신에게 은혜를 베푼 전임자보다 훨씬 보수적이었다. 그래서 그는 자신의 전임자와는 상반된 하나의 철학을 신봉했다. 법률의 문항에 집착하는 율법주의를 강하게 신봉한 탓에 태프트는 전임자 시어도어 루스벨트가 '개혁'이라는 이름으로 너무 많이, 너무 빨리 헌법의 한계를 넘어섰다고 믿었다. 그래서 루스벨트가 공화당 보수주의자들의 이탈을 야기한 장본인이라고 생각했다.

태프트가 대통령 후보로 확정되는 과정에서 루스벨트는 자신의 역할을 완벽하게 수행했다. 그는 공화당 전당대회가 열리기 전에 연방정부의 각종 후원과 더불어 대통령 권한을 활용해 태프트를 지지할 563명의 대의원을 미리 확보하였다. 덕택에 태프트는 공화당 대통령 후보로 지명받기 위해 491명만 추가로 획득하면 되었다. 그러나 루스벨트가 마음먹은 대로 일을 추진시켜 나가는 데에는 한 가지 위험요소가 도사리고 있었다. 비록 공화당의 대표들과 대의원들이 태프트의 기장을 걸치고 헛간 모양의 시카고 대경기장으로 모여 들었지만 그들의 마음과 애정은 루스벨트에게로 향해 있었다. 따라서 그들은 기회를 봐서 루스벨트를 설득하여 그를 다시 후보로 지명하고 싶어 했다. 시어도어 루스벨트의 솔직하기 그지없는 딸인 앨리스 루스벨트 롱워스Alice Roosevelt LongWorth는 당시 전당대회에 참가하여 '마음속 깊이' 아버지가 다시 후보로 지명받기를 간절히 소망했다.[12]

사실 앨리스는 딸이니까 그런 소망을 품을 수도 있다. 문제는 딸만 그런 게 아니라는 점이다. 공화당의 핵심인물로 상원의장을 맡고 있던 헨리 캐벗 로지Henry Cabot Lodge는 대통령의 이름을 말하여 군중들로부터 환호와 함께 우레와 같은 박수를 끌어냈다. 이때 관람석에 있던 누군가가 큰 소리로 외쳤다. "4년! 4년만 더 하시오!" 전당대회에 참가한 어떤 대의원들은 루스벨트의 사진과 테디 베어Teddy Bear* 인형을 높이 들고 대회장 전체를 행진하면서

---

* 시어도어 루스벨트가 사냥에서 새끼 곰을 살려준 일화에서 힌트를 얻어 만든 봉제 장난감 곰을 가리킨다.

돌아다녔다. 당황한 태프트의 지지자들은 악단 단원들에게 '미국 국가' 연주를 지시했으나 루스벨트를 향한 군중의 환호를 잠재우지는 못했다.

워싱턴으로 돌아온 루스벨트는 백악관 집무실에 앉아 전화기를 귀에 밀착시키고 이빨을 드러낸 웃음을 지으며 무려 49분이나 통화했다. 전쟁부와 통화한 것이었다. 이곳에는 태프트와 그의 아내가 다음 절차를 초조하게 기다리고 있었다. 공화당의 시위가 계속되자 넬리의 입술이 바싹바싹 타들었다. 그러나 그녀는 루스벨트가 대선에 다시 나올 의중이 없다고 확신했다. 그리고 루스벨트의 최종 의도가 나왔다. 헨리 캐벗 로지가 "루스벨트의 대선 포기는 '최종적이고 취소할 수 없는 결정'이다."라고 선언하자 태프트를 지지하는 공화당원들은 환호했다.

태프트를 후보로 지명한 다음 날, 공화당원의 시위가 있었으나 별다른 영향을 미치진 못했다. 넬리는 남편의 집무실 회전의자에 앉아 잘 꾸며진 책상 가장자리를 힘차게 잡으면서 말했다. "나는 이 시위가 49분보다 더 오래 이어졌으면 해요. 루스벨트를 향한 환호가 어제는 두려웠지만 이제는 다르니까요." 아내가 냉혹하고 단호한 어투로 말하자, 태프트는 마치 암탉이 수탉을 부르며 내는 소리로 "오! 내 사랑!"이라고 말했다.[13] 태프트의 지지자들이 최대한 애를 썼음에도 태프트를 위한 환호는 20분도 채 되지 않아 그쳤다. 그래도 태프트는 1908년 공화당 대통령 후보로 지명되었다. 태프트가 승리했다는 소식이 날아들었을 때 루스벨트는 테니스를 치고 있었다. 그는 "잘 되었군!"이라고 말했다.

루스벨트는 태프트에게 대통령직을 인계한 이후 백악관을 지배할 것이라는 이야기를 잠재우고자 임기가 끝난 즉시 아프리카로 대규모 사냥을 떠날 예정이고, 유럽에서 열리는 여러 행사에 참가할 것이라 발표했다. 그러는 동안 태프트는 부족한 열성과 활력을 이끌며 어렵사리 전국 유세를 하였다. 한 편집자는 그의 선거운동을 두고 '무풍無風과 평온이 가득한'이라는 형용사를 사용하였다. 거의 모든 분야에서 태프트는 루스벨트의 업적을 뒷받침했고, 그의 대리인으로 행동했다. 판사직을 제외한다면 선거를 통해 당선된 적이 없었던 태프트는 선거운동을 일시적인 고난 따위로 취급했다. 그는 타인의 아첨, 호기심으로 코치코치 캐묻는 행위, 모든 종류의 비판을 몹시 싫어했다. 연설도 싫어했다. 때때로는 주어진 시간이 짧은데도 톤 낮은 목소리로 단조롭고 장황하게 중요한 연설을 망치기도 하였다. 한 번은 태프트의 이런 연설을 듣고 있던 앨리스 롱워스가 그만 참지 못하고 웃음보를 터뜨렸는데, 그 바람에 맹장 수술을 받고 봉합한 실이 터지는 일이 벌어졌다.

　루스벨트는 선거운동에 참석하지 않는다는 관습에 따라 태프트를 위한 유세 현장에는 모습을 드러내지 않았지만 그렇다고 그저 방관만 하고 있을 수는 없었다. 그는 민주당이 세 번씩이나 후보로 내세운 '고결한 사람Galahad' 윌리엄 제닝스 브라이언William J. Bryan의 유세에 적극적으로 대항하라고 조언했다. 루스벨트는 태프트에게 여러 통의 공개 편지를 보냈고 진심이 가득 담긴 충고를 아끼지 않았다.

이 친구야! 무엇이든 용감하게 대처하고 결정타를 가해! 종교처럼 다루기 까다로운 문제는 언급하지 말고 피해! 법원 판결은 인용하지 말도록 하게. (유권자들이) 자네를 볼 수 있도록 집보다는 호텔에서 생활하게. 무엇보다도 태프트 자네는 관대하고, 너그러우며, 고결하게 보이도록 항상 미소를 짓도록 하게.

태프트에 대한 루스벨트의 관심과 응원은 너무 지나쳤다. 사실을 말하자면 태프트는 이 정도의 관심과 응원을 받을 만한 가치가 없는 사람이었다. 루스벨트의 막강한 지원 아래 태프트는 일반 투표는 물론 선거인단 투표에서도 민주당의 브라이언 후보를 압도적인 격차로 물리쳤다. 기쁨에 넘친 태프트는 오하이오주의 도시 신시내티Cincinnati에 있는 그의 동생 찰리 태프트의 집에 모여든 군중에게 "나의 행정부는 '시어도어 루스벨트 행정부의 훌륭한 계승자'가 될 것"이라고 말했다. 그러나 대통령 선거와 태프트의 취임식이 있던 1909년 3월 4일, 두 사람 사이에는 싸늘한 기류가 감돌기 시작했다.

두 사람 간의 불화는 선거 후 태프트가 루스벨트에게 보낸 편지에서 촉발됐다. 태프트는 승리의 공功이 루스벨트뿐 아니라 그의 형제에게도 있다는 내용의 편지를 보냈다. 이 편지를 받은 루스벨트가 몹시 기분이 상하고 흥분한 것은 당연했다. 대통령이 된 것에 대한 논공행상을 하는데, 루스벨트 자신은 물론 그가 염두에 두고 있던 사람들과 찰리 태프트를 같은 반열에 둔다는 것은 예상 밖의 처신이었다. 신문기자들 역시 태프트의 가족이 떠드는 말, 특히 "사랑하는 윌Dear Will은 누구의 신세도 지지 않는 자신만의 백악관을 구성해야 해요. 그래서 윌은 루스벨트에게 크게 빚졌다고는 생각하지 않아요."라고 발언한 넬리의 말을 굳이 보도했다. 한편으로, 선거 전에 태프트는 내각에 남기를 원하는 루스벨트 행정부의 내각 인사에 대해서는 그대로 유임시킬 생각이라고 말했었다. 이에 4명이 태프트 행정부에서도 계속 일하고 싶다는 뜻을 전했지만 선거가 끝나자 태프트는 이들이 자신보다는 루스벨트에게 더 충성할 것이라 판단하고 자기 사람으로 대체했다. 루스벨트는 분노했다.

임기 마지막 날 루스벨트는 태프트에게 당장이라도 폭발할 것 같은 의심과 노여움을 드러냈다. 당시 유능한 저널리스트인 마크 설리번Mark Sullivan에게 자신의 기분에 관해 이렇게 말했다.

태프트는 대통령직을 잘 수행할 작정인 듯하다. 아마도 그는 최선을 다할 것이다. 그러나 그는 너무 약하다. 그래서 곧 그의 형제들이 그를 마음대로 휘두를 것이다.

이어 설리번의 어깨를 가볍게 만지며 말을 이었다.

말하자면 그들은 태프트의 의지와 노력과는 반대 방향으로 행동할 것이다.[14]

대법원장을 꿈꾼 정치인

만약 출생배경이 어떤 사람을 대통령으로 세울 조건이라 본다면, 윌리엄 하워드 태프트는 축복과 행운이 가득한 출발점에서 대권에 도전한 인물임이 틀림없다. 그는 남북전쟁 이후 가장 영향력이 있었던 오하이오주 신시내티에서 태어났다. 그의 아버지 알폰소 태프트Alphonso Taft는 오하이오주에서 널리 알려진 최고의 변호사이자 판사였다. 그는 여러 스캔들과 독직 사건으로 점철된 제18대 미국 대통령 율리시스 그랜트의 두 번째 임기 기간에 가장 정직한 전쟁장관, 법무장관 그리고 훗날 오스트리아-헝가리 제국과 러시아 제국 주재 미국대사로 근무했다. 이른바 지연과 혈연의 막강한 배경을 가진 윌리엄 태프트는 성공을 약속받은 확실한 사회·경제적 배경을 갖고 있었다.[15] 아버지 알폰소 태프트는 예일대학교 법학부를 수석으로 졸업한 뉴잉글랜드인이었다. 졸업 후 곧바로 오하이오주에 와서 변호사이자 정치가로 성공을 거두었다. 첫 번째 부인이 사망하자 그는 보스턴 상인의 딸이자 본인보다 17세 연하인 루이자 마리아 토리Louisa Maria Torrey(훗날 '루이즈 태프트'로 불림)와 재혼했다. 두 번째 부인과 다섯 아이를 낳았는데, 윌리엄 태프트는 1857년 9월 15일에 루이즈 태프트의 아들로 태어났다.

어려서부터 포동포동하게 살이 오른 윌리엄은 순진하고 결이 고운 소년으로 자라났다. 아버지 알폰소는 엄격했고 신중했으며 자신의 감정을 잘 드러내지 않는 사람이었다. 그러나 윌리엄은 사랑과 애정이 넘치고, 부유한 환경과 안정된 생활조건에서 행복한 어린 시절을 보냈다. 자녀 교육에 엄격했던 아버지는 아이들에게 스스로 성숙하고 뛰어난 사람이 되도록 노력할 것을 요구했다. 한때 아들 윌리엄이 전교에서 15등을 했을 때, 아버지는 단호한 목소리로 "평범한 것은 안 된다, 윌!" 같은 말로 꾸짖었다. 윌리엄의 어머니는 강한 의지의 소유자로, 매우 유능한 인물이었다. 윌리엄은 언젠가 자신의 어머니가 어느 철도회사의 회장직을 훌륭하게 수행하는 모습을 본 적이 있었다. 훗날 어머니 루이즈 태프트는 자신의 아들이 정치와는 너무나 어울리지 않는다는 말을 하면서 윌리엄의 정치계 입문을 여러 차례 반대했다. 1907년 죽기 전에 그녀는 자기 아들보다 엘리후 루트가 시어도어 루스벨트의 계승자로 더욱 적합하다고, 공개적으로 의사를 표명하기도 했다.

태프트의 부모는 동부의 부유한 여느 가정과는 달리 자식들을 지역 공립학교에 보냈다. 윌리엄은 착한 학생이었다. 성적은 늘 상위권에 속하거나 상위권에 가까웠다. 우드워드 고등학교에 입학할 당시 그의 키는 이미 6피트 2인치(약 187센티미터)를 주파하였다. 해당 학교에서의 교과과정은 그리스어, 라틴어, 수학, 역사 그리고 문학 등을 반드시 이수하도록 설계되었다. 태프트는 모든 과목에서 우수한 능력을 보이며 차석으로 졸업했다. 그리고 아버지와 배다른 형제들의 뒤를 이어 1874년 예일대학교에 입학했다.

태프트는 담배는 피우지 않았다. 종종 맥주와 포도주를 많이 마시기는 했으나 예일대학교에서도 잘 적응했고, 놀기 좋아했으며, 동료 학생들에게 인기가 많았다. 덩치에 비해 발걸음이 가볍고

춤도 아주 잘 추었다. 그는 교내 레슬링 대회 신입생 대표로 나가 승리하기도 했다. 상급학년이 되어서는 수학과 대중연설 분야에서 우수상을 받았다. 이에 무궁무진한 성공을 기원하는 두개골과 대퇴골로 가볍게 두드림을 받는 예일대학교의 상징적인 의식을 받기도 했다.

태프트는 미국의 사회진화론자 윌리엄 섬너William G. Sumner를 자신에게 가장 큰 영향을 미친 스승으로 꼽았다. 그는 동기 132명 중 차석으로 졸업했다. 그는 성적이 우수한 미국 대학생과 졸업생들로 조직된 단체인 '파이 베타 카파Phi Beta Kappa'에 가입했다. 그렇지만 그의 부모는 그가 수석이 아니라는 사실에 실망감을 감추지 않았다.

태프트의 아버지와 할아버지는 둘 다 변호사이자 판사였다. 따라서 그는 법률과 관계된 일을 극히 친숙하고 자연스럽게 여겼다. 1878년 코네티컷주의 뉴헤이븐New Haven에서 집으로 돌아온 후 신시내티대학교 법학부에 신원을 등록한 그는 아버지의 법률사무실에서 법학을 공부했다. 동시에 신문사 『신시내티 커머셜Cincinnati Commercial』 소속의 파트타임 기자로 근무하며 법원의 여러 사건을 취재하는 일을 했다. 이때의 경험을 통해 그는 실제로 법이 어떻게 적용되는지 그 사례들을 볼 수 있었다. 1880년 23세 되던 해에 태프트는 변호사 시험에 합격했다. 『신시내티 커머셜』에서 정식직원으로 일하려 한 시도가 무산된 후 그는 집안의 영향력을 등에 업고, 신시내티의 한 지역인 해밀턴Hamilton 카운티의 부검사직을 얻어 근무했다. 여기에서 그는 성실하고 양심적으로 일했다.

그런 중에 그는 역시 대중연설을 처음으로 경험할 수 있었는데 당시 공화당 대통령 후보인 제임스 가필드를 위해 연설을 했다. 그 덕분에 2년 후 그는 오하이오주 제1선거구에서 활동하는 내국세 수입 징수관으로 임명되었다. 그러나 정치적인 이유로 노동자 해고를 반대한 이후 직책에서 사퇴하고 아버지와 오랫동안 교류한 동료와 변호사로 동업을 시작했다. 해밀턴 카운티의 부검사직 임기를 끝내고 변호사 일을 통해 경제적으로 충분한 안정과 경험을 쌓았다. 그는 어느덧 오하이오주의 신시내티 도시에서 전도유망하고 유능한 청년으로 성장했다. 아버지의 뛰어난 명성과 자신의 능력 덕분에 수월하게 이루어진 성공에 약간 싫증을 느낀 그는 거의 모든 분야를 기웃거리기 시작했다.

1886년 태프트는 모든 사람이 '넬리'라고 부르는, 예쁘고 의지력 강한 젊은 여성 헬렌 헤론Helen Herron과 결혼했다. 이들 부부는 결혼식을 올리기 전 수년간 연애를 했다. 결혼 당시 태프트의 나이는 28세고 넬리는 25세였다. 넬리의 아버지는 제19대 미국 대통령 러더퍼드 헤이스의 법률 파트너였다. 헤이스 대통령 가족의 초청을 받아 백악관을 방문해 잠시 머물렀던 넬리는 언젠가 백악관의 안주인이 되겠다는 꿈을 꾸었다. 여덟 명의 형제자매 중 첫째인 넬리는 혼자 힘으로 살림을 꾸려가야 했다. 덕분에 그녀는 일찍부터 독립심이 강했을 뿐만 아니라 자신과 자신이 사랑하는 모든 것에 무모할 만큼의 집착과 야망을 보였다. 그녀는 많은 면에서 시어머니를 많이 닮았다. 결혼한 이후의 그녀는 윌리엄 태프트의 자극제처럼 행동했다. 남편을 격려해서 대통령이 되도록 밀어준, 더욱 정확히는 '추진한' 여인이 바로 넬리였다. 3명의 자식을 둔 그들의 결혼생활은 안정되고 행복했다. 태프트의 장남인 로버트 알폰소 태프트Robrt Alphonso Taft는 오하이오주 연방 상원의원에 세 번이나 당선되었다. 공화당 보수파의 지도자였던 그는 훗날 1952년 공화당 대통령 후보 경선에서 드와이트 아이젠하워에게 패배했다.

3개월에 걸친 유럽 신혼여행을 마친 후 미국으로 돌아온 태프트는 오하이오주 대법원 판사의 잔여 임기를 채우도록 임명되었다. 이 임명에 정말로 기뻤던 나머지 그는 이 임무를 "탄탄대로의 길을 가는 자신의 인생에서 뜻깊고도 영광스러운 명예"로 여겼다. 그로부터 18개월이 지났다. 그는 5년 임기의 오하이오주 대법원 판사에 선출되었다. 대법원 판사 태프트는 재치가 넘쳤다기보다는 철저하고 꼼꼼한 스타일로 유명했다. 재판에 임하고 판결을 내릴 때마다 다양한 선례를 활용해 자신의 박학다식함을 연출했다. 그는 이미 오래전부터 연방대법원에 눈독을 들였지만 1890년에 당시 대통령 벤저민 해리슨이 그를 내각의 법무차관에 임명했다. 태프트는 판사직을 떠나야 하니 잠시 망설이긴 했으나 법무차관직이 훗날 사법부에서의 꿈을 실현하기 위한 디딤돌이 되리라 확신하고 이를 수용하였다.

법무차관으로 일하면서부터 태프트는 이 일을 예전과 같이 편안한 마음으로 이끌어 가지 못했다. 그도 그럴 것이 연방대법원으로 넘어온 사건 대부분이 그에게 정부의 편을 들라고 강요했기 때문이다. 이 일을 하면서 그는 연방법에 대한 자신의 지식이 충분하지 못하다는 사실을 자각했다. 그래서 그랬는지는 확실히 알 순 없으나 어쨌든 당시 그는 법의 정의를 실현하는 과정에서 실패를 거듭했다. 그는 당시 아버지에게 우울한 기분이 담긴 편지를 써서 보냈다.

> 지금은 제가 연방법의 모든 조항을 상세하게 읽어야 할 시기인 것 같습니다. 이를 위해서는 상당한 시간이 필요할 듯합니다. 점심도 먹어야 하고, 증거를 읽고 파악하는 데 관심을 집중해야 할 것입니다.[16]

태프트가 워싱턴에서 일을 시작한 지 오래 지나지 않아 그는 시어도어 루스벨트를 만났다. 당시 루스벨트는 공무원위원회 위원장으로 일하고 있었는데, 해당 위원회의 주요 업무란 행정부 내부 인사의 억울한 상황을 해결하여 인사고과를 둘러싼 부정부패를 근절하는 것이었다. 두 사람의 성격은 완전히 정반대였다. 루스벨트는 지나치게 활동적이고 도전적이지만 태프트는 차분하고 수용적이었다. 그런데도 두 사람의 우정은 확고하게 두터워졌다. 워싱턴에서 그들 각자의 집과 사무실은 멀리 떨어져 있지 않았다. 그들은 자주 걸어서 일을 나갔고 함께 점심을 먹었다. 루스벨트는 두 가지 길 사이에서 무엇을 택할지 정하지 못한 채 갈피를 잡지 못했다. 그는 자신이 앞으로 무엇을 하고 싶어 하는지조차 확신하지 못했다. 그러나 태프트는 자신이 무엇을 원하는지 정확히 알고 있었다. 바로 대법원 판사인데, 이왕이면 대법원장이 되고 싶었다.

1891년 미국의회는 연방법원에서 해결되지 않은 채 적체된 여러 소송사건을 해결하고자 새로운 항소재판소를 설치하고, 9명의 판사를 두었다. 태프트는 그 자리에 들어가고자 노력했다. 다음 해에 법무차관 태프트는 제6연방 항소법원 판사로 임명되었다. 그는 "이 일은 대법원으로 가는 과정에 있는 직책이라고 생각합니다. 그래서 나는 이 직책이 좋아요."라고 아버지에게 편지를 썼다. 그러나 넬리는 남편이 행정부에서 사법부로 옮겨가는 것을 전혀 탐탁하게 생각하지 않았다. 그녀는 "여보! 만약 당신이 야망을 품고 있다면 이 일은 당신이 더 높은 자리로 올라갈 모든 기회를 차버리는 일이 될 거예요!"라며 불편한 심기를 드러냈다.[17] 그러나 태프트는 8년 동안 순회재판소 판사로 일하며 매우 행복한 시절을 보냈다. 이때 그는 사법부의 의무에 더해서 신시내티 대학 법학부교수와 학장으로도 일했다. 그는 여기에서 더 많은 공부를 했고 학장으로 있으면서 법을 가르치는 데 사례연구 제도를 도입했다. 해가 지날수록 판사로서의 그의 지위는 더욱 높아졌다. 그는 법률가들 사이에서 법에 대해 공정하고 엄격한 해석을 내리는 인물로 정평을 얻었다.

1896년 윌리엄 매킨리가 대통령에 당선된 후 태프트는 자신의 오하이오주 친구인 대통령에게 시어도어 루스벨트를 해군차관에 임명하도록 로비했다. 매킨리는 이 제안을 별로 달갑게 여기지 않았다. 그러나 대통령은 이렇게 답했다.

윌! 그대가 진정으로 원한다면…… 루스벨트는 항상 이 직책을 마음속으로 원하고 있었던 것 같군.[18]

결국 매킨리는 태프트의 손을 들어주어 루스벨트를 해군차관에 임명했다. 해군차관에 임명된 루스벨트는 1898년 스페인과의 전쟁에서 해군의 힘을 발휘하는 데에 주도적인 역할을 맡았다. 이 '영광스러운 작은 전쟁Splendid little war'의 예기치 않은 부산물로 미국은 필리핀을 획득했다.* 이 때문에 미국은 독립을 원하는 필리핀인들과 혹독한 게릴라전을 치러야 했다. 태프트에게 이 부산물은 그를 사법부의 회랑을 떠나 보다 넓은 정치와 권력의 세계에 발을 들여놓게 하는 계기가 되었다.

1900년에 매킨리 대통령은 태프트를 필리핀으로 파견했다. 태프트는 처음에는 필리핀에 민주정부를 세우는 책임자로 파견되었지만 실상은 총독으로 임명되었다. 태프트는 이 임무를 마지못해 수용했다. 그는 미국의 해외영토 확장에 반대했기 때문이다. 그러나 신시내티에서의 지루한 생활에 지친 넬리가 이를 수용할 것을 종용했다. 윌리엄 매킨리 대통령 역시 그에게 필리핀에서 임무를 완수하는 즉시 대법원 판사직을 주겠다고 약속했기에 태프트도 군말 없이 이를 수용했다. 마닐라에 도착한 태프트는 미군이 필리핀인을 거칠고 엄하게 취급하는 모습을 두고, 군사령관 아서 맥아더Arthur MacArthur와 갈등을 자주 빚었다(참고로 아서 맥아더는 더글라스 맥아더 장군의 아버지다). 태프트는 "미국인은 필리핀인을 '작은 갈색 형제들Little brown brothers'로 배려해야 한다."라고 주장했다. 필

---

* 1898년 4월부터 8월까지, 쿠바 문제를 둘러싸고 미국과 스페인이 쿠바와 필리핀에서 벌어진 전쟁을 가리킨다.

리핀 반란자들을 진압하는 야만적인 행위에 가담한 군인들은 태프트의 이러한 배려를 보며, 그의 커다란 신체를 조롱하는 듯이 말했다.

그는 분명 빅 빌 태프트의 형제a brother of Big Bill Taft겠지만, 우리의 친구는 아니겠지.

얼마 지나지 않아 태프트는 필리핀이 독립하려면 수십 년은 더 기다려야 할 것이라고 확신했다. 그렇지만 그는 필리핀 사회의 부패를 척결하고 필리핀인의 건강 상태를 향상시켰으며 학교를 설립했고 항구와 도로 등 사회간접시설을 마련했다. 이뿐만 아니라 그는 여러 협상을 통해 가톨릭교회 소속의 땅을 농민들에게 양도하도록 조치했다. 필리핀인에 대한 그의 헌신적인 노력은 그를 돋보이게 했다. 텐트처럼 생긴 흰옷을 걸친 비대한 체구의 친구는 이제 필리핀 섬에서 너무도 친근감 넘치는, 믿음직한 인물로 거듭나 있었다. 그러던 중 그는 매킨리 대통령이 암살당하고 그를 이어 대통령직을 승계한 친구 루스벨트로부터 그토록 소원하던 대법원 판사직 자리를 제안받았다. 무려 두 번씩이나. 그런데 이때는 필리핀에서 자신이 추진한 개혁 프로그램을 완수하고 싶다며, 제의를 정중히 거절했다. 그러나 1904년 마침내 루스벨트가 그를 전쟁장관직에 임명했을 때는 이를 받아들일 수밖에 없었다. 사실 당시 그는 이질아메바 기생충 때문에 건강이 좋지 않았고, 필리핀 업무도 전쟁부에서 주관하되 태프트가 책임지고 처리하던 참이었다.

이제 넬리는 고대하던 워싱턴으로 다시 돌아올 수 있게 되었다.

그 후 4년 동안 태프트는 전쟁장관으로서 뿐만 아니라 루스벨트의 모든 사소한 일을 처리하는 사람으로 일했다. 그는 파나마운하 건설을 감독했으며 개인적으로 이 사업을 면밀하게 점검했다. 일본에 파견되어서는 일본이 미국의 필리핀 지배를 약속하는 조건으로 미국은 일본이 주장하는 조선에 대한 종주권을 인정한다는 조약(가쓰라-태프트 밀약)을 체결했다. 태프트는 또한 엘리후 루트가 국무장관에 새로 임명되기까지 병을 앓고 있던 존 헤이John Hay의 국무장관직 업무를 대신했다. 그러면서 대법원 판사에 임명하고자 하는 루스벨트의 제안을 넬리와 찰리 태프트의 강력한 권고로 또 거절했다. 벌써 세 번째 거절이었다. 태프트의 의중과는 상관없이 그의 가족이 백악관에 눈독을 들였기 때문이다.

혁신의 시대를 외면한 보수주의자

1909년 3월 4일 취임식 아침. 깨어나 보니 미국의 수도는 (당시 기준으로) 가장 혹독한 눈보라에 휩싸여 있었다. 취임식 바로 직전에 태프트는 "내가 대통령이 될 때는 날씨가 추울 것이라고 늘 말해 왔지."라고 루스벨트에게 농담조로 말했다.[19] 대통령이 자동차를 타고 깨끗하게 청소된 펜실베이니아 거리를 올라올 때, 열의와 애당심이 출중한 소수의 군중만이 새로운 대통령을 환호하고자 모여들었다(참고로, 당선인이 대통령 취임식에 가기 위해 자동차를 이용한 최초의 인물이 태프트다). 그는 대통령으로서의 맹세를 의회의사당 현관이 아니라 복잡한 구조의 연방 상원회관에서 진행했다. 취임식이 끝나고 백악관으로 돌아오자마자 새 대통령은 안락의자에 자신의 육중한 몸을 던졌다. 두 다리를 쭉 뻗으면서 "나는 이제 대통령이다. 그동안 너무 다른 일을 많이 해서 지쳐 있다."라고 말했다.

역대 어떤 대통령도 태프트처럼 노골적인 호의와 지지를 받으며 당선된 대통령은 없다. 그는 사실 정계에서는 보기 드문 사례의 인물이었다. 그는 모든 사람을 인정하고 받아들이는 지도자처럼 보였다. 공화당 내부의 개혁적 혁신주의자들은 루스벨트가 선정한 계승자인 태프트를 혁신주의 동지라고 믿어 의심치 않았다. 반면에 사정이 어쨌든 '미친 메시아Mad messiah' 같은 대통령이 사라졌다는 기쁨을 만끽한 공화당 보수주의자들은 태프트를 자유방임주의를 수호하는 확실한 투사이자 헌법에서 규정한 절차를 꼼꼼하게 준수할 인물로 평가했다.

그의 뛰어난 가능성에도, 태프트는 자신의 새로운 직책에 적응하는 데에 난항을 겪었다. 취임식이 끝나고 며칠 지나지 않아 한 친구가 태프트에게 대통령이 된 것이 얼마나 좋으냐고 물었을 때, 그는 잘 모르겠다고 대답했다. "나는 누군가 '대통령 각하'라고 부르면 주위를 돌아보면서 루스벨트를 찾곤 한다."라고 말할 정도였다. 그는 자주 루스벨트를 '대통령'이라 불렀다. 넬리는 이런 태프트의 태도에 무척 화를 내면서 "루스벨트는 '전직 대통령'으로 불러야 해요."라고 따끔하게 지적하곤 했다. 이에 태프트는 "하지만 여보! 나는 내가 하는 것을 잘 헤아리고 있어. 나에게 그는 언제나 대통령이야. 나는 루스벨트에게서 대통령 이외의 다른 것은 생각할 수 없거든."이라고 말했다. 그리고 그는 루스벨트에게 "당신이 지금까지 대통령으로 해왔던 상황을 고려하지 않는다면 나는 대통령으로서 아무것도 할 수 없다."라고 말했다.[20]

전임자에 대한 세심한 배려가 부족했던 태프트는 실수를 거듭하며 정치적으로 마음을 놓을 수 없는 마치 날아다니는 모레 알처럼 보였다. 1908년 공화당은 1897년 고율로 인상된 관세를 인하하고자 관세법 개정을 강령으로 삼고자 했다. 이에 대해 전임자 루스벨트는 관세법을 서투르게 수선하는 행위를 가급적 회피했다. 그는 관세법 개정이라는 아젠다가 고율의 보호관세를 지지하는 보수주의자와 고율관세가 독점 체제의 모체로 간주한 혁신주의자 사이의 갈등을 증폭시켜 공화당을 분열시킬 화약고임을 잘 알고 있었다. 그러나 태프트는 오랫동안 관세개혁을 생각했고, 자신의 선거공약으로 관세개혁을 천명하기도 했으나 보수적 성향의 하원의장 '엉클 조Uncle Joe'*의 독단적인 안건 처리로 난항을 겪었고, 자유주의자 및 혁신주의자들은 하원의장의 행태에 강력하게 항의했다.[21]

루스벨트 대통령 임기 마지막 2년 동안 공화당 내부 혁신파는 보수파가 용인할 수 없을 만큼 많은 문제를 양산했다. 대체로 미

---

* 루스벨트-태프트 대통령 임기 시절, 공화당 보수주의자인 '조지프 거니 캐넌(Joseph Gurney Cannon)'은 1901년 하원의장으로서 독단적이고 당파적인 결정을 거듭해 혁신주의적 개혁을 사사건건 반대했고, 이를 빗대어 이른바 캐너니즘(Cannonism)이라는 말까지 등장했다.

국 중서부지역 출신인 공화당 반대파(혁신주의 세력) 세력의 지도자는 위스콘신주 연방 상원의원 로버트 라폴레트Robert M. LaFollette였다. 그를 중심으로 연방 상원의원 14명, 연방 하원의원 13명이 혁신주의 세력을 구성했다. 혁신파는 비록 공화당 이름을 걸고 당선되었음에도 사회적 부정부패를 종결시키기 위해 당의 원칙과 노선과는 정반대의 길을 걸었다. 누구나 알 수 있을 정도로 오랫동안 일리노이주 연방 하원의원으로 활동한, 입버릇은 고약하고 욕심은 많으며 키는 작은 조지프 캐넌 하원의장은 당내 혁신파가 추진한 모든 개혁적 시도를 반대했다. 그는 각종 위원회의 의사결정 과정을 확고하게 장악하고서 모든 입법 과정을 독단적으로 통제하고 있었다. 당내 반대파로 분류되고 있는 혁신주의자들은 독단적이기 짝이 없는 캐넌 하원의장의 권한을 극단적으로 약화하고자 노력했다.

이에 캐넌과 그의 동지인 로드아일랜드주 출신 연방 상원의원 넬슨 올드리치Nelson Aldrich는 태프트 대통령에게 한 가지를 제안했다.* 혁신주의 세력의 반反캐넌적 움직임을 차단하는 과정에서 태프트의 도움을 기대하며, 그들은 관세문제를 연방 상원의 안건으로 가져갔다. 태프트는 전임자에게 이 문제를 상의했다. 이에 루스벨트는 "하원의장(캐넌)과 좋은 관계를 유지하기란 쉽지 않지만 협상을 통해 우호관계를 유지하라."라고 충고했다. 태프트는

---

* 넬슨 올드리치는 존 록펠러의 딸과 결혼했다. 1974년 제럴드 포드 대통령 때 부통령이었던 넬슨 올드리치 록펠러는 넬슨 올드리치의 손자다.

비록 독단적인 캐넌을 좋아하지 않았으나 끝내 관세인하를 지지한 캐넌에게 보답하고자 혁신파를 물리치고 캐넌을 지지하였다. 대통령의 도움으로 캐넌은 권한이 제한되는 상황을 모면할 수 있었다. 그러나 대통령 태프트는 혁신주의자들의 의혹을 피할 수 없었다. 공화당 반대파는 1910년에 캐넌의 권한을 박탈하고자 계속 시도했다.

이런 상황에서, 연방 하원은 캐넌에 의해 타결된 약속을 지키고자 했다. 뉴욕주 공화당 출신 연방 하원의원 세레노 페인Sereno E. Payne은 중요 품목의 관세인하를 요구하는 법안을 발의했고, 하원은 이를 승인했다. 이 법안은 곧바로 연방 상원으로 넘어가 상원 내 보호무역주의 성향 상원의원들의 처분에 맡겨지게 되었다. 이렇게 해서 제정된 페인·올드리치 관세법Payne·Aldrich Tariff은 하원에서 작성된 본래 법안과는 847개나 세부 항목이 달라진 결과물이었다. 법안 내용을 살펴보면, 관세는 오히려 올랐다. 원안에 포함되어 있었던 상속세 조정 내용 역시 상원 법안에서는 제외되었다. 신문기자 핀리 피터 던Finley Peter Dunne은 아일랜드인, 술집 주인 그리고 정치철학가인 '비판적인 둘리 씨Mr. Dooley'라는 가공의 인물을 창조한 후 그의 입을 빌려 이렇게 지적했다.

공화당은 자신들의 공약을 내던졌다. 만약 못 믿겠다면 관세 조항에 해당하는 세세한 품목을 잘 살펴보아라. 실제로 필요한 모든 물품은 관세가 올랐다. 여기에 이런 것이 있다. 컬링, 돌, 이빨, 해초, 신문, 인도 산 상록 교목, 카나리아 제도의 새……. 새로운 관세 법안은 우리가 일상적으로 쓰는 모든 물품의 관세를 오히려 올렸다.

상원의원 라폴레트를 필두로 한 공화당 반대파는 보호관세와 독점 체제 사이의 관계를 폭로하면서 관세품목이 바뀐 사실을 구체적이고 세세한 내용을 제시하며 극렬하게 비판했다. 그들은 태프트가 자신들을 지지하리라 기대했다. 루스벨트는 그들을 달래 태프트가 마치 혁신주의자나 된 것처럼 믿도록 했다. 배신당한 그들은 원안의 취지를 퇴색시킨 관세개혁 프로그램에 저항하고자 반대투쟁을 전개했다. 난처한 지경에 빠진 태프트는 어찌할 바를 몰랐다. 자신과 협상한 혁신파의 의견을 따를 것인가? 아니면 당을 지배하는 보수파를 지지할 것인가? 갈등 끝에 태프트는 루스벨트의 지도 없이 방향키를 이리저리 돌릴 수밖에 없었다.

당대 많은 사람이 태프트가 한계는 있을지언정 혁신주의 노선을 추구하는 인물이라 생각했다. 바로 이것이 문제였다. 자기회의, 신념의 상실, 불면증으로 심한 고통을 받으면서 태프트는 54인치에 달하는 잠옷 바지를 입고 백악관을 방황하기 급급했다. 엎친 데 덮친 격으로 더한 불행이 그에게 닥쳤다. 가장 가까운 가족이자 실제로 가장 강하게 의지하고 있었던 아내 넬리가 갑자기 뇌졸중으로 언어 능력을 상당히 상실해버리고 말았다.

태프트는 각종 현안을 혼자 해결해보려는 의지, 배포 능력이 없었다. 루스벨트와 달리 그는 어려운 문제의 해결책을 사람들이 받아들이도록 당근을 흔드는 능력이 형편없었고, 적에게 압력을 가해 문제가 무엇인지 국민에게 직접 제시하는 채찍을 휘두르는 기술 역시 미숙했다. 그는 빌 클린턴처럼 결정을 내리지 못한 채 우왕좌왕하였다. 그는 줏대 없는 모습을 드러냈고, 결국 사람들에게 뚜렷한 신념이 없는 정치인이라는 인상만 심어주었다. 그는 용기와 결단력이 부족한, 실로 우유부단한 지도자였다. 고민 끝에 태프트는 혁신적인 반대파를 지지하여 '개인적인 인기를 도모'하기보다 당내 보수파들과 결속하여 당의 단결을 추구하고자 했다. 그는 자신의 평판이나 인기보다 당의 단결을 더 가치 있게 여겼다. 그러나 그는 이제 둘 다를 잃어버릴 운명에 처하게 되었다.

공화당 혁신파는 태프트에게 페인·올드리치 관세법에 거부권을 행사할 것을 요구했으나 테프트는 이를 거절했다. 당내 반대파들은 거부권 행사를 거절한 태프트를 바보, 허약자 그리고 반역자라고 비난했다. 그럴수록 태프트는 올드리치와 캐넌에게 더욱 의존했다. 루스벨트 내각에서 '예스맨'으로, 무엇이든 '예예' 할 줄만 알고 윗사람 말을 무조건 추종하는 사람이었던 그는 필연적으로 보수파에 충성하는 일개 공화당원으로 전락하였다. 상원의원 조나단 돌리버Jonathan P. Dolliver는 태프트를 두고 "원하는 것이 무엇인지 정확히 알고 있는 사람들에게 철저하게 둘러싸인, 크고 육중하지만 온화한 섬과 같은 사람"으로 묘사했다. 1910년에 그는 당내 보수파에 의해 철저하게 포위되었다. 그는 보수파의 지령에 따라 그해 하원선거에서 공화당 반대파 인물 몇을 제거하려 했으나 실패하였다.

전직 대통령과의 갈등

퇴임 후 대령Colonel 루스벨트로 불리길 원했던 전임자는 그즈음
아프리카에서 사냥을 하고 있었다. 그는 여러 주간지나 친구들이
보낸 편지를 통해 워싱턴에서 전개되고 있는, 별로 유쾌하지 못한
사건들을 접하고 있었다. 그는 관세문제에서 보여준 태프트의 태
도에 실망했고, 헨리 캐벗 로지 하원의장에게 보낸 편지에서 그런
감정을 드러냈다. 루스벨트 자신이 관세인하에 찬성했기 때문이
아니라 당의 단합과 당의 통일에 관련된 문제에서 대통령(태프트)
이 보여준 너무나 서투른 처리와 그 결과에 실망했다는 취지였다.
거기에다 태프트의 재치 없는 행동은 그의 불안을 더욱 부채질
했다. 태프트는 당내 반대파들의 온상인 미네소타주의 위노나
Winona 카운티에서 행한 즉석연설에서, 페인·올드리치 관세법을
향해 무턱대고 "이 법은 그동안 공화당이 만든 최고의 관세법"이
라며 칭찬했다. 그의 경솔한 발언은 중서부 출신 혁신주의자들의
분노를 야기했고, 결국 1910년 선거에서 공화당은 심각한 타격을
받았다. 이런 상황이 초래될 때까지 태프트 대통령의 임기는 고작
1년 남짓 지났을 뿐이었다. 그렇지만 미국 중서부지역에서 발행되
는 모든 신문에서 '저돌적인 기병Rough Rider 루스벨트'가 1912년
경선에서 공화당 대통령 후보로 지명되어야 한다는 내용을 떠들
기 시작했다. 이에 루스벨트 역시 자신의 계획을 바꾸었다. 이제
그는 윌리엄 태프트를 불행의 주범이라고 생각했다.
　혁신주의자들은 보수주의자인 태프트를 향한 신의를 포기

했다. 더욱이 태프트가 너무나도 충실한 보수주의자 리처드 밸린저Richard A. Ballinger를 내무장관으로 임명했을 때에는 자연보호론자들까지 경악을 금치 못했다. 밸린저는 과거 시애틀시의 시장이었고, 미국 국유지관리국의 국장이었다. 대다수 서부인처럼 밸린저 역시 국토의 자연자원을 신속히 개발해야 한다는 '신흥 지역에 몰려든 사람' 중 한 명이었다. 따라서 루스벨트의 자연보호 정책을 적극적으로 찬성하고 루스벨트를 잘 따랐던 산림청장 기퍼드 핀초트Gifford Pinchot와 개발주의자 리처드 밸린저의 갈등은 예정된 미래였다. 밸린저가 산림 간벌을 명령했을 때 핀초트는 이로 인해 모든 자연보존 프로그램이 위험에 빠지게 될 것이라고 주장했다.[22]

1909년 늦여름 내무부의 젊은 감사관 루이스 글래비스Louis R. Glavis가 엄청난 파장을 일으킬 안건을 들고 핀초트를 찾아왔다. 글래비스는 신임 내무장관 밸린저가 상당량의 석탄이 매장된 알래스카의 공유지를 모건-구겐하임 민간기업 투자단Morgan-Guggenheim syndicate에 불하해 부당이익을 취하게 했다고 주장했다. 핀초트는 즉시 글래비스를 대통령에게 보내 이 사실을 알리게 했다. 이 소식을 전해 들은 태프트는 곤혹스러웠다. 만약 밸린저가 이 사건과 무관하지 않은 것이 확인된다면, 또는 이 스캔들이 자신의 정부에 누명을 끼친다면, 과연 정국은 어떻게 될 것인가? 사태를 우려한 태프트는 밸린저의 변명과 부인을 받아들이고 오히려 글래비스를 해임시켰다. 대통령은 핀초트를 달래기 위해서 그에게 자연보호 프로그램을 계속 유지하겠다고 약속했다. 그러나 핀초트는 여기서 만족하지 않고 언론과 의회를 끌어들여 문제를 확대시켰다. 결국 사건은 대초원에 맹렬한 불을 지르는 격이 되어 궁극적으로 태프트 행정부의 힘을 다 소진시키고 말았다.

핀초트는 마치 순교자와 같았다. 그는 밸린저에 대한 이야기를 언론에 폭로하고, 이전에 내무부 감시관이 제출한 모건-구겐하임 민간기업 투자단에 관한 보고서를 조사할 것을 요구했다. 더는 문제가 확대되지 않기를 원했던 태프트는 핀초트로부터 이런 이야기가 흘러나오자 끝내 그를 해고했다. 태프트는 자신의 이러한 행동이 루스벨트와 혁신파의 분노를 야기할 것이라 알고 있었음에도 핀초트의 계산된 불복종을 좌시할 수도 없었다. 그러나 정치적 관점에서 볼 때 그의 결정은 또 다른 큰 실수였다. 만약 밸린저까지 동시에 해임했다면 그는 일을 공평하게 처리하는 사람처럼 인식되었을 텐데 말이다.

핀초트가 해임되고 10일이 지난 후였다. 아프리카의 한 토착민이 콩고에서 진귀한 흰색 코뿔소를 사냥하고 있던 루스벨트에게 이 소식을 전했다. 소식을 접한 루스벨트는 즉시 핀초트에게 편지를 썼다.

난 믿을 수가 없다. 전직 대통령이 계승한 현직 대통령을 비난하는 것은 너무나 무례한 행동이다. 하지만 그동안 정직했던 한 사람이 당신과 내가 주창한 고귀한 원리를 위해 노력하는 행동을 그만둔 것 같다.

이런 와중에도 태프트는 자연보존 프로그램에 계속 관심을 표명한다는 차원에서 해임된 핀초트를 예일대학교 임학부(산림학부) 부장으로 임명되도록 손을 썼다. 밸린저 역시 1년 후 사임했는데, 후임 내무장관으로는 확고한 자연보호론자를 임명했다. 그러나 그의 이러한 노력은 대통령 태프트와 엮인 보수파와 루스벨트와 엮인 혁신파 사이의 골을 더욱 깊게 만들었을 뿐이었다. 거기다 두 대통령의 관계도 결코 이전처럼 복원되지는 않았다.

1910년 6월 말이었다. 군중의 대대적인 환호를 받으며 아프리카에서 단 일주일 만에 미국으로 돌아온 루스벨트는 귀국 직후 첫 번째 일정으로 매사추세츠의 베벌리Beverly에 마련된 대통령 별장으로 향해 태프트를 만나고자 했다. 사실 아프리카에서 뉴욕으로 돌아온 루스벨트는 정치 관련으로는 말을 아끼려 했다. 하지만 사람들이 그를 가만히 두지 않았다. 롱아일랜드의 오이스트만Oyster Bay에 있는 그의 집은 갑자기 혁신파의 메카가 되었다. 그들은 이 '저돌적인 기병'이 1912년 공화당 대통령 후보가 되어주거나 아니면 제3당 소속으로 대통령 선거에 나서기를 원했다. 이러한 요구에 루스벨트는 무슨 일이 있더라도 백악관 입성을 거절할 것이라고, 지방언론을 통해 알렸다. 그러나 보스턴의 케임브리지 근처에서 그의 하버드대학교 동창생들이 여러 차례 동창회를 열고 태프트를 방문했다. 이렇게 해서 실로 16개월 만에 두 사람의 재회가 이루어졌다. 태프트가 양손을 벌리며 "시어도어, 만나서 반갑네!"라고 외쳤다. 이에 루스벨트는 정중하게 "그동안 잘 계셨는지요, 대통령 각하. 이제 저는 단순한 싸움대장입니다."라고 답했다. 태프트는 친구의 어깨를 장난하듯 주먹질하며 "이봐, 이런 상황에서 대통령 각하라는 호칭은 빼도록 해."라고 말했다. 루스벨트는 곧바로 "전혀 신경 쓰지 마십시오. 당신은 대통령 각하고, 저는 시어도어입니다."라고 응수했다.[23]

한 시간 남짓 그들은 베란다에서 서로의 새로운 모습을 주제로 잡담을 나누었다. 대화 중에 루스벨트가 아프리카와 유럽에서의 경험과 모험적인 이야기로 태프트를 즐겁게 해주자 농담과 웃음이 넘쳐났다. 이 만남 이후 루스벨트는 현실적인 정치로 되돌아갈 의도가 없다고 다시 발표했다. 나아가 그의 지지자들에게 태프트를 공격하지 말 것을 요청했다. 그러나 두 사람의 휴전은 그리 오래가지 못했다. 루스벨트는 뉴욕주에서 정치적 논쟁을 불러일으키는 모임에 자주 참석했다. 이런 활동을 통해 그는 얼마 있지 않아 자신이 그토록 믿었던 태프트와 그의 지지자들로부터 비밀리에 배신을 당했다는 사실을 깨달았다. 이에 대통령에게 크게 화를 내면서 루스벨트는 "태프트는 내가 생각하고 추진했던 정책을 완전히 뒤틀어 놓았다."라고 비난했다. 한 달 이내에 정계에 복귀할 것을 선언한 그는 간헐적으로 중서부지역의 16개 주를 여행하면서 연설했다. 뇌졸중에서 부분적으로 회복의 기미를 보이기 시작한 넬리 태프트는 루스벨트의 정계 복귀에 관해 정확하게 진단했다.

당신은 분명 대통령 후보 경선에서 루스벨트와 겨루게 될 거예요. 만약 당신이 지명된다면 그는 대통령 선거에서 당신을 패배시킬 겁니다.[24]

캔자스주의 회오리바람처럼, 억제되지 않은 격렬함 속에서, 루스벨트는 태양이 내리쬐고 먼지가 가득한 도시의 광장, 흥분의 도가니인 야구장 그리고 개혁을 요구하는 수많은 지지자가 모이는 연회 장소에서 군중을 자극하며 서부의 평원을 휩쓸고 다녔다. 그는 대법원을 사회정의의 실현에 방해가 되는 장애물이라고 공격했으며 대법원의 무모한 사법권 남용을 막기 위해 사법부의 권한을 억제해야 한다고 주장했다. 태프트가 대통령으로 더욱 보수적으로 변했다면, 루스벨트는 장외에서 더욱 급진적으로 변했다.

캔자스의 오사와토미Osawatomie에서 루스벨트는 그가 '신국민주의New Nationalism'라고 이름 붙인 일련의 비전을 개괄적으로 제시했다. 그가 보기에 강력한 연방정부의 열정적인 노력은 그간 신성하게 추앙받은 자유방임주의의 원칙에 위배되어 금기시되었다. 그러나 연방정부의 힘을 통해서만 사회정의를 달성할 수 있다고, 루스벨트는 주장했다. 만약 사회정의를 실현하기 위해 정부가 보수파들과 충분히 싸우지 못한다면, 루스벨트 자신은 복지국가에 필요한 '급진적인 발상'을 이용해 강력히 추진하겠다고 주장했다. 대표적으로 누진과세와 상속세의 도입, 노동자의 수당제 도입, 아동 및 여성 노동법 제정, 관세개혁, 기업 간 합병의 엄격한 규제 등이 있다. 당시 골프를 치고 있던 태프트는 루스벨트가 골프장에서 사법부를 비판하고 있다는 사실을 알아버렸다. 그 순간 평상시 지나칠 정도로 차분한 태프트의 성격이 무색할 만큼 그는 버럭 화를 내며 골프장을 가로질러 나갔다.

그의 오랜 친구와 불화를 거듭하면서 태프트는 점점 몸이 더불어갔다. 아치볼드 버트는 당시 태프트의 신체 건강을 이렇게 증언했다.

그는 너무나 거대해 보였다. 그의 몸은 마치 밀랍으로 만든 거대한 인형 같았다. 입술의 색은 점점 엷어져 갔다. 그의 건강이 갈수록 나빠지는 것 같다.[25]

또한, 당시 대통령과 만나 그와 악수한 어느 신문기자는 태프트가 자포자기한 듯한 목소리로 이렇게 중얼거리는 광경을 목격했다. "루스벨트는 나의 가장 친한 친구였는데 이제 내게서 멀어졌어." 그리고 그는 흐느껴 울었다.[26]

1912년 2월 22일 루스벨트는 공화당 대선후보 경선에 나서겠다고 발표했다. 보수파들이 공화당을 장악했기 때문에 자신이 이길 수 없는 싸움을 시작한다는 사실은 일찍이 알고 있었지만 무조건 밀고 나갔다. 개인적 야심, 강한 권력욕, 권태로운 생활로부터의 도피, 오사와토미에서 발표한 개혁조치들을 완수하고 말겠다는 희망 그리고 태프트에 대한 분노 등이 루스벨트의 대선 출마 결정을 이끈 요인이었다. 그러나 루스벨트가 대통령직에 다시 도전하겠다고 결정했을 때, 가장 핵심적인 요인으로 작용한 것은 자신의 의무에 대한 감각이었다. 시어도어 루스벨트는 자신이 공화당 내 혁신파의 정서와 감각에 정치적 책임이 있다는 사실을 인식했다. 그는 자신의 혁신적 기조는 물론이고 그 기조를 위해 투쟁하는 사람들을 절대로 배반하지 않을 작정이었다.

극도의 우울증에 빠진 태프트는 만일 루스벨트의 배신과 그의 공개적인 도전을 받아들이지 않는다면 두 번째 임기는 도모조차 할 수 없을 것이라 판단했다. 그는 한 친구에게 이런 내용의 편지를 보냈다.

나는 이 힘든 싸움을 어찌 치러야 할지 정말 걱정이 크다. … (중략) … 하지만 어찌 되었든 나는 이곳(백악관)을 고수할 것이다. 나는 지금 이 정부가 시어도어 루스벨트 정부보다 더 안정되고 사리 분별을 갖추었으며 나아가 헌법에 충실한 정부라고 믿는다.

그 편지에는 기억할 만한 문구도 담겨 있었다.

쥐도 구석에 몰리면 물어뜯는다.[27]

태프트는 실로 거대한 쥐였던 셈이다. 한편 루스벨트는 대부분의 예비선거에서 승리를 거두고 공화당의 평당원들이 자신을 후보로 선출하리라 확신하며 시카고에서 열리는 전당대회에 참가했다. 경선 결과는 자격을 의심받고 있는 대의원 254명의 손에 달려 있었다. 루스벨트가 공화당 후보로 안착하기 위해서는 논란의 대상이 된 대의원의 좌석에서 100석을 획득해야 했다. 그러나 보수파가 당의 운영을 담당하는 공화당 전국위원회를 지배하고 있었고, 이들은 대의원 좌석 중 19석을 제외한 모든 좌석을 태프트를 지지하는 대의원에게 배정했다. 전당대회에서 포효하는 루스벨트의 성난 지지자들은 '진보당Progressive Party'이라는 별도 정당을 조직하고, 루스벨트를 해당 정당의 대통령 후보로 지명했다. 그러나 민주당이 뉴저지주New Jersey의 개혁적인 주지사 우드로 윌슨Woodrow Wilson을 대통령 후보로 지명했을 때, 루스벨트는 자신의 승리가 불가능하다는 사실을 깨달았다. 그렇지만 그는 "성난 불무스Bull moose처럼 훈련하자!"라고 외치며 전의를 불태웠다(훗날 불무스라 불리는 수사슴은 진보당의 별명이 되었다).* 그러면서 여러 개혁을 구체화한 강령을 통해 역동적으로 선거운동에 임했다.

그렇게 죽고 못 살던 친구였던 태프트와 루스벨트 사이의 상호 공격은 신랄하기 그지없었다. 심지어 개인적인 인신공격이 비판의 주를 이루었다. 루스벨트는 태프트를 향해 "기니피그보다 더 멍청한 머리를 지닌 얼간이"라고 비난했고, 태프트는 루스벨트를 향해 "위험하고 이기적인 민중선동가이자 진실에 함구하는 자"라고 공격했다. 그러나 본격적인 대선에 돌입하자 선거의 양상은 윌슨과 루스벨트 두 사람의 대결로 압축되었고, 현직 대통령은 유권자의 안중에도 없는 듯했다. 패배를 인정한 태프트는 수차례 산만한 연설을 한 이후 이내 침묵으로 일관했다. 그는 애처롭게 "이 나라에는 날 싫어하는 사람이 너무 많아."라고 푸념했다.

11월의 최종 결과는 이미 예정되었다. 공화당은 태프트 세력과 진보당으로 갈라진 루스벨트 세력으로 나뉘었는데, 민주당의 우드로 윌슨은 민주당 유권자들을 하나로 뭉쳐 435명의 선거인단

---

* 불무스는 한국어로 말코손바닥사슴, 물사슴, 낙타사슴 등으로 부른다.

을 확보했다. 16년 만에 민주당이 백악관을 되찾았다. 루스벨트
는 선거인단 88명을 확보해 2등을 했고, 태프트는 형편없는 득표
로 3등을 했다. 태프트는 선거인단이 8명밖에 안 되는 유타주와
버몬트주에서만 승리했다. 현직 대통령으로서는 최악의 참패였다.
1912년 대선이 시사하는 바는 당시 유권자 4분의 3이 공화당이
든 민주당이든 혁신주의 노선의 후보를 지지했다는 점이다.

연방대법원장으로서의 삶

유권자들은 태프트를 철저하게 거부한다는 의사를 선거로 표시
했다. 그런데도 태프트는 기가 꺾여 우울해하지 않았다. 그는 "나
에게는 위안 되는 일이 하나 있다. 그건 지금까지 어떤 후보도 이
정도의 압도적인 표차로 전직 대통령을 이긴 후보가 없었다는 사
실이다."라고, 앞뒤가 맞지 않는 말을 하기도 했다.[28] 백악관의 무
거운 중압감에서 벗어난다는 사실에 즐거워한 그는 윌슨의 취임
식을 기다리면서 수년 동안 경험하지 못했던 행복감을 느꼈다. 예
일대학교 법학부로부터 교수직을 제의받은 태프트는 마치 대법원
판사직에 임명된 것처럼 기뻐하며 이를 수락했다.

　백악관에서 물러난 후 윌리엄 태프트보다 더 생산적인 활동을
한 전직 대통령은 당시까지 없었다. 그는 예일대학에서 학생들에
게 대단히 인기 있는 교수였다. 예일대학교에서 정부관계법과 국
제법을 강의한 그는 곧 대학생들이 가장 좋아하는 교수로 정평이
났다. 연설도 했으며, 대통령에 관한 책과 논문도 썼다. 그는 어느

글에서 이런 내용을 설파했다.

미국인들은 대통령에게 사회에 대한 태만죄는 물론이고 너무 부지런
하여 월권행위를 하는 죄까지 모두 책임을 지우는 경향을 뚜렷하게 공
유한다. 대통령은 비를 내리게 하는 구름을 만들 수 없다. 또한 대통령
은 무턱대고 옥수수가 잘 자라게 할 수도 없다. 대통령은 기업의 사업
운영이 잘 되도록 강제로 부추길 수도 없다.

누군가 그에게 정계 복귀 가능성을 물었다. 이에 그는 단박에
이렇게 답했다. "나는 이제 존경받는 전문분야에서 일하고 있다."
미국이 제1차 세계대전에 개입하게 되자 그는 국가전쟁노동위원
회War Labor Board의 공동의장으로 일했다. 태프트와 루스벨트는 둘
다 윌슨의 전쟁개입 정책에 비판적이었다. 이러한 공통점이 적이
었던 두 사람을 다시 친구로 묶었고, 두 사람은 서신 왕래를 재개
하였다. 비록 두 사람 사이가 엉망이 되어버린 1912년 선거 이래
그때까지 직접 만나지는 않았으나 다시 한번 편지에서 "친애하는
윌!, 친애하는 시어도어!"라는 호칭을 사용했다.

1918년 5월 어느 날 태프트는 시카고에 있는 블랙스톤 호텔에
들어서자 호텔 식당에 앉아 있는 루스벨트를 발견했다. 그는 테이
블에 홀로 앉아 있는 루스벨트에게 다가갔다. 루스벨트는 식사를
하며 책을 보던 중이었다. 갑자기 주위가 조용해졌다는 사실을 깨
달은 루스벨트는 고개를 들어 자기 앞에 서 있는 태프트의 모습
을 어렴풋이 확인했다. 그는 들고 있던 냅킨을 내려두고, 벌떡 일

어나 손을 내밀었다. 두 사람은 뜨겁게 악수했고, 서로의 등을 다정하게 어루만졌다. 다른 손님들이 박수와 환호를 보냈고, 갑자기 자신들이 많은 청중에게 둘러싸여 있음을 확인하자 두 전직 대통령은 사람들에게 인사를 하면서 미소를 보냈다. 두 사람은 그 자리에 앉아 30분 정도 활기 넘치게 이야기를 나누었다.[29]

태프트는 1921년 그의 경력에 새로운 경력을 하나 추가했다. 1912년 대선 후보 선출 전당대회에서 태프트를 위해 연설을 한 적이 있었던 당시 제29대 미국 대통령 워런 하딩이 전직 대통령 일생의 숙원이자 야심이었던 미국 연방대법원 대법원장직에 그를 임명했다. 그 후 9년 동안 그는 일생에서 가장 행복한 시간을 보냈다. 당시 자유주의적인 대법원 판사로 유명했던 올리버 웬들 홈스Oliver Wendell Holmes와 루이스 브랜다이스Louis D. Brandeis는 산적한 소송사건을 가능한 빨리 재판하고, 그러면서도 확고한 판결을 내려야 하며, 대법원 재판관들끼리 어느 정도 평등한 관계를 유지해야 할 것을 강력히 주장했었다. 태프트의 온화하고 친절한 언행은 법원의 다수를 차지하는 완고하고 보수적인 판사들과 상대적으로 소수인 자유주의적인 판사들 사이의 갈등을 많이 해소하였다.

대통령으로서는 무기력했던 태프트지만 대법원장으로서는 정말 역동적이었다. 그는 대법원장으로 있으면서 253건에 관한 자신의 소신을 기록했고, 모든 판결문 중 6분의 1은 자신이 판사석에 있을 때 적었다. 대법원장으로 있으면서 거둔 더할 나위 없는 영광스러운 결과는 의회가 새로운 건물을 지으려는 대법원의 요구를 승인한 것이다. 대리석으로 된 이 건물은 구의사당 감옥Old

Capitol Prison 터에 세워졌다. 이곳은 남북전쟁 동안 영장이 발부되지 않은 죄수들이 투옥되어 있던 곳이었다. 1930년 2월 72세의 태프트는 건강이 악화해 그렇게도 사랑했던 법정을 떠나지 않을 수 없었다. 한 달이 지난 후 그는 심장병으로 죽었고, 알링턴 국립묘지Arlington National Cemetery에 안장되었다. 그는 이곳에 안장된 최초의 대통령이었다. 다음 대통령으로 존 F. 케네디가 이 국립묘지에 안장되었다.

대법원장에 임명된 지 얼마 후의 일화다. 그는 옥스퍼드대학교 명예학위를 받았다. 영국 런던에서 머무는 동안 그는 훗날 에드워드 8세로 즉위할 영국 왕세자를 포함해 여러 고위 인사를 소개받았다. 정치 감각이 다소 떨어졌던 왕세자는 태프트에게 이렇게 말했다.

대통령에서 물러난 후 장관직을 맡거나 내각에 입각하거나, 어떤 다른 일을 하시지 그랬습니까?[30]

3장

Benjamin Harrison VI

벤저민 해리슨 1889년 3월 4일 ~ 1893년 3월 4일

냉담한 성격과 사교성의 부재로
국정의 파탄을 방관한 대통령

그는 어떤 활동도 거의 하지 않았다.
무능과 무동의 전형이었다.

벤저민 해리슨은 1888년 미국 제23대 대통령으로 당선이 확정된 직후 연방 상원의원 매튜 스탠리 퀘이Matthew S. Quay의 손을 잡고, 아주 신앙심 깊은 사람이 기도문을 외우듯 "하나님이 우리에게 이 승리를 주셨다."라고 말했다. 그러나 대통령 선거에서 벤저민 해리슨 6세가 누구의 도움으로 승리했는지를 잘 알고 있던 펜실베이니아주 출신 공화당 보스 매튜 퀘이는 깜짝 놀라지 않을 수 없었다. 성마르고 화를 잘 내는 성격의 퀘이 의원은 "하나님만 생각하고, 우리 당 사람은 생각하지 못하시는군! 그가 대통령으로 당선되는 데에 하나님은 정말 눈곱만치도 관여하지 않았다는 걸 모르시는 건가?"라고 말하며 씩씩거렸다. 그는 뒤이어 "벤저민을 대통령으로 세우고자 얼마나 많은 사람이 교도소 문을 들락거렸는지, 그는 결코 알지 못했다."라고 푸념했다.[1]

물론 1888년 대선은 공화당이 러더퍼드 헤이스Rutherford B. Hayes를 제19대 미국 대통령으로 세운 1876년 대선과는 많은 면에서 차이가 있다. 그렇지만 1888년 대통령 선거 역시 1876년 대선 못지않게 부정부패로 가득했다.* 사기, 표 매수, 부정투표로 득표수

---

* 러더퍼드 헤이스가 공화당 대선 후보로 나선 1876년 대선 당시 루이지애나주, 플로리다주, 사우스캐롤라이나주의 선거인 19표가 어느 당의 표인지 결정되지 않았다. 이

늘리기 등 온갖 방법이 동원되었다. 1888년 대선 당시 제22대 미국 대통령이었던 그로버 클리블랜드는 일반투표에서는 벤저민 해리슨보다 약 10만 표를 앞질렀으나 선거인단 투표에서 패배했다. 클리블랜드는 벤저민 해리슨의 지역구인 인디애나주와 자신의 지역구인 뉴욕주에서 속임수를 당해 재선에 실패했다. 뉴욕주에서는 현직 대통령의 개혁적 경향을 달가워하지 않던, 뉴욕의 부패한 정당조직 태머니 홀Tammany Hall* 지도자들이 클리블랜드의 재선을 철저히 방해했다.

해리슨이 전국적인 차원의 명사로 떠오르게 된 것은 그의 가문이다. 즉 그는 이 나라 제9대 대통령이었던 윌리엄 헨리 해리슨William H. Harrison의 손자였고, 독립선언서에 서명한 버지니아주 주지사 벤저민 해리슨의 증손자였다. 그들의 후손이었던 벤저민 해리슨은 특별한 능력이 없었고, 창의적이고 미래지향적인 비전도 없었다. 그는 보잘것없는 정치가였다. 그렇지만 당시 정치계의 문화를 고려하자면 그의 태생적 배경은 그를 대통령으로 세우기에 충분했다. 그의 할아버지 윌리엄 해리슨은 억수같이 쏟아지는 비와 진눈깨비가 한데 뒤섞인 3월 초에 모자, 장갑, 코트, 우산도 없이 두 시간 이상을 취임식 연설에 허비했다. 이윽고 정확히 한 달 후에 폐렴으로 사망했다. 그때 그의 나이 68세였다. 손자 벤저민

에 의원과 대법관으로 구성된 특별위원회가 논의한 끝에 대통령 취임 2일 전 19표를 공화당 측 선거인으로 결정했고, 결국 헤이스 후보는 1표 차이로 당선하였다.
* 1760~1960년대까지 존재한 미국 민주당 내 정치그룹으로, 뉴욕시와 뉴욕주를 기반으로 활동했다.

해리슨은 4년의 임기를 다 채웠다. 손자는 취임식 당일, 가죽으로 된 옷을 입을 만큼 사전 준비를 철저히 했다. 그러나 그를 두고 빈 정거린 많은 사람이 손자 대통령은 할아버지 대통령 '티피카누 Tippecanoe'[2]와 거의 비슷하다고 비꼬았다. 사실 그는 대부분의 미국 교과서에서 언급조차 잘 되지 않는 대통령이다. 심지어 미국사 도서로 매우 인기가 많고 장장 685쪽에 달하는 책에서도 그의 이름을 찾을 수 없다.[3]

무능과 무동의 대통령

그는 얼음같이 차갑고, 형식에 치우쳤으며, 개성이나 재밌는 면모 따윈 없었다. 해리슨은 늘 어두침침한 표정을 하며 살았다. 어느 날 그와 악수했던 어떤 사람은 "마치 시들어 버린 피튜니아Petunia 같다."라고 말했다. 물론 해리슨이 리처드 닉슨이나 제임스 뷰캐넌처럼 나쁘고 불량한 인물은 아니었다. 그는 자신의 직책인 대통령의 역할이 한정된 업무만 하면 되는 줄 알았고, 어떤 활동도 거의 하지 않았다. 무능과 무동의 전형이었다. 그는 사안의 해결책을 창의적으로 제시하거나 처리하지 못했다. 앞에서 이끌어가는 지도자라기보다는 뒤에서 따라가는 추종자에 적합했던 해리슨 대통령은 당시 미국을 좌지우지한 공화당의 중진 의원들과 기업가들의 명목상 얼굴마담에 불과했다. 훗날 해리슨은 이렇게 한탄했다.

나는 대통령으로 당선되고 나서야 공화당 지배그룹이 오직 자신들의 이익을 위해 모든 권한을 행사하려고 한다는 사실을 알았다. 나는 나만의 내각을 결코 구성할 수 없었다. 그들은 대통령 선거 비용의 본전을 뽑기 위해 모든 직책을 매수했다.[4]

해리슨에게 대통령직은 여러 가지 이유로 헛된 것이었을 뿐이었고, 결과적으로 그의 치세는 국가에 좌절감만 안겨주었다. 그는 남의 간섭을 받지 않는 사적인 자유를 너무나 소중히 생각해 백악관에 있는 자신과 자신의 가족에게 쏟아지는 일반 대중의 압력을 몹시도 불편하게 여겼다. 따라서 언론과의 관계는 거의 적대적이었다. 의회와의 관계에서도 스스로 내세울 만한 자신만의 독자적인 견해가 없었다. 유권자들은 일반투표에서 클리블랜드를 압도적으로 지지한다는 사실을 투표로 보여주었고, 해리슨을 대통령으로 원하지 않는다는 사실을 알렸다. 이에 클리블랜드는 1892년 대선에서 압도적인 표차로 제24대 미국 대통령으로 당선됐다. 결국 무능하고 흐리멍덩한 대통령 해리슨은 유능한 대통령의 두 임기 사이에 낀 샌드위치로 전락했다. 결국 해리슨이라는 유명한 이름은 두 가지 의미로 해석된다. 하나는 대통령도 무능하고 흐리멍덩한 이미지로 보일 수 있다는 것이다. 다른 하나는 오랜 세월 국가를 위해 봉사한 해리슨 가문이 벤저민 해리슨 6세라는 인물을 향한 유권자의 기대감을 자극했다는 것이다.

해리슨 대통령은 임기 중 개혁을 실천하는 데에 실패한 후 자기 행정부를 겉으로나마 장식하기 위해 미국 공무원위원회를 설치했다. 이 위원회의 수장이 된 시어도어 루스벨트는 "빌어먹을 대통령!"이라고 화를 내며 투덜거렸다. 시어도어 루스벨트는 당시 "그는 냉혈한 같고, 좀생이에, 편견이 심하며, 고집불통이다. 겁 많고 소심한 사람이다. 케케묵은 찬송가나 부르는 인디애나폴리스 Indianapolis의 지역 정치가에 불과하다."라고 대통령 벤저민 해리슨을 비난했다.[5] 이에 해리슨은 "시어도어 루스벨트는 해가 뜨고 지는 단 하루 만에 이 세상의 모든 악을 뿌리째 뽑으려 한다."라고 말하며 신랄하게 상대를 비난했다.[6]

해리슨은 키가 작아서 작은 벤Little Ben으로 불렸다. 5.5피트 (167.64센티미터)밖에 안 되는 작달막한 키, 붉은빛 도는 턱수염, 올챙이처럼 톡 튀어나온 배, 가느다란 다리를 가진 해리슨은 그야말로 중세 난쟁이의 모습과 다르지 않았다. 그가 해리슨 1세(할아버지)의 손자라는 이유로 공화당 지도부가 선택한 대선 캐치프레이즈는 "할아버지 모자는 벤에게 잘 어울린다."였다. 민주당은 작은 벤을 비버 가죽으로 만든 할아버지 모자에 덮여 거의 모습이 보이지 않는 난쟁이 피그미pygmy로 풍자했다. 동시에 본인을 꾸미는 데에 열중하면서도 세상사에 무관심한, 군용 키드장갑을 낀 미적지근한 인물로 묘사했다. 그렇다고 해서 해리슨이 정치인으로서 아무런 재능이 없었던 것은 아니다. 그는 인디애나주의 최대도시, 인디애나폴리스의 변호사 업계를 주도한 지적인 변호사였다. 그리고 장로교회의 장로로서, 주일학교에서 성경을 가르쳤다. 또 남북전쟁 당시 수많은 북부연방군 병력을 구출해 장군으로 진급하기도 했다. 과장과 허풍이 심한 해리슨은 연설할 때마다 청중의 적

개심을 부추겼다. 그는 남북전쟁이 한창인 전장에 관해서는 "충성하는 사람들의 피로 흠뻑 적시는"이란 표현을 사용했고, 영국의 한 외교관에 관해서는 "욕심 많은 탐욕자"라고 말했다.[7]

해리슨의 사교성은 최악이었다. 그를 비판하는 사람들은 물론이고, 그를 가까이서 지켜보며 보좌하는 사람들조차 "그는 2만 명의 군중을 매료할 수 있으나 그들과의 악수 한 번으로 군중 전체를 적으로 만들 수 있다."라고 말하며 그의 대인관계 능력에 문제가 심각하다는 점에 동의했다. 그의 친구들 역시 "그가 자신은 물론이고 다른 사람들에게도 무조건 높은 기준을 요구했기 때문에 결과가 예상과 다르면 이를 용납하지 않았다."라고 말하며, 벤저민 해리슨을 얼음장 같은 사람이라 평가했다. 벤저민 해리슨을 잘 아는 사람들은 해리슨 주위로 몰려든 사람들에게 이런 경고를 알렸다.

그가 당신에게 무례하게 굴어도 크게 괘념치 말라. 그는 원래 그런 사람이다.[8]

그는 열차로 선거운동을 하면서 종종 역으로 나와 연설을 했는데, 이 연설은 대중들로부터 큰 열광을 받았다. 그러나 거의 모든 사람이 그와 악수만 하고 나면 아무 말 없이 풀이 죽은 채 자리를 떠났다. 문제를 감지한 그의 보좌관 중 한 명이 해리슨의 연설이 끝나기 무섭게 열차를 출발시켰다. 유권자들을 다 만나보기도 전에 서둘러 해리슨을 열차에 다시 태워 출발시키는 것에 항의가 들어오자 그 보좌관은 이렇게 대답했다.

내게 항의하지 마라. 나는 내가 무슨 일을 해야 하는지 아는 사람이다. 벤저민 해리슨은 군중의 열렬한 환호를 유도한다. 나는 그가 악수 때문에 군중을 냉담하게 만들기를 원치 않는다.

해리슨 행정부가 활동한 시기는 미국의 경제구조 및 중심 산업이 농업에서 공업으로 바뀌는 시대의 한복판이었다. 그는 이러한 성장에 큰 자부심을 느꼈음에도 당시 지도층 대다수가 그랬듯이 해리슨 대통령 역시 이러한 변화가 평범한 노동자에게 끼치는 영향에 관해서는 거의 알지 못했다. 자본주의의 성장에만 안주한 그는 자본가와 노동자 사이에서 증폭하는 갈등, 사회의 비인간화, 생계를 위해서 격심한 경쟁을 각오해야 하는 현실, 미숙련 노동자의 지루하고 고된 업무에 관해서 아는 바가 거의 없었다. 그는 산업화에 수반되는 계급 간의 긴장과 갈등, 경제적 혼란 및 고통 등을 줄이고 해소할 어떠한 정책도 기획하거나 시행하지 못했다.

해리슨에 대한 평가를 쇄신하기 위해 몇몇 연구자는 그가 대통령으로 재직한 동안 독점, 관세 그리고 금융에 대한 법안을 제정하는 데에 서명하는 등 핵심적인 역할을 수행했다고 항변하면서 높은 점수를 주기도 했다. 그러나 사실 이러한 법안을 제정할 때 그가 한 일이라곤 말 그대로 서명뿐이었고 법안 내용을 기획하는 데에는 거의 관여하지 않았다. 심지어 그에 대한 전기를 쓴 한 유명 전기작가조차 "해리슨은 대통령보다는 사인私人으로서 더 위대한 것 같다."라고 평가했다.

대기업과 공화당 보수파의 얼굴마담

벤저민 해리슨은 미국의 정치제도가 대변혁을 겪고 있는 시기에 백악관에 입성했다. 제7대 미국 대통령 앤드루 잭슨 집권기에는 혁신적인 제도로 보였던 엽관제Spoils system*는 시간이 흐르자 보수세력의 든든한 방어벽으로 변질되었다. 벤저민 해리슨이 정치계에 입문한 시점에는 엽관제란 개혁세력의 표적에 불과했다.[9] 하지만 당시 각 정당의 지도부는 엽관제 같은 후원제도야말로 정치권의 모유母乳 같은 존재라며 엽관제의 존속을 고집했다. 노동자에게 일자리와 같은 달콤한 미끼를 들고 유혹하지 않는다면, 어느 노동자 집단을 모아 자신의 정당에 유리한 유권자로 재편성하기란 쉽지 않았다. 따라서 각 당의 지도부는 우편 사무원, 연방정부 공무원 그리고 각 당의 지도부에서 승인한 후보를 위해 선거에 임하는 주·시·지방 노동자의 힘을 무시할 수 없었다. 그리고 그들의 힘을 재정비했다. 모든 정당의 지도부는 노동자들의 일상 업무를 얼마나 효율적으로 발전시킬 것인지가 아니라, 어떻게 하면 그들에게서 더 많은 표를 얻어낼 수 있는지에만 관심을 쏟았다. 각종 후원금을 비롯한 기부금이 당의 정치자금으로, 주로 선거자금으로 이용되었다. 뉴욕 출신의 거물급 정치인 로스코 콩클링Roscoe

---

* 지지자를 보답 차원에서 공무원으로 임용하는 제도를 가리킨다.

Conkling 같은 현실주의자들은 끊임없이 '우는 소리'를 내며 혁신을 요구하는 개혁세력에 이렇게 답했다.

정당이란 조직의 행보는 단순히 올바른 행동에 의해, 여성들의 순진한 요구에 의해 혹은 과장된 열의에 의해 쉽게 결정되지 않는다. 저들은 이 원리를 전혀 이해하지 못하고 있다.

1883년 펜들턴 공무원법 개혁법Pendleton Civil Service Act, 이른바 '펜들턴법'이 제정되었다. 이 법은 공무원을 선발할 때 노골적인 정치적 거래나 후원 개념의 엽관제 대신 공개시험을 치르게 했다. 또한 공직을 희망하는 인물이 정당에 자금을 납부했던 관행을 금지했고, 정당 관계자가 선거운동을 위해 기존의 정치적 상황을 유리하게 이용하던 관행을 규제했다. 이 법은 당시 여러 방식으로 자행되었던 다양한 형태의 정치자금 갈취를 원초적으로 규제했기 때문에 여러 정당의 지도부는 새로운 수입원을 모색할 수밖에 없었다. 동시에 펜들턴법이 제정된 결과, 선거운동 비용이 엄청나게 증가하고 말았다. 경제는 빠르게 성장하고 유권자는 갈수록 확대되는 시대적 흐름 속에서, 당시 정치 지도부는 대중의 여론을 이끌어 가기 위해 기존보다 확고하고 정력적인 노력을 해야 했다. 그 과정에서 응당 막대한 자금이 필요했고, 그래서 정치가 대다수는 점차 돈이 많은 기업계 거물들에게 추파를 던지기 시작했다.

펜들턴법이 제정되고 얼마 지나지 않아 아메리칸 슈가American Sugar, 스탠다드 오일Standard Oil, 뉴욕 센트럴 레일로드New York

Central Railroad 등 여러 대기업이 정치자금을 후원했다. 그들의 후원금은 과거 엽관제에서 공무원들에게서 갈취한 정치자금보다 훨씬 많았다. 상황이 이렇다 보니 정치인들은 미국 남북전쟁 전후의 정치적 의제보다는 경제적 영향력을 발휘하는 쪽에 더욱 관심을 쏟았다. 그들은 설탕회사, 철강회사, 철도회사 등을 국가의 중요한 문제를 결정할 최고위원회를 구성할 자격이 있는 실체로 간주했다. 그리고 미국이란 나라는 거대한 이익을 창출하는 데에 주요한 관심이 있을 거라고, 암묵적이면서도 폭넓은 이해를 공유했다. 이 시기의 미국 정치인들은 정부가 준수해야 할 최고의 원칙이란 기업을 도와 최대한 이익을 창출하도록 이끄는 것이라고, 가능한 간섭을 하지 않는 상황에서 이익의 분배 역시 최소화하는 것이라고 생각했다. 기업인들은 펜실베이니아의 매튜 퀘이, 뉴욕의 로스코 콩클링을 계승한 토머스 플랫Thomas C. Platt 같은 공화당 중진의원들과 사업을 도모했다. 이쯤 되면 정치자금을 빙자한 뇌물 문제, 독직 현상 같은 것은 아무런 문제가 될 수 없었다. 당시 워싱턴 D.C.에서 실권을 장악한 정당의 지도부들은 이전의 어떠한 부정부패보다도 훨씬 자주, 그리고 훨씬 거대한 수익을 확보할 자리에 앉게 된 것이다.

특히 보호관세는 이러한 이익 중 가장 수익성이 좋은 사안이었다. 대기업은 고율관세를 "미국적 체제의 일부이자 미국 경제의 지속적인 성장을 위해 반드시 필요한 조치"라고 보았다. 당시에는 일반적으로 보호관세, 즉 고율관세를 두고 "아직 발전하지 못한 산업을 보호할 뿐만 아니라 애국적인 처사"로 간주했다. 고율관세는 미국의 경제적 번영에 이바지하는 정책이자 생활 수준의 향상을 약속하는 정책으로 이해했기 때문이다. 당시 오하이오주 연방 하원의원이자 오하이오주 제조업자의 대변인이었던 윌리엄 매킨리는 값싼 외국제품을 수입하려는 주장을 비난하고, 그런 발상을 수치스럽게 여겼다. 그는 고율관세를 옹호하고자 이런 발언을 하였다.

'값싸다Cheap'는 말은 희망의 단어가 아니다. 이 말은 결코 영감을 불러일으키는 고무적인 단어가 아니다. 이 말은 가난을 상징한다. 그리고 이 말은 빈곤의 징후이기도 하다.

이른바 '도금시대Gilded Age'*의 사회적 가치를 누구보다도 가장 잘 대변하는 인물은 아마 메인주Maine의 제임스 블레인James G. Blaine일 것이다. 그는 연방 하원의장, 연방 상원의원 그리고 오랫동안 국무장관으로 일한 경험으로 여러 차례 대통령 당선을 희망한 인물이었다. 그는 '깃털 장식을 단 기사 같은 모습Plumed Knight'을 하고서 공화당의 여러 위원회에서뿐만 아니라 국가 대소사에 개입한 거물급 정치인이었다. 번뜩이는 눈매에 수많은 관객을 매혹하는 목소리를 가진 매력적인 정치인 블레인은 30년 동안 유

---

* 미국사에서 남북전쟁이 끝난 1865년부터 1893년까지의 기간을 일컫는다. 작가 마크 트웨인이 집필한 동명의 소설에서 유래된 단어로, 겉은 찬란하지만 속은 그렇지 못하다는 의미로 쓰였다.

권자의 표를 따라다니다 끝내 옆길로 새고 말았다. 선거가 있을 때마다 매번 그의 이름은 북소리와 같이 온 나라에 울려 퍼졌다. "블레인! 블레인! 제임스 G. 블레인!" 그러나 그는 약한 사람은 아니었지만 다수의 미국인에게 확신을 주지는 못했다. 블레인의 정치적 기반이란 그가 추진한 법안이나 의정활동을 통해 신중하게 관여한 여러 법안이 아니었다. 그는 공화당과 대기업의 관계를 돈독하게 강화한 장본인으로서 미국 정치에 기여했다. 공화당의 성장 과정을 살펴보면, 원래 출발점이었던 농업 중심의 서부지역을 근간으로 성장했다기보다는 은행가, 제조업자를 대변하는 정당으로, 또는 동부를 대표하는 정당으로 발전했다. 바로 이런 과정에서 공화당의 팽창에 크게 일조한 인물이 바로 블레인이었다.

1884년 대통령 선거에서 클리블랜드는 블레인을 간신히 누르고 남북전쟁 이후 최초로 민주당 후보로서 대통령에 당선되었다. 당시 오점이 있는 인물을 맹목적으로 지지한다는 평가를 받을까 두려워했던 공화당 내 개혁세력이 자신들의 지지를 클리블랜드 쪽으로 옮겼기 때문이다. 당시 헨리 애덤스Henry Adams의 출판되지 않은 소설『민주주의Democracy』에서, 가상의 인물로 등장한 타락한 연방 상원의원 랫클리프Ratcliffe는 현실의 블레인을 참고하여 탄생하였다.[10]

대통령 임기가 끝나갈 무렵, 충실한 민주당원들의 충고를 무시한 클리블랜드는 고율로 유지되고 있던 관세를 엄청나게 인하하라고 의회에 막무가내로 요구했다. 특히 대중국 관세장벽이 소비자의 희생을 가중할 뿐만 아니라 독점 체제의 강화를 돕고 있다고 역설했다. 그는 당시 고율관세 정책에 대해 이렇게 선언했다.

현재의 관세법은 불완전하고 불평등하며 비논리적이다. 이러한 관세법은 불필요한 세금의 징수 및 낭비의 근원이다. 관세법은 지금 즉시 개정되고 수정되어야 한다.

즉 클리블랜드 대통령은 미국의 고율관세 정책이 정부 예산을 과잉으로 충족시키고 동시에 의회의 세금 낭비를 부추기고 있다고 주장했다. 저율로 관세를 개혁하고자 하는 클리블랜드의 기습적인 제안을, 공화당은 그야말로 넝쿨째 굴러들어 온 호박처럼 취급했다. 공화당 지도부와 열성적인 공화당원들은 이 기회를 놓치지 않았다. 그들은 클리블랜드 대통령을 "미국의 자본가들과 노동자들을 지배하려 하는 영국 제조업자 및 산업가의 친구"인 자유무역주의자로 비방했다.

이 상황에서 제임스 블레인은 기쁨을 감추지 못했다. 그는 보호무역 정책이라는 슬로건을 계속 전면에 내세운다면 공화당에서 대통령이 선출될 수 있다고 예측했다. 분명 '깃털 장식을 단 기사 같은 모습'의 블레인은 대통령 자리를 원했을 것이다. 그러나 그를 향한 대중의 평판이 그다지 좋지만은 않았던 탓에 공화당 내 지도부는 그를 쉽게 후보로 낙점할 수 없었다. 이를 알고 있었던 블레인은 이내 마음을 바꾸어 공화당의 새로운 얼굴을 찾아 후보자로 만드는 데에 관심을 집중했다. 스스로 킹메이커의 역할을 자처하기로 결심했다. 그리고 그는 자신의 은혜를 흠뻑 받을, 순진하고 변변치 않은 후보를 골랐다. 여기서 말하는 '순진하고 변변치 않은' 인물이 바로 작고 소심한 벤저민 해리슨 6세였다.

위대한 가문의 영광

해리슨이라는 이름에는 미국의 기원과 역사가 깃들어 있었다. 벤저민이라는 이름을 가진 해리슨 가문의 첫 번째 조상이 1632년 버지니아에 정착했다. 그곳에서 첫 번째 벤저민 해리슨은 미국 최초의 의회인 버지니아 의회에서 의원으로 활동했고, 당시 미국식민지에서 가장 큰 농장주의 한 사람이 되었다.[1] 그 후 해리슨 가문의 구성원은 버지니아 지역에서 여러 대소사에서 중요한 역할을 맡았다. 그들 중 벤저민 해리슨 5세는 독립선언서에 서명한 역사적 인물이었다. 그의 아들 윌리엄 헨리 해리슨은 1811년 티피카누 전투에서 북아메리카 인디언 중 쇼니족Shawnees을 이끄는 테쿰세Tecumseh와의 전투에서 승리하여 미국의 영웅으로 등극했다.

윌리엄 헨리 해리슨의 자식 중 다섯 번째 아들인 존 스콧 해리슨John Scott Harrison은 1804년 인디애나주의 빈센스Vincennes에서 태어났다. 당시 윌리엄 헨리 해리슨은 이곳에서 장교로 복무하고 있었다. 이후 존 스콧 해리슨은 오하이오주에서 농장주로 크게 성공하고, 1853년부터 1857년까지 휘그당* 소속 연방 하원의원으로

---

* 1833년부터 1856년까지 활동한 미국의 정당으로, 앤드루 잭슨 대통령을 배출한 민주공화파와 다른 노선을 추구한 국민공화파가 중심이 되어 창당되었다. 휘그당은 링컨

활동했다. 그러면서 그는 노예제를 확대하고자 하는 모든 법안에 극렬하게 반대 의사를 피력했다. 그는 1824년에 결혼했는데, 첫 번째 아내가 병으로 죽어 1831년에 엘리자베스 어윈Elizabeth Irwin 이라는 여성과 재혼했다. 두 번째 아내 사이에서 6명의 자녀가 태 어났는데, 그중 미래의 대통령이 있었다. 그러나 정작 존 스콧은 무시무시한 종말을 맞이했다. 1878년 그가 죽은 이후 도둑들이 그의 무덤을 파헤치고 시신마저 훔친 것이다. 도둑들은 그 시체를 신시내티에 있는 오하이오 외과대학에 팔았고, 그의 몸은 대학생 들에 의해 해부되었다. 당시 스콧의 아들 중 한 명이 해당 학교의 의대생 자격으로 해부실습에 참여했는데, 시체 해부실 한쪽 옆 로프에 걸려 달랑거리는 시체의 머리를 보고는 실습용 시체가 아 버지임을 확인했다고 한다.[12]

벤저민 해리슨 6세는 1833년 8월에 신시내티의 아래쪽을 흐르 는 오하이오강 어귀의 노스벤드North Bend에 있는 증조할아버지의 집에서 태어났다. 얼마 후 그의 가족은 대통령에 당선된 할아버지 해리슨이 물려준 600에이커acre의 농장이 있는 더포인트The Point 지역으로 이사했다. 할아버지가 대통령에 당선되었을 당시 벤저 민은 일곱 살이었다. 성인이 된 벤저민은 농장의 허드렛일을 담당 했다. 사실 벤저민은 말년에 자신은 도시에서의 삶보다 농촌에서 의 생활이 더욱 좋았다고 고백했다. 이곳 더포인트에는 학교가 없 었기 때문에 아버지 스콧 해리슨은 농장에 통나무 교실 하나를

등이 참여한 공화당에 흡수되었다.

지어 자신의 자녀와 이웃 아이들이 공부할 수 있도록 배려해줬다. 이 통나무 교실의 첫 번째 교사였던 해리엇 루트Harriet Root 는 당시 벤저민이 '지독한 고집쟁이'라 모든 것을 몸소 해야 직성이 풀리는 아이였다고 말했다.

아버지가 경제적으로 어려움을 겪던 시기에도 해리슨은 1847~1850년에 신시내티의 사립학교에서 공부했다. 그곳에서 역사와 정치를 전공한 그는 이후에도 평생 이 분야에 관심을 가졌다. 당시 그는 이곳에서 이런 식견을 피력했다.

여성을 대하는 태도는 어떤 사회가 얼마나 진실한지를 판단하는 좋은 기준이다. 만약 우리가 어떤 사회 속 한 여성의 미래를 알 수 있다면, 국가의 나머지 미래도 쉽게 판단할 수 있을 것이다.

해리슨은 오하이오주의 옥스퍼드Oxford에 있는 마이애미대학교에 3학년으로 편입했고, 2년 이후 좋은 성적으로 졸업했다. 졸업 후 신앙심 깊은 젊은 해리슨은 법률과 신학 사이에서 고민하다가 결국 법률을 선택했다. 졸업 후 2년 동안 신시내티에 있는 유망한 로펌 '스토르 앤 귀네Storer and Gwynne' 사무소에서 근무하며 공부했고, 1854년에는 변호사 시험에도 합격했다. 그 해가 다 가기 전에 해리슨은 같은 대학교 출신 애인이었던 캐롤라인 스콧Caroline L. Scott과 결혼했다. 그녀는 마이애미대학교 여성아카데미 학장의 딸이었다. 27세의 젊은 변호사는 21세의 신부와 결혼했고, 인디애나폴리스에서 변호사 사무실을 개업했다. 당시 인디애나폴리스는 빠르게 성장하는 서부도시였으나 그의 변호사 사무실을 찾는 고객은 많지 않았다. 훗날 그는 "당시 내 사무실은 문을 닫았을 때가 많았다. … (중략) … 단 5달러짜리 소송도 당시에는 중요한 사건이었다."라고 회고했다. 그렇지만 해가 지날수록 그는 인디애나폴리스에서 가장 성공한 변호사 중 한 사람으로 나날이 성장하였다. 당시 한 이웃은 그때의 해리슨에 대해 "친절하고, 사근사근하고, 세심하며, 겸손할 줄 아는 사람이었다. … (중략) … 그러나 나는 그가 성미가 급하고 열의가 가득한 사람들과는 친밀한 관계를 유지할 수 있으리라 생각하지 않는다."라고 회상했다.

벤저민 해리슨은 1856년 공화당에 입당했고, 공화당 최초로 대통령 후보로 지명된 존 프리몬트John C. Fremont를 위해 선거운동에 뛰어들었다. '정치에 대한 유혹'을 피하라는 아버지의 충고에도, 젊은 해리슨은 이듬해에 인디애나폴리스의 시 변호사City attorney로 당선되었다. 그로부터 얼마 후 그는 주 대법원의 서기관으로 활동했다.

남북전쟁에서 그는 성실한 태도와 유능함을 인정받았다. 1862년 7월에 해리슨은 인디애나주 지원병으로 구성된 연대를 지휘하라는 명령을 받았다. 비록 당시 두 아이의 아버지였지만 그는 이 명령을 수락했다. 갓 태어난 연대의 지휘관은 군사적 경험이 턱없이 부족했으나 부하들을 채찍질하며 연대의 병사들을 군인 같은 모습으로 탈바꿈시켰다. 그런데 어떤 사람은 엄격한 훈련을 적용해야 했고 어떤 사람은 애정으로 감싸야 했음에도, 해리슨은 이런 부분에서 무심했다. 그의 얼음같이 차가운 태도와 터무니없는 행동 때문에 부관들은 물론 장병들도 그를 별로 좋아하지 않았다. 다만 남북전쟁의 주요한 사건이었던 애틀랜타 전투에서 벤저민 해리슨은 무공을 세웠다. 여러 차례에 걸쳐 용감하게 수많은 남부연합군을 뚫고, 북부연방군을 전투 장소로 이동시킨 공로를 인정받아 해리슨은 육군준장으로 승진했다. 그 이후부터 그의 아내와 그를 지지하는 사람들은 그를 '장군 해리슨'이라고 불렀다.

전쟁이 끝나고 해리슨은 다시 주 대법원의 서기관으로 일하다가 곧 변호사로 일했다. 전쟁 중에 세운 업적, 정치적 연줄, 복잡한 문제를 단순하게 표현할 줄 아는 요령 등에 힘입어 그는 인디애나주에서 가장 촉망받는 변호사로 성장했다. 그렇지만 그는 일반적인 사회생활에서 늘 긴장을 했고, 편안하게 굴지 못했다. 시종일관 차가운 그의 태도 역시 허물없는 친밀한 관계를 형성하는 데에 부적합했다. 골치 아프고 복잡하며 어려운 문제에 시달릴 경우, 그는 거리에서 안면이 있는 사람과 마주하더라도 인사도 받아주지 않은 채 그냥 지나치곤 하였다. 그러나 일의 압력에서만 벗어나면 전혀 딴 사람으로 돌변했다. 그의 친구 중 한 사람은 이렇게 회고했다.

그는 사람들과 낚시를 하러 갈 때는 술을 좋아하는 다른 사람들과 함께 아침에 위스키를 즐긴다. 그는 뒷주머니에서 담배를 꺼내서 씹고, 물고기가 물리는 행운을 위해 미끼인 벌레에 침을 뱉었으며, 미끼를 물려다 도망친 물고기를 저주하는 욕설을 퍼부었다.[13]

해리슨은 제17대 미국 대통령 앤드루 존슨이 불운한 행정부를 이끄는 동안 공화당 내 급진파(개혁파, 혁신파)를 지지하며 여러 사람을 위해 선거운동에 참여했다. 그러나 정작 자신은 공화당이 주지사 후보로 공천한 1876년 전까지는 정치적 지위를 달성하기 위한 어떠한 노력도 하지 않았다. 인디애나주 주지사 선거에 출마한 해리슨의 경쟁자는 링컨의 솔직담백한 태도에 감명을 받아 정치에 뛰어든 농부 출신의 '블루 진Blue Jeans', 짐 윌리엄스Jim Williams였다. 그를 상대로 힘겨운 선거운동을 펼쳤지만 해리슨은 5,000표 차이로 패배했다. 1880년 공화당 전당대회에서 그는 북부연방군의 동료 장군 출신인 제임스 가필드의 대통령 후보 선출을 위해 적극적으로 활동했다. 이후 제20대 미국 대통령에 당선된 가필드는 해리슨에게 장관직을 제의했으나 본인이 제안을 거절했다. 그는 이미 인디애나주 연방 상원의원으로 당선되어 활동하던 중이었다.

연방 상원에서 해리슨은 주제넘지 않은 겸손한 의원으로 평가받았다. 그는 공화당의 정통 노선을 지지하면서도 일정하게 '합리적'이라는 평판을 받았다. 그는 이성의 사도요, 합리성의 기념비였다. 그는 합리적인 보호관세 정책, 합리적인 노동입법, 합리적인 철도입법, 북부연방군 자격으로 퇴역한 군인들에게 합리적인 연금을 지지하는 법안을 지지했다. 여러 보수적인 공화당원과는 달리 해리슨은 북아메리카 선주민 문제와 자영농 문제에 상당히 동정적으로 접근했고, 헌법을 근거로 제시하며 중국인 이민을 배제하는 법안에 거부 의사를 밝혔다.

그렇지만 해리슨은 지나치리만큼 합리성과 분별력을 추구한 나머지 본질이 아닌 부차적인 문제에 더 많은 관심을 피력했다. 그는 펜들턴법에 적극적으로 찬성한 반면에 공무원 및 고용인이 정치기부금에서 부당이익을 취하는 것을 방지하는 법에는 노골적으로 반대했다. 이에 대해 그는 모든 사람은 자신의 부富를 마음대로 사용할 권리가 있다는 메시지를 주장한 적이 있었다. 그는 미시시피강에서의 항해를 보다 안전하게 하도록 지원하기 위해 연방정부의 자금을 쓰는 데에는 기꺼이 찬성했다. 하지만 홍수를 통제하는 사업이나 간척 사업에서 연방정부의 자금을 쓰는 것에는 극구 반대했다. 그는 자신의 의견을 피력하고자 헌법 조항을 인용하긴 했으나 연방의회 속기록을 '박식하면서도 무의미한 말들learned nonsense'로 가득 채웠다.[14] 그러나 불행하게도 민주당이 자신을 상원으로 뽑아준 주의 입법부를 장악하고 있었기 때문에 해리슨은 자기가 하고픈 일을 할 수가 없었다. 더군다나 1887년 선거에서 연방 상원의원 재선에 실패했다. 그러나 그에게 이런 실패는 아무런 문제도 될 수 없었다. 이듬해에 제임스 블레인이 그를 공화당 대선후보로 선출했기 때문이다.

부정부패한 선거 과정

1888년 선거에서, 당시 대통령 클리블랜드는 적극적으로 유세에 나서지 않았다. 적극적인 선거운동은 대통령의 권위와 위신에 관계되는 문제라고 생각했기 때문이었다. 반면 해리슨은 인디애나폴리스에 있는 그의 안락한 집에서, 이른바 '집 현관Front porch' 선거운동을 전개했다. 특별히 준비된 열차에 탑승한 수많은 유권자가 인디애나폴리스에 자리한 대통령 후보의 저택 현관에 도착한다. 여기서 해리슨의 유권자란 대체로 퇴역군인, 흑인, 철도 노동자, 독일계 미국인이었다. 집을 떠나 해리슨을 만나러 온 유권자들은 해리슨 측으로부터 융숭한 대접을 받았다. 그리고 해리슨은 선거 내내 이런 말을, 이런 행동을 하였다.

나는 진정으로 여러분을 존경합니다. 나는 여러분의 삶에 관심이 많습니다. 유색인 여러분! … (중략) … 여러분은 이 공화국의 열차가 전진하도록 그 기초를 다졌습니다. … (중략) … 나의 독일계 미국인 친구여러분! 여러분은 이 나라를 사랑하는 진정한 국민입니다.[15]

해리슨이 상투적인 언어로 선거운동에 임하는 동안 토머스 플랫과 매튜 스탠리 퀘이를 비롯한 공화당의 거물급 정치인들은 해리슨을 대통령으로 당선시키기 위해 본격적인 선거운동에 착수했다. 공화당은 보호관세를 공격한 클리블랜드를 향해 대기업과 주식회사를 파괴하려는 인물이라고 비방했다. 따라서 기업인들은 자연히 공화당 캠프로 모여들었다. 공화당 지도부는 자금을 확보하고 대세를 확고히 다지기 위해 당시 미국 최고의 은행가 리바이 모턴Levi P. Morton을 공화당 부통령 후보로 내세웠다. 자신의 삶에 정치 경력을 더하고 싶었던 필라델피아 최고의 상인이자 백화점 소유주 존 워너메이커John Wanamaker는 해리슨을 위해 기업가들에게서 현금을 거두어들이는 일을 도맡았다. 해리슨 선거본부의 재정담당 책임자로 임명된 워너메이커는 기업방식을 정치현장에 적용해 상당한 성공을 거두었다. 그가 착수한 첫 번째 일은 모임 하나를 만들어 필라델피아의 주도적인 기업인 10명을 초대하고, 1명당 최소 1만 달러씩 공화당에 기부하도록 이끌었다. 워너메이커 자신은 가장 먼저 5만 달러를 기부하여 공화당의 금고를 두툼하게 했다.

워너메이커는 미국의 주요 산업자본가들에게 공화당이 백악관을 탈환하게 되면 받게 될 이익과 혜택이 무엇인지 널리 홍보했다. 이에 자본가들은 해리슨의 승리로부터 보장받을 수 있는 이익을 위해 손해를 기꺼이 감수하고자 했다. 온 나라에 걸쳐 지역별로 조직된 선거자금 모금 운동은 더욱 효과적이었다. 오하이오주 서부에 자리한 도시 클리블랜드에서 활동했던 유명 사업가인 마크 해나Mark Alonzo Hanna는 순식간에 100만 달러를 모금했다. 토머스 플랫은 뉴욕에서 자본가와 기업가들을 모아 10만 달러짜리 수표 다발을 들고 이리저리 돌아다녔다. 이렇게 해서 공화당 대선 자금으로 모금된 총액은 400만 달러 가까이 되었고, 자금 규모가 너무도 큰 나머지 1888년 대선은 뇌물선거로 알려지게 되었다. 이에 비해 동시기에 민주당이 모금한 자금은 공화당 선거자금의 4분의 1도 못 되었다. 즉 공화당과 대기업이 결탁으로 서로의 이익을 도모한 것이다.

도대체 이 엄청난 자금으로 공화당은 무엇을 했는가? 물론 선거에 필요한 일상적인 비용에 사용했다. 선전물 인쇄비, 각종 연설문 및 자료 편집비, 유권자들을 인디애나폴리스로 초대하기 위한 경비 등으로 말이다. 공화당원들은 보호관세를 적극적으로 옹호하겠다는 공약을 내세우면서 클리블랜드 현직 대통령을 맹공격했다. 동시에 그들은 남북전쟁 관련으로 두 가지 사안에 집중했다. 하나는 클리블랜드 대통령이 남북전쟁 당시 노획한 남부연합의 전쟁 깃발을 남부 주들에게 돌려주려 했다는 계획을 비난했다. 또 다른 공격대상으로, 퇴역군인들의 연금을 인상하기 위해 연방정부의 잉여자금을 사용하자는 법안이 상정되었으나 클리블랜드는 이 법안에 거부권을 행사했다. 공화당은 이 사안도 역시 집중적으로 거론했다. 공화당원들은 미국 주재 영국대사인 라이어널 색빌 웨스트Lionel Sackville West 경을 매수하여 "클리블랜드 대통령은 이중적이며 국민을 잘 속이는 사람"이라는 요지의 글을 쓰도록 했다. 그리고 이 글을 수만 부씩 복사해 전국에 배포했다. 영국 관리가 미국인들에게 충고하는 형식의 이 글은 민주당을 지지하는 여러 아일랜드계 유권자를 분노케 했고, 이로 인해 여러 사람이 해리슨에게 표를 던졌다.

자금의 상당 부분은 비공개 운영비로 책정되어 표 매수와 같은 부정선거 업무에 쓰였다.[16] 거기다 기업인으로서 정치에 임하는 사람들이 그야말로 아낌없이 솜씨를 발휘했다. 최고로 높은 가격을 입찰한 사람에게 표를 팔기를 원하는 유권자들이 있었고, 공화당은 그들에게서 부동표浮動票를 구매했다. 일찌감치 투표를 끝낸 후 종종 두 번 이상 투표하는 부정투표자들을 이용하는 수법은 비일비재했다. 심지어 공화당은 유권자가 해리슨에게 투표하는 모습을 보고 나서야 그들에게 수고비를 주었다.

해리슨의 고향인 인디애나주에서는 특히나 추잡하고 노골적인 부정투표가 벌어졌다. 이곳에서 매튜 스탠리 퀘이는 공화당의 승리를 보장할 핵심 주에 자신의 펜실베이니아 도당들로 구성된 열성 지지자 무리를 열차에 가득 실어 보냈다. 북부연방군 출신으로, 한쪽 다리를 잃은 퇴역군인 더들리W. W. Dudley 대령은 인디애나주 공화당원들의 지도자이자 공화당 전국위원회 출납담당관으로 근무했다. 그는 자신의 영향력을 행사해 부동표들을 움직이게 했다. 인디애나주의 부동표는 약 2만 표 이상 되는 것으로 추산되었다. 그중 대다수가 매수되었는데, 금화로는 15달러였고 달러 지폐로는 20달러에 부동표를 매수했다. 더들리 대령은 보좌관에게 이런 내용을 지시했다.

부동표 유권자를 다섯 개의 기준으로 분류해라. 그리고 이 다섯 단위의 표를 확보하기 위해 필요한 자금을, 가장 신뢰할 수 있는 사람에게 건네주어라. 그에게 책임을 지워 모든 부동표를 우리의 표로 만들어라.

당시 이러한 부정투표는 너무나 일반적이었다. 심지어 선거 당일 어떤 선거감시인이 경찰이 그은 저지선을 누군가 넘는다고 외쳤음에도 이를 신경 쓰는 사람은 아무도 없었다. 다들 "투표를 끝냈는데 또 투표하려는 사람이 얼마나 되겠는가?"라며 무관심하게 반응했다.[17]

이렇게까지 했음에도 인디애나주에서 더들리의 부하들은 해리슨에게 아슬아슬한 승리를 선사했다. 거의 70만 달러를 사용해 표를 사들였음에도 해리슨은 단지 2,300표 정도를 더 득표했을 뿐이었다. 다른 주요한 격전지인 뉴욕주에서 토머스 플랫은 민주당 내 정치그룹인 태머니 홀의 표를 구매할 수 있다는 전망을 염두에 둔 채 여러 공작을 펼쳤기 때문에 압도적인 승리를 기대했으나 결과는 그렇지 않았다. 총 130만 투표에서 해리슨이 1만 2,000표만 더 받았을 뿐이었다. 공화당이 그토록 전력을 기울였건만 두 곳의 주에서 해리슨은 선거인단 투표에서 간발의 차로 승리했다. 심지어 일반투표에서는 클리블랜드에게 패배했다.

기득권의 꼭두각시

할아버지가 미국 대통령 당선인으로 취임 선서를 하고 정확히 48년이 지난 1889년 4월 3일, 손자 벤저민 해리슨이 미국 대통령에 취임했다. 비가 많이 내렸지만 그는 아무 대비도 하지 않았다. 키는 작았지만 똑바로 서서, 얼굴을 앞으로 내밀며 우는 집비둘기처럼 입을 쭉 내밀고 장장 1시간이나 연설했다. 이 연설에서 그는 미국이란 나라를 언급하면서 "대단히 위대하고 기쁜 나날이 기다려지며, 기업인은 물론이고 노동자에게도 풍요로운 미래를 기대한다."라고 말했다. 그러나 해리슨을 따라 워싱턴 D.C.로 모여든 공화당 패거리들의 머릿속에는 국가의 미래보다 원초적인 희망이 가득했다. 그중 한 사람이 외쳤다. "하나님은 더 많은 이익을 가져다줄 것이다."

공화당 후보를 백악관에 입성시킨 대가로, 공화당은 선거를 도와준 모든 정파의 요구에 부응하겠다고 약속했다. 동부 사업가들에게는 고율관세를, 연방군 퇴역군인들에게는 더 많은 연금을 약속했다. 농업 지대에서는 농산물 가격의 상승을 약속했고, 개혁가들에게는 공무원 위상의 확대와 시민을 위한 행정 서비스의 향상을 약속했으며, 선거를 도와준 운동가들에게는 일자리를 약속했다.

각종 신문의 만평가들은 새로 임명된 체신부遞信部의 장관 존 워너메이커를 체신부 내 여러 공직을 매매하는 인물로 풍자했는데, 공직의 정도를 재기 위한 줄자를 들고 '돈'을 요구하는 모습으로 묘사되었다. 해리슨은 '예외 없이' 펜들턴법을 집행하겠노라고 선언했지만 공화당은 일찌감치 공무원 직책 사냥을 시작하고 있었다. 존 워너메이커는 제4종 우편물을 운반하던 약 3만 명의 공무원을 모조리 해고하고, 그 자리를 공화당원이나 공화당 동조자로 채웠다. 개혁가들의 비위를 맞추기 위한 선물 차원으로 새로 임명된 사람들은 정권이 바뀌더라도 민주당에 의해 해고당하지는 않을 것이라는 확신을 가진 채 공무에 임했다. 이 시기 워너메이커와 공무위원회의 위원장이 된 시어도어 루스벨트의 갈등은 어쩔 수 없는 것이었다. 결국 해리슨의 임기 내내 두 사람의 내분은 끊이지 않았다. 두 사람의 충돌이 계속되었다. 원래 루스벨트는 해리슨의 선거운동에 참여한 대가로 해군차관 자리를 기대했었다. 루스벨트를 잘 알고 있으며 동시에 그에게 해군차관 직책을 장담한 제임스 블레인은 밤새 잠을 이룰 수가 없었다. 블레인은 루스벨트가 해군차관 직책을 맡을 수 없을 것이라는 사실을 확인했을 때에도 루스벨트는 그 자리를 얻고자 최선을 다했기 때문이다.

한편, 해리슨 내각에 가담한 부유층 인사는 워너메이커만이 아니었다. 여러 산업계와 기업계 대표가 해리슨 행정부에서 요직을 차지했다. 결과적으로 그의 행정부는 '기업가 내각'으로 알려졌다. 제임스 블레인은 국무장관을 요구했고, 행정부 내에서 막후 영향력을 행사할 것이라 짐작했다. 버몬트주 최고의 대리석 상인인 레드필드 프록터Redfield Proctor는 전쟁장관에 임명되었다. 해리슨의 변호사 동업자였던 윌리엄 밀러William H. H. Miller는 법무장관에 임명되었다. 토머스 플랫은 재무장관 자리를 원했으나 해리슨이 이를 무시했다. 대신 그를 위로하고자 플랫의 동료 변호사였던 벤저민 트레이시Benjamin F. Tracy를 해군장관에 임명했다. 그러나 원하던 것을 얻지 못한 서운함을 해소할 방도가 없던 플랫은 "앞으로는 대통령이 되는 오하이오 출신 사람들을 신뢰하지 않을 것"이라고 말했다.[18]

해리슨 행정부의 탄생에 절대적인 역할을 한 산업계 대표들은 내각에서 자리 몇 개를 차지한 것으로는 결코 만족하지 않았다. 그들은 실질적으로 권력의 핵심이 되는 자리를 차지해 나갔다. 부유한 사람들이 연방 상원의 다수를 점하게 된 것은 물론 중요 요직을 차지하니, 연방 상원은 마치 '백만장자 클럽'으로 보였다. 캔자스주에서 활동하던 신문편집자 윌리엄 앨런 화이트는 당시 연방 상원을 이렇게 평가했다.

작금의 상원의원은 어떤 주의 대표, 어떤 지역의 대표뿐만 아니라 그 이상을 대표한다. 그들은 기업가의 주권과 힘을 대표하고 있다.

당시 주 의회 역시 거의 모두 돈으로 좌우되었다. 주의 입법부 역시 편협한 보스들의 통제정치가 만연했다. 이런 현상은 1913년 새로운 상원이 탄생할 때까지 이어졌다. 로드아일랜드주 연방 상원의원인 넬슨 올드리치는 동부의 부자들과 보호관세를 옹호하는 대변인이었다. 캘리포니아주 상원의원인 조지 허스트George Hearst 는 은광업자들의 이익을 우선하고, 자신의 지역구인 캘리포니아 는 그다음으로 미룬 인물이었다. 촌시 디퓨Chauncey Depew는 철도 회사 재벌 밴더빌트Vanderbilt의 이익을 대변하는 사절처럼 굴었다. 매튜 퀘이는 펜실베이니아 제조업자들의 요구를 전담하는 해리슨 행정부의 해결사였다. 이리하여 당시 약 24만 명에 달하는 기업계 와 산업계의 대표가 연방 상원에서 요직을 확보하였다.

정권을 교체한 공화당은 14년 만에 처음으로 양원에서도 다수 당을 차지했다. 공화당은 즉시 모든 사무를 멋대로 처리하며 정부 의 잉여자금을 모조리 탕진했다. 일단 남북전쟁 당시 연방군으로 참전한 북부군Boys in blue을 위한 약속을 잊지 않았다. 공화당이 주 도하는 의회는 참전군인에게 어떤 장애가 있든, 그 장애가 군사복 무와 어떤 관계가 있든, 북부연방군 출신의 모든 퇴역군인에게는 연금을 지급했다. 북부연방군을 가족으로 둔 과부, 고아, 혼자 살 게 된 부모들 역시 연금을 받았다. 그리하여 연금지출 비용이 단 1년 만에, 9,800만 달러에서 1억 5,700만 달러로 급증했다. 강과

항구의 개량사업, 연안 방비사업, 새로운 공공건물 조성, 정부에서 주는 선거자금 및 선거보조금 제도 역시 정부자금을 축내는 데에 일조했다. 따라서 정부의 잉여자금은 4월의 태양에 녹아 없어지는 눈처럼 순식간에 사라졌다. 워싱턴 D.C. 전역에서 공화당원들은 잔을 들어 비슷한 건배를 했다. "연방군과 정부지출금을 위하여!" 이러한 무모한 재정지출로 인하여 제51차 의회는 '10억 달러 의회Billion Dollar Congress'로 불렸다. 당시에 갓 당선되었던 하원의장 토머스 리드Thomas B. Reed는 보다 큰 사회적 가치를 실현하기 위해 많은 돈을 기부하고 대중의 권리를 신장시키겠다는 약속을 천명하며 다음과 같은 말을 남겼다.

미국은 10억 달러 나라다.

리드는 미국의 정치사에서 아주 매력적인 인물 중 한 사람이다. 6피트 이상의 키, 약 300파운드에 달하는 몸무게의 소유자인 리드는 풍채와 달리 깨끗하게 면도를 한 아기의 얼굴을 하였다. 뉴잉글랜드New England 버전의 부처Buddha 같은 분위기를 풍기던 그는 의회에서는 아주 유능한 토론가이자 냉철한 풍자꾼으로 유명했다. 언젠가 한 의원이 "나는 대통령보다 훨씬 정직하다."라고 주장했을 때, 이 하원의장은 이렇게 응수했다.

진정 정직한 사람은 누군가와 (본인을) 비교하는 것에 마음 졸일 필요가 없다. 정직한 사람은 마음을 졸이지도 않을 것이다.

또 다른 의원이 어떤 안건을 내놓으면서 "저기, 제가 생각건대! 하원의장님! 제 생각으로는⋯."처럼 우물쭈물하며 주저할 때, 리드는 "훌륭한 목적과 과정을 가진 새 제도에 대해 방해를 할 사람은 없습니다."라고 말했다. 의회에서 민주당 의원들이 정족수 규정을 이용해 공화당이 발의한 법률안의 상정 자체를 방해하려 했을 때, 리드는 냉정하게 그들을 '투표 방해자'로 기록하도록 했다.[19]

대통령과 퍼스트레이디 해리슨 부인은 본인들이 누추한 B급 호텔에 머물게 되었다는 사실을 알아챘다. 그들의 눈에 보인 백악관은 인디애나폴리스에 있는 그들의 가택만도 못했다. 해리슨은 일상사의 처사에서는 너무하다 싶을 정도로 무신경했다. 청소도구를 옮기는 사람, 온실에서 가져온 식물을 관리하는 사람들은 방문객 앞을 마음대로 돌아다녔다. 백악관의 음향장치는 어찌나 형편없던지 취임 환영식에 참가한 손님들은 해군 음악대의 연주를 거의 들을 수가 없었다. 퍼스트레이디 캐롤라인 해리슨은 백악관에서 지낸 첫 1년 동안은 대부분의 시간 동안 쥐를 잡았다. 쥐가 떼를 지어 백악관 여기저기를 돌아다녔고 모든 것을 먹어 치웠다. 그녀는 쥐와의 전쟁을 위해 의회에 3만 5,000달러의 비용을 청구해 받아 냈다. 백악관 주방의 바닥과 벽은 망가질 대로 망가져 결국 쥐와 벌레들을 잡아 없애는 과정에서 다시 만들어야 했다. 쥐떼 문제는 백악관의 주인이 바뀌어도 여전히 골칫거리였다. 클리블랜드 대통령의 두 번째 임기 동안 백악관에서 일하던 한 관리는 "큰 쥐가 카나리아 새의 새장을 부수고 연약한 작은 카나리아를 죽이는 것을 보았다."라고 말했다.[20] 백악관의 낡은 전기선을 새롭게 정비했음에도 해리슨 부부는 안심하지 못하고 관리자가 스위치를 끝 때까지 불을 킨 채 생활해야 했다.

해리슨은 인간적인 따뜻함과 서민적 감각이 워낙 부족했기 때문에 대통령으로서 그에게 가장 잘 어울리는 것은 역시 행정부와 관련한 일이었다. 그러나 행정부에서 그가 하는 일이란 일종의 '주고받는 정치give and take of politics' 그 이상도 이하도 아니었다. 그는 관료정치를 하면서 지엽적인 일에는 능통해 있었다. 여러 행정 부서의 새로운 스타일의 필적에 대해 많은 정보를 가지고 있었고 이에 몰두했다. 특히 연금국Pension Bureau의 체계와 질서에 관심이 많았고, 인사에서는 절차상의 문제에 관심을 쏟았다. 그 결과 해리슨 정권 당시 행정부에 의해 발의된 법안들이란 하나같이 사소한 것밖에 없었다.

사람들이 대통령 집무실을 방문해도 특별히 오래 머물지 않는다면, 해리슨은 좀처럼 의자에 앉으라는 말을 하지 않았다. 대통령은 그들과의 만남을 시간 낭비로 여기며 당당하게 짜증을 냈다. 의원들을 대하는 그의 태도는 너무도 나쁜 버릇 중 하나였다. 해리슨은 집무실을 방문한 어느 상원의원에게 인사를 할 적에 손목시계를 확인하고, 책상 위에 놓인 서류 뭉치를 가리키며, "난 이 서류를 모두 살펴봐야 하고 2시에는 낚시를 하려고 한다." 라고 말했다. 이윽고 '탁!' 소리가 나게 시계를 닫고는 방문자의 용무를 심드렁한 표정으로 들었다. 그는 얼음같이 차갑고, 형식에 치우쳤으며, 개성이나 재밌는 면모 따윈 없었다. 해리슨은 늘 어두침침한 표정을 하며 살았다.[21]

사소하기 짝이 없는 것에 관심을 집중하는 강박관념, 대통령으로서의 무능, 어쩔 수 없이 궁여지책으로 권위를 행사하는 초라한 태도, 과로를 선호하는 근무성향, 속 좁고 무뚝뚝한 성격 등은 해리슨이 발휘하고자 했던 지도력을 보잘것없게 망치고 말았다. 예를 들면 이런 식이었다. 그는 어떤 부탁과 요구를 들어주기는 했다. 그러나 동참했던 한 사람의 말에 따르면, "대통령은 마치 어떤 부탁을 들어주지 않는 것 같은 부정적인 방식으로 이를 들어주었다."라고 말했다. 반면 국무장관 블레인은 마치 자기가 호의를 베푸는 당사자나 되는 것처럼 그런 부탁들을 들어주지 않았다.[22] 당시 법무차관으로 근무했던 윌리엄 태프트는 벤저민 해리슨에 대해 이런 평가를 남겼다.

대통령은 상하 양원 의원 모두에게서 인기가 없다. 의원들을 상대할 때 그는 유쾌한 분위기를 이끌지도 못하고 즐거운 분위기를 띄우지도 못했다. 그와 대화를 하다 보면 의원들은 거의 미칠 지경이 된다.

해리슨 부부는 둘 다 허물없이 터놓고 이야기할 수 있을 만큼 사회성이 풍부하지 않았다. 그들이 그나마 아주 약간의 사교성이라도 발휘할 때는 공식적인 상황에서 반드시 사회성이 요구받은 순간뿐이었다. 대통령 해리슨은 시간이 한가하면 주로 백악관 정원을 거닐거나 마구간을 살폈다. 또는 라파예트 광장Lafayette Square을 거닐고, 펜실베이니아 거리를 따라 즐비하게 늘어선 상점들의 유리창 안을 들여다봤다. 워싱턴 D.C.를 관광하는 사람들이 거리에서 종종 그를 알아보곤 하였다. 마치 영국 빅토리아 여왕의 부군인 앨버트 공이라도 되는 것처럼 단추를 꽉 조여 옷을 입고, 키드 가죽장갑을 끼고는, 접어 올린 우산을 들고 돌아다녔다. 그를 알아보는 시민과 관광객이 인사를 보내도, 그는 좀처럼 관심을 보이지 않았다. 필자는 이러한 해리슨과는 너무도 대조적인 인물을 목격한 적이 있었다. 워싱턴 D.C.에서 대학교를 다니던 시기였는데, 아침 일찍 산책을 하던 트루먼 대통령과 마주쳤다. 필자가 "좋은 아침입니다, 대통령 각하!"라고 인사를 건네자 그는 곧바로 활기찬 목소리로 "좋은 아침입니다."라고 화답하며 지팡이를 기운차게 흔들며 인사했다. 해리슨은 산책 후 백악관으로 돌아올 때면 신문기자들에게 인사를 하며 "(여기 백악관은) 나의 감옥 같아!"라고 말했다.[23]

임박한 심판

해리슨이 지도력을 거의 발휘하지 못하는 동안 세 가지의 중요 법률안이 통과되었다. 일반 대중의 압박 때문에 당시 미국경제를 좌지우지하던 기업들의 독점 문제를 해소하고 규제하고자 하였다. 이런 분위기에서 의회는 1890년대 셔먼 반독점법Sherman Antitrust Act을 통과했다. 이 법은 어떤 기업이 합병을 통해 거래를 억제하는 행위를 불법으로 규정하고, 독점을 조장하는 모든 시도를 불법으로 규정했다. 또한 이 법은 이 법의 집행권을 연방 법원에 주었다. 그러나 셔먼 반독점법 제정으로부터 몇 년 전, 철도회사를 규제하고자 제정된 주간통상법처럼 기업가형 정치인들은 해당 반독점법을 대수롭지 않게 여겼다. 규제가 엄격히 시행되지 않는 것에 불만을 품은 사람들의 비위를 맞추기 위한, 일종의 단순한 선심성 법안으로 간주했기 때문이다. 심지어 셔먼법은 시간이 흐르자 오히려 기업인들을 위해 악용되어 노조를 제압하는 효과적인 무기로 변질되었다. 아일랜드계 술집주인이자 비판적인 정치철학가, 가상의 인물 '둘리 씨'는 이를 두고 "평범한 사람들에게는 장벽처럼 보이는 것이 기업에 소속된 변호사에게는 승리의 아치처럼 보였다."라고 말했다.

의회는 그다음으로 셔먼 은매입법Sherman Silver Purchase Act을 통과했다. 오하이오주 연방 상원의원 존 셔먼John Sherman과 그의 아우 셔먼 장군은 중요한 법률안에 형제의 이름을 붙였다. 농산물 가격이 오르기를 학수고대한 농민들, 부채가 많은 채무자들은 경제를 활성화시켜 통화량이 증가되도록 은화의 자유주조 같은 통화 인플레이션 정책을 수년 동안 꾸준히 요구했다. 유통 통화량을 증대시켜 달러 가치가 하락하면, 결국 가치가 하락된 돈으로 담보와 부채의 상환이 더욱 편하게 되었다. 즉 '은화의 자유롭고 무제한적인 주조'를 허락한 법률안은 은광업자들로부터 강력한 지지를 받았다. 그러나 건실한 통화제도를 바라는 사람들은 '정부가 은을 매입하고 금으로 지불해주는' 법안을 위험스러운 급진적인 정책이라 생각해 경계하였다.

정부가 직접 나서서 매달 확정된 양만큼의 은을 구입하고, 금이나 은으로 이를 보상해주는 셔먼 은매입법은 타협의 산물이었다. 그러나 이것은 경제의 활성화라는 측면에서 별 효과가 없었다. 사실 이 법은 적어도 부분적으로는 1888년 공화당의 대선을 승리로 이끌고자 고관세의 보호무역을 지지하지 않음에도 자신의 '살(몫)'을 내주며 해리슨을 지지한 서부지역 출신 의원들을 위해 고안되었다.

오하이오주의 윌리엄 매킨리에 의해 제정된, 나폴레옹의 보호무역 정책 같은 보호관세법은 당시 경제 정책에 대해 새로운 개념을 제공했다. 보호관세법은 미국의 산업을 보호하면서도 배제의 도구로 활용되었다. 관세가 너무 높게 책정되면 어떤 외국상품은 미국으로 유입될 수가 없었다. 매킨리 관세법은 미국 내에서 초보적인 수준의 산업을 보호했다. 심지어 미국에서 생산되지 않는 주석 같은 상품의 경우에는 수입 규제비율까지 규정하였다. 결국 미국 투자자들은 외국상품과의 경쟁력을 걱정할 필요 없이 과감하게 미국 내에 새로운 산업을 시도해볼 수 있도록 했다. 따라서 매킨리 관세법은 독점운영을 원하는 기업가들만 마음대로 먹을 수 있는 음식이 되어버렸다.

역설적이게도 국무장관 블레인은 고율관세에 의한 보호무역 정책을 반대한 사람 중 한 명이었다. 외교업무를 다룬 블레인은 특히 라틴아메리카와의 관계에서 두드러지게 독특한 입장을 표명하였다. 정치계에 입문한 초창기에는 보호무역주의적인 입장을 견지했음에도 국무장관으로 근무한 이후 그는 외국과의 통상확대를 희망했다. 이에 따라 그는 당시 국제 아메리카공화국 사무국 International Bureau of the American Republics의 국장으로도 일하고 있었다. 얼마 후 이 단체는 범아메리카연방Pan American Union으로 바뀌었고, 현재는 아메리카 국가기구Organization of American States로 불리고 있다.

블레인은 관세품목들을 정해 자유무역을 행하지 않는 것은 남아메리카와의 무역에서 미국에 손해를 입히는 조치라고 여겼다. 그는 비싼 값에 신발을 사야 하는 소비자의 표를 잃는다면, 수가 얼마 안 되는 목장주의 표를 얻는다고 득표 손실을 메꿀 수 없다고 경고했다. 그는 "이런 보호무역 정책은 공화당을 정권에서 밀어내게 할 것이다."라고 경고했다.[24] 곧바로 블레인은 선견지명이 있는 사람임이 입증되었다. 매킨리 관세법이 발효되자마자 즉시 가격이 상승했고, 그 결과 1890년 중간선거는 마치 정치적 혁명에 버금가는 거대한 반향을 불러일으켰다. 연방 하원 235석이 민주당 의원으로 채워진 데 비해 공화당 의원은 고작 88석만 차지했다. 연방 상원에서 다수당이었던 공화당은 서부지역에서 8개의 의석을 상실하였다. 윌리엄 매킨리도 이때 낙선한 의원 중 한 명이었다.

임기의 절반도 지나지 않아 해리슨은 이미 불신을 받기 시작했다. 매킨리 관세법에 엄청난 비난이 쏟아지는 사이 대통령 해리슨은 당시 대중의 정치적 열망과 혼란한 분위기를 적절히 무마하는 정치를 펼치지 못했고, 결국 정치와 사회의 여러 불안요소에 휩쓸리며 지도력 발휘에 실패했다. 농축산물 가격의 하락, 가뭄, 과잉생산, 고율의 관세, 고율의 금리 등에 남서부 지방의 농민들과 목동들이 크게 분노했다. 이러한 상황을 배경으로 하여 일종의 반란적인 새로운 정당이 탄생했다. 바로 인민당(민중당)Populist Party이다.

인민당은 과거에 나타났던 정당과는 달랐다. 민중주의는 농민들 외에 불만을 품은 다른 집단의 지지도 확보했다. 즉 사회주의자, 여성유권자, 단일물건 과세제 찬성 유권자, 은화의 자유주조를 옹호하는 사람들이 인민당으로 유입됐다. 심지어 인민당에서는 남부의 완고한 보수주의자들이 구축한 기본 틀을 깰 수 있는, 흑인들의 인종적 경계선Racial-line마저 넘나드는 정치적 시도에 도전했다. 1890년에 태동한 새로운 정당은 남서부의 12개 주를 휩쓸었다. 이 정당은 다가올 1892년 대선에서 중요 변수가 될 것이 분명했다.

해리슨의 정치적 운명은 공화당의 쇠락과 함께하였다. 비록 돈이 많이 들어가는 공화당 주도의 정책들이 추진되고 있었음에도 민주당이 연방 하원에서 다수당을 차지하자 공화당은 여러 측면에서 입법 활동의 주도권을 상실하였다. 거기다 대통령 해리슨은 논공행상을 놓고 토머스 플랫과 매튜 퀘이 사이에서 갈등하였다. 두 명의 참모는 대통령을 뒷전으로 밀어둔 채 일을 알아서 처리하는 경우가 많았다. 이런 상황을 목격한 어떤 전문가는 다음과 같은 평가를 남겼다.

위협은 없었다. 공개적인 반대도 없었다. 그러나 해리슨 대통령은 수레바퀴가 돌아가지 않는다는 것을 갑자기 깨달았다. … (중략) … 각종 인사과정이 삐걱거렸다. 행정부서는 기능을 발휘하지 못했다. … (중략)

… 남아 있는 것은 천천히 움직이는 타성뿐이었다.[25]

해리슨을 향한 신뢰를 바닥으로 떨어뜨린 가장 심각한 사건은 공화당원인 하버드대학교 총장 찰스 엘리엇Charles W. Eliot이 탈당 후 민주당에 입당한 것이었다. 그는 자신이 당을 바꾸는 이유로 매킨리 관세법, 낭비되는 연금, 공무公務를 처리하는 해리슨과 클리블랜드의 차이 등을 들었다. 상황의 심각성을 감지한 해리슨은 임기 말에 은퇴를 계획했다. 그러나 재지명을 강력하게 거부하자 되려 그에게 또다시 대통령 후보가 되어달라는 청탁이 밀어닥쳤다. 게다가 그는 재지명을 포기할 경우 정치적으로 소심한 사람으로 낙인찍히게 되지나 않을까 두려워했다.[26] 병든 아내 캐롤라인 해리슨은 "왜 그러세요 장군? 당신을 위해 많은 사람이 그렇게 애를 쓰고 있는데, 왜 그러세요?"라고 말했다.

해리슨은 대선 후보를 선출하는 경선에서 승리했으나 경쟁자였던 제임스 블레인과 윌리엄 매킨리를 선택한 자들은 해리슨이 본선에서 패배할 것임을 알고 있었다. 민주당은 클리블랜드 전직 대통령을 다시 후보로 지명했다. 그는 일반투표에서 46.1%에 해당하는 약 550만 표를 이상을 얻고, 선거인단 투표에서 277표를 얻어 승리했다. 인민당 후보는 비록 남서부에 국한되었긴 했으나 일반투표에서 약 100만 표를 얻었다. 해리슨 대통령은 의회에서의 마지막 연설에서, 매킨리 관세법을 통해 획득한 부富를 강하게 변호했다. 그러나 다음 연설이 있고 난 지 6개월 후 미국은 남북전쟁 이래 최악의 경제침체기를 맞이했다.

현재 상태와 이 나라 역사상 가장 잘 살았던 시대를 비교해 보면, 지금 우리가 누리는 고도의 번영과 전반적으로 퍼진 안락한 생활 수준은 과거에 결코 누린 바 없음을 알게 될 것입니다.

선거가 있기 2주 전에 해리슨 대통령은 또 다른 사건으로 의기소침해 있었다. 아내가 결핵에 걸려 심한 고통을 받고 있었다. 백악관을 떠날 당시 59세였던 해리슨은 정정하긴 했으나 아내의 사망으로 많이 쇠약해져 있었다. 인디애나폴리스로 돌아온 해리슨은 찬찬히 절망에서 벗어나 변호사로 복귀했다. 1896년 전직 대통령 해리슨은 캐롤라인의 조카딸이자 과부인 당시 37세의 메리 스콧 딤믹Mary Scott Lord Dimmick과 재혼했다. 캐롤라인과의 사이에서 낳은 해리슨의 자식들은 이 결혼에 끝까지 반대하여 결혼을 인정하지 않았다. 그러나 새로운 부부는 딸 하나를 두었다.

1897년부터 1899년까지 영국령 기아나와 맞닿은 베네수엘라 국경선에서 영국과의 국경선 분쟁이 있었다. 이때 그는 베네수엘라를 위한 수석 법률고문으로 일하며 파리에서 열리는 중재위원회에 참가했다. 엄청난 노력을 들인 그는 5일 동안 무려 800쪽에 달하는 개요를 제출해 25시간에 걸쳐 발표했다. 그러나 이 위원회는 논란이 된 영토의 90퍼센트를 영국에 할양한다는 결론을 내렸다. 2년 후 1901년 3월 13일, 해리슨은 폐렴에 걸려 사망했다. 새로 결혼한 해리슨 부인은 이후 50년이나 더 살았다.

1896년 공화당은 해리슨에게 재출마를 제안했다. 그러나 그는 "왜 한 사람의 삶을 불행하게 만들려고 하느냐?"라고 반문했다.

그의 임기는 미국에 절대적인 의미로 재앙적이지는 않았다. 그렇지만 그의 시대는 지도력과 미래를 향한 비전이 절대적으로 부족했던 시기로 평가받는다. 우리는 해리슨이라는 인물의 삶을 보면서, 명문가의 자손이라 한들 국민에게 봉사하고 헌신할 만큼 수준 높은 도덕성의 보유자가 아닐 수도 있다는 사실을 알 수 있다.

4장
John Calvin Coolidge Jr

캘빈 쿨리지 1923년 8월 2일 ~ 1929년 3월 4일

최고의 자리에서 국가의 위기를 외면하고
아무 일도 하지 않은 채 무위도식한 대통령

캘빈 쿨리지는 번영의 시대에 요구되는
역동적인 지도력과 정치력이 부족했고,
세상 모든 사안에 침묵으로 일관했다.

캘빈 쿨리지는 뉴잉글랜드 지방의 작은 마을에 있는 한 은행의 은행원이 갖추고 있어야 할 덕목을 모두 가지고 있었다. 그는 정직하고, 검소하고, 꼼꼼하고, 과묵하고, 세심하고, 소박하고, 매사에 조심하고, 보수적이고, 도덕적인 사람이었다. 신실한 청교도인으로 생활한 그는 하나님을 향한 굳은 신앙심을 가진 채 복식부기複式簿記*를 일상 속에서 활용한 인물이었다. 대통령이 되어서도 그는 꼼꼼한 이미지답게 생활했다. 1923년 8월 3일 자정이 약간 지난 시간, 당시 대통령 워런 하딩이 갑작스럽게 죽었다는 소식을 들었을 때 그는 버몬트주에 있는 자신의 농가에서 자고 있었다. 소식을 듣고 놀라서 약간 멍하기는 했지만 그렇다고 결코 평정심을 잃지는 않았다. 곧바로 그는 깜박거리는 등유燈油 램프 불빛 아래서 즉석으로, 아버지를 공증인으로 삼아 대통령에 취임하는 맹세를 했다. 아무리 그래도 대통령 취임식일 텐데, 그에게는 이런 절차만으로도 거의 완벽했다. 제30대 미국 대통령이 된 이 사람은 모든 측면에서 19세기에 적합한 인물이었다. 그는 마지못해 20세기로

---

* 모든 거래를 대변(貸邊)과 차변(借邊)으로 나누어 기입한 다음에 각 계좌마다 집계하는 조직적 기장법. 재산의 이동과 손익을 정확히 알 수 있고 잘못을 자동적으로 검출할 수 있다.

넘어온 사람이었다.

누군가는 쿨리지가 대통령으로 있는 동안 당시 미국인들은 어떤 것도 이루어지기를 원하지 않았다. 미국인들은 "쿨리지는 바로 그것을 했다He done it."라고 떠들곤 했다. 쿨리지는 '가장 작은 정부야말로 최고의 정부'라는 격언을 너무나 성실하게 신봉했다. 새 대통령은 백악관에 흔들의자 하나를 가져다 두었다. 그 후 대통령으로 있는 5년 7개월 동안 다른 세계는 역동적으로 움직이고 있었지만 그는 백악관 집무실의 흔들의자에 앉아 거의 모든 일에 흡족해하며 담배를 피웠다. 쿨리지는 50센트짜리 코로나Coronas 시가를 피웠고 백악관에 온 손님에게는 5센트짜리 길고 값싼 엽궐련Nickel stogies을 권했다.

시대의 번영에 숨은 무책임한 지도자

쿨리지는 역대 어떤 대통령보다 잠을 많이 잤고 일을 적게 했다. 반드시 아홉 시간을 잤고, 오후에는 두 시간씩 낮잠을 잤다. 어느 날 저녁 그가 연극 〈애니멀 크래커Animal Cracker〉를 보기 위해 극장에 갔을 때, 이 연극의 주인공인 그라우초 마크스Groucho Marx가 청중 속에 있는 쿨리지를 발견하고 "잘 시간이 지나지 않았나요, 캘빈?"이라고 장난기 섞인 질문을 던졌다.[1] 당시에 유명한 저널리스트이자 작가인 헨리 루이스 멘켄H. L. Mencken은 "로마가 불타는 동안 네로는 바이올린을 켰으나 쿨리지는 단지 코만 골았을 뿐이다."라고 비꼬았다.[2]

쿨리지가 백악관에서 졸고 있는 동안 미국은 장기적인 번영이 이어졌다. 증권거래소에 모여든 수많은 사람은 뉴욕의 증권거래소에서 주식이 상한가를 치기를 기대하며 증권 시세 표시기만 노려보고 있었다. 당시 미국인 대다수는 제1차 세계대전 당시 자유공채 운동Liberty Loan drives*으로 인해 주식을 보유하였다. 이들은 나날이 높아져만 가는 주가에 매혹되었고, 더 많은 투기와 투자에 온 관심을 쏟았다. 당시 미국의 경제는 무한히 성장할 것이고 아울러 주가 역시 무한대로 상승하게 될 것이라는, 결코 검증되지 않은 낙관주의가 팽배했다. '제너럴 모터스'의 회장인 백만장자 존 라스콥John J. Raskob은 "누구든지 부자가 될 수 있을 뿐 아니라 누구든지 부자가 되어야 한다."라고 주장했다.

당시 미국 투자자들은 자신이 소유한 주식의 단 5퍼센트도 안 되는 금액을 지불하여 중개인을 통해 은행에서 돈을 빌려 나머지 비용을 충당했다. 이런 식으로 당시 투자자들은 투기에서 막대한 이익을 얻었다. 빌딩을 관리하는 노동자는 임금을 유명 대기업 몽고메리 워드Montgomery Ward의 주식 매수에 투자했다. 주유소 안내원은 깡통 제조업체로 유명한 아메리칸 캔American Can의 주식을 매수해 이익을 셈하였다. 보모들은 자신들을 고용한 부자들이 떠드는 대화를 엿들었다. 미국철강회사U.S. Steel의 주식은 약 261포인트,

---

* 제1차 세계대전 기간 중 연합군을 지원하기 위해 미국은 전쟁 채권을 '자유채권'이라는 이름으로 판매했다. 채권 구매가 애국의 상징으로 여겨지자 많은 미국인이 전쟁 채권을 구매했다.

아나콘다 구리회사Anaconda Cooper는 약 130포인트, 에이티앤티AT&T는 302포인트, 제너럴 일렉트릭General Electric은 395포인트였다. 주가는 더 이상 생산성이나 회사의 실제 수익이나 가치에 근거해 책정되지 않았다. 지주회사와 투자회사는 다른 모든 회사 위에서 이익을 보았다. 전체 사회구조가 통제되지 않는 투기의 구렁텅이로 들어가고 있었다. 이처럼 쿨리지 시대의 번영은 평등하게 골고루 분배되지 않았을 뿐만 아니라 수백만 사람의 일상생활에 영향을 주지 못했다. 제1차 세계대전 후 추락한 농산물 가격은 회복되지 않았다. 임금상승, 증대된 산업생산성, 높아지는 고용률 등에 대한 눈부신 통계는 분배의 불평등이 해가 갈수록 심해지고 있다는 사실을 은폐했다. 당시 정부통계에 따르면 4인 가족이 '어지간한' 생활을 유지하는 데에 1년에 2,500달러가 필요했다. 하지만 미국 내 가정의 절반 이상이 연간 1,500달러나 그 이하밖에 벌지 못했다. 대법원 판사 루이스 브랜다이스는 이렇게 한탄했다.

투기에 들어가는 이 많은 돈이 대체 어디서 나오는지 알 수가 없다. 우리가 이미 20퍼센트의 이익을 위해 80퍼센트의 이익을 착취하고 있는 것이 아닌지 걱정된다.[3]

1929년 10월 거품은 사라지고 미국과 나머지 세계는 대공황에 급속히 휘말려 들어갔다. 궁극적으로 제2차 세계대전의 구렁텅이로 빠져들었다. 비록 대통령직에서 물러나 있었지만 쿨리지는 붕괴에 대한 책임을 면할 수는 없었다. 투기를 막지 못한 그의 실정은 경기침체의 중요 원인이 되었기 때문이었다. 주식 중개인의 늘어가는 차입장부에 대해 많은 의문이 제기되었으나 쿨리지는 이를 '기업의 자연스러운 확장'으로 여기고 무시해 버렸다. 쿨리지가 조금만 신중했다면, 또 그가 당시의 사회·경제적 현상에서 발생하는 일에 조금만 더 관심을 보였다면, 그리고 대통령으로서의 정치력과 지도력 발휘에 조금만 더 노력했다면 역사상 가장 큰 대재앙은 막을 수 있었을 것이다. 뿐만 아니라 이 대재앙이 가져온 여러 악영향도 줄일 수 있었을 것이다. 하지만 그가 그렇게 할 수 있었다면 아마 그는 결코 캘빈 쿨리지가 아닐 것이다.

그야말로 운명이라고밖에 할 수 없는 '운명'이 쿨리지를 그의 능력과 비전의 범위를 넘어서는 상황으로 끌고 갔다. 내가 쓰고 있는 최악의 미국 대통령들 명단에 오른 대통령 대다수는 그들의 특정 행동 때문에 불명예의 전당에 올랐다. 그러나 벤저민 해리슨과 캘빈 쿨리지는 한 일이 없기 때문에 리스트에 올랐다. 쿨리지는 아무것도 하지 않는 정지 상태를 하나의 기교적 형태로 변화시켰다. 정치평론가인 월터 리프먼Walter Lippman은 쿨리지 대통령에 대해 이런 평가를 남겼다.

그의 천재적인 무無활동은 지고의 경지에 도달했다. 게을러서 활동하지 않는 무활동과는 거리가 멀다. 그의 무활동이란 엄격히 통제되는, 굳은 결심을 바탕에 둔, 늘 신중한 판단에 따른 무활동이었다.[4]

쿨리지는 단 한 문장으로 자신의 철학을 요약했다.

우리 인생에서 모든 문제의 5분의 4는 단지 우리가 가만히 앉아 침묵만 한다면 저절로 해결될 것이다.[5]

이 같은 '무無활동의 천재'에 대해 많은 비판이 뒤따랐다. 하지만 쿨리지에게 무활동은 계속되리라 생각했던 번영의 상징이었다. 그리고 미국인 대다수는 번영이 이어진다는 조건이라면 쿨리지의 무간섭에 만족했다.

쿨리지 내각에서 상무장관으로 일하고 훗날 대통령이 된 허버트 후버는 1925년에 이미 '투기열병'을 우려했다고 나중에서야 고백했다. 날이 갈수록 이러한 걱정이 점점 현실이 된다는 징후가 나타나더니, 급기야는 경고 상황으로 변해버렸다. 그러나 월스트리트를 정상으로 복구하려는 모든 노력은 대통령 쿨리지와 그의 충실한 재무장관 앤드루 멜론Andrew W. Mellon, 연방준비제도(연방준비은행the Federal Reserve) 등에 의해 좌절되었다. 이들 모두 정부의 방관과 방치를 열렬히 주창하는 사람이었다. 한참 후에 후버는 이렇게 말했다.

자본주의의 유일한 난관은 자본주의자들이다. 그들은 너무나 지독하게 탐욕스럽다.[6]

역설적이게도 후버는 이 대재앙에 대해 대통령으로서의 책임을 다하지 못한 것에 대해 엄청난 비난을 받았다. 이에 비해 정작 쿨리지를 비롯한 그의 충실한 일꾼들은 대재앙에 대한 비난에서 상당히 벗어나 있었다.

쿨리지 정부 정책의 핵심은 다음과 같다. 기업에 대한 최소한의 간섭, 공급측면Supply-side의 세금감면, 균형예산, 낮은 이자율, 경제국민주의Economic nationalism, 이민 반대 등이다. 1996년 레이건 행정부 당시 공화당의 정강에는 쿨리지의 이러한 정책과 비슷한 조항이 많이 포함되어 있었다. 사실 빛나는 갑옷을 입고 잘못된 일을 하기 위해 앞으로 말을 달리는 기사는 없을 것이다. 현상이 그대로 유지되길 바라는 시대에 쿨리지는 최고의 적격자였다. 그의 지배하에서 시어도어 루스벨트나 우드로 윌슨의 혁신주의는 설령 흔적이나마 남아 있더라도 조용히 마취당한 상태로 사라져 버렸다. 쿨리지는 "미국인의 일은 사업이다American Business is Business."라는 말을 자주 했다. 그는 "하나의 공장을 건설하는 사람은 하나의 사원을 짓는 사람과 같고 이 공장에서 일하는 사람은 그것을 숭배하는 사람과 같다."라는 말을 굳게 믿었다.

쿨리지는 '활력 넘치게 포효하는 1920년대'에 백악관을 이끌어간, 참으로 시대에 어울리지 않는 인물이었다. 윌리엄 앨런 화이트는 쿨리지를 '바빌론의 청교도인'이라고 불렀다. 날카로운 코, 얇게 오므린 입술, 그리고 Cow를 3음절로 나누어 발음하는 버몬트 주 출신의 코맹맹이 인간. 그것이 쿨리지라는 것이다. 그는 플래퍼Flapper*, 일확천금을 꿈꾸는 사람, 금주법을 어기면서 밀주를 하

---

* 1920년대 미국에서 자유를 외치고, 복장과 행동 등에서 기존의 관습을 깨뜨린 여성을 일컫는 말이다.

는 사람, 섹스를 탐내는 사람의 세계와는 완전히 동떨어진 세계에서 살았다. 그는 어찌나 성격이 엄하고 생활 습관이 검소했는지, 앨리스 루스벨트 롱워스는 지나가는 농담으로 "그는 이제 막 장난꾸러기 티를 벗은 사람처럼 보인다."라고 말했다.[7] 그러나 워런 하딩 시대의 각종 정경유착 스캔들로 만신창이가 된 나라에서 쿨리지는 정확한 판단을 통해 청렴결백을 유지하려고 노력했다. 정치적 냉소주의와 의심으로 가득한 상황에서, 그는 애국심처럼 구식이지만 경건하다고 찬양받는 정신적 가치를 강조했다. 당시 미국인은 자신들의 전통적인 가치가 상실될 것을 두려워했다. 그들의 방종한 한계를 스스로 정하고자 했을 때만 하더라도 청렴하고 조용한 쿨리지는 이상적인 대통령처럼 보였다.

신자유주의의 선각자

쿨리지의 정치적 경력은 자질과 타성에 의해 성장한 훌륭한 본보기다. 영국의 정치평론가인 해럴드 라스키Harold J. Laski는 그를 두고 "길을 헤매다 우연히 큰일을 맡게 된 어느 시골 교구의 교회위원" 같다고 말했다.[8] 1898년 선거를 통해 그는 매사추세츠주 노샘프턴Northampton의 시의회 의원이 되었다. 그는 애머스트대학교Amherst College를 다닌 3년의 시기를 제외하고는 1929년 대통령직을 그만둘 때까지 공직에서 단 한 번도 떠난 적이 없었다. 그는 시 고문 변호사city solicitor, 법원 사무관, 주의회 의원, 노샘프턴 시장, 매사추세츠주 부지사와 주지사 등으로 활동했다. 평범하고 결코 영웅적이지 않은 그는 이런 모든 직책을 거치면서도 주목할 만큼 뚜렷한 업적을 보여주지 못했다. 그러다 1919년 보스턴 경찰 파업*을 진압하면서 특별한 노력도 없이 전국적인 인물로 갑자기 부상했다.

덕분에 그는 1920년 워런 하딩을 대통령 후보로 미는 선거에서 공화당 부통령 후보로 지명받는 행운을 얻었다. 그리도 유명한 '담배연기 자욱한 방'에서 하딩의 지명을 공작한 공화당 간부들은 워런 하딩의 보수적 성향에 걸맞은, 겸손하고 중도적 자유주의자를 부통령 후보로 내세우고자 했다. 그들이 처음에 염두에 둔 인물은 위스콘신주 연방 상원의원인 어빈 렌루트Irving Lenroot였다. 그러나 렌루트는 대중에게 인기가 없었다. 렌루트의 이름이 거론되었을 때, 어느 대의원이 기립하여 "그는 여러분들이 살아 있는 동안 (대통령 및 부통령 후보가) 될 수 없을 것이다."라고 외쳤다. 약간의 소동이 지난 후 오리건주를 대표해 온 대의원이 캘빈 쿨리지의 이름을 거론했고, 첫 번째 후보자 결정 선거에서 쿨리지는 674 대 146이라는 압도적인 표차로 대결에서 이겨 부통령 후보가 되었다.

과대선전과 일반 유권자의 역할이 확대되고 있던 이 시대에 쿨리지는 정치가의 신분으로는 너무나 보기 드문 두 가지 특성을 자신의 정치적 자산으로 삼았다. 그는 입을 굳게 다물고 도무지 말을 하지 않았으며 너무나 인색한 구두쇠 생활을 했다. 기자들

---

* 1919년 9월 9일, 보스턴 경찰관들이 경찰노조의 승인 및 임금과 근무 조건의 개선을 요구하며 벌인 파업을 가리킨다.

과 코미디언들은 쿨리지의 이러한 특성에 대해 어떤 것은 사실에 근거하여, 또 어떤 것은 과장해서 이야기를 꾸몄다. 이토록 무성한 '이야기'가 사실상 아무런 재미도 특색도 없는 그를 전국적인 정치가로 높이 세웠다. 누군가 너무나 말수가 적은 쿨리지를 빗대어 "그가 입을 벌릴 때마다 거기에서 좀나방이 날아온다."라고 말했다.[9]

그는 대중적으로 침묵을 고수하는 사람으로 알려져 있으나 어떤 때는 다소 말이 많았던 듯도 하다. 한 신문기자가 인터뷰를 위해 쿨리지와 만났다. 무려 두 시간 동안 쿨리지는 엄청난 양의 담배를 피우며 송어 낚시에 관한 이야기를 늘어놓았다. 비록 자신은 성실한 태도로 인터뷰에 응했겠으나 상대방의 질문을 결코 용납하지 않았다. 이러한 일방적인 태도는 그가 언론을 대할 때 더욱 선명하게 나타났다. 그러나 캘빈 쿨리지는 겉으로 풍기는 외모보다는 더 현명하게 혹은 더 교활하게 보이고자 이른바 시골뜨기를 은유하는 '침묵의 칼Silent Cal'이라는 이미지를 구축했다.

신문기자들은 그가 대통령에 당선된 1924년 대선 기간에 일찍이 쿨리지에 관한 어떤 판단을 내렸다. 한 신문기자가 쿨리지에게 "어떤 선언을 말씀하실 겁니까?"라고 물었다. 그러자 쿨리지는 "아니오."라고 대답했다. 또 다른 기자가 "세계정세에 관한 당신의 의견을 말씀하실 수 있습니까?"라고 묻자 그는 "없습니다."라고 답했다. 다른 기자가 "금주법에 관한 어떤 정보를 알 수 있을까요?"라고 물으니 그는 또다시 "없습니다."라고 답했다. 기자들이 다른 사람에게 관심을 돌리려 하자 쿨리지는 "이제부터 명심하십시오.

나를 두고 이러쿵저러쿵 궁시렁거리지 마십시오."라고 주의를 주었다.[10] 한편, 쿨리지는 한 언론과의 인터뷰에서 자신이 지방의 여러 시장을 방문할 것이라 말했다. 이에 한 기자가 물었다. "거기서는 말씀할 겁니까?" 그러자 쿨리지는 "아니오. 나는 단지 방문할 것이오."라고 응수했다.[11] 쿨리지 특유의 침묵하는 이미지를 설명할 전형적인 사례는 백악관을 방문한 한 여성을 상대하는 과정에서도 볼 수 있다. 그녀는 쿨리지에게 "당신은 나에게 말을 해야만 해요, 대통령 각하! 난 오늘 당신이 두 마디 넘게 말씀하실 수 있는지 내기했거든요!" 이에 쿨리지는 이렇게 답했다. "당신이 졌습니다!"[12] 대통령직을 떠나기 전 쿨리지는 차기 대통령 당선인으로 찾아온 후버에게 장광설을 늘어놓는 지루한 방문객을 다루는 방법에 대해 약간의 충고를 했다.

만약 당신이 죽은 척하고 가만히 있으면, 그들은 3분이나 4분 안에 지쳐 버릴 것이다.[13]

쿨리지는 분명히 침묵을 고수하긴 했으나 내적인 면, 마음의 영역까지는 감추지 않았다. 그는 세계사는 몰라도 미국사는 잘 알고 있었다. 차분하게 연설문을 작성하거나 자서전을 집필하는 것은 그가 불면을 이기기 위해 즐겨 쓰던 확실한 방법이었다. 그런데 그의 글을 읽어보면 흥미로운 점을 발견할 수 있다. 그의 글이 거의 독창적이지 못한다는 사실이다. 그야말로 여러 자료에서 정확히 복사한 격언들로 가득할 뿐이다. 예를 들어 이런 식이다.

인생의 성공은 얼마나 많이 노력하는지에 따라 거의 정확히 판단된다.

나는 유일하게 한 가지 정치적 전략에는 확신을 느낀다. 그것은 다름 아닌 올바른 일을 하려고 노력하는 것이다.

만약 사회 내에 지성과 덕성이 부족하다면, 그 사회는 점점 변하게 될 것이다.

쿨리지의 검소함은 인색하다는 표현이 더 어울릴 정도였다. 노 샘프턴시에서 그는 가족과 함께 다른 가족들이 사는 집에서, 한 달에 36달러의 집세를 지불하며 살았다. 쿨리지는 통화를 위해 공용 전화기를 사용했다. 그는 차도 없었다. 그는 아마도 백악관 에 거주하며 돈을 저축했던 유일한 대통령일 것이다. 쿨리지는 사 망 당시 약 70만 달러의 부동산을 남겼는데, 그 유산의 대부분이 공직 생활에서 벌였던 급료를 저축한 값이었다.

어느 날 부엌을 기웃거리던 쿨리지는 60인분의 한 끼 저녁식 사로 6조각의 돼지고기를 사용하는 것은 지나친 낭비라고 불평 했다. 언제인가 한 번은 한 보좌관에게 잡지를 사오라며 10센트 를 주었는데, 그가 거스름돈 5센트를 돌려주지 않은 것에 대해 불 평했다. 그의 비밀 경호원이었던 에드워드 스탈링Edward Starling 대 령은 대통령과 함께 오후 산책을 마치고 백악관의 식료품 저장소 에서 샌드위치 두 개를 준비했는데, 대통령이 "샌드위치에 들어 간 치즈 값을 지불해야 하는데……."라고 중얼거렸던 과거를 회고했다.[14] 대통령 임기 말, 그는 국무회의 때 그동안 당연시되었던 관례였음에도 대통령이 앉을 안락의자를 구입하는 안건에 반대했다. 이에 상무장관 후버와 재무장관 멜론이 쿨리지를 위해 사비로 안락의자를 마련해 주었다. 쿨리지가 부통령이 된 후 얼마 지나지 않아 그는 워싱턴 D.C.의 배타적인 사교모임 '코스모스 클럽 Cosmos Club'의 회원으로 뽑혀 입회비를 내라는 통지서를 받았지만 바로 거절했다.

쿨리지는 또한 다른 사람들에게 거부감을 주는 저음으로 농담을 진지하게 응수하는 졸렬한 측면도 있었다. 오랫동안 실질적으로 백악관 살림을 운영한 후버는 "쿨리지는 항상 무언가 자신을 속이고 있다고 의심하기보다는 무언가를 빤히 있는 그대로 지켜보았다."라고 말했다.[15] 그는 국빈을 초대한 만찬회에서, 디저트까지 빠르게 먹은 후 홀로 식탁을 떠나 버리곤 하였다. 그럴 때면 같이 식사하고 있던 손님들은 당황하기 일쑤였다. 쿨리지의 의지를 거스른다면 가족, 백악관 보좌관, 심지어 관리들마저 엄청난 독설 또는 서릿발 같은 침묵을 고통스럽게 견뎌내야 했다. 그는 의도적으로 백악관 마룻바닥을 경쾌하게 걸어가면서 여러 사람을 놀라게 하고는 긴장한 경호원이 침입자를 찾고 있는 사이 커튼 뒤에 숨곤 했다. 낚시여행 떠나는 대통령의 낚싯바늘에 미끼를 달아줄지 말지를 여쭙던 한 경호원은 당시 쿨리지가 교묘하게 본인을 괴롭혔다고 고백했다. 1927년 미시시피강이 범람하여 중서부와 남부지역을 휩쓸어 약 100만 명의 이재민이 발생했을 때, 피해 지역 관리들은 대통령께서 방문하시기를 수없이 많이 요청했으나 쿨리지는 홍수 피해지역 방문을 거절했다.

1929년 주식시장의 붕괴 이후 쿨리지의 평가는 곤두박질쳤으나 최근(원서 출간 기준) 상승기류를 타고 있다. 특히 '작은 정부'를 주장하는 보수세력에서 더욱 긍정적으로 호명되고 있다. 쿨리지가 대통령이 되었을 당시에 10대였던 로널드 레이건은 그를 지나치게 존경한 나머지 1981년 자신이 대통령이 되었을 때 진열장에 있는 토머스 제퍼슨의 초상화를 치우고 대신 캘빈 쿨리지의 초상화를 두라고 명령했다. 레이건은 이렇게 말했다.

이 기록을 보라. 그는 무려 네 번이나 세금을 삭감했다. 아마도 그 시대가 우리가 지금까지 알고 있는 가장 위대한 성장과 번영의 시대였음이 틀림없다.[16]

레이건은 쿨리지의 시대에 대해 "어떤 일이든 무슨 일이든 최고의 성공을 장식했다."라고 평했다.[17] 그러나 레이건은 쿨리지의 번영에 뒤이은 파괴적인 재앙에 대해서는 언급하지 않았다.

레이건과 쿨리지는 인격적인 면에서는 많이 다르지만 다른 면에서는 대단히 유사하다. 두 사람은 주지사 출신이었다. 레이건은 캘리포니아 주지사였고 쿨리지는 매사추세츠주지사였다. 두 사람 다 엄격한 법과 질서를 주창함으로써 전국적으로 명성을 얻었다. 레이건은 항공관제사들의 파업을 제압*했고, 쿨리지는 보스

---

* 1981년 8월 3일, 미국 전역의 항공관제사들 1만 3,000여 명이 파업에 돌입했다. 항

턴 경찰의 파업을 제압했다. 두 사람은 일반적인 문제를 좀 더 폭넓은 교훈과 훈계를 적용해 처리하고자 했던, 보수주의의 추종자였다. 말하자면 미국의 사회와 경제 질서는 건실하고, 이에 대한 비판은 그릇된 인식에 불과하고 심지어 위험하고 급진적인 것으로 보았다. 그리고 사기업을 국가의 중추적 기반으로 여겼다. 특히 이 두 사람은 정부의 역할은 가능한 작아야 한다고 생각했다. 반드시 최소한의 규제만이 적용되어야 한다고 보았다. 세계 최고 수준의 제도, 문명화된 도덕성 덕분에 이 세계에서 미국이 가장 뛰어난 나라라고 생각했다. 그러나 레이건과 달리 쿨리지는 모험주의에 반대한 나머지 정치와 외교에서조차 거의 아무런 일도 하지 않았다.

조용하고 소심한 캘빈

대학을 졸업하며 이름에서 존John을 떼어낸 캘빈 쿨리지는 1872년 독립기념일인 7월 4일에 태어난 대통령이다. 그는 버몬트주 플리머스 노치Plymouth Notch의 외딴 작은 촌락에서 태어났는데, 그가 태어난 마을 부근에는 친척들이 운영하는 잡화도매상이 있었다. 쿨리지 가문은 1776년 독립혁명 이후 줄곧 그린마운틴Green Mountain(버몬트주의 산악지대)에서 살아왔고, 자유민 신분으

공관제사들은 임금 인상과 작업 시간 단축을 요구하였다. 이들의 파업으로 인하여 미국 전역에서 7,000여 편의 항공편이 결항했다.

로 보스턴의 '대구大口, Codfish귀족*'들과 교류하였다. 쿨리지 가문은 하나님이 자신들에게 한없는 은혜를 베풀어준 것에 만족하면서 그 이상의 축복을 갈구하기 위한 어떤 시도도 하지 않았다. 아버지 존 캘빈John Calvin 역시 부유한 농민이고 상점 주인이었으며 지역 공무원이었다. 캘빈 주니어는 아버지에게서 과묵함, 1달러에도 엄격한 옹색함, 공무에 대한 관심 등을 배웠다.

역시 버몬트주 토박이로 그의 어머니인 버지니아 무어 쿨리지 Virginia Moor Coolidge는 수려하고 감수성이 풍부한 여성이었다. 그녀는 타고난 성품상 '신비주의와 시詩'에 쉽게 감동을 받았던 여린 마음의 소유자였다. 그녀는 아들의 증언에 따르면 보랏빛을 발산하며 서산에 지는 일몰을 바라보는 것을 좋아했고, 밤하늘의 별을 쳐다보는 것을 즐겼다. 버지니아는 아들이 12세가 되던 해에 39세라는 젊은 나이로 사망했다. 아마 결핵으로 추정되었다. 소년은 어머니의 죽음을 몹시도 슬퍼했지만 감정을 숨기는 아버지를 보며 쿨리지 역시 슬픔을 내면으로 삼켰다. 쿨리지는 평생 모친의 사진을 자신의 회중시계 속에 넣은 채 들고 다녔고, 종종 어머니에 대해 이야기했다. 어머니의 사망 후 소년과 여동생 애비Abbie를 키워준 사람은 증조할머니였다.

비록 쿨리지 가문은 당시의 평균적인 생활상을 고려하자면 부유한 편에 속했지만 그래도 플리머스 노치에서의 생활이 그렇게까지 풍요롭지는 않았다. 성장하면서 쿨리지는 이런저런 허드

---

* 생선 '대구'를 팔아 많은 돈을 번 사람들을 가리킨다.

렛일을 했다. 단풍나무에서 수액을 채취하는 일, 울타리를 수리하는 일, 겨울에 쓸 목재를 준비하는 일, 쟁기질 등 혼자서 하루에 12시간 이상 일을 했다. 그의 아버지는 "칼(아들)은 내가 아는 그 어떤 소년보다도 단풍나무 수액을 많이 채취해 온다."라고 회고했다. 소년 쿨리지는 자주 벌을 받은 것은 아니지만 벌을 받을 때면 너무나도 무서워했다. 그는 어둡고 거미줄이 가득한 다락방에 홀로 오랜 시간 감금되곤 했다. 여러 가지 알레르기 때문이라고 추정되는데, 캘빈 쿨리지는 어릴 적부터 재채기와 기침을 달고 살았다. 훗날 어른이 되었을 때, 그가 콧소리를 하거나 다른 사람의 신경을 거슬리게 하는 '꽥꽥' 소리를 내게 된 이유도 이러한 신체적 문제 때문이라고 추정된다. 나이를 먹으면서 습득한, 악명이 자자할 정도로 움직이지 않는 태도와 지독한 침묵은 에너지가 부족해서라기보다는 건강이 좋지 않아 생긴 버릇이라 보는 편이 타당할 것이다. 그는 어릴 때 친구가 거의 없었는데, 역시 이상한 목소리와 병 때문일 것이라 추정된다. 훗날 그는 자신의 인생을 이렇게 회고하였다.

정치를 하는 사람은 누구든 많은 사람을 만나야 한다. 많은 사람과 접촉하는 것은 나에겐 결코 쉽지 않은 일이었다. … (중략) … 내가 기억할 수 있는 가장 어린 시절에, 나는 우리 집 부엌에서 익숙하지 않은 사람들의 목소리가 들릴 때마다 고통을 느꼈다. 나는 그 사람들과 만날 수 없을 것이라고, 악수도 하지 않을 것이라 생각했다. … (중략) … 어린 시절의 나는 세상에서 가장 하기 힘든 일이 바로 부엌으로 나가서 잘 모르는 사람과 인사하는 것이었다. 나는 열 살 전에는 거의 그렇게 하지 못했던 것 같다. 엄청난 갈등과 고통을 겪은 후에야 부엌문의 의식을 겨우 통과했다. 물론 내 친구들을 만날 때는 모든 것이 좋았다. 그러나 일단 낯선 사람과 만나기만 하면, 그 옛날 부엌문을 통과했던 기분이 들어 서둘러 집으로 돌아와 버렸다. 그럴 때마다 내 마음은 불편했다.[18]

각종 허드렛일에서 벗어날 때 캘빈은 그 지역에 있는, 교실이 하나밖에 없는 학교에 입학했다. 14세가 되던 해인 1886년 그는 블랙리버 아카데미Black River Academy에 입학했다. 그 학교는 집에서 언덕을 지나 약 12마일이나 떨어져 있는 루드로우Ludlow에 있는 침례교회가 운영하는 곳이었다. 캘빈의 부모가 원래부터 해당 침례교회의 교인이었다. 수줍음이 많고 외로움을 타던 소년 캘빈은 평범한 학생으로, 다른 활동이나 운동에는 거의 참석하지 않았다. 그러다 1888년에 13세의 우수한 학생이었던 여동생이 그와 함께 학교를 다니게 되자 그의 인생도 활기를 찾았다. 그런데 2년 뒤 1890년 3월 여동생이 갑자기 맹장염에 걸려 죽어버렸고, 캘빈은 아버지에게 보낸 편지에서 "여동생이 없는 이곳은 너무나 외롭습니다."라는 글을 썼다. 평상시의 쿨리지 가문 내 분위기를 고려하자면 이 편지에는 감정이 엄청나게 많이 담겨 있는 것이다.

캘빈은 쿨리지 가문에서 대학에 들어간 최초의 인물이었다. 그는 자신을 가르친 선생님 중 한 명의 주선으로 매사추세츠주의 애머스트대학교에 입학했다. 그는 입학시험에 낙방했으나 1년에 걸친 준비 후 입학허가를 얻어 1891년에 정식으로 이 학교에 입학했다. 여러 클럽이 말수가 적고 잘 나서지 못하는 이 신입생을 어떻게 활동하게끔 이끌 것인가를 전혀 정립하지 못한 상황에서, 그는 무조건 클럽에 참가하기를 원했다. 남학생들이 주축을 이룬 프래터니티Fraternity*는 애머스트대학교에서 매우 중요한 위치의 단체로 취급받았다. 그리고 그가 그 모임에 입회하는 데에 압박을 가한 이는 아무도 없었다. 그는 아버지에게 보내는 편지에서 "(아무도 내게) 빨리 가입하라고 강요하지 않는 것 같다."라는 글을 적었다.

상급생이 되고 캘빈은 사교모임에 입회했다. 바로 얼마 전에 형성된 프래터니티에 입회한 어떤 친구가 캘빈도 받아들이자고 주장해서 가능한 일이었다. 그후 그의 성적은 상당히 향상되었고, 쿨리지는 자신에게 정치적 길을 걷게 해준 철학 수업 중 봉사의 원리를 강조한 찰스 거먼Charles E. Garman의 영향을 많이 받았다. 애머스트에서 그는 두 명의 친구를 만났는데, 하나는 미래에 멕시코 주재 미국대사가 될 드와이트 모로Dwight W. Morrow고 다른 하나는 훗날 쿨리지 내각의 법무장관이 될 할란 스톤Harlan F. Stone이었다. 이들은 앞으로 그의 성공에 중요한 역할을 하게 될 친구들이었다. 학교 친구 중 몇몇은 완고한 겉모습을 가진 이 버몬트인에게 무미건조하지만 어떤 재치가 숨어 있다는 사실을 발견했다. 그는 전통적인 행사로 치러지는 익살스러운 졸업식 연설, 일명 '작은 숲 연

---

* 대학교 내 동호회 또는 사교모임을 가리킨다.

설Grove Oration'의 연사로 선발되었다. 또한 그는 '미국 독립혁명의 아들들Sons of the American Revolution'이라는 단체가 후원한 논문발표 대회에서 1등을 수상하여 150달러에 달하는 황금 메달을 받았다. 1895년에는 애머스트대학교를 수석으로 졸업했다.

쿨리지는 사회로 나왔으나 특별한 야망은 없었다. 더욱이 그는 항상 자신의 시야를 둘러싼 버몬트의 익숙한 언덕을 넘는다는 발상 따윈 한 적이 없었다. 그는 자신이 아버지처럼 가게주인이나 법조인으로 살 수 있을 것이라 생각했다. 그러다 최종적으로 후자를 택했다. 한 친구가 어디에 정착할 것인지 묻자 쿨리지는 너무도 간결하게 "노샘프턴시에서 가장 가까운 법원에."라고 대답했다. 그는 로스쿨에 다니지 않고 공화국 초기의 전통에 따르듯이 법학을 스스로 공부했다. 그는 법률사무실 밖에 앉아서 영장을 준비하는 법, 증서를 발부하는 법, 유언장 쓰는 법 등을 배웠다. 그러면서 여유 시간을 이용하여 법률 서적을 읽었다. 그는 근무하면서 봉급을 받지 않았다.

캘빈은 이곳에서 조심성 있게, 그러면서도 이해할 수 없을 만큼 말수가 적은 사람으로 20개월을 보냈다. 그러던 어느 날, 그는 책상 위에 놓여 있는 책들이 한눈에 들어왔고 그 길로 그는 시험을 보러 갔다. 그는 변호사 시험에 이렇게 손쉽게 합격했다. 1897년에 그는 가족이 남긴 약소한 유산을 투자해 자신만의 변호사 사무실을 개업했다. 얼마 지나지 않아 그는 공화당으로 정치계에 입문했다.

정치인 쿨리지의 성장

노샘프턴시는 20년 전에 세워진 스미스대학교Smith College를 배경
으로 하여 성장한 산업도시로 인구가 약 1만 5,000명 정도였다.
전통적인 직업을 가진 사람들이나 전문직 종사자들은 대부분 제
길을 벗어나지 않는 견고한 공화당원이었다. 아일랜드계 노동자
들과 프랑스계 캐나다인 공장노동자들은 민주당원이었고, 그들
이 수적으로 우세했다. 여기에서 쿨리지는 정치적으로 성공하는
데 필수적인 두 가지 장점이 있었다. 이런 점에서 그는 큰 행운아
였다. 쿨리지 특유의 과묵함에도, 그는 노동계급 유권자들에게서
호의를 얻는 요령을 알고 있었다. 사실 그는 노샘프턴시의 엘리트
그룹보다는 이발사, 구두 수선공, 술집 종업원들에게서 더 인기가
많았다. 어떤 이들은 쿨리지를 지지하고자 원래 지지했던 정당을
버리기도 했다.

　1898년 시의회 의원에 당선된 쿨리지는 완전히 새로운 스타일
의 체계적인 절차에 따라 매사추세츠주에서 공화당 정치인으로
활동을 시작했다. 만약 이 정치 신인이 본인에게 기대되는 무언가
에 훌륭히 부응했다면, 그는 아마도 원활하게 출세하여 가식으로
가득한 보스턴의 주청사로 자리를 옮겼을지도 모른다. 어쩌면 어
느 은행의 안정적이고 인정받는 보안요원 또는 생명보험회사의 감
독관이 되었을 수도 있다. 그렇지만 쿨리지는 정치인으로 크게 성
장하기엔 그의 정치 인생을 방해하는 역경이 하나도 없었다. 시의
회에 당선되고 2년이 지난 후 그는 연봉 600달러의 시 고문 변호

사가 되었다. 첫 번째 임기 후 재선을 위해 선거에 나섰으나 낙선했다. 이때의 패배는 그가 일생에 걸쳐 겪은 유일한 낙선이었다. 그러나 공화당은 그를 그저 내버려두지 않았다. 그는 순회재판소 서기관에 임명되어 일하다가 이윽고 주의회 의원으로 당선되었다. 그의 깔끔한 흑색 양복, 꼼꼼한 태도, 어딘가 꽉 조인 듯한 딱딱한 얼굴 때문에 사람들은 종종 그를 장의사로 착각하기도 했다.

그동안 쿨리지는 청각장애인을 위한 클라크 학교Clarke Institute 건너편에 있는 라운드 힐Round Hill 지역에서 방 하나를 빌려 조용히 살았다. 그는 종종 길을 걷다 노천의 술집에서 맥주 한 잔을 마시곤 했다. 저녁에는 주로 방에서 생물학, 역사학, 법학 서적을 읽었다. 그는 춤을 추지도, 카드놀이를 하지도 않았다. 지나치게 수줍은 성격 때문에 여성들에게 다가가지도 않았다. 그러다 1904년의 어느 날, 청각장애인을 교육하는 검은 머리의 독순술讀脣術 교사 그레이스 굿휴Grace Goodhue가 화단에 물을 주고 있었다. 그녀는 우연히 인근에 있는 집의 창문이 열려 있는 것을 보았고, 의도치 않게 흘끗 안을 바라보았다. 그녀는 이상한 광경을 목격했다. 어떤 사내가 긴 속옷만 입은 상태에서, 중절모를 쓴 채 거울 앞에서 면도를 하고 있지 않는가? 그녀는 웃음을 터뜨리지 않을 수 없었다. 깜짝 놀란 쿨리지는 그녀를 흘끗 보았고, 그녀는 당황하면서 다른 쪽으로 눈을 돌렸다.

이후 두 사람은 자주 만났다. 쿨리지는 자신의 머리카락이 자주 흐트러져 면도할 때마다 방해가 되기 때문에 모자로 머리카락을 고정한다고, 그레이스에게 해명했다. 쿨리지와 마찬가지로 그레이스 역시 버몬트주에 거주하는 평범한 집안의 아가씨였다. 그녀의 아버지는 버링턴Burlington의 기계 엔지니어로 일하였다. 버몬트대학교를 졸업하고, 성적이 우수한 미국 대학생 및 졸업생으로 구성된 '파이 베타 카파'의 회원인 그레이스는 외향적인 성격의 소유자였다. 그녀를 아는 모든 사람이 그녀를 좋아했다. 그녀의 친구들은 그레이스가 혼기 놓친 나이 많은 미혼 여성 같고 딱딱하며 재미라곤 일절 없는 변호사 캘빈 쿨리지를 좋아하는 이유가 무엇인지 이해하지 못했다. 비록 그들은 어울리지 않은 짝이었지만 서로에게 매력을 느꼈다.

쿨리지는 그레이스의 호감을 사기 위해 춤을 열심히 배웠지만 이에 대한 그녀의 반응은 별로 특별하지 않았다. 그렇지만 쿨리지는 공식적인 교회모임이나 기타 사교모임에 그녀를 에스코트하면서 그녀의 마음을 얻고자 노력했다. 애타는 마음으로 "그녀가 청각장애인을 가르치는 것처럼 과묵한 인간을 말할 수 있게 가르쳐 줄 것"이라고 희망했다.[19]

침묵의 구애가 오래 이어진 어느 날, 숲속을 산책하는 동안 쿨리지는 평소처럼 솔직하고 정직한 태도로 "나는 당신과 결혼하고 싶습니다."라고 고백했다. 그녀는 그의 구애를 수락했다. 그런데 쿨리지는 이후 15분 동안 말없이 걷기만 하였다. 답답해진 그녀가 달리 할 말이 없냐고 물었으나 그는 너무 많이 말했다고 대답했다. 그들은 1905년 10월 4일 결혼했다. 남편은 33세, 아내는 28세였다. 이 결혼에 그레이스의 어머니는 반대했다. 그녀는 끝까지 사위를 좋아하지 않았다. 훗날 쿨리지가 정치적으로 대성하자 그녀는 사위의 성공은 곧 자신의 딸 덕분이라고 생각했다.

쿨리지 부부는 워싱턴 D.C.로 주거지를 옮기기 전까지, 두 아들과 함께 노샘프턴의 단풍나무가 그늘진 거리에 있는 주택에서 살았다. 그레이스는 남편의 남다른 특이함과 별스러움에 빨리 익숙해졌다. 그녀는 쿨리지와의 연애 시절, 그가 남몰래 단테의 『신곡』 중 「지옥」 편을 영어로 번역했음을 알았다. 또한 그가 이 나라에서 가장 많은 수량의 양말을 소유한 인물이라는 점도 알았다. 그런데 그 양말의 대다수에 구멍이 있었다. 어느 날 쿨리지가 꿰매어야 할 양말 52켤레가 담긴 가방을 그레이스에게 내밀었는데, 그레이스는 자신에게 양말을 꿰매는 일을 시키려고 결혼했냐고 되물었다. 이에 쿨리지는 "아니오!"라고 대답은 했으나 "양말은 당연히 수선해서 신는 것이 아닌가?"라고 덧붙였다.[20]

1909년에 쿨리지는 노샘프턴의 시장에 출마했다. 본인의 숫기 없는 성격이 선거운동에 다소 방해가 되었지만 그는 자신을 소개하며 "나는 여러분의 표를 원합니다. 나는 여러분의 지지가 필요합니다. 나는 여러분의 지지에 감사하고, 여러분은 저의 진가를 인정할 것입니다."라고 말하며 도시의 모든 선거구를 일일이 찾아다녔다. 심지어 평상시 민주당 우세지역이자 노동계급이 주로 거주하는 지역에서도 선거운동을 하였다. 쿨리지는 결국 노샘프턴의 시장을 두 번 역임했다. 시장으로 일하면서 그는 정직, 효율, 절약의 미덕을 강조했다.

어느 날 쿨리지 부부는 노샘프턴에서 부흥집회를 주관하는 한 침례교회 목사를 접대했다. 그때 목사는 금식과 절제가 설교 능력을 향상시킨다고 설명하며 준비된 음식을 거의 손대지 않았다. 부흥집회가 끝난 후 쿨리지는 그레이스에게 아주 간결하게 "그래도 조금은 먹는 편이 나았을 텐데……."라고 이야기했다.[21]

이후 쿨리지는 주의회 상원의원에 세 번 연달아 당선되고, 마지막 임기에는 주의회 상원의장을 맡았다. 당시 주지사직과 부지사직을 민주당이 장악한 매사추세츠 지역에서, 그는 가장 강력한 공화당 정치인이 되어 있었다. 쿨리지는 주의회 의장직을 지내며 공화당 동지들에게 많은 도움을 주었고, 상대 정당 인사들과도 유화적인 분위기를 이끌었다. 결국 1915년에 그는 부지사 출마를 선언하고 쉽게 당선되었다. 이 시기에 쿨리지는 두 명의 막강한 후원자를 확보했다. 한 명은 보스턴의 부유한 사업가 프랭크 스턴스Frank Stearns였고, 다른 한 사람은 애머스트대학교 동창이자 모건사의 공동경영자인 드와이트 모로였다.

전통적으로 부지사는 주지사가 되기 전에 1년 임기를 세 번 연임할 수 있었다. 기회를 기다리던 쿨리지는 1918년에 드디어 주지사 자리에 올랐다. 그는 주지사가 될 때까지 20년 동안 정치적 경력을 쌓았는데, 스스로 성취한 정치적 업적이 거의 하나도 없었다. 덕분에 그는 누구와도 적대하지 않았다. 그는 "성공의 80퍼센트는 미리 눈으로 보인다."라고 말했던 우디 앨런Woody Allen의 격언에 딱 맞아떨어지는 인물이었다.

한 신문기자가 "취미가 무엇입니까?"라고 신임 매사추세츠 주지사에게 물었다. 이에 쿨리지는 "공직을 차지하는 것입니다."라고 간단히 대답했다.[22] 사실 평상시 그의 모습을 고려하자면 이 대답조차 너무 길었다. 쿨리지는 불필요한 말을 결코 하지 않았다. 불필요한 지출을 하지 않았고, 불필요한 행동도 하지 않았다. 그는 매일 아침 몇몇 방문객과 만나고, 서류에 서명했으며, 유니언 클럽에서 홀로 점심을 먹었다. 주청사 뒤뜰을 산책한 후 집무실로 돌아와 의자에 등을 기대고 큰 책상에 다리를 걸친 채 담배를 피우며 『보스턴 이브닝 트랜스크립트Boston Evening Transcript』*를 읽었다. 이후 한참 졸다가 집으로 돌아갔다.

쿨리지의 한가한 생활은 1919년 9월에 끝났다. 이때 보스턴의 경찰 95퍼센트가 깊은 절망 속에서 자신들의 노조를 승인하고 형편없이 낮은 임금을 인상할 것을 요구하며 파업을 개시했다.[23] 이에 당시 보스턴 시장이었던 앤드루 피터Andrew J. Peter는 질서의 회복과 유지를 위해 쿨리지에게 주 방위대를 파견해 달라고 요청했다. 그러나 주지사로서 주 소속 도시 내 사건에 간섭할 권한과 힘이 부족하다고 변명하면서 파업의 책임을 보스턴 시장에게 돌려보냈다. 이런 행동으로 볼 때, 쿨리지는 분명 파업의 진압이 자신의 재선에 좋지 않은 영향을 끼칠 것이라 걱정했던 게 틀림없다. 그가 행동을 자제하고 있는 동안 보스턴 경찰들의 시위는 더욱 격화되었고, 언론은 보스턴의 파업 경찰들을 '볼셰비키' 혹은 '직무이탈자Deserters'라고 부르며 비난했다. 이에 피터 시장은 자신이 통제할 수 있는 보스턴시 민병대에 질서 회복을 명령했다. 비록 파업은 이어졌으나 피터 시장과 보스턴시 민병대만으로도

---

* 1830~1941년에 발행된 매사추세츠주 보스턴시의 석간신문이었다.

질서는 회복될 수 있었다. 피터 시장이 이제 사건의 주도권을 지휘하려고 하였다. 그런데 파업 3일째 되던 날, 쿨리지는 보스턴에 매사추세츠주 민병대를 파견해 질서를 회복시켰다. 아무도 예상하지 못한 일이었다. 이는 파업 사태의 모든 진상을 뒤엎는 결과를 가져왔다.

자신들의 심각한 전략적 실수를 깨달은 파업 참가자들은 투표를 통해 다시 업무에 복귀하고자 했다. 그러나 쿨리지는 이 결정을 수용하지 않았다. 미국노동총연맹American Federation of Labor의 회장인 새뮤얼 곰퍼스Samuel Gompers는 파업 참가자들의 해고를 재고할 것을 요청했으나 쿨리지는 큰 소리로 외치며 거절했다.

누구든, 어느 곳에서든, 어느 때든지 간에 국민의 안정과 질서에 반하는 파업을 할 권한은 있을 수 없다.

그의 발언은 전국으로 퍼져나갔다. 이 사건 하나로 그는 전국적인 정치인으로 급부상했다. 사실 쿨리지는 파업을 끝내는 과정에서 뒤늦게 등장하여 아주 작은 역할만 수행했음에도, 파업을 진압한 공로를 독차지했다. 부통령으로의 길, 백악관으로 향하는 길이 그를 위해 마련되었다.

연이은 행운이 선사한 대통령이란 자리

누군가 캘빈 쿨리지에게 워런 하딩이 죽은 후 미국 대통령직을 승계해야 한다는 소식을 접했을 때 처음으로 무슨 생각을 했는지 물었다. 이에 쿨리지는 "나는 잘할 수 있으리라 생각했다."라고 대답했다.[24] 그렇지만 그는 여러 문제에 봉착했다. 말하자면 그는 '우연히' 대통령이 되었기 때문에 조심스럽게 업무를 처리해야 했다. 무엇보다도 워런 하딩의 죽음 이후 정부에 대한 국민의 신뢰를 다시 확보해야 했다. 워런 하딩 행정부의 부정부패 스캔들은 쿨리지 행정부를 괴롭혔는데, 새로운 대통령에게는 이 의구심으로 점철된 의혹을 해명해야 한다는 과업이 하달됐다.

워런 하딩 대통령의 남은 임기를 대신한 이후 1924년, 쿨리지는 대선 국면에서 다시 공화당 후보로 지명받아야 했다. 자신의 정치적 지지기반이 거의 없었던 쿨리지는 대선 후보로 지명받기 위해 공화당 내부 갈등 관계를 교묘하게 활용해야 했다. 쿨리지는 최소한의 행보로 목표를 달성했다. 워런 하딩의 뒤를 이은 쿨리지는 술을 마시지 않았고, 도박성 카드놀이에 빠지지도 않았으며, 여성과의 성적 스캔들도 없었다. 쿨리지의 개인적 인품만 보더라도 미국인은 곧바로 그가 전임 대통령과 다른 사람이라고 느꼈다. 쿨리지 역시 자신을 워런 하딩 시대의 도덕적 방종과 구분했다. 그의 부인 그레이스 쿨리지는 아름다움과 위엄을 갖춘 영부인으로서 백악관의 사무를 처리했고, 그녀의 주도 아래 백악관은 깔끔하고 말끔하게 청소되었다. 시어도어 루스벨트의 딸, 앨리스 롱워스가 쿨리지의 백악관에 처음 방문했을 때, 그녀는 백악관 전체가 하딩의 시대와는 완전히 달라졌다는 것을 알아챘다.

뉴잉글랜드 스타일로 단장한 백악관의 응접실은 (워런 하딩 시기의) 무허가 술집 밀매점의 비밀스러운 방과는 확연히 달랐다.[25]

쿨리지는 워런 하딩 내각에서 가장 유능한 내각 인사였던 허버트 후버, 앤드루 멜론, 찰스 휴스Charles E. Hughes의 직책을 그대로 유임하였다. 그렇지만 모두와 완만하게 지내던 쿨리지조차 스캔들로 점철된 법무장관 해리 도허티Harry Daugherty와 해군장관 에드윈 덴비Edwin Denby는 교묘한 방법으로 내각에서 추방했다. 새로운 법무장관으로는 할란 스톤을 임명했다. 할란 스톤은 컬럼비아 로스쿨의 학장으로 일했었는데, 쿨리지와는 애머스트대학교에서부터 알고 지냈다. 그의 능력과 성격은 법무장관으로서 문제가 없었다. 또한 쿨리지는 전임 법무장관 해리 도허티와 공모해 여러 스캔들을 일으키며 부정부패를 저지른 공범으로 지목된 수사국(FBI의 전신)의 국장 윌리엄 번스William Burns를 해고했다. 번스를 대신해 수사국의 정보부 부장으로 일하던, 야심 많고 열성적인 에드거 후버Edgar Hoover를 수사국장으로 임명했다. 오늘날 워싱턴 D.C.에 자리한 FBI 본부 건물도 그의 이름을 따와 제이 에드거 후버 빌딩J. Edgar Hoover Building이라 불린다.

쿨리지는 1924년 대통령 선거에서 공화당 대선 후보가 될 수 없다는 가능성을 신중하게 고려했다. 그러면서도 자신에게 불리한 요소들을 차례차례 제거했다. 어떤 사람들은 쿨리지를 두고 "너무나 신중한 탓에 어떤 행동도 하지 않는다."라고 평가했다. 그런데도 그는 두 명의 특별검사를 임명해 '티포트 돔' 사건을 조사했다. 그러나 이러한 조치 역시 의회 내 민주당 의원들이 강력하게 요구했기 때문에 실현 가능했다. 와중에 쿨리지는 "죄인은 벌을 받아야 한다."라고 선언하며 부패와의 전쟁을 이끌었고, 그 과정에서 커다란 수확을 얻었다. 쿨리지가 한동안 여러 정치적 성과를 운 좋게 거두어 국민으로부터 지지를 받을 때, 1920년 대통령 선거 당시 민주당 부통령 후보로 지명되었던 프랭클린 루스벨트는 "마치 보스턴 경찰관 파업 이후의 결과 같다(무언가 주도적으로 일하지 않았음에도 사태 이후의 공로는 독차지했다)."라고 달갑지 않다는 듯이 평가했다.

쿨리지는 자신의 정치적 위상을 반석 위에 올려 놓기 위해 최선을 다했다. 언론과의 첫 기자회견에서 "하딩의 정책이 무엇이든 간에 나의 정책은 나의 것이다."라고 말했다. 그는 연방정부와 기업과의 관계에서 '새로운 시대'를 개창할 것이라고 맹세했다. 경제적 안정을 위한 정치적 안정의 필요성을 강조했다. 국가의 번영을 위해 기업에 더 많은 이익을 보장해야 한다고 주장했다. 그래서 그는 연방정부 차원의 소비를 줄였고, 세금의 사용처를 줄여 과세의 필요성을 줄였다. 그는 경제정책에 관해 이렇게 발언했다.

나는 경제를 위해 존재한다. 나는 보다 번영하는 경제를 위해 존재한다.

백악관은 대통령이 주장한 '경비의 정당한 절감'을 솔선수범하였다. 우선 백악관에서 필요치 않은 전깃불은 다 꺼져 있어야만 했다. 일회용 종이컵은 구식 유리컵으로 바뀌었다. 화장실에 걸려 있는 수건의 개수도 감소했다. 백악관을 방문하는 신문기자들은 자비로 펜을 구입해야 했다. 와중에 쿨리지는 포토맥강 Potomac River을 순항하는 데에 대통령 전용 요트인 '메이플라워호 Mayflower'를 자주 이용했기 때문에 많은 비난을 받았다. 쿨리지는 이 요트를 군함으로 분류해 해군예산에서 연간 50만 달러를 유용했다. 만약 그렇지 않았다면 해군예산 또한 여지없이 삭감되었을 것이다. 나이 지긋한 빈정거리는 '스캔들 폭로가' 링컨 스테픈스Lincoln Steffens는 쿨리지 정부를 이렇게 비꼬았다.

> 워런 하딩 행정부 때까지 연방정부는 단지 기업으로부터 몰래 부양을 받던 정부情婦와 같았으나 쿨리지 행정부가 출범하자 워싱턴 D.C.는 월스트리트와 결혼했다.[26]

1924년 미국인 유권자 대다수는 이 결혼식에 축복을 보냈다. 워런 하딩 시대의 스캔들은 점차 줄어들고 있고, 경제는 최대한 빠르게 성장하고 있었다. 겉으로 국내외의 인기가 보이지 않는 상태에서, 쿨리지는 너무도 쉽게 1차 예비선거에서 공화당 대통령 후보로 지명받았다. 그리고 민주당의 내분 덕분에 쿨리지가 대선에서 쉽게 승리할 것이라 예상되었다.

민주당은 대선 국면에서 쿨리지가 상관으로 모셨던 공화당의 전직 대통령 워런 하딩의 스캔들을 충분히 활용하고자 했다. 그러나 언뜻 보기에 정직한 쿨리지의 이미지와 민주당의 내분 때문에 대선에서 완패했다. 당시 민주당의 내분은 경쟁자 간의 분열과 갈등이었고, 그 분열과 갈등이란 도덕에 대한 서로 다른 의견 때문에 촉발되었다. 한 당파는 도시와 북동부지역(뉴잉글랜드·중부 대서양)을 기반으로 이민자 그룹의 지지를 받았다. 해당 당파는 금주법에 반대했고, 대체로 가톨릭 신자였다. 반면에 다른 당파는 농촌과 남서부지역을 기반으로 초기 이주민*의 후손이 주요 지지자였다. 이들은 금주법에 찬성했고, 대체로 프로테스탄티즘을 신봉했다. 두 당파의 갈등은 인종적·종교적 편견과 아집 때문에 더욱 악화했다. 미국 농촌지역의 유권자들은 이른바 어중이떠중이들이 모여 사는 도심지의 하층민들이 문화적으로 자신들을 압도할 것을 의심하고 두려워했다. 이와 같은 아집과 적대감이라는 토양 위에서 백인우월주의-인종주의 집단 '쿠 클럭스 클랜Ku Klux Klan'이 세력을 다시 확대해 나갈 수 있었다. 1924년경에 다시 등장한 '보이지 않는 제국Invisible Empire'은 서남부-남부지역 전역으로 확대하였다. 이 단체는 오리건주, 캘리포니아주, 오클라호마주, 캔자스주, 인디애나주 등에서 강력한 정치집단으로 부상했다.

뉴욕 주지사 후보인 알 스미스Al Smith는 이러한 모든 적대감을 온몸으로 받는 일종의 피뢰침 같은 사람이었다. 그는 가톨릭을 신봉했고, 살색의 중산모자를 늘 쓰고 다녔고, 흡연자였고, 영어 발

---

* 미국에서는 북아메리카 인디언(선주민)과는 별개로, 유럽에서 신대륙으로 이주해 온 초창기 이민자와 그들의 후손을 native born이라 부른다. 독자의 이해를 돕고자 '토착민'이 아니라 '초기 이주민'으로 표기한다는 점을 밝힌다.

음은 귀에 거슬렸다. 그의 존재는 미국 농촌지역 사람들이 적대시하고 두려워하는 모든 것을 상징하였다. 따라서 농촌지역에서 민주당을 지지하는 유권자들은 우드로 윌슨 민주당 대통령의 사위인 윌리엄 맥아두William G. McAdoo를 지지했다. 이런 상황에서 뉴욕시 매디슨 스퀘어 가든에서 열린 민주당 전당대회는 교착상태에 빠졌다. 알 스미스는 물론 윌리엄 맥아두도 대통령 후보로 지명받을 수 있는 3분의 2에 해당하는 다수표를 확보하지 못했다. 이 전당대회는 미국 역사상 최초로 전국에 방송된 전당대회였다. 미국인은 무려 2주 동안 상대 세력에 저주를 퍼붓고 위협을 가하며 주먹다짐까지 저지르는 민주당의 내분을 생생하게 시청했다.[27] 결국 민주당 전당대회는 아무런 가치도 남기지 못했다. 심지어 대선 후보로 지명된 인물은 우드로 윌슨 행정부에서 법무차관으로 근무했던 극단적 보수주의자, 월스트리트의 고문 변호사였던 존 데이비스John W. Davis였다.

격렬한 갈등을 일으킨 민주당 전당대회 이후 1924년 선거에서 민주당이 이길 수 있다고 예견할 만한 단초는 아무것도 없었다. 그렇다고 쿨리지가 데이비스를 얕잡아 봐도 될 상황은 아니었다. 때때로 데이비스는 쿨리지보다 더 공화당의 후보다운 발언을 했기 때문이다. 쿨리지가 진심으로 상대해야 할 적수는 새롭게 재건된 진보당 후보였다. 그는 위스콘신주 상원의원 로버트 라폴레트였다. 과거 공화당 내 혁신파(반대파), 사회당, 농민-노동당, 철도노조 등의 협력을 받아 다시 태어난 (독립)진보당은 두 개의 큰 도시에서 농민과 노동자들의 후원을 받으며 대대적으로 약진했다.

그러나 독자 여러분의 예상처럼 쿨리지의 항해는 순조로웠다. 다만 선거 기간 도중 쿨리지의 아들이 16세의 나이에 죽은 탓에 인생에 먹구름이 이는 듯했다. 그의 아들은 백악관 잔디밭에서 양말을 신지 않은 채 운동화를 신고 테니스를 치다가 발가락에 물집이 생겼는데, 이 상처가 패혈증으로 악화하여 죽고 말았다. 쿨리지는 아들의 죽음에 망연자실하였고, 훗날 다음과 같이 한탄했다.

> 아들이 죽었을 때 대통령으로서의 영광도 함께 사라져버렸다. … (중략) … 백악관에 입성하기 위해 내가 왜 그런 대가까지 치러야 했는지, 도저히 이해할 수가 없다.[28]

위기를 방관한 채 무위도식한 대통령

쿨리지가 자신의 힘으로 대통령에 당선된 후 곧바로 이렇게 말했다. "나는 변하는 것이 거의 없으리라 생각한다."[29] 쿨리지는 필요한 과정을 거쳐 채택된 여러 정책을 급진적으로 수정하라고 요구하지 않을 것이라고 선언했다. 미국에 새롭게 필요한 것은 거의 없다고 믿었던 쿨리지는 사실 아무것도 하지 않았다. 그렇지만 당시 미국은 쿨리지가 '완벽의 시대'라 부른 이상향을 향해 점점 가까이 다가가고 있었기 때문에 대중은 쿨리지가 열심히 근무하는 줄로만 알았다. 1925년부터 1929년까지 무려 2만 2,800개의 제조업체가 새롭게 사업을 시작했다. 산업생산율은 26퍼센트 상승했고, 새로운 일자리도 그만큼 늘었다. 자동차, 라디오, 기타 여러 다른 상품에 대한 수요가 급상승했다. 노동자들은 경제성장에 비해 임금상승이 더디다고 불평할 수 있었으나 그들은 이전 시대보다 안정적으로 수입을 획득하는 것을 위안 삼을 수 있었다.

주식시장 역시 급속도로 성장했다. 1924년 5월 말 『뉴욕타임스』에서 언급한 당시 25개 산업의 주식 평균지수는 106포인트였다. 그해 12월에는 주가가 134포인트로, 1년이 지난 1925년 12월에는 181포인트까지 상승했다. 탐욕과 사기 풍조가 날이 갈수록 심해지자 플로리다주의 토지가격도 덩달아 급등했다. 수만 명의 미국인이 흔들리는 야자수 아래의 땅을 구매하면 자신들의 집을 세울 수 있을 거라는 기대에 빠져 일생을 통틀어 저축한 자산을 탕진했다. 그러나 플로리다주 개발은 단지 서류상의 계획에 불과했다. 사실 그곳은 당시만 하더라도 악어들이 들끓는 맹그로브Mangrove 습지*였다. 막스 형제Marx Brothers**의 영화 〈코코넛 Coconuts〉에서, 플로리다의 부동산 개발업자 캐릭터로 등장한 그라우초Groucho는 이런 대사를 말했다.

땅을 사세요! 당신은 그 어떤 종류의 집이라도 원한다면 가질 수 있습니다! 당신은 나무나 벽돌 또는 장식용 벽돌로 지은 집을 소유할 수

---

* 맹그로브는 아열대나 열대의 해변 등 염성 습지에서 자라는 관목이나 교목을 가리킨다.
** 미국의 코미디언-예능인 단체로, 1900~1950년대에 TV 프로그램 및 영화계에서 활약했다.

있습니다. 아, 당신 정말! 장식용 벽돌로 지은 집을 가지시라니까요!

그리고 경제가 예기치 않게 갑자기 붕괴하기 시작했을 때, 수만 명의 미국인은 이미 장식용 벽돌로 만든 자기만의 저택이라는 환상에 젖은 채 현실을 외면하였다.

비대해진 주식시장과 플로리다주의 부동산 거품은 알렉산더 해밀턴Alexander Hamilton* 이후 가장 위대한 재무장관이라는 평가를 받았던 앤드루 멜론이 주식회사와 개인의 소득세를 삭감하는 정책을 펼치며 더욱 심각해졌다. 앤드루 멜론의 경제정책 이후 주식시장은 더욱 비대해졌고 부동산 거품은 끝도 없이 거세졌다. 그러나 멜론의 정책으로 소득구간이 극히 높은 계층에서는 소득세가 절반으로 삭감되었으나 4만 달러 이하의 수입을 버는 계층에서는 소득세가 단지 3~4퍼센트 정도만 줄었을 뿐이었다. 한편 앤드루 멜론은 상속세와 증여세 역시 폐지했다. 1925년, 1926년, 1928년에는 세금이 더욱 삭감되었다. 결국 수많은 부자가 법의 허점을 이용해 세금을 한 푼도 내지 않는 일이 허다하게 발생했다. 심지어 재무장관 앤드루 멜론의 요청으로 국세청장Commissioner of internal revenue 이 직접 세금 회피 방법을 작성한 메모를 앤드루 멜론에게 전달하기도 했다.

관세의 경우, 쿨리지 행정부는 고율관세를 유지했다. 결과적으

---

* 초대 대통령 조지 워싱턴의 재무장관으로, 건국의 아버지 중 한 사람으로서 미국 헌법 제정에 기여했다. 현재 10달러 지폐에 초상화가 새겨져 있다.

로 쿨리지 행정부는 소비자의 주머니를 갈취했다. 그는 앨라배마 주 테네시강의 머슬 숄스Muscle Shoals처럼 가치 있는 자연자원을 개발업자에게 내주려고 했으나 의회 내 대중의 지지를 받는 세력에 의해 저지되었다. 머슬숄스는 후에 테네시 계곡 개발공사TVA의 핵심부지로 선정되었다. 한편 쿨리지는 제1차 세계대전 참전용사에게 1945년까지 연금을 지급한다는 골자의 법안에 거부권을 행사했다. 캘빈 쿨리지 대통령은 거부권 행사 이유로 "연금의 액수가 너무 높게 책정되어 있고, 해당 법안대로 실행한다면 행정부는 엄청난 양의 자금이 필요하므로 솔선수범하여 검소를 실천하는 정부 기조에 부합하지 않는다."라고 설명했다.

쿨리지의 인색한 경제정책 때문에 정부규제를 받는 기구의 예산이 크게 삭감되었다. 그 결과 식량, 의약, 고기 등을 검사하는 검열관들이 구조조정을 당해 직장을 떠날 수밖에 없었다. 또한 풍년시 농산물 가격의 하락과 그로 인한 농업의 황폐화를 방지하고자 마련된 농업구제법안에 대해 쿨리지는 두 번이나 거부권을 행사했다. 이번에도 "기업의 이익이 너무 많이 줄어든다."라는 이유를 들먹였다.

쿨리지는 인종문제에 관해서도 강경한 입장을 피력했다. 그는 인종에 관해 이런 견해를 밝혔다.

우리는 생물학적 질서에 따라 북유럽 사람들이 다른 인종과 섞여 잡종이 될 때 그 품질이 저하된다는 사실을 알고 있다.

그는 의회와의 소통에서도 아무 일을 하지 않았다. 물리력을 동원한 정치적 보복을 금지하는 법안이 통과되어야 한다는 발언만 했을 뿐이지, 인종차별주의 집단 KKK를 통제하기 위한 어떤 시도를 찾아볼 수 없었다. 흑인을 공무원으로 임명한 시도도 찾아볼 수 없었다. 그런 기록을 결코 찾아볼 수 없었다. 쿨리지는 KKK가 엄청난 영향력을 행사하는 오클라호마주의 주지사가 질서유지를 위해 연방군의 파견을 요청했을 때, 그 요청을 철저히 무시했다. 또한 그는 1924년 이민법을 지지하며 "미국은 미국인을 지켜야 합니다."라고 발언했다. 이 법은 총체적으로는 이민자들의 무분별한 유입을 방지하기 위해 제정되었고, 특별하게는 남유럽·동유럽에서 유입되는 이민자를 제한하기 위해 제정되었다. 이 법으로 미국과 일본의 사이는 악화했기 때문에 일본인 이민자를 완전히 배척하는 결과를 창출하고 말았다.

한 연구자는 쿨리지를 두고 "그에게는 국제적인 감각이 전혀 없다."라고 말했다. 외교정책에서 그가 유일하게 관심을 준 사안은 오로지 제1차 세계대전 동안 연합군에 빌려준 100억 달러의 부채를 받아내는 일이었다. 뉴잉글랜드의 작은 마을 주민에 적합한 지성 그 이상을 갖춘 적이 없던 쿨리지는 계획대로 고스란히 돈을 받아내겠다는 생각만 했다. 그에게 채무자-채권자의 관계는 마치 종교적 교리와도 같았다. 그러나 당시 채무국들은 돈을 갚을 수 없다고 주장했다. 그들은 자국의 재건 및 전후 처리에 허덕이고 있었으며, 미국의 고율관세 정책 때문에 자국 상품의 미국 시장 진출을 방해하기 때문에 돈을 갚을 수 없다고 반박했다. 그래서 채무국들은 전쟁기에 미국으로부터 빌린 대부금을 연합국의 승리를 위해 미국이 납부한 투자금 정도로 이해하라고 말하며 부채의 말소를 요구했다. 이에 쿨리지 대통령은 채무국들의 주장을 일축하고자 이렇게 말했다. "당신들이 돈을 빌리지 않았는가? 그렇지 않은가?" 쿨리지가 어떤 기자회견에서 이렇게 말을 했는지는 확인되지 않았다. 출처가 의심스럽긴 하지만 시대상황을 제대로 이해하지 못한 쿨리지에게 무척 잘 어울리는 언사라고 필자는 생각한다.

채무국의 부채 말소 요구에 쿨리지는 인색하게 거절했는데, 결국 쿨리지는 히틀러의 성장과 나치당의 발호에 크게 기여한 셈이다. 미국에 빚을 갚기 위해 프랑스와 영국은 베르사유 조약을 들먹이며 330억 달러의 배상금을 갚을 것을 독일에 혹독하게 요구했다. 배상금 부담으로 독일에는 극도의 인플레이션이 발발했고, 극도의 인플레이션이 이어지자 독일 국민경제는 붕괴했다. 독일은 결국 채무불이행 국가로 전락했다. 이에 프랑스는 배상금을 내놓지 않는 독일에 보복하고자 루르Ruhr 지방을 점령했다. 끝내 영국과 프랑스, 그리고 두 국가 뒤의 미국은 독일을 더욱 곤궁하게 몰아붙였고, 당시 미미한 극우 조직에 불과했던 나치당이 득세하는 결과를 야기하는 데 일조하였다. 이후 10년간 부채와 배상금 문제를 둘러싼 여러 제안이 튀어나왔으나 모두 무의미했다. 결국 미국은 빌려준 돈을 거의 받지 못했다. 히틀러와 제2차 세계대전 때문이다.

일반적으로 미국은 쿨리지가 집권한 시기에 고립주의를 유지했다고 본다. 그러나 당시 미국인들은 세계 여러 나라와 기꺼이 접촉하고자 했다. 워런 하딩처럼 쿨리지는 국제연맹과는 아무런 접촉도 원하지 않았으나 국제사법재판소에는 관심이 많았다. 국제연맹에 대해 미국이 미온적인 태도로 일관하니 다른 나라 대표들이 미국을 인정하지 않는 여러 조치를 시행했고, 결국 연방 상원은 국제사법재판소에 미국 대표를 파견할 것을 인준했다.

쿨리지 대통령 시절에 달성한 중요한 외교적 업적은 1928년 파리 평화협정(켈로그-브리앙 조약)*이다. 국무장관 프랭크 켈로그 Frank D. Kellogg의 주도 아래 62개 국가가 약소한 수준에서나마 국가정책으로서의 전쟁을 더는 시행하지 않겠다는 사안에 조인했다. 정말 우습게도, 당시 조인국들의 훌륭한 의도를 제외하면 이 조약에는 어떠한 강제조치도 없었다. 켈로그-브리앙 조약의 효과란, 미국인이 금주법 시대에 술을 마시지 않겠다고 맹세한 수준의 효과밖에 없었다.

미국의 번영이 최고조에 달했을 때, 왜 캘빈 쿨리지는 재선에 출마하지 않았는가? 만약 쿨리지가 그런 질문을 받았다면 그는 어떻게 대답했겠는가? 그는 이런 질문을 받은 적이 없었다. 이런 질문이 나올 수 있는 시기보다 훨씬 이전인 1927년 8월 2일, 사우스다코타주South Dakota의 블랙 힐Black Hills이라는 곳에서 휴가를

---

* 미국 국무장관 프랭크 켈로그와 프랑스 외무장관 브리앙이 주도하여 파리에서 15개 국이 체결한 조약으로, 전쟁위법화를 명문화한 최초의 조약이다.

보내던 쿨리지 대통령은 숭어낚시를 잠시 멈추고 언론사 기자들에게 12개의 단어가 적힌 작은 쪽지를 건네주었다. 거기에는 이렇게 적혀 있었다.

나는 1928년 대통령 선거에 출마하지 않겠습니다.
I do not choose to run for President in nineteen twenty-eight.

이에 충격을 받은 기자들은 설명을 요구했으나 강철자물쇠 같은 쿨리지의 입술은 굳게 잠겨 버렸다. 그리고 대통령은 점심을 먹으러 가버렸다. 대통령 취임 4주년 기념일을 하루 앞둔 날이었다. 그의 아내, 보좌관은 물론이고 누구도 쿨리지가 이런 발표를 하리라는 사실을 눈치채지 못했다.

추측건대 쿨리지가 대선에 나서지 않겠다고 결정한 데에는 여러 이유가 있었던 것으로 짐작된다. 혹시 무언가 임박하고 있음을 간파한 게 아니었을까? 훗날 영부인 그레이스는 한 친구에게 "불경기가 다가오고 있다."라고 말했다고 증언했다.[30] 어떤 면에서 보면 이는 쿨리지가 아직 현실화되지도 않았던 '현상'을 예지했다는 뜻이다. 그래서 그는 더 이상 대통령직에 의욕을 갖지 않았고, 따라서 대공황에 자신의 역량을 낭비하고 싶지 않아서 재선을 도전하지 않기로 결심했다는 설명이 가능하다. 활기가 부족했던 쿨리지는 워싱턴 D.C.의 변덕스러운 날씨, 아내와 자신의 건강뿐이었다. 게다가 그는 아들이 사망한 후 크게 상심하였다. 유명한 저널리스트 헨리 루이스 멘켄은 대통령직에서 물러나는 쿨리지에 대해 이런 평가를 남겼다.

그가 집권한 시기에는 어떠한 감격이나 흥분도 없었다. 골치 아픈 일도 없었다. 그는 어떠한 이상향을 추구하지 않았고, 단 한 번도 남을 성가시게 굴지 않았다.[31]

전설적인 쿨리지의 행운이 멈추고, 그가 백악관을 떠났다. 그러자 월스트리트의 마지막 축제가 끝났다. 주식시장의 미친 듯한 결함을 면밀하게 파악한 사람은 이미 공황의 징조를 알아보았다. 물론 농업·탄광·섬유업계 종사자들은 이미 수년 전부터 어려움을 겪고 있었다. 그러나 이제는 다른 업계도 힘들어지기 시작했다.

주식시장이 붕괴하자 실업률은 가파르게 상승했고 생산량은 급감했다. 팔리지 않은 라디오가 가게 선반을 가득 채웠다. 자동차는 판매소의 차고에 쌓여 있게 되었다. 건설업계 역시 불황에 직격타를 맞았다. 은행들이 하루에 몇 개씩 파산했다. 쿨리지는 이러한 경제 파산을 지켜보기 전에 대통령 자리에서 퇴임했다. 그는 백악관을 떠나기 전 "이 나라의 미래를 낙관하고 있다."라고 선언했다. 그가 대통령 자리에서 떠난 후 6개월이 지나자 주식시장은 붕괴했고, 장기적인 대공황이 시작되었다.

은퇴 후 노샘프턴시로 돌아온 전직 대통령은 공장이 문을 닫고, 은행이 파산하고, 사람들이 일자리를 잃고, 그들이 평생 저축한 돈과 일생의 희망이 상실하는 모든 비극을 그저 바라만 보았다. 노샘프턴시에 있는 한 은행이 파산한 후 그는 과거 자신의 동료였던 친구가 손으로 머리를 감싸 쥔 채 책상 위에 엎드려 실의에 빠진 모습을 보았다. 쿨리지는 그에게 다가가 5,000달러짜리 수표를 놓고 조용히 나갔다.[32] 불황이 한창인 와중에도 그는 다음과 같은 얄량한 조언으로 자신이 방관한 재앙에 대한 부채감을 덜고자 했다.

우리의 은행제도는 아직 완전하지 않다. 공무원이라고 전혀 오류가 없는 것이 아니다. 미래는 좋을 수도 있고, 좋지 않을 수도 있다. 현재 세율을 올리는 것은 좋은 대책이라 생각하지 않는다. 실업을 해결하는 궁극적인 방법은 일자리를 얻는 것, 일을 하는 것이다.[33]

쿨리지는 1933년 1월 5일 노샘프턴시에 있는 자택의 목욕실에서 면도를 하다가 심장마비에 걸려 죽었다. '전직 대통령'이 죽었다는 소식에, 시인이자 저술가였던 도로시 파커Dorothy Parker는 이렇게 반문했다.

어떻게 그딴 사람을 '전직 대통령'이라 부르실 수 있나요?

5장

Hiram Ulysses Grant

율리시스 그랜트 1869년 3월 4일 ~ 1877년 3월 4일

남북전쟁을 승리로 이끈 영웅에서
부정부패를 방조한 악당으로 전락한 대통령

율리시스 그랜트는
유례를 찾아볼 수 없을 만큼
수많은 '가족'을 군단처럼 끌고
백악관에 입성했다.

몇 년 전, 저널리스트이자 백악관 대변인으로 근무했었던 빌 모이어스Bill Moyers가 어느 저명한 역사가에게 이렇게 물었다.

왜 율리시스 그랜트를 촬영한 모든 사진에서 그는 슬픈 표정을 지었는가?

이에 그 역사가는 이렇게 답했다.

만약 당신의 친구들이 그랜트의 친구들과 동일 인물이었다면, 당신 역시 시무룩한 표정으로 촬영됐을 것이다.

제18대 미국 대통령 율리시스 그랜트는 욕심 많고 불미스러운 가족과 친구들의 범죄행위 때문에 많은 측면에서 최하점을 받은 대통령이었다. 가족과 친구들의 부정부패로 인해 그랜트 행정부는 미국 역사상 가장 심각한 스캔들로 점철되었다. 역전의 용사인 이 군인 출신 정치인은 연방의 수호에 중요한 역할을 맡았고, 그 공로를 인정받아 어울리지도 않게 대통령으로 당선되었다. 영웅을 찬양하기 좋아하는 미국인들이 그에게 가장 큰 영광을 안겨준 것이다. 당대 대다수 미국인은 대통령이란 직책을 공적인 책임과 의무를 담당하는 공직이 아니라 사적인 영달과 보상의 상징으로 여겼다. 그랜트 역시 마찬가지였다. 그리고 이러한 관념이 그랜트의 당선이라는 재앙을 낳았다. 그랜트는 8년간의 대통령직에 관해서 이렇게 말했다.

나는 대통령 자리를 원하지 않았다. 그래서 나는 대통령직을 수락하고자 총사령관직을 사퇴한 나 자신을 결코 용서할 수 없다. … (중략) … 그러나 나는 이를 받아들이지 않을 수 없었다. 내게 주어진 명예와 기회는 대체로 공화당의 도움으로 얻었다. 그래서 만일 나의 이름이 공화당에 도움을 줄 수 있다면 그렇게 하지 않을 수가 없었다.[1]

그랜트의 솔직한 고백은 훗날 유능한 대통령 중 하나로 뽑히는 제28대 미국 대통령 우드로 윌슨에 의해 다시 확인되었다.

이 정직하고 우직한 군인(그랜트)은 대통령이라는 직책에 위신과 명예를 더하지 못했다. 본인도 자신이 대통령으로서 실패했다는 사실을 알고 있었고, 그가 대통령이 되지 말았어야 했다는 사실을 알고 있었다.[2]

남북전쟁 이후 엽관제는 올바르고 합리적인 제도에서 사적이고 사악한 목적으로 연방정부의 여러 분야를 파괴했다. 그랜트 대통령은 엽관제의 폐해로 인해 유능한 수완가인 자신의 참모들에게 교묘히 이용당했다. 도금시대가 절정에 달했던 시기, 엽관제의 수혜자들과 대기업의 사업가들은 국가를 좌우하며 이권과 밀접한 대다수 정치적 사안을 멋대로 처리하였다. 그동안 그랜트는 명청하게 백악관만 지키고 있었다.

그랜트는 대통령이라는 직책에 너무 무지했다. 그의 8년은 어리둥절한 혼란의 시기였다. 그는 8년 동안 있어서는 안 될 자리에서, 어떠한 비전도 제시하지 못했다. 평범한 사람, 이기적인 사람, 구제 불능의 불량배들에게 둘러싸인 채 살았다. 이들은 자신들을 찾아오는 사람들의 청탁을 들어주고, 자신들에게 청탁한 사람들을 편애했다. 결국 그랜트의 주위에 있던 부정부패한 사람들이 그랜트 행정부를 고비용의 자금줄로 전락시킨 것이다. 거기다 그랜트 행정부는 남북전쟁 이후 해방된 흑인들의 충성적인 지지를 저버렸고 그들의 권리를 보호하지 못했다. 뉴욕시 허드슨강Hudson 상류에 자리한 그의 묘비에는 "우리의 평화를 유지하자."라는 문구가 새겨져 있다. 이 문구는 그가 1868년에 군복을 벗고 정식으로 정계에 입문하며 했던 말이다. 또한 대통령으로 처음 당선되고 8년이 지난 후 그가 백악관을 떠나기를 간절히 원하던 사람들 사이에서 돌아다니던 말이기도 했다.

전쟁에서는 그토록 명석하게 행동했던 사람이 대통령으로서는 왜 그렇게 어리석은 짓을 일삼았는가? 물론 대답은 그렇게 간단하지 않다. 아마도 "그랜트는 단지 말Horse을 사랑했을 뿐, 일상적인 지혜나 정치적 상식Political Horse Sense은 갖추지 못했다."라는 대답이 가장 적합하지 않을까 싶다. 실제로 그는 민간인 신분으로는 공직을 경험한 적이 없었고, 고작 제15대 미국 대통령 제임스 뷰캐넌의 당선을 위해 1856년 대선 운동에 참여한 게 끝이었다.

게다가 당시에는 남북전쟁 이후 미국의 '재건'을 둘러싸고 제17대 대통령 앤드루 존슨과 의회가 장기적으로 대립하였고, 그로 인해 대통령이라는 직책은 만신창이가 되어 있었다. 심지어 그랜트 본인은 헌법조차 잘 몰랐고, 법률을 배우려는 노력도 하지 않았다. 대통령 재직 시기에 국무회의를 소집했으나 정작 본인이 일정을 잊은 적도 있었다.

대통령으로서의 그랜트는 태도가 분명치 않았고, 늘 기력이 없어 보였으며, 감상적이고 게을렀다. 결단력도 없었다. 중요한 문서를 확인하지도 않은 채 책상 위에 그냥 내팽개쳐 두는 일이 부지기수였다. 그는 잦은 휴가로 당면한 현안의 처리를 회피했을 뿐만 아니라 매사에 거의 미온적이고 수동적으로 굴었다. 모든 측면에서 국가와 국민을 위한 비전을 제시하지 못했고 정치가로서의 열의가 부족했다.

그는 항상 초기 이주민의 후손을 우선하는 입장을 견지했고, 공립학교를 지원하는 정책에서 반가톨릭적 입장을 지지했다.[3] 1862년 그는 유대인이 면화산업에서 투기를 조장한다는 이유를 들먹이며 자기 휘하 군대에서 모든 유대인을 추방하는 명령을 내렸다. 이에 당시 링컨 대통령은 그랜트의 '유대인 추방령Jew order'을 취소했다. 그런데도 수백만의 미국인은 그랜트의 단순하고 무식한 정치적 행보를 보며 위안을 받았고 만족감을 느꼈다. 그래서 그는 대통령으로 당선되었다. 그것도 두 번이나 연이어서.

재건과 타락의 시대

1868년에 그랜트를 대통령으로 선출한 유권자 대다수는 당대 복잡한 정치 상황에 지쳐 있었다. 거의 10년 동안 남북전쟁과 재건의 소용돌이에 휩싸인 국민은 사분오열되어 있었다. 앤드루 존슨 대통령의 탄핵이라는 사건을 둘러싼 불미스러운 국면을 지켜본 미국인은 적잖은 정치혐오를 느꼈다. 당시 미국인은 소인배 같은 좀스러운 정치가는 무조건 멀리하는 것이 가장 다행스러운 일이라 여겼다. 그리고 국가를 위해 헌신한 영웅들이 모셔진 발할라 Valhalla에서 미국인의 지도자를 뽑는 것이 기쁜 일이라 생각했다. 따라서 그 시기의 미국인에게 남북전쟁의 영웅으로 통하던 그랜트는 결단력, 도덕성, 강력함, 단순함을 갖춘 과묵한 군인으로 평가받았다. 일찍이 국가적 영웅의 반열에 오른 그는 워싱턴 D.C.에 정치적 위엄, 사회적 개혁을 이끌 수 있을 거라는 기대를 받았다. 미국인은 이러한 판단으로 그랜트를 대통령으로 뽑았고, 결국 비참할 만큼 환멸을 느끼게 되었다.

　그런데 최근 사학계에는 남북전쟁 이후의 시대를 다른 시대와는 비교할 수도 없을 만큼 부패한 타락의 시대로 간주하고, 그랜트에 대한 종래의 견해와는 다른 시각을 견지하는 역사가들이 나타났다. 그들은 그랜트와 당대 여러 정치인이 국가의 발전을 위해 진지하게 노력했기 때문에 당대의 부정부패는 오늘날의 부정부패와는 다르며, 이에 대해 지나칠 정도로 지나친 혹평을 퍼붓는 것에는 논란의 여지가 있다고 주장했다. 또한 그들은 '도금시대'를 편파적으로 비난하는 개혁주의 일파 때문에 그랜트가 언론으로부터 부당한 평가를 받았다고 주장했다.

사실 그랜트 한 명만 비난하는 것은 분명 잘못이다. 남북전쟁에서 북부가 승리할 수 있었던 데에는 확실히 그랜트의 공로가 크다. 그에게 미국 최고의 권력이 허락된 계기 역시 남북전쟁에서의 활약 덕분이었다. 남북전쟁 이후 제3대 미국 대통령 토머스 제퍼슨 덕분에 국가 운영의 주요한 역할을 맡았던 남부 농장주들의 영향력은 거의 상실되었다. 그리고 새로운 지배 집단이 등장했다. 새로운 지배 집단은 겉만 번지르르한 싸구려 상품을 정부에 판매하여, 생활필수품을 매점매석하여, 공공자금을 교묘히 착복하여 부를 획득한 사람들이다. 이들은 사회와 국가의 공적 사안에 관해서는 냉소적으로 백안시했으나 자신들의 사적인 이해관계에서는 민감하게 나서기를 좋아했던 사람들이다. 남북전쟁 말기에는 이들 패거리가 탐욕스러운 정치가들과 손을 잡고 이익을 착복했고, 미국 사회를 무모한 탐욕으로 타락시켰다. 월간지 『더 네이션 The Nation』의 편집자 에드윈 고드킨Edwin L. Godkin은 이런 현실에 대해 이렇게 비평했다.

어떤 의미에서는 가난한 사람의 전쟁이 부자의 평화로 바뀐 셈이었다. 현재 모든 사람은 말 그대로 적절한 수완을 통해서만 살아가야 한다고 떠들고 있다. 총체적으로 도덕적 혼돈 상태Moral anarchy라 부르지 않을 수 없다.[4]

개혁가들이 인식한 도덕적 타락은 워싱턴 D.C.에만 국한되지 않았다. 수도 워싱턴 D.C.는 단지 국가 전체의 타락을 보여주는 하나의 거울에 불과했다. 당시에는 적자생존의 원리를 강조한 찰스 다윈의 '진화론'이 '사회적 진화론'으로 변형되던 참이었다. 이러한 새로운 '과학'은 전쟁 이후 새롭고 강한 힘을 얻은 지배 집단이 부당하게 성취한 부와 권력을 대단히 가치 있고 사회적으로 인정받아 마땅한 준거로 보이게끔 치장했다. 거기다 동시대의 대다수 미국인은 노예제도에 반대하는 사회운동, 전쟁 이후 연방의 보존을 위한 재건 프로젝트를 둘러싼 격심한 정치적 갈등에 염증을 느끼고 있었다. 지역주의 문제와 인종차별 문제를 완전히 해결하지 못해서 생긴 갈등 때문에 많은 미국인은 모든 정치적 이상을 불신하는 정치혐오에 사로잡혀 있었다.

그 시기의 미국 사회를 표면적으로만 이해한다면, 빅토리아 도덕률Victorian Moral Code에 지배당했다고 볼 수 있다. 그렇지만 이면에는 새롭고 격양된 열망이 숨어 있었다. 경건하고 도덕적인 행위가 표리부동과 보조를 맞추어 나란히 걸어가고 있었다. 당시 미국에서 가장 경건하고 공공질서를 잘 지킨다고 자부하던 사람인 헨리 비처Henry Ward Beecher 목사는 여성 신도를 희롱했다. 뉴욕주 연방 상원의원 로스코 콩클링은 친구의 아내인 케이트 체이스Kate Chase와 오랫동안 불륜을 저질렀다. 두 사람의 불륜은 케이트의 남편이 엽총으로 콩클링을 위협하자 그가 곧장 달아났다는 우스꽝스러운 이야기로 막을 내렸다. '대령' 코닐리어스 밴더빌트Cornelius 'the Commodore' Vanderbilt는 비료수송 계약을 맺을 때 자신의 친아들 윌리엄William을 상대로 사기행각을 즐겁게 벌였다. 심지어 그는 이사를 거부하는 아내를 수개월 동안 정신병원에 감금하기까지 하였다. 당대를 살았던 기업인의 도덕적 표준은 대니얼 드루Daniel Drew라는 인물을 보면 알 수 있다. 그는 월스트리트에서 누구보다도 성서 속 교훈을 많이 알고 있었고, 신학교 하나를 세울 만큼의 재산을 소유했음에도, 자선을 거의 하지 않은 사람으로 알려져 있다.

타락의 징조는 어느 지역, 분야, 정당에만 국한된 현상이 아니었다. 이른바 카펫배거Carpetbagger*와 KKK가 장악한 남부지역은 타락의 전당이었다. 남부지역의 대다수 주州에서 주정부 자금이 약탈되었다. 남북전쟁 후 사람들은 흑인노예 출신이 지방당국을 지배한다는 헛소문을 유포했다. 사실상 재건의 시대를 파괴한 최악의 범죄자들은 백인 카펫배거와 그들에게 동조한 남부의 유지들이었다.

한편 북부의 대도시에서는 정치적 타락과 도둑질이 빈번했다. 뉴욕시를 지배한 집단은 부패한 정치가 그룹인 트위드 도당Tweed Ring**이었다. 필라델피아를 지배한 집단은 석유산업의 이권에 개입한 가스 하우스 갱Gas House Gang이었다. 아이오와주에서는 손버릇이 안 좋은 교육계 관계자들이 주립 농업대학의 공금을 대부분

---

* 미국 남북전쟁 후 재건시대에 남부로 이주한 북부인을 일컫는 말이다.
** 뉴욕을 기반으로 성장한 민주당 정치조직 '태머니 홀'의 실세였던 윌리엄 트위드 (William M. Tweed)의 세력을 일컫는다.

착복했다.[5] 당시 유럽을 방문한 미국인들에게, 유럽인들은 이런 질문을 던졌다.

미국은 모든 사람이 타락하지 않았나요?

이러한 극단적인 위기 상황 속에서 대통령에게 요구되는 것은 이를 극복하고 국가를 바른 길로 이끌 수 있는 상당한 도덕적 노력과 열정이었다. 그러나 그랜트는 이 일을 할 능력도 없었고 의욕 또한 없었다. 남북전쟁기에 연방을 지켰던 그의 뜨거운 열정은 백악관으로 들어오면서 하얀 재로 변해 버렸다. 이를 두고 작가 헨리 애덤스는 "워싱턴 D.C.에서 그랜트에 이르기까지, (미국 정치권에서 나타난) 진화의 법칙은 다윈을 혼란스럽게 만드는 데에 충분하다."라고 말했다.

전쟁 영웅의 등장

본래 이름이 하이럼 율리시스 그랜트Hiram Ulysses Grant인 그는 1822년 4월 27일 오하이오주 포인트 플리전트Point Pleasant에 자리한 두 칸짜리 통나무집에서 태어났다. 그곳은 신시내티의 오하이오강 상류에서 약 25마일 떨어진 곳이다.[6] 그의 아버지 제시 루트 그랜트Jesse Root Grant는 수다스럽고 욕심 많은 사람으로, 주로 부자를 위해 가죽을 무두질하고 가죽옷을 제작하고 판매했다. 그는 가죽옷 제작 및 판매로 상당한 재산을 축적했다. 어머니 해나 심프슨 그랜트Hannah Simpson Grant는 남편과는 정반대의 인물이었다. 침착하고, 수줍음이 많았으며, 독실한 개신교 신자였다. 그랜트 탄생 이후 오래되지 않아 그의 가족은 오하이오주의 조지타운Georgetown으로 이사했고, 그곳에서 그와 다섯 남매가 성장했다.

어린 그랜트는 조지타운 내 학교에서 초등교육을 받았다. 후에는 집에서 멀리 떨어진 학교에서 교육을 받았다. 그는 수학을 좋아했고, 다른 과목도 곧잘 했다. 수줍음이 많고 말수가 적었던 그는 냉담한 부모 밑에서 애정을 거의 받지 못했고 친구도 많지 않았다. 그는 이때의 본인을 회고하는 일을 극도로 싫어했다. 일종의 공포증을 앓았던 것처럼 말이다. 만약 어떤 목적을 달성하기 위해 그때의 과거로 돌아가야 한다면, 아마도 그는 그 목적을 달성하기보다는 어떤 교차로에서 현실로 돌아올 일만 되풀이할 사람이었다.

어릴 때부터 그는 말Horse을 잘 다루었고, 말을 이용한 허드렛일을 잘 해냈다. 그는 말을 이용해 나무를 나르고 밭을 갈았으며 손님을 실어 날랐다. 그러면서 그는 아버지와 함께 무두질에 관련된 모든 일을 했다. 이런 경험 덕분에 그랜트는 동물의 생가죽만 보면 질색했다. 훗날 그는 전쟁에서 사람의 혈흔은 수없이 보면서도 동물의 피는 절대로 보지 않으려 했고 실제로 거의 보지도 않았다고 하는데, 아마 이런 경험 때문일 것이다. 그는 사냥도 하지 않았을 뿐 아니라 설익은 스테이크에도 몹시 큰 불쾌함을 표했다. 멕시코를 방문했을 때는 투우를 보고 몹시 슬퍼했다.

1839년 아버지 제시 그랜트는 아들과는 아무런 상의도 없이 연방 하원의원 토머스 하머Thomas L. Hamer의 추천을 받아 아들을 뉴욕주의 웨스트포인트West Point에 있는 미국 육군사관학교로 입학시켰다. 실패를 두려워한 그랜트는 집을 떠나길 두려워했지만 넌더리가 날 정도로 싫은 무두질에서 벗어날 수 있다는 희망을 품고 아버지의 명령에 따랐다. 아버지 제시 그랜트는 아들이 받을 교육에 큰 열의를 품었다. 미국 육군사관학교는 교육비가 무료였고, 졸업 이후 아들에게 직업을 보장했기 때문이다.

그가 웨스트포인트로 향하기 전에 누군가 그의 커다란 짐 가방에 이름을 적으라고 귀띔했다. 그랜트는 원래 이름의 첫 글자를 따서 H.U.G.라 썼는데, 적고 보니 '껴안다, 고집한다'라는 뜻으로 읽혀 두 글자의 순서를 바꾸어 U.H.G.라고 다시 적었다. 즉 육군사관학교는 그의 이름을 '율리시스 하이럼 그랜트'로 알고 있었는데, 그를 육군사관학교에 추천한 하원의원 토머스 하머는 그의 이름을 '율리시스 심프슨 그랜트'라는 이름으로 등록시켰다. 결국 토머스 하머가 사관학교에 넘긴 이름이 계속 사용되었고, 그랜트 자신도 그 이름을 싫어하지 않았다. 그의 동료 생도들은 그를 미국 정부나 전형적인 미국인을 뜻하는 엉클 샘Uncle Sam 내지는 샘으로 불렀다.

웨스트포인트는 자신감이 없고 소심한 젊은이에게 잘 어울리지 않았다. 사관학교에서 그랜트는 더욱 위축되지 않을 수 없었다. 그는 수학과 승마에는 재주가 있었지만 다른 과목에서는 다른 생도들보다 뛰어나지 못했다. 항상 향수병에 걸려 있었던 그는 의회에서 논의하던 사관학교 폐지 안건이 통과되기만을 간절히 기도했다고 훗날 고백했다. 사관학교 관계자들의 증언에 따르면, 그랜트는 늘 기품과 예의범절이 부족했다. 그는 세련된 교양을 구사하는 동료들, 특히 남부 출신 생도들에게 큰 열등감을 느꼈다. 그의 열등감은 평생 이어졌다. 웨스트포인트에서 지낸 4년 동안 그는 단 한 번도 춤을 추러 간 적이 없었다. 4년 동안 데이트는 한 여성과 딱 한 번만 했다. 4년 동안 타인의 집에 딱 한 번만 손님으로 방문했다. 그렇지만 그랜트는 사관학교에서 많은 친구를 사귀었고, 훗날 남북전쟁에서 장군으로 활약할 50명의 생도와 친밀하게 지냈다. 북부연방군에 속해 동료가 되든 남부연합군에 속해 적이 되든 그랜트는 그들 모두의 장단점을 알고 있었기 때문에 전쟁 수행 과정에서 크게 유리하였다. 그러나 그는 자신의 군 경력에 큰 관심을 두지 않았다. 훗날 그가 전직 대통령 자격으로 포츠담을 여행할 때, 당시 독일의 비스마르크에게 "사실 나는 군인보다 농부의 삶에 관심이 많았습니다. 나는 군사 업무에 아무런 흥미를 느끼지 못합니다."라고 고백했다. 비스마르크와 만나기에 앞서 영국 총리였던 웰링턴Wellington 공작의 아들과 만났는데, 그 자리에서는 너무도 순진하고 바보처럼 "당신 아버지도 역시 군인이었다면서요?"[7]라고 말했다.

1843년 39명의 생도 중 21등으로, 그럭저럭 졸업한 그랜트는 번쩍거리는 중위 계급장이 달린 최신 제복을 입은 채 최초로 성취감을 느끼며 오하이오주의 집으로 돌아왔다. 의기양양했던 그랜트는 장교 제복을 모방한 옷을 입고 거들먹거리는 마부를 마을 여관에서 마주하고는 기가 죽었다. 이때부터 그의 제복은 자신에게 특별하게 의미있는 무언가가 될 수 없었다. 결국 먼 미래에 다른 사람들은 그를 아무렇게나 옷을 입는 사람으로 인식하게 되었다.

그는 자신의 능력을 고려하여 기병으로 복무하기를 원했다. 하지만 세인트루이스St. Louis 근처 제퍼슨 배럭스Jefferson Barracks 지역의 제4보병 연대에서 복무하기 시작했다. 이 젊은 장교는 그곳에서 사관학교 룸메이트이자 남부의 대농장 화이트 헤이븐White Haven 인근 출신의 프레드 덴트Fred Dent의 가족과 친밀하게 지냈다. 노예소유자 겸 자칭 대령이었던 그 집안의 아버지는 그랜트를 환대했다. 그렇지만 그랜트의 관심사는 18세의 줄리아 덴트Julia Dent뿐이었다. 그녀는 명랑했고 생기가 넘쳤으며 승마에 능숙했다. 그녀의 눈도 제대로 쳐다볼 수 없을 만큼 수줍음을 타던 그랜트는 그녀에게 완전히 빠져 버렸다.

사이가 가까워진 그랜트와 줄리아 덴트는 종종 말을 같이 탔다. 너무 열중해서 말을 달리다 그만 두 사람은 갑자기 물이 불어난 곳까지 가게 되었다. 줄리아는 이곳을 건너가려 했으나 그랜트가 이를 말렸다. 확실한 것은 아니지만 그녀는 그랜트의 팔을 잡으면서 "나는 무슨 일이 일어나든 당신에게 꼭 붙어 있을 거예요."라고 말했다. 그곳을 안전하게 벗어난 후 그는 그녀에게 "당신의 인생 나머지도 나에게 붙어 있는 것이 어때요?"라는 재치 있는 말로 청혼했다.[8] 줄리아는 이 청혼을 받아들였다. 그들은 멕시코인과의 전쟁 때문에 별거한 기간을 포함해 4년 동안 약혼 관계를 유지했다. 훗날 그랜트를 "인류 역사상 멕시코에서 미국인이 자행한 전쟁보다 더 사악한 전쟁은 없었다고 생각한다. 당시 나는 많지 않은 나이로 그 전쟁을 피하겠답시고 군을 제대할 도덕적인 용기가 없었다."라고 회고했다. 그렇지만 그는 당시 전쟁에서 연대에 배속된 병참장교로 대다수의 전투에 참가하며 주위로부터 많은 신뢰를 받았다.

그러나 그는 남부연합의 로버트 리Robert Lee와 같은 뛰어난 전과는 올리지 못했고, 다른 이들과의 진급 경쟁이 두려워 잠시 군을 떠났다. 남북전쟁이 끝난 후 그는 미주리주로 돌아와 줄리아와 결혼했다. 그랜트의 군 동료 중 한 사람이었던 제임스 롱스트리트James Longstreet가 이 결혼의 들러리를 섰다. 세월이 흐르자 이 부부는 우여곡절 끝에 가난뱅이에서 부자로, 부자에서 다시 가난뱅이가 되었다. 그러면서도 두 사람은 서로의 사랑을 확인하곤 했다. 다소 수줍음은 있지만 둘은 손을 잡고 다니기도 했다. 단조로운 생활에 짜증을 낼 만도 했으나 그들의 사랑은 결혼 이후에도 내내 이어졌다.

다시 군으로 돌아온 그랜트는 육군사관학교의 수학과목 교관 자리를 원했지만 희망과 달리 여러 주둔지를 지루하게 돌아다녔다. 마지막으로 오리건주와 캘리포니아주 북부로 가게 된 그는 사랑하는 줄리아와 아이들과 헤어져 살아야 했다. 외로움에 지치고 기운이 빠진 그는 늘 술병을 입에 달고 다녔다. 그러나 그는 세간에 알려진 것과는 달리 심각한 술주정뱅이는 아니었다. 제16대 미국 대통령 에이브러햄 링컨은 남북전쟁 동안 그랜트의 음주에 대한 비난을 듣고는 다음의 유명한 말로 응수했다.

그래요, 나는 여러분 중 누군가는 그랜트가 마신 위스키가 어떤 종류인지 내게 알려줬으면 해요. 나는 그 위스키를 여러 병 구해 다른 장군들에게도 보내고 싶습니다.

이 말은 『뉴욕 헤럴드New York Herald』의 한 기자가 조작한 말이다. 이런 말을 링컨이 실제로 했다는 구체적인 증거가 없는데도 1863년 11월 26일에 기사화되었다. 링컨은 이런 말을 했다는 주장을 단호하게 부정했다. 사실 빅스버그 전투에서의 패배 이후 흥청망청 술을 마시긴 했지만 이 일을 제외하면 그랜트는 전쟁 중에 대체로 절주하였다. 단지 그가 술에 몹시 약했고, 홀짝홀짝 마시기만 해도 취하는 사람이라 문제였을 뿐이다. 1854년에 그랜트는 대위로 진급하긴 했으나 그의 직속상관은 술을 좋아하는 그의 습관을 지적하며 제대하든지 군법회의에 회부되는지 둘 중 하나를 택하라 엄포를 놓았다. 그랜트는 제대를 택했다. 이 사건으로 군의 군대 경력은 단절되었고, 32세라는 젊은 나이에 그랜트는 아주 가난한 생활을 감수해야 했다.

그 후 7년 동안 쓰라린 실패가 그랜트를 지겹게 따라다녔다. 그는 장인이 준 세인트루이스 근처의 한 토지에서 농사를 지었다. 이와 동시에 돈을 벌기 위해 세인트루이스 거리에서 땔감을 쓸 장작을 팔기도 했다. 많은 사람은 이때의 그랜트를 "단정치 못하고, 늘 허름한 차림에, 얼굴에는 진흙이 묻어 있었으며, 낡은 군복을 입고 있는 사람"으로 기억했다. 동시에 이때부터 그랜트가 턱수염을 기른 것으로 기억했다. 장인과 장모인 덴트 부부는 이때의 그랜트를 경멸했다. 그렇지만 딸자식과 자라나는 외손자들 때문에 마지못해 물심양면으로 후원을 아끼지 않았다. 이때는 그랜트와 돈거래가 있었던 오랜 친구들조차 그를 피했다. 어느 해 크리스마스에는 가족에게 줄 선물을 구입하고자 자신의 시계를 전당포에 맡겨 돈을 빌리기도 했다. 1858년 그랜트는 농사에 실패했다는 사실을 인정하고 비굴하게 몸을 굽혔다. 한 달에 50달러를 받는 조건으로, 일리노이주의 걸리나Galena에서 아버지가 운영하는 가죽·철물가게의 점원으로 근무했다.

그랜트에게 미국 남북전쟁이란 새롭게 출발할 수 있는 계기였다. 전쟁이 발발하자 그는 연방군에 자신의 잘못을 뉘우치고 명예회복의 기회를 달라고 요청했지만 전쟁부에서는 특별한 대답이 없었다. 수년이 지난 후 밝혀졌는데 이때 그가 보낸 서한은 읽히지도 않은 채 먼지투성이가 되어 있었다. 우여곡절 끝에 그는 일리노이주 지원병으로 구성된 연대에서 훈련교관 자리를 얻었다. 땅딸막하고, 수염은 아무렇게나 깎았으며, 군복의 일부만 걸친 그랜트는 언뜻 보면 전혀 믿음이 가지 않게 보였다. 그러나 그는 미숙한 농민의 자녀들을 훌륭한 군인으로 변모시켰다. 무슨 일인지 장교가 되기를 원하지 않았거나 군대 생활 자체를 싫어한 사람들도 그랜트 밑에서 훈련을 받으면 영락없이 탁월한 군인으로 거듭나 있었다. 인생을 정리하는 마지막 단계에 이르러 그랜트는 자신의 자서전에서 이때의 상황에 대해 다음과 같이 이야기했다.

인간은 일을 꾸미고, 하나님은 일을 처리한다. 모든 인간사의 중요한 일 중에서 인간 스스로의 선택으로 이루어지는 것은 거의 없다.

이때의 기회는 그의 인생에서 분명 대단히 큰 역할을 했다. 그가 훈련교관을 담당하고 한 달이 된 후였다. 그는 일리노이 주정부의 주선으로 미국 전쟁부로부터 육군소장 계급을 얻었다. 재기가 뛰어나다기보다는 오히려 단호하고 끈덕지게 생활한 그는 북부연방군의 대다수 장군과는 가장 대조된 방식으로 인생의 역경을 마주해 어쩔 수 없이 일선에서 물러났던 것으로 보인다. 컴벌랜드강Cumberland river을 통제하던 도널슨 요새Fort Donelson에서 남부군의 시몬 버크너Simon B. Buckner가 그랜트에게 항복교섭의 뜻을 전했다. 시몬 버크너는 1854년 그랜트가 고향으로 돌아갈 때 여비를 마련한 지인이었다. 그러나 그랜트는 지인의 협상 요청에 이렇게 응수했다.

무조건 항복을 제외한 어떠한 교섭도 받아들일 수 없다. 나는 그대들이 즉시 본업으로 돌아갈 것을 제안한다.

그의 단호한 태도는 영웅을 간절히 기다리던 북부인의 마음을 사로잡았다. 그날 이후 그랜트의 이름 앞에 붙은 'U.S.'는 '무조건 항복Unconditional Surrender'을 상징했다. 신문은 그랜트가 곧 공격을 준비하고 있다고 떠들며 그랜트의 냉철한 면모, 담배를 물고 있는 단호한 분위기의 모습, 그를 존경하는 익명의 누군가가 약 1만 상자의 담배를 선물로 보냈다는 기사를 보도했다. 그는 그 담배 중 일부를 타인에게 주었으나 나머지는 하루에 20씩 태웠다. 아마 그의 과도한 흡연이 후두암의 원인이 되어 그를 죽음으로 이끈 듯하다.

미시시피주에 잔존한 남부연합군의 마지막 요새 빅스버그를 점령한 그랜트는 적군을 둘로 분리해 그 세력을 약화했다. 조지아주를 수복하기 위한 길을 확보하고자 도시 채터누가Chattanooga를 점령한 이후였다. 링컨은 1864년 3월 그랜트를 워싱턴 D.C.로 불렀다. 그리고 그를 연방군 총사령관으로 임명했다. 병력과 병참에서 압도적인 우세를 점하고 있던 그랜트는 엄청난 사상자를 기록할 만큼 무모한 소모전에서 철저하게 남부연합군을 분쇄했다. 이로 인해 북부의 일부 언론은 그를 '도살자 그랜트Grant the Butcher'로 불렀다. 그러나 그를 향한 비판은 1865년 4월 9일 남부연합군의 로버트 리 장군이 항복을 하자 이내 힘을 잃었다. 승리를 거둔 그랜트는 관대함을 과시했다. 위엄을 갖춘 채 패배한 적군을 처리하는 다정다감함을 보였다. 이때가 그의 인생에서 가장 멋진 순간이었다.

만약 운이 없었다면 그는 5일 후에 포드 극장에서 링컨과 함께 암살당할 수도 있었다. 그랜트 부부는 링컨이 암살된 그날 밤, 링컨에게서 포드 극장으로 오라는 초대를 받았다. 그러나 아내 줄리아가 영부인 메리 토드 링컨Mary Todd Lincoln을 몹시 싫어한 탓에 그들은 뉴저지주 벌링턴Burlington에서 학교를 다니는 아이들을 만나러 가기로 했다는 핑계를 대며 초대를 정중히 거절했다.

행정부와 의회의 갈등

전쟁이 끝나고 그랜트에게 믿기지 않는 일이 일어났다. 1년도 채 되지 않은 때에 그랜트는 완전히 빈털터리가 되었다. 그러나 전쟁으로 국민적 영웅이 된 그는 홍수처럼 밀려오는 아첨과 아부에 휩쓸렸다. 부자들과 힘 있는 사람들이 그와 친구가 되고자 했고, 그에게 무한의 자금을 제공했다. 얼마 전까지만 해도 '무능한 그랜트Useless Grant'라고 비아냥거리던 걸리나시의 주민들은 그에게 새로운 집을 제공했다. 뉴욕의 여러 사람은 무려 10만 5,000달러에 달하는 수표를 선물했고, 필라델피아 사람들은 호화롭게 꾸민 저택을 선물했다. 또한 50명의 건실한 보스턴 시민은 그에게 7만 5,000달러에 달하는 장서를 선물했다. 독서를 거의 하지 않았던 그랜트에게는 값비싼 장서야말로 사치품이었다. 말, 마차, 다른 값비싼 선물들이 쏟아졌다. 이미 가난이 무엇인지 알고 있던 그랜트 부부는 아무 거리낌도 없이 선물을 받으며 기쁨을 즐겼다. 갑자기 휘몰아친 풍족한 생활을 마음껏 누렸다. 이에 대해 『뉴욕 트리뷴 New York Tribune』은 이러한 혹평을 남겼다.

리치먼드에서 항복을 받아낸 이후 이 가혹하고 엄격한 군인(그랜트)은 낮엔 소비를 하고 밤에는 시간을 늘려 타동사 '받아내기Recive'를 열심히 실천하고 있다.

말수가 적었던 그랜트는 인사하고 환호를 보내는 사람들에게 거의 화답하지 않았다. 그는 대중에게 편안하게 말을 건네는 일에 거의 적응하지 못했고, 심지어 권력을 얻겠다는 욕망도 없었다. 어느 날 군중이 연설을 요청했으나 그랜트는 평상시처럼 말하지 않았다. 그때 7세의 아들인 제시 그랜트Jesse Grant가 뛰어나와 "소년은 불타는 갑판 위에 서 있었다!"라고 외치며 어색한 분위기를 그럭저럭 무마했다고 한다.[9]

그의 인기는 어쩔 수 없이 그를 정치계로 끌어들였다. 애당초 그에게 대통령은 고려 대상이 아니었다.

나는 내 집에서부터 병참부까지 새로운 인도人道를 만들 수 있을 만큼 걸리나시의 시장 노릇이나 하고 싶다.

그러나 어떤 사람들은 그의 앞선 말을 농담으로 보아야 한다고 주장했다. 까다로운 성격의 해군장관이자 그랜트의 열렬한 신봉자인 기드온 웰스Gideon Welles는 자신의 일기에 이런 기록을 남기며 그랜트의 대선 출마를 확신했다.

(그는) 너무도 야심만만하다. 그는 간교하진 않으나 신뢰할 수는 없다.[10]

전쟁 당시 남부연합군에 속했던 주를 다시 연방으로 통합시키는 문제인 '재건'을 둘러싸고 링컨의 계승자 앤드루 존슨과 연방의회는 사악한 투쟁을 벌였다. 그랜트는 그 투쟁의 한복판에 떨어졌다. 부통령에서 대통령직을 승계한 존슨은 집권 초기에는 남부를 신랄하게 비판했으나 곧바로 입장을 철회했다. 그는 원래부터 남부를 지배한 백인 지도자들에게 남부를 넘겨주어 사실상 남부의 반란을 용서하는 온화한 정책으로 노선을 바꾸었다. 그러나 급진파로 구성된 공화당 중심의 의회 지도자들은 존슨 대통령의 변화된 노선을 노예 신분에서 해방된 흑인들에 대한 노골적인 증오 행위이고, 전쟁에서 희생된 모든 이를 능멸하는 정치적 배신이라고 공격했다. 게다가 당시 공화당 내 급진파는 존슨의 고집스러운 행보를 전쟁 이후 남부에서 민주당의 정치적 기반을 새로이 구축해 민주당 대통령을 다시금 배출하기 위한 모략으로 간주했다.

그런데 그랜트가 어느 편에 관심이 더 쏠려 있는지에 대해서는 아무도 몰랐다. 심지어 그랜트 자신도 몰랐던 것이 분명했다.[11] 일단은 존슨 편에 가까웠다. 그러나 그는 대통령의 정책이 전쟁으로 죽은 수많은 사람에게 다시 한 번 희생을 강요하게 될 것이라 확신하게 되었다. 그래서 그는 급진파의 주장을 지지했다. 이를 두고 존슨 대통령은 훗날 자신은 그랜트의 농간에 희생된 피해자라고 주장했다. 그랜트의 보좌관들은 미국 정치에서는 의회가 대통령보다 우선한다고 보는 전통적 견해를 지지했다. 그들은 그랜트가 이런 판단을 하도록 결정적인 영향을 끼쳤다.

존슨 행정부에서 여러 가지 다른 시도를 했지만 존슨에게서 믿음을 얻을 수 없었던 의회는 모든 사안을 심의했고 사사건건 존슨 행정부의 정책을 중단시켰다. 심지어 정부지출금 법안까지 통과했다. 그리고 의회는 존슨 행정부를 상대로 전쟁을 선포했다. 그랜트는 파란만장한 인생의 경험을 통해 의회야말로 최고의 권위를 행사하는 존재라고 느끼게 되었다. 그랜트는 대통령 존슨과 공화당 중심의 급진파 간의 투쟁을 지켜보며 향후의 방향이 어디로 향해야 하는지 깨달았다. 대통령과 의회의 사이가 틀어지면 무슨 일이 일어나겠는가? 자신이 만약 백악관에 입성했을 때 대통령으로서 어떤 입장을 취해야 하는가? 그랜트는 이 질문들에 대한 구체적인 선례와 해답을 얻은 것이다.

그랜트의 정치적 삶을 살펴보면, 직업군인을 대통령으로 뽑게 된다면 미묘한 위험부담이 수반된다는 사실을 알게 된다. 군인 출신 대통령은 너무나 많은 권력과 권위를 행사하려 하지 않는다. 역설적으로 대통령이라는 직책에 부여된 권력과 권위를 행사하는 데에 주저하기 때문에 위험이 발생한다. 그랜트까지는 아니어도 제34대 미국 대통령 아이젠하워도 이런 사례에 해당된다.

부정부패의 중심

1868년 5월에 연방 상원이 탄핵위기에 몰린 대통령 존슨의 탄핵 여부를 심사*하고 있을 때, 공화당은 대선 후보를 지명하기 위해 시카고에서 전당대회를 개최했다. 마지막 순간까지 결과를 알 수 없는 상황에서, 존슨의 탄핵 사유인 '중대한 범죄와 비행'에 대해 연방 상원은 전체 54표 중 35표가 탄핵에 찬성했다. 단 1표 차로 탄핵이 기각된 것이다. 그사이 시카고에서는 공화당의 유력한 정

---

* 미국은 연방 하원에서 탄핵 소추를 발의하고, 상원에서 탄핵 심판을 결정한다.

치가들이 '애포매톡스Appomattox에서 온 강력하고 과묵한 U.S. 그랜트' 주위로 모여들었고, 그랜트는 자연스럽게 유력한 대선 후보가 되었다. 다른 후보들과 비교되긴 했으나 '때 묻지 않은 정치인'이라는 점이 그랜트의 강점이었다. 물론 그랜트는 정치가 무엇인지, 무엇을 해야 하는지 전혀 감을 잡지 못해서 '때 묻지 않았다'는 평가를 받은 것이지만 말이다.

공화당은 그랜트를 대선 후보로 선택하고, 부통령 후보로 스카일러 콜팩스Schuyler Colfax를 선택했다. 스카일러는 인디애나주에서 당선된 연방 하원의원이자 하원의장으로, 그는 늘 웃는 인상을 유지해 '웃는 사람'이라는 별명으로 불렸다. 겉모습과 달리 그는 간교하게 이익을 추구했다. 그는 부副, vice라는 단어에 담긴 또 다른 의미(악, 惡, vice)를 부통령이란 자리에서 실천한 사람으로 비판받았다.

공화당 대선 후보로 지명받은 후에 말했다는 연설에서는 "우리의 평화를 유지하자."라는 마지막 발언을 제외하면 기억할 만한 내용이 없었다. 연설 이후 그랜트는 걸리나에 마련된 자신의 집으로 돌아가 아무 말도 하지 않았다. 마치 복무 영장을 기다리는 군인이라도 된 것처럼, 선거 당사자로서 가장 분주하게 움직여야 할 대선 후보가 아무 일도 하지 않은 채 가만히 있었다. 대신 그랜트 주위의 정치가, 이득을 보려는 수완가들이 분주히 움직였다. 막대한 자금을 헌납한 알렉산더 스튜어트Alexander T. Stewart 같은 경영계의 유력자들은 물론이고 콜리스 헌팅턴Collis Huntington, 윌리엄 애스터William Astor, 밴더빌트, 윌리엄 도지William Dodge 같은 '도둑귀족(강도남작)Robber baron[*]이 선거비용을 충당하고자 혈안이 되었다.

공화당으로부터 버림받은 앤드루 존슨은 민주당 후보가 되고자 안간힘을 썼으나 정작 민주당은 뉴욕주 주지사 허레이쇼 시모어 Horatio Seymour를 선택했다. 시모어는 남북전쟁 당시 징병을 반대했고, 민주당은 남북전쟁 당시 남부의 연방 탈퇴와 반역을 지지했다는 오명에 시달리고 있었다. 결국 그랜트는 남부 흑인 유권자의 지지를 받으며 8개 주를 제외한 모든 주에서 승리해 대통령으로 당선되었다. 분노한 앤드루 존슨은 그랜트의 취임식에 불참했다.

46세의 그랜트는 당시 기준 최연소 대통령이었다. 1869년 3월 4일, 그랜트는 강건한 이미지 덕분에 국민에게서 많은 인기와 기대를 받으며 제18대 대통령으로서의 취임을 선서했다. 그랜트 행정부는 화해와 개혁의 가치를 드높이는 행정부가 될 것이라는 희망과 함께 출발했다. 군인으로서는 영웅이었던 그는 정치인으로서는 아무런 경험도 없는 초보 대통령이었다. 따라서 그의 주위에는 유능하고 도덕적인 사람이 많아야 했다. 또한 유능하고 도덕적인 장관과 보좌관들이 국가와 국민을 위한 올바른 정책을 세우기 위해 재량을 발휘할 수 있어야 했다. 당시 많은 사람이 그랬던 것처럼 역사가이자 기자로 유명했던 헨리 애덤스 역시 새로운 대통령에게 큰 기대를 걸었다.

---

[*] 19세기 후반부터 20세기 초반에 불공정한 관행과 부정부패한 방식으로 막대한 재산을 축적한 미국의 대부호들을 가리킨다.

그랜트는 질서order를 상징한다. 그는 위대한 군인이었다. 군인은 항상 질서를 상징한다. 야전에서 50만 명 내지 100만 명을 조직하고 지휘했던 장군은 행정을 어떻게 해야 하는지를 틀림없이 알고 있을 것이다.[12]

그러나 그랜트가 내각 명단을 발표하자 많은 사람이 즉각 환멸을 느꼈다. 능력과 경험이 없는 대통령이 성공하기 위해서는 현명한 판단력을 갖춘 채 국민 통합을 최우선으로 고려해야 했다. 남북전쟁의 후유증, 재건을 둘러싼 갈등이 만연한 시대였기에, 나아가 의회와 대통령의 갈등이 계속되는 시대였기에, 당시의 미국에는 고도의 정치적 조정술과 수준 높은 도덕성을 갖춘 내각이 구성되어야 했다. 그러나 그랜트의 내각은 그렇지 않았다. 그의 내각에는 걸리나 출신의 친구들, 군대 동료, 선거운동에서 자금을 동원했거나 값비싼 선물을 제공한 부자로 가득했다. 환멸을 느낀 헨리 애덤스는 이렇게 말했다.

그가 발표한 내각 명단은 너무나 형편없었다. 발표되는 이름마다 (듣는 입장에서) 수치심을 느낄 정도였다.

헨리 애덤스뿐만 아니라 새로운 행정부에 큰 기대를 걸었던 사람들이 더욱 실망했다. 유능한 소수는 곧바로 그랜트와 결별했다. 그랜트가 선택한 보좌관의 대다수가 각자의 이익을 확보하기 위해 최선을 다했다. 그들은 결국 그랜트를 욕보이게 하였다. 탐욕스러운 그랜트의 보좌관들이 그랜트를 실패한 대통령으로 전락시켰고, 궁극적으로 국가와 국민을 불행하게 만들었다.*

그랜트가 대통령으로 있었던 8년 동안 행정부의 인사정책은 비슷했다. 내각의 구성원은 유능할수록 빨리 사라졌다. 국무장관으로 활동한 네덜란드계 뉴욕 이민자 출신 해밀턴 피시Hamilton Fish를 제외하면, 그랜트의 주위에는 변변치 못하고 황당하며 노골적인 사기꾼 천지였다. 그들의 대다수가 정치와 행정에서의 경험이 미천했고, 재능이 없었으며, 성실하지도 않았다. 그랜트는 한때 수많은 군사를 지휘한 총사령관으로 활약했으나 대통령으로서는 사람을 쓰는 일에 최악이었다. 아동기의 애정결핍, 30대 때 겪었던 여러 실패와 고통으로 인해 그랜트는 친밀함을 주요 무기로 삼았다. 즉 그는 자신에게 아첨하는 사람, 듣고 싶은 이야기만 하는 사람 그리고 자신의 이권을 위해 음모를 꾸미는 사람들에게 너무나 쉽게 잘 속아 넘어갔다.

새로운 대통령은 유독 돈벌이에 비상한 재주를 가진 수완가와 선동을 일삼는 '기업계 거물들'에게 현혹되었다. 엄청난 후원금을 바친 알렉산더 스튜어트를 재무장관에 임명하려 했으나 이권을 둘러싼 내분으로 곧 결정을 취소했다. 필라델피아에 그랜트의 집을 새로 짓는 데 소요된 자금을 모금하는 데에 총책을 맡았던 아돌프 보리Adolph E. Borie는 해군장관에 임명됐다. 보리는 권력을 남용해 수많은 이권을 확보했다는 사실이 폭로되어 3개월도

---

* 물론 보좌관의 잘못보다도 그들을 발탁한 그랜트 대통령의 잘못을 최우선으로 따져야 한다.

미처 채우지 못한 채 사임했다. 그랜트의 참모장 출신 존 롤린스 John Rawlins 장군은 전쟁장관에 임명되었다. 당시 쿠바의 혁명정권은 스페인의 지배에 저항하고자 미국의 지원을 기대했는데, 존 롤린스 전쟁장관은 쿠바 혁명을 지지한 어떤 로비스트에게서 2만 8,000달러의 뇌물을 받았다. 이러한 비리 사건이 폭로되자 존 롤린스는 충격을 받아 사망하고 말았다.

그랜트가 대통령으로 있는 동안 입법부 역시 고약한 냄새를 풍겼다. 화려한 흰색 바지와 붉은색 조끼를 즐겨 입은 채 거들먹거리며 걸었던 뉴욕의 공화당 지도자, 로스코 콩클링은 연방 상원에서 그랜트 행정부의 대변인으로 활약했다. 경솔하기 짝이 없는 미시간주 상원의원 자카리아 챈들러 Zachariah Chandler 는 연방 상원에서 비밀의 방 하나를 따로 운영해 정치적 모략을 획책했다. 그들은 엽관제의 거두로 악명이 자자한 인디애나주 상원의원 올리버 모턴 Oliver P. Morton 의 지지를 받았다. 그랜트가 가장 좋아하는 동료 중 한 사람이었던 사이먼 캐머런 Simon Cameron 은 펜실베이니아주의 정치 거물이었다. 그는 링컨의 전시내각에서 각종 뇌물 스캔들에 연루되어 추방된 작자였다. 남북전쟁기에 간악한 부정을 저지른 무능한 벤 버틀러 Ben Butler 는 그랜트가 대통령으로 당선되자 모든 죄를 사면받고 핵심 측근으로 거듭났다.

백악관에서 근무하는 그랜트의 최측근 보좌관들 역시 유능함과 도덕성과는 거리가 멀었다. 그랜트는 가까운 친인척에게 일자리를 제공하는 데에 인색하지 않았다. 그의 처남 프레드 덴트는 백악관 수석안내인으로 발탁됐다. 그의 장인 '대령' 덴트는 위스키에 설탕을 넣은 칵테일을 마시면서 "양키들이 저주를 받을 것!"이라 외치며 백악관 안을 돌아다녔다. 그랜트의 아버지 제시 그랜트, 그의 형 오빌 그랜트Orvil Grant는 백악관 인근으로 이사 와서 끝없이 뇌물과 향응을 받았다. 오리건주에서 소 장사를 하던 사촌 사일러스 허드슨Silas A. Hudson은 과테말라 주재 미국공사로 부임했다. 매형 크레이머M. J. Cramer는 목사 출신으로, 독일 중부의 라이프치히 주재 미국영사로 부임했다. 아내의 형부인 제임스 케이시James F. Casey는 뉴올리언스에서 최고의 수익을 챙길 수 있는 관세 및 세금 담당자로 임명됐다. 이처럼 대통령과 영부인의 친인척 40명 이상이 요직을 차지했고, 사소한 업무에도 간섭했으며, 그들 모두 수많은 이익을 착복했다. 이를 보다 못한 뉴욕의 신문 편집자 존 비글로John Bigelow는 "취임 직후 그랜트처럼 수많은 '가족'을 군단처럼 끌고 백악관에 입성한 대통령은 없었다!"라고 비판했다. 오직 대통령의 어머니, 해나 심프슨 그랜트만 백악관에 얼씬도 하지 않았다.[13]

그랜트는 게을렀고 불성실했으며 양심적이지 않았다. 링컨 대통령 집권기에 해군장관으로 일했고 그랜트를 개인적으로 좋아했던 기드온 웰스는 이렇게 평가했다.

그랜트는 공무를 연구하고 바르게 처리하기 위해 참모들에게 문제를 제안하는 일을 좀처럼 하지 않았다. 그는 이런 일을 지루하고 따분한 것으로 간주했고, (이를 바르게 처리하기 위한) 의도도 품은 적이 없었다. 심지어 독서 또는 지적인 능력이 발휘되어야 하는 일과 사람에게 조금의 관심도 두지 않았다.

또한 의회가 국민의 의사를 가장 잘 대변하고 있다며 무작정 믿었다. 그는 대통령직에 공세적인 입장을 견지하는 의회가 대통령이 시행해야 할 정책이 무엇인지 알아서 결정하는 현실에 만족했다.

그랜트는 항상 오전 10시에 일을 시작해서 오후 3시에 마감했다. 그는 자주 대통령 전용 말을 기르는 마구간을 방문해 휴식을 취하곤 했다. 그랜트는 종종 장기간 휴가를 떠나곤 했다. 그는 장기휴가를 간 최초의 미국 대통령이었다. 휴가 때마다 들어가는 비용은 매번 부유한 친구가 대신 지불했다. 너무나 오랫동안 가난하고 형편없이 살았다가 단숨에 영부인이 된 줄리아는 남편이 좋아하는 과감한 스타일의 의상을 즐겨 입었다. 대통령 부부는 각각 25가지 종류의 요리가 나오고 세 코스마다 색다른 포도주가 나오는 만찬회에 36명의 손님을 초대하고는 좀처럼 편히 앉으라는 말조차 하지 않았다. 매너를 몰라서 그랬을까? 아니면 성격이 거만해서 그랬을까? 아마도 전자였을 테다.

전쟁 전 수년에 걸쳐 가난과 굴욕을 몸서리치도록 겪었던 그랜트는 유능하고, 지적이며, 학문적인 교양인 앞에서는 표정이 굳어졌다. 예를 들어, 그랜트는 음악에 대한 식견이 전혀 없었다. 그랜트의 평판과 지위에 압도된 사람들은 그와 함께 있는 어색한 상황을 탈피할 방법을 몰랐고, 항상 서먹서먹한 관계로 끝났다. 언젠가 그랜트는 소설가 마크 트웨인이 유명해지기 전에 만난 적이 있었는데, 그 자리에서도 그랜트는 아무런 말을 하지 않았다. 당황한 마크 트웨인은 더듬거리며 이렇게 말했다.

장군님! 전 어리둥절합니다. 당신은 그렇지 않은가요?[14]

　물론 대통령으로서의 그랜트가 모든 측면에서 실패한 것은 아니었다. 칭찬을 하겠다는 각오로 백악관 기록을 잘 살펴보면 이를 알 수 있다. 우선 전쟁 이후 파탄을 맞이한 미국 경제를 크게 회복했다. 그의 임기 동안 인플레이션이 누그러졌고, 통화 가치는 안정되었다. 다소 어려웠던 금융위기도 극복했다. 또한 대륙횡단철도를 완성해 서부로의 이주와 정착이 활성화되었다. 남부를 다시 연방에 편입하였다. 국무장관 해밀턴 피시의 노력 덕분에 영국이 앨라배마주 상인들의 재산을 약탈했다는 사실을 증명해 영국으로부터 1억 5,500만 달러의 보상금도 받았다.[15]

　그러나 이러한 업적들은 그랜트 행정부의 부정부패 스캔들 때문에 빛이 바랬다. 그랜트 내각이 일으킨 부정부패 스캔들의 대다수는 그랜트 대통령의 두 번째 임기 때 폭로되었다. 그의 집권과 함께 백악관은 스캔들의 소굴로 전락했고, 그의 개인 집에서는 더욱 안전하게 스캔들이 처리되었다. 그가 취임한 지 얼마 지나지 않은 후였다. 그랜트는 자신의 모자란 윤리의식 때문에 금융계에서 부당한 이익을 거둔 제이 굴드Jay Gould와 제임스 피스크James Fisk를 본인이 도와주었다는 사실을 뒤늦게 알았다. 이들은 금을 매점매석하여 수백만 달러의 이득을 부당하게 취득했다.[16]

　굴드와 피스크는 만일을 대비해 월스트리트 암거래의 명수 아벨 코빈Abel Corbin을 고용해 대통령의 곁에 붙였다. 만일 그랜트 정부가 재무부에 보유한 금을 처분해 금값을 낮춘다면 두 사람의 계획은 수포로 돌아갈 터였다. 두 사람에게서 2만 5,000달러를 받고 부당이득의 일정 몫까지 약속받은 아벨 코빈은 그랜트에게 "미국 농업생산물의 원활한 수출을 위해서는 황금 가격을 높게 유지하는 편이 유리하다."라고 설득했다. 굴드와 피스크는 심지어 이 부당한 거래에 대통령 본인도 동참시켰고, 영부인과 백악관의 다른 보좌관들까지 부당거래에서 한 몫을 챙길 수 있도록 주선하였다. 사실 그랜트가 대통령으로서의 자각이 있었다면 애초에 이런 고약한 악당들을 만나지도 않았을 것이다.

그랜트는 휴가지인 쿠바의 아바나 항구Havana에서 황금 시세를 둘러싼 모종의 음모를 듣고도 어리둥절하게 굴었을 뿐 아무 말도 하지 않았다. 이후 며칠이 지나고 나서야 그는 황금의 가격을 안정시키기 위해 평상시 판매가격으로 거래하지 말 것을 재무부에 명령했다. 그러나 그의 명령은 아무런 절차도 밟지 않고 누설되었다. 그랜트의 군 시절 동료 출신이자 연방 재무부의 뉴욕 분국을 책임지는 재무부 국장으로서 이 음모에 동참하고 있던 대니얼 버터필드Daniel Butterfield는 재무부에 하달한 그랜트의 명령을 굴드와 피스크에게 전달했다. 이에 굴드와 피스크는 다시 황금을 매점했다. 1869년 9월 24일, 황금 가격은 1온스 당 135달러에서 163.50달러까지 상승했다. 미국의 금융 역사에서는 바로 그날이 악명 높은 검은 금요일Black Friday로 기록되었다. 경제 공황이 월스트리트를 뒤흔들었고, 차츰 안정되던 무역이 위태로워졌다. 그랜트는 머지않아 두 사람에게 속았다는 사실을 알고 아연실색했으나 조치는 게을렀다. 그랜트는 연방정부가 보유한 황금 중 400만 달러어치를 판매할 것을 뒤늦게 재무부에 명령했다. 그의 마지못한 뒷수습으로 금 시세는 15분 만에 133달러로 폭락했고, 이 폭락으로 수많은 사람이 엄청난 손해를 보았다.

굴드와 피스크는 또 다른 금융사기를 획책했다. 그들의 부당행위 때문에 하원에서는 조사위원회를 구성해 수사에 착수했다. 그러나 다수를 점한 공화당 출신 조사위원들은 두 사기꾼의 범죄에 대통령의 개입과 관련된 의문을 능란하고 교묘하게 변호했다. 나아가 대통령과 영부인의 증언을 요구하는 민주당원들의 접근을 차단했다. 사실 그랜트를 향해 공공연하게 부정행위를 저지른 죄인이라고 말하는 사람은 거의 없었다. 그러나 공정과 정의의 수호자여야 할 대통령이 악당들의 행보에 경솔하게 동참했으니, 누구든 그랜트에게 대통령으로서의 자질과 판단력에 대해 의문을 제기할 수밖에 없었다. 이 사안에 관해 헨리 애덤스는 이렇게 논평했다.

누구든 조사를 받고, 그 조사내용이 언론에 공표되는 것을 두려워한다. 왜냐하면 그들은 너무 많이 발각되지 않을까 걱정하기 때문이다.

1869년에는 또 하나의 스캔들이 폭로되었다. 1869년 그랜트 대통령은 오늘날 도미니카공화국의 수도인 산토도밍고Santo Domingo를 미국에 합병하려는 이상한 계획에 깊숙이 개입했다. 한몫 단단히 잡으려는 투기꾼들이 이런 음모를 꾸몄다. 이들은 합병으로 얻게 될 막대한 돈을 벌겠다는 망상을 공유했다. 또한 금융과 상업계의 유력가들이 이 계획에 동참했는데, 이들 모두 윤리의식 따위 신경을 쓰지 않는 사람들이었다. 그랜트의 군 시절 동료들인 존 롤린스, 벤 버틀러, 그랜트의 개인비서 오빌 배브콕Orville E. Babcock 등도 이 음모에 협력했다.

산토도밍고 동쪽 끝에 자리한 사마나만Samana Bay에 해군기지를 건설하고자 했던 그랜트는 이 이상한 계획을 열렬하게 지지했다. 거기다 그랜트는 다소 허무맹랑한 장기적인 계획도 염두에 두었다. 그는 해방된 흑인 시민들을 이 섬으로 이주시켜 미국에서 인종갈등을 종식하고 여러 흑인국가의 건설을 지원해 정의를 실현하겠다고 생각했다. 훗날 죽음을 앞둔 그랜트는 자신의 반신반의한 계획이 그가 살아생전 궁리한 발상 중 최고였다고 믿었다.

그러나 산토도밍고 합병 계획은 그의 특성을 알리는 전형이다. 그랜트는 최고의 발상이라 자부했으나 서투른 아마추어처럼 일을 추진했으니 결단코 성공할 수가 없었다. 합병조약을 성사하려면 국무장관 피시를 산토도밍고에 파견해야 했으나 그랜트는 개인비서 오빌 배브콕을 파견했다. 배브콕은 상대측의 요구를 들고 워싱턴 D.C.로 돌아왔다. 그 요구라 함은 적당한 시기에 연방 상원에서 합병 안건을 비준한다는 조건이었다. 그러나 당시 그랜트 대통령은 막강한 영향력을 행사하던 매사추세츠주 상원의원 찰스 섬너Charles Sumner와 여러 사소한 사건으로 적대적으로 대립했다. 문제는 찰스 섬너가 당시 상원 외교위원회the Senate Foreign Relations

Committee의 위원장이었다는 점이다. 결국 산토도밍고 합병 안건은 상원에서 비준되지 않았다. 이 사건 이후 그랜트는 매사추세츠 상원의원의 집 근처를 지날 때마다 반드시 그에게 쑥떡을 먹였다.[17]

황금 사건과 산토도밍고 사건은 사실 사안만 놓고 보면 그리 중요치 않았다. 문제는 그랜트 대통령이 얼마나 쉽사리 미덥지 못한 악당들에게 속아 넘어가는지가 적나라하게 드러났다는 것이다. 첫 번째 임기가 끝나기 전까지는 밝혀지지 않았다. 그랜트는 이 시기에 자신의 행정부를 위기로 몰아가는 부패와 타락의 규모가 어느 정도인지, 개혁가들과 자유주의자들이 분노하는 이유가 구체적으로 무엇인지 충분히 고민하고 의심했어야 했다. 과거 아이오와주 연방 상원의원이었던 제임스 그림스James W. Grimes는 공화당의 현실을 한탄하며 다음과 같이 말했다.

지금 공화당은 엉망이 되어가는 것 같다. 현재의 공화당은 계속해서 부패하고 있다. 그동안 존재했던 어떤 정당보다도 가장 타락하고 부패하였다.[18]

당의 노선에 충실한 공화당원들이 1872년에도 그랜트를 대선 후보로 지명했을 때, 부패와 타락의 온상이 될 앞으로의 4년을 지켜볼 수 없었던 공화당 내 개혁파는 당의 노선을 깨뜨리고 '자유공화당Liberal Republican Party'을 창당했다. 그들은 『뉴욕 트리뷴』의 편집자 호러스 그릴리Horace Greeley를 대선 후보로 지명했다. 민주당 역시 4년의 타락을 피하고자 절박한 심정으로 그릴리를 후보로 지명했다. 그런데도 그릴리의 당선 가능성은 없어 보였다. 그런데 대선으로부터 6주 전, 크레디트 모빌리어Credit Mobilier 스캔들이 미국을 뒤흔들었다. 이 사건으로 그릴리의 당선도 가능할 법해졌다.[19]

크레디트 모빌리어는 미국의 철도회사 유니언 퍼시픽Union Pacific Railroad의 발기인을 중심으로 회사 내 여러 중역이 함께 세운 건설회사였다. 크레디트 모빌리어 사건은 유니언 퍼시픽의 발기인들이 철도건설을 위해 연방정부로부터 받은 자금에서 막대한 이익을 사취詐取한 사기행각을 가리킨다. 의회의 조사를 사전에 차단하고 사기꾼들을 보호하고자 유니언 퍼시픽 회사의 중진들은 그랜트의 부통령이자 하원의장 출신인 스카일러 콜팩스, 뒤이어 하원의장이 되어 훗날 대통령까지 된 제임스 가필드, 그랜트 행정부와 의회에서 입지가 튼튼한 유력가들에게 회사 주식의 일부를 양도했다.

그랜트 본인은 이 스캔들에 연루되지 않았다. 그러나 개혁가들은 이 사건이야말로 워싱턴 D.C.에 만연한 타락의 또 다른 증거로 간주했다. 많은 사람이 그랜트 행정부에서 유일하게 스캔들로부터 자유로웠던 국무장관 해밀턴 피시가 헨리 애덤스에게 했던 말에 공감했다.

> 당신은 그 하원의장(제임스 가필드)과 대화할 필요조차 없다! 하원의장은 야비하고 욕심 많은 돼지 같은 놈이다! 당신은 몽둥이를 들고 이 야비한 돼지의 코를 내려쳐야 한다.[20]

이런 상황에서 호러스 그릴리는 스캔들을 최대한 이용하고자 했다. 스카일러 콜팩스는 공화당 부통령 후보에서 낙마했다. 그 자리는 크레디트 모빌리어 사기 사건에 연루된 매사추세츠주 상원의원 헨리 윌슨Henry Wilson에게 돌아갔다. 그러나 유권자 대다수는 이 사기 스캔들을 선거에 쓰이기 위해 각색된 이야기 정도로 받아들였고, 선거 결과에는 큰 영향을 주지 못했다. 다소 차이는 있으나 훗날 닉슨의 워터게이트 사건이나 클린턴의 화이트워터 사건을 목격하고도 미국인들이 선거 국면을 고려해 액면 그대로 받아들이지 않았던 점과 비슷하다고 할 수 있다. 더불어 공화당은 평상시 도둑귀족과 친분을 유지해 엄청난 선거자금을 지원받고, 그 돈으로 유권자의 표를 매수했다. 또한 흑인 유권자들과 이전에 군인이었던 유권자들의 도움으로 그랜트는 두 번째 대선에서 크게 승리했다. 당시 『뉴욕 선New York Sun』은 헤드라인에 "협잡과 부패의 또 다른 4년"이라는 문구를 적었다.

선거가 끝나자 그랜트 대통령을 향한 비판이 극심해지고 동시에 그랜트 행정부의 부패와 타락과 관련된 엄청난 비밀들이 폭로되었다.[21] 거의 모든 행정부서가 다양한 부패사건에 연루되었다는 사실이 속속들이 드러났다. 그런데도 그랜트는 이전처럼 자신의 억울함만 변호했다. 터무니없게도, 이런 스캔들은 자신을 겨냥한 정치적 음모라고 일축했다.

하지만 현실은 다르다. 첫 번째, 해군장관 조지 로베손George M. Robeson은 해군부와 여러 기업과의 계약에서 약 32만 달러의 부당이득을 얻었다. 함선을 재정비하는 데에 소요될 자금을 빼돌린 것이다. 결국 로베슨이 해군장관으로 일하는 동안 고장난 함선을 다시 바다에 진수할 수가 없었다. 두 번째, 내무장관 콜럼버스 델러노Columbus Delano는 정부의 토지무상불하 정책*에 부당하게 개입하여 뇌물을 수취했다. 세 번째, 재무장관 윌리엄 리처드슨William A. Richardson은 세금징수에서 부정한 방법을 동원한 벤 버틀러의 부당수익을 묵인하고 거기서 사사로이 이득을 취했다. 네 번째, 영부인의 형부 제임스 케이시는 뉴올리언스 관세청을 개인 창구 정도로 악용해 막대한 부당이익을 벌었다. 당연히 행정부를 향해 비난이 쏟아졌고, 이에 연방 하원에서 조사를 실시했으나 제임스 케이시는 다시 같은 직책을 맡았다. 다섯 번째, 브라질 주재 미국대사 제임스 웹James W. Webb은 계약위반으로 인한 잘못된 배상청구를 악용해 브라질 정부로부터 10만 달러를 착복했다. 여섯 번째, 그랜트의 군 시절 동료 밴 뷰런T. B. Van Buren 장군은 오늘날 오스트리아 빈에서 열린 국제박람회에 미국대표로 참가했는데, 그곳에서 다른 미국인들을 속여 부당이득을 취했다. 이로 인해 그는 미국대표에서 해임됐고, 시어도어 루스벨트의 아버지가 새로운 대표로 국제박람회에 참가했다. 일곱 번째, 영국 주재 미국대사 로버트 쉔크Robert C. Schenck는 유타주에 있는 수익성이 부족한 은광을 이용해 영국인에게 사기를 쳤다. 그는 이 사건이 발각되어 체포 및 구속되는 일을 피하고자 외교관으로서의 면책특권을 주장했다. 여덟 번째, 그랜트 행정부에서 능력과 자질을 갖춘 인물

---

* 나라가 보유하고 있는 땅을 개인이 무상으로 취득할 수 있도록 하는 정책을 말한다.

로 평가받던 법무장관 조지 윌리엄스George H. Williams는 정부자금을 사사로이 유용해 값비싼 마차를 운용했을 뿐만 아니라 국가공무원도 마음대로 이용했다. 아홉 번째, 대통령의 장인 프레드 덴트는 내각회의의 내용을 다른 사람에게 팔아 막대한 수입을 벌었다. 프레드 덴트의 악행에 화가 난 국무장관 피시는 이렇게 비난했다. 이 말을 들은 대통령 그랜트는 그저 침묵했다.

도대체 얼마나 추잡한 인간인가! 그는 늘 술에 취해 있고, 어리석은 판단을 하며, 거짓말을 일삼는다. 부정한 돈으로 모든 것을 해결하려고 하고, 정치적이고도 사회적인 식견이란 결코 없는 인간이다.

부정과 악행은 끝도 모르게 계속되었다. 모두 그랜트 행정부에서 일어났다. 민주당은 남북전쟁 이후 1874년 중간선거에서 처음으로 승리했다. 따라서 의회는 민주당 중심으로 판도가 바뀌었다. 이제 의회는 큰 관심과 의욕을 품은 채 여러 의심스러운 사안을 조사하기 시작했다. 이 조사에서 전쟁장관 윌리엄 벨크냅William W. Belknap이 이른바 아메리카 인디언들을 대상으로 물품을 판매할 자격을 부여하는 조건으로 한 해에 10만 달러 이상의 뇌물을 착복했음이 밝혀졌다. 그는 인디언보호구역에 거주하는 아메리카 선주민들에게 싸구려 공급품을 분배할 권한을 멋대로 돈을 받고 팔았던 것이다. 간단히 말해 불쌍한 선주민들은 물론 정부당국까지 벨크냅에게 사기를 당한 셈이다. 그랜트의 형 오빌 그랜트가 벨크냅의 사기에 동참해 상당한 부당이익을 취한 것으로 밝혀졌다. 벨크냅의 악행이 폭로되자 그는 사임의 뜻을 밝혔고, 그랜트는 백악관에서 '눈물을 흘리면서 큰 유감을 표하며' 그의 사임을 받아들였다. 이로써 벨크냅을 탄핵하려는 모든 시도를 차단하고자 했다. 그런데 그랜트의 이 행보는 벨크냅의 부정행위가 유감스럽다는 의미인가? 아니면 그가 친구를 잃게 되어 유감이라는 뜻인가? 아마도 후자일 것이다.

세인트루이스의 위스키 업계와 엮인 '위스키 도당Whiskey Ring' 사건이 폭로되면서 백악관은 또다시 더러운 수치심을 느껴야 했다. 미국 중서부지역의 양주업자들은 수백만 달러에 달하는 주류 관련 세금을 포탈했고, 연방정부 재무부 관료들은 이 탈세를 수년간 묵인하였다. 세인트루이스 지역에서만 포탈된 세금이 무려 1,200만 달러를 상회했다. 1874년 그랜트 대통령 자신도 10일간 위스키 도당 간부들이 제공한 향음을 취하며 유력한 경마 상품권과 값비싼 마구馬具를 받았다. 스스로 부패의 춤사위를 펼쳤음에도, 의회에서 위스키 도당에 대한 조사를 실시하자 그랜트는 마치 청렴하고 강직한 사람이라도 되는 듯이 "죄 있는 사람은 도망가지 못하게 하자."라고 떠들었다. 와중에 자신의 최측근인 개인비서 오빌 배브콕이 해당 사건에 연루되었다는 소식이 폭로되자 재빨리 태도를 바꾸어 사건을 흐지부지 무마하였다.

그러나 배브콕을 위해 증언하겠다고 대통령이 직접 나서는 것은 너무나 어려웠고, 그랜트는 이 점을 몹시 안타까워했다. 대신 백악관에서 할 수 있는 모든 수를 동원했다. 그랜트는 연방검사에게 어느 사건의 핵심 피고인을 추려내고자 보잘것없는 피고인을 골라내 사면하는 관행을 자의적으로 행사하지 말라고 지시했다. 그리고 그랜트는 피고인의 정직과 무죄를 집요하게 입증하기 위한 공탁제도를 만들어 배브콕 재판에서 사용했다. 배브콕이 죄가 있다는 확고한 증거가 제시되었음에도, 그랜트의 공탁과 그의 무죄석방을 기원하는 그랜트의 노골적인 갈망이 배심원들에게 큰 영향을 끼쳤다. 사람들은 대체로 배브콕이 유죄라 판단했으나 결국에 그는 위스키 도당이 저지른 조세포탈 사건에서 무죄판결을 받은 110명 중 한 명이 되었다.

그랜트는 여러 실책을 저질렀지만 그중 최악은 자신에게 압도적인 지지를 보내준 노예 출신 유권자들을 보호하지 못했다는 점이다. 그랜트 행정부 당시 남부 전체에서 백인 우월주의자들이 흑인 유권자들을 향해 조직적으로 협박과 린치를 가했다. 여러 법정에서 시민권법을 제정하려던 노력이 번번이 실패로 끝났다. 흑인들의 정치집회는 철저히 분쇄되었고, 집회에 참가한 흑인들은 살해당하기 일쑤였다. 1875년 9월 공화당 출신의 미시시피주 주지사는 주의 질서를 회복하기 위해 연방군의 파견을 수도에 요청했다. 그러나 그랜트는 이 요청을 철저히 무시했다. 그랜트는 더욱 거대한 인종 간 전쟁의 대살육이 발발할 수도 있다는 두려움 때문에 연방군 파견을 망설였다. 그 결과 백인들의 반란은 성공을 거뒀고, 상황은 남북전쟁 이전으로 회귀했다. 이제 흑인들의 희망과 열의는 산산이 조각났다. 완전한 자유를 얻기 위해 흑인들은 다시 100년을 더 기다려야 했다.

시간이 흘러 그랜트의 지긋지긋한 임기도 끝을 향하고 있었다.

그러나 그랜트는 조용히 물러나지 않았다. 그간 저지른 부적절하고 어리석은 부정부패가 아무런 비판도 받지 않았다는 사실에 고무된 나머지 1876년에 3선 대선에 도전하였다. 미국이 건국된 이래 역사적으로 신성하게 금지된 세 번째 집권을 위해 교묘한 공작에 착수했다. 그러나 연방 하원은 대통령을 신랄하게 비판했다. 양당은 233 대 18이라는 압도적인 표차로 3선 반대결의안을 채택했다. 그렇게 그랜트의 임기가 끝났다. 그러나 타락은 완전히 끝나지 않았다. 그랜트 이후 바로 미국 역사상 최초로 대통령 선거를 도둑질하는 사태가 발생했기 때문이다.

1876년 대선 당시 민주당의 새뮤얼 틸든Samuel J. Tilden 후보가 공화당의 러더퍼드 헤이스를 상대로 사실상 승리했음에도 연방 하원에서 두 당이 야합하여 러더퍼드를 제19대 대통령으로 세운 것이다. 그랜트 행정부는 8년이란 세월 동안 대통령이란 직책은 물론이고 거의 모든 것을 훔칠 수 있는 토대를 마련한 것이다.

노욕의 몰락

그랜트에 관한 나머지 이야기는 빠르게 이야기할 수 있다. 1861년 이후 한 번도 쉬지 않았던 그랜트 부부는 퇴임 후 2년 반 동안 세계를 일주했다. 그들은 구체적인 목적지도 없이 유럽, 중동, 극동을 돌아다녔다. 이 여행 도중 대체로 왕족처럼 대접받았다. 전직 대통령 신분의 그랜트 부부의 여행에서 특별히 기억할 만한 내용은 없다. 단지 그랜트가 어느 영국인에게 "만약 배수시설만 잘 갖추었다면 베네치아(베니스)는 좋은 도시가 될 수 있을 것 같다.”
라고 무심코 말했다는 일화만 전해진다. 무식의 소치가 아닐 수
없다.

그랜트의 요란한 여행에 대한 신문보도가 연이었고, 그로 인해
그는 다시 미국으로 돌아왔다. 엽관제의 수혜자였던 이들은 또다
시 '절도의 시대'를 기대하며 그랜트를 지지했다. 1880년에 그는
공화당 대선 후보로 지명받기 위해 노력했다. 그는 대선 경선 당
시 35개 예비선거에서 선두를 달렸다. 그러나 막바지 교착상태에
빠진 공화당의 전당대회는 결국 제임스 가필드를 대선 후보로 낙
점했다. 비록 제임스 가필드 역시 크레디트 모빌리어 스캔들에 연
루된 죄인이었지만 말이다. 그리고 가필드는 쉽게 당선되었다. 변
절과 거짓이 난무하는 재건의 시대에, 대통령이 된 가필드는 개혁
을 추진했다. 그러나 능력과 자질로 공무원을 선발하려 했던 가
필드의 노력은 인사정책에 불만을 품은 엽관제의 수혜자들에 의
해 물거품으로 돌아갔다.

그랜트의 말년은 비극과 환희의 교차를 상징한다. 그랜트에게
는 자업자득이었을지도 모른다. 그는 커다란 사기 스캔들에 휘말
린 최악의 피해자로 전락했다. 그는 모든 재산을 아들 중 하나가
동업자로 참가한 월스트리트의 투자회사인 그랜트 앤 워드Grant &
Ward에 투자했다. 그런데 이 회사의 사장은 사기꾼이었다. 회사는
1884년 파산했고, 그랜트는 62세에 빈털터리가 되었다. 그의 주머
니에는 80달러만 있었고, 아내는 130달러를 쥐고 있었다. 그들의
미래에는 고작 210달러가 남았다. 동시에 그랜트는 후두암 판정

을 받았다. 죽음에 직면해 무일푼으로 아내를 남겨놓게 될까 염려했던 그는 자서전을 집필하였다. 이 책의 출판에 동의한 마크 트웨인은 미국 시장에서의 판매 수익금 75퍼센트를 그랜트에게 주겠다는 계약을 체결했다.

그랜트는 20년 전 로버트 리가 이끄는 남부연합에 맹렬히 포격을 가한 것처럼 이 원고를 탈고하기 위해 죽음과 필사적으로 싸웠다. 초고의 일부는 그의 발언을 비서가 받아 적어 작성되었다. 그러나 후두암은 더욱 악화했고 고통은 심해졌다. 하는 수 없이 그는 자서전의 나머지를 쓰기 위해 다량의 코카인을 복용했다. 시간이 흐를수록 더욱 쇠약해졌으나 그는 모든 힘을 다해 엉망이 된 남부연합군에 대해 썼다. 또한 북부연방군이 빅스버그에 포탄을 퍼부은 밤을, 힘들었지만 구름 사이를 뚫고 산을 오른 일화를, 마침내 애포매톡스에서 정장 차림의 남부연합군 사령관 로버트 리와 마주한 일을 기록했다.

너무나 많은 사람이 율리시스 그랜트의 마지막 밤을 약간의 호기심으로 바라보았다. 그리고 심장 하나가 전투를 멈췄다. 그랜트는 1885년 7월 23일 사망했다. 그의 자서전 초고가 마지막 교정을 끝내기 일주일 전이었다. 용기와 결단력으로 남북전쟁에서 승리한 군인은 인생에서의 궁극적인 승리를 원했음에도 미국인의 존경과 찬사는 얻지 못했다.[*]

---

[*] 2025년 현재 50달러 지폐에는 그의 초상화가 그려져 있다.

6장
Andrew Johnson

앤드루 존슨 1865년 4월 15일 ~ 1869년 3월 4일

고집스럽고 독선적인 태도로
타협과 합의를 거부한 대통령

앤드루 존슨은 향후 1세기 동안 이어질
아프리카계 미국인에 대한
인종적 억압이라는 유산을 남겼다.

오랫동안 이어진 존슨에 대한 탄핵 재판의 최종판결이 나올 시간이 다가왔다. 대통령 탄핵 심판을 내리기 위해 공화당 연방 상원의원 42명, 민주당 연방 상원의원 12명이 모였다. 그들은 아주 인상적인 법복을 입은 대법원장 새먼 체이스Salmon P. Chase가 이 문제를 상정할 때 모두 일어섰다. 상원의원, 하원의원, 신문기자, 방청객 등 수많은 사람의 시끄러운 소음은 이내 사라졌다. 1868년 5월 6일, 연방 상원 회의실 안에 있던 모든 사람의 숨이 죽으며 침묵이 가라앉았다. 밖에서는 수많은 군중이 연방 상원 마당으로 몰려들었다. 상원의원이 고를 수 있는 대답은 '유죄' 또는 '무죄'였다. 더 이상의 말이 필요 없었고, 평결을 거부할 수 있는 상원의원도 없었다. 드디어 사무관이 알파벳 순서대로 각 상원의원의 이름을 불렀다.

– 로드아일랜드주 연방 상원의원 헨리 앤서니Henry B. Anthony. 그대의 의견은?
– 유죄!

예상된 결과였다. 이를 구경하고 있던 한 방청객은 당시 상황을 이렇게 기록했다.

호명이 계속될수록 긴장한 사람들의 얼굴이 창백해져 몹시 아픈 사람처럼 보였다. 회의실 내부는 사람들의 숨소리까지 들릴 정도로 조용했다.

관객들이 판결을 예상할 수 없었던 상원의원이 호명되면, 그가 어떤 판결을 내릴 것인지에 이목이 쏠렸다. 메인주 상원의원 윌리엄 페센덴William Fessenden이 호명되고 대답하기 전 잠시 머뭇거렸을 때는 여성들의 귀걸이가 딸랑이는 소리까지 들렸다. 그는 끝내 "무죄!"라 외쳤다.

제17대 미국 대통령 앤드루 존슨은 백악관에서 애타게 투표결과를 기다렸다. 보좌관들이 교대로 소식을 가지고 왔다. 대통령의 겉모습만큼은 냉정하게 보였다. 그러나 그의 동료들의 감정은 시시로 들리는 소식마다 요동쳤다.

거의 3년 동안 미국은 제17대 대통령과 의회를 장악한 공화당 급진파(개혁파)의 격심한 대결로 심각한 갈등을 겪고 있었다. 겉으로 드러난 표면적인 원인은 두 가지였다. 남북전쟁 당시 탈퇴했던 남부주들을 다시 연방에 받아들이는 문제와 노예 출신의 해방노예(흑인 해방민)에 대한 취급 문제였다. 1865년 4월 14일 밤에 이브러햄 링컨 대통령의 암살로 대통령이 된 존슨은 남부의 신속한 연방 복귀를 허락하고 이전의 지배자들(대농장주)에게 지배권을 돌려주는, 이른바 '온건한 재건정책'을 추구했다. 이와 달리 전쟁 전부터 노예제도에 반대한 공화당 급진파는 연방정부가 흑인의 기본권을 보장해야 하고 나아가 내란을 일으킨 남부지역은 흑인노예의 시민권을 완전히 보장할 때까지 북부지역이 군정으로 다스려야 한다는 쓰라린 평화정책Bitter peace, 이른바 '강경한 재건 정책'을 주장했다.

그러나 이는 표면적인 명분이고, 실질적으로는 국가를 누가 통제하느냐는 문제를 두고 갈등했다. 공화당 중심의 급진파는 남부의 빠른 재건을 "고집 세고, 제멋대로며, 투쟁적인 존슨의 음모"로 간주했다. 비록 존슨이 북부연방에 남아 공천을 받아 부통령으로 당선되었지만 원래 민주당원이었던 그가 남부를 재건해 민주당을 위한 기반을 마련하고 나아가 훗날 민주당 대통령으로 당선되기 위한 음모로써 '온건한 재건정책'을 추진한다고 받아들였다. 반면에 만일 남부지역 백인들의 선거권을 박탈하고 흑인에게 선거권을 부여한다면, 1860년 이래 한동안 소수파였던 공화당이 정권을 완전히 장악할 수 있게 되었다. 그렇게 된다면 북부 출신 기업인과 산업자본가들을 둘러싼 정국이 유리해질 것이고, 그들은 공화당 급진파가 추진하는 안건을 적극적으로 후원할 것이 분명했다. 그들의 사업에 유리한 고율관세 정책, 금융관련 법률을 자의적으로 처리할 수 있을 것이기 때문이다.

공화당 급진파는 존슨의 목을 조이기 시작했다. 처음에는 대통령의 권한을 침해했다. 후에는 탄핵을 통해 그를 제거해 그들의 목적을 이루고자 했다. 이에 존슨 대통령이 급진파의 강력한 동지인 전쟁장관 에드윈 스탠턴Edwin M. Stanton을 해임했다. 또한 대통령은 상원의 동의를 받아야만 정부 내각의 인사를 해임할 수 있음을 명시한 '공직보장법Tenure of Office Act'을 스스로 위반하여 정국을 시험하고자 했다. 의회 급진파는 이 기회를 놓치지 않았다. 당시에는 부통령이 없었기 때문에 만약 존슨이 실각하면 급진파의 지도자인 오하이오주 연방 상원의원 벤 웨이드Ben Wade가 임시 대통령으로 대신 활동할 예정이었다.

아무도 갈등의 끝을 확신할 수 없었다. 탄핵 찬성표를 던진 상원의원은 35명이었고 탄핵 반대표를 던진 사람은 19명이었다. 탄핵안이 통과되기 위해 필요한 3분의 2의 정족수에서 딱 1표가 부족한 결과였다. 투표를 앞두고 양측은 강도 높은 협상 및 회유를 펼쳤다. 의원 개개인에게 압력을 가했고, 보복 및 신체폭력을 가하겠다는 위협도 난무했다. 심지어 존슨을 지지하는 의원 몇을 납치해 투표권을 행사하지 못하게 하자는 이야기마저 공공연하게 나돌았다. 당시 병에 걸려 마비 증세를 보이던 아이오와주 연방 상원의원 제임스 그라임스James Grimes가 사무관에게 호명되었을 때, 대법원장 새먼 체이스는 앉아서 투표하라고 권유했다. 누가 보더라도 수척했던 그는 고통을 참고 자신의 발로 걸어 '무죄'에 투표했다.

지금까지 35표가 탄핵 찬성표를 던졌다. 그러나 탄핵을 위한 정족수 3분의 2 이상의 표를 확보하기 위해서는 어느 편도 아닌 캔자스주 연방 상원의원 에드먼드 로스Edmund G. Ross가 찬성표를 던져야 했다. 모든 사람의 눈과 귀가 그에게로 쏠렸다. 캔자스주는 공화당 급진파가 우세한 지역이었다. 그리고 최근에 상원이 된 로스는 공화당 지도부와 유권자들로부터 만약 탄핵에 반대하면 앞으로의 정치생명은 끝이라는 경고를 받았다. 투표가 계속되는 동안 그는 격심한 갈등과 초조함 속에서 앞에 놓인 신문을 조각조각 자르며 멍하니 앉아 있었다. 드디어 사무관이 그의 이름을 호명했을 때 그가 일어났고, 신문 조각들이 그의 무릎에서 흩어져 내렸다. 대법원장은 대답을 듣기 위해 몸을 앞으로 기울였다. 로스는 작지만 스스럼없는 목소리로 말했다.

무죄!

연방 상원의 회의실 한쪽에서는 안도의 숨소리가 들렸고, 급진파가 모인 자리에서는 불평과 불만의 목소리가 흘러나왔다. 최종 결과는 35 대 19! 탄핵을 위해서는 단 1표가 부족했다. 7명의 공화당 온건파가 존슨을 무죄로 판결하여 민주당의 당론에 따랐다. 탄핵으로 대통령을 실각시키려 했던 최초의 시도는 실패로 끝났다. 그러나 존슨은 지옥과도 같은 상황에서 남은 임기를 채워야만 했다. 그리고 10개월 후 대통령 임기가 끝난 존슨은 테네시주의 집으로 돌아갈 수밖에 없었다. 1875년 그는 다시 연방 상원의원으로 당선되었고, 대통령을 했던 사람으로서는 최초의 사례였다. 존슨은 상원의원직을 명예회복을 위한 기회로 삼고자 했으나 그를 향한 역사의 평판은 그렇게 간단하지 않았다.[1]

링컨의 후계자

아마도 앤드루 존슨에 대한 평가만큼 변화가 심한 역대 대통령도 없을 것이다.[2] 존슨에 대한 평가 대다수는 살아있는 동안은 물론 죽은 후에도 계속 악평과 증오로 가득하다. 왜냐하면 그의 친親남부적인 재건정책은 남북전쟁에서 싸운 모든 사람에 대한 배신으로 간주되었기 때문이었다. 그러나 시간이 많이 흐른 후 그를 연구한 일부 학자는 다른 의견을 제시했다. 존슨을 링컨의 후계자로 일축한 이미지는 대충 급조해서 만들어진 결과물에 불과하고, 오히려 그는 헌법에 따른 권력분산의 원리를 옹호한 지도자라는 주장을 펼친 것이다. 또, 1926년 대법원이 공직보장법에 대해 위헌 판결을 내린 것은 존슨에 대한 평가를 다시 고민하게끔 하였다. 앤드루 존슨에 관련된 일부 새로운 연구에 따르면, 의회 급진파, 남부로 이주한 북부 출신 유권자, 그들의 앞잡이로 이용된 무지한 흑인노예에 의해 패배한 남부를 구제하는 데에 앤드루 존슨이 노력했다는 것이다. 이러한 일부 견해를 잘 드러내는 가장 전형적인 작품으로 데이비드 그리피스David W. Griffith가 1915년에 제작한 영화 〈국가의 탄생The Birth of a Nation〉이 있다. 이 영화는 남북전쟁 이후 재건시대를 매우 긍정적으로 평가했다. 위대하진 않아도 우수한 대통령으로 평가받는 우드로 윌슨은 이 영화를 대단히 격찬했다. 또한 1942년 〈테네시의 존슨Tennessee Johnson〉이라는 영화에서 앤드로 존슨 역을 맡은 배우 '밴 헤플린Van Heflin'은 존슨 대통령을 영웅적인 인물로 연기했다.

이른바 '제2차 재건'이라 불렸던 1960년대 민권운동의 혁명이 휘몰아치던 시기, 당시 기준으로 100여 년 전의 존슨을 평가하던 흐름은 또 다른 방향으로 바뀌었다. 이때의 앤드루 존슨이란 남부를 '백인의 땅White man's country'으로 구축하고자 연방의 재건을 방해하고 흑인을 억압의 대상으로 삼았던 백인우월주의자로 평가받았다. 이런 이유로 지금 이 책을 저술한 필자는 물론이고 대통령에 대해 평가하는 대부분의 사람은 앤드루 존슨을 최하위 또는 최악의 대통령으로 평가한다.

그렇지만 앤드루 존슨에게는 다소 긍정적으로 평가할 수 있는 측면이 존재한다. 그는 순교자 링컨보다 더 궁색하고 어려운 가정환경에서 성공했다. 존슨은 빈곤이란 개인의 도덕적 방종과 게으름에 기인한 문제로 보고 노력만 한다면 누구나 성공할 수 있다는, 이른바 디킨스식Dickensian의 삶을 살면서 백악관에 입성했다. 가난한 선술집 종업원의 아들로 태어난 그는 오랜 세월 문맹으로 살았고, 평생 학교에 가보지 못한 유일한 미국 대통령이었다. 13세가 되자 그는 재봉 업무를 하며 스스로 읽고 쓰기를 터득했다. 그는 거의 자력으로 테네시주의 정치권에, 나아가 미국 중앙 정치로 진출한 자수성가형 정치인이다. 그는 대통령이 되기 전 시의원, 주의원, 연방 하원의원, 주지사, 연방 상원의원, 군정지사 military governor of Tennessee 그리고 부통령으로 일했었다.

그러나 불행히도 존슨은 링컨의 갑작스러운 죽음으로 엄청난 책임을 떠안게 되었으나 문제를 능란하게 다룰 능력이 없었고 그럴 인물도 아니었다. 재건시대를 탐구한 뛰어난 역사가 에릭 포너 Eric Foner는 앤드루 존슨에 대한 저평가를 당연시했다.

남북전쟁 이후 대통령직을 맡기 위해서는 다른 사람의 마음을 잘 알고 대처할 수 있는 빈틈없는 재치, 융통성, 여론의 뉘앙스를 감지하는 뛰어난 감수성을 요구했다. 링컨은 이런 요소를 풍부하게 갖추고 있었으나 존슨은 너무나 부족했다.[3]

완고하고 음울한 표정의 존슨은 늘 혼자였다. 의심이 많았고, 남의 비판과 비평을 잘 참지 못했으며, 곧잘 흥분하는 고집 센 사람이었다. 그에게는 링컨의 능란한 정치력, 북부인에 대한 예리하고 깊은 이해력이 부족했다. 링컨과 달리 그는 정당에서 성장하지 않았고, 그래서 타인에 대한 배려가 턱없이 부족했다. 존슨은 자신의 생각과 목표에 어긋나고 갈등을 겪는 정치적 견해를 마주했을 때 조금도 굽히는 법이 없었다.

심지어 존슨은 남북전쟁기에 노예해방을 지지하긴 했으나 흑인노예에 대한 동정심 때문이라기보다는 노예소유자(대농장주)의 힘과 권력을 약화하기 위함이었다. 사실상 그는 굽힐 줄 모르는 인종주의자였다. 프레더릭 더글러스Frederick Douglass는 존슨에게서 '흑인을 가혹하게 경멸하는 모습'을 간파했다.[4] 1867년 12월 의회에 보내는 연두교서에서 존슨은 이렇게 발언했다.

흑인은 어떤 인종들보다도 정부를 소유할 능력이 부족하다. 흑인의 운명을 그들에게 맡기면 끊임없이 미개한 야만상태로 퇴보하게 된다.

재건시대 역사가 에릭 포너는 "존슨의 이 발언은 미국 대통령이 관련된 공식문서에서 확인할 수 있는 가장 극단적인 인종주의

적 발언"이라고 평했다.[5]

당시 존슨은 프레더릭 더글러스를 '위험한 선동가'라고 평가하며 반박했다. 남부의 가난한 백인 농부와 노동자들을 옹호하는 고집쟁이 존슨은 전통적인 농장주 그룹을 비난했다. 남부가 연방을 탈퇴했을 때, 앤드루 존슨은 바로 농장주들을 비난했다. 그러나 그는 연방의 재건이나 남부의 미래를 건설하는 과정에서 흑인의 역할은 필요 없다고 보았고, 그래서 흑인을 다른 지역으로 이주시킬 수 있으리라 생각했다. 그는 이렇게 선언했다.

이 저주받을 흑인이여! 나는 흑인의 주인인 반역의 귀족들(남부 농장주)과 싸운다![6]

존슨이 연방과 헌법에 헌신하고, 고결하면서도 용기 있는 사람이라는 사실은 부정할 수 없다. 그렇지만 존슨이 파멸할 수밖에 없었던 원인으로 조바심, 경직성, 부족한 자제심, 성급함, 심술맞은 성격, 종종 드러나는 촌스러운 행동 등이 있다. 어떤 역사가는 비록 존슨 대통령이 탄핵 위기에 몰렸음에도 의회 급진파의 공격을 물리치고 대통령의 권한을 강화했다고 주장하며 존슨을 높게 평가하기도 한다. 하지만 이러한 견해는 진실과는 거리가 멀다. 사실 존슨도 그랬지만 그를 이어 대통령이 된 모든 이가 링컨만큼 강력하진 않았다. 존슨은 의회의 탄핵을 간신히 모면했을 뿐이다. 그가 저지른 실수 때문에 미국인은 피부색과 상관없이 불행을 겪게 되었다.

존슨의 지지자들은 존슨이 링컨 대신 희생양이 되었다는 신화를 날조했다. 존슨 스스로도 1866년에 "만약 내 전임자가 살아있었다면 분노의 화살은 그에게로 향했을 것이 확실하다."라고 말했다. 그리고 대통령을 계승한 존슨은 링컨이 죽기 전에 계획하고 실행했던 것과 똑같은 정책을 펼쳤다고 주장했다. 1세기가 지난 후 앤드루 존슨처럼 아주 완고하고 냉정하며 취미로 역사를 배운 해리 트루먼 대통령은 존슨을 '위대한 대통령'으로 평가했다.

만약 링컨이 암살되지 않았다면, 그는 존슨보다 못한 일을 했을 것이다.[7]

앤드루 존슨의 전기를 저술한 한스 트레푸스Hans L. Trefousse는 "진리로부터 멀어질 수 있는 것은 아무것도 없다."라고 단언했다.[8] 링컨은 남북전쟁 후 권력의 흐름을 장악하려 했던 의회와 갈등을 빚기는 했으나 전쟁에서 승리한 지도자이자 당의 확고부동한 지도자였다. 그의 정치적 조건은 존슨보다 훨씬 유리하였다. 이와 달리 존슨은 단지 우연히 대통령이 되었을 뿐이고 충실한 공화당원도 아니었다. 심지어 공화당에는 그와 친밀한 관계를 유지하고 있는 의원도 거의 없었다. 링컨은 예민하고 빈틈없는 정치가이자 최상의 현실주의자였다 그는 연방의 보존이라는 신념을 확고하게 추구했고, 내부갈등을 희석하는 계략을 발휘할 수 있는 정치적 거물이었다. 그는 자신을 탄핵하도록 상황을 방관할 위인이 아니었다.

전쟁 동안 링컨이 연방을 탈퇴한 남부의 유권자 10퍼센트가 노예제도의 폐지를 받아들이고 연방에 충성 서약을 하면 다시 연방에 받아들이려 했던 것은 사실이다. 그러나 엄밀히 말해 그의 전략은 전쟁을 수월하게 이끌고 나아가 북부연방의 승리를 보다 확실하고 빠르게 담보하기 위한 전략적 차원의 계책이다. 만약 몇몇 주가 링컨의 이러한 계획을 받아들인다면 남부연합에 강타를 날릴 수 있을 것이라고 링컨은 믿었다. 1864년 초 의회 급진파는 링컨의 '10퍼센트' 제안이 너무나 온건하고, 실패가 자명하기 때문에 남부에 거주하는 흑인의 권리를 보호할 수 없을 것이라며 반대했다.

　그러나 의회 급진파와 링컨의 불화는 돌이킬 수 없는 수준이 아니었다. 의회 급진파와 링컨 대통령은 서로 협력해 노예제도를 폐지한 수정헌법 제13조를 승인했다. 또한 의회와 대통령은 흑인 노예의 법적 권리를 보호하고 노예에서 자유인으로의 변화 과정을 지원하고자 협의를 통해 이른바 '해방노예국Freedmen's Bureau'을 신설했다. 물론 링컨이 암살당하지 않았다면 과연 그가 하고자 한 일을 모두 달성했을지는 미지수이다. 그렇지만 링컨은 존슨과 달리 남부연합에 속했던 주에 대해 더욱 엄격한 태도를 견지했다는 증거가 많다. 예를 들어 링컨은 암살당하기 며칠 전, 버지니아주 주의회가 남부연합 탈퇴를 위해 회합을 열겠다 했을 때 이를 허락하지 않았다. 또한 1862년 이래 북부연방군이 점령한 루이지애나주에서는 흑인 유권자를 대상으로 제한선거를 실시할 것을 제안했다.

흑인노예의 권리에 대한 두 사람의 견해 역시 확연히 달랐다. 존슨은 마치 가난한 남부 백인처럼 흑인을 상대로 뿌리 깊은 반감을 드러냈다. 반면에 링컨은 흑인노예의 장래에 대한 보다 확고한 비전이 있었다. 암살되기 며칠 전 행한 마지막 연설에서 링컨은 이렇게 선언했다.

글을 알고 스스로 책임질 줄 아는 흑인에게 투표권을 주고 나아가 연방군에서 복무할 수 있게 해야 한다는 주장에 동의한다. 흑인노예를 이전 주인의 자비에만 맡겨 둘 수는 없다.

한스 트레푸스는 "그러나 존슨은 이 같은 금지조항(흑인을 과거 노예를 소유한 사람들에게 맡기지 않게 하는 조항)을 두지 않았다."라고 말하며 두 사람을 대비시켰다.

역설적이게도 급진파는 존슨이 링컨을 대신한 초기에는 존슨에게 호의적이었다. 전쟁을 치르면서 존슨은 남부의 반역자에 대한 엄격한 보복을 강력히 주장했다. 따라서 급진파는 존슨을 자신들의 편이라 생각했다. 1865년 4월 15일 새 대통령 존슨이 처음으로 집무한 그날, 벤 웨이드를 비롯한 급진파가 새로운 대통령을 방문했는데 대통령은 그들을 진심으로 환영했다. 웨이드가 "존슨! 우리는 당신을 믿습니다. 이제부터 하나님의 가호 아래 정부를 운영하시는 데에 아무런 어려움도 없을 것입니다."라고 말했다. 이에 존슨은 의회 급진파에 다음과 같이 화답했다.

내가 과거에 시행한 정책을 판단해 보십시오. 누구든 알고 있을 것입니다. 강도는 범죄입니다. 강탈도 범죄입니다. 반역도 범죄입니다. 이들 모두는 반드시 처벌받아야 합니다. 반역은 수치스러운 범죄이며 반역자는 처벌을 받아야 합니다.[9]

그러나 새 대통령 존슨은 대통령이 된지 한 달도 되지 않아 남부에 대해 온건정책을 채택했다. 그의 경험, 특별한 성격 그리고 미래에 대한 전망이 이토록 놀라운 변화를 야기한 원인이라 볼 수 있다.

성공한 정치인이 된 가난한 재봉사

"나는 무시무시한 야생의 짐승처럼 굶주림과 싸워 왔다."라고 존슨은 자주 말하곤 했다. 그의 발언은 분명 사실이었다.[10] 선술집 종업원으로 일한 아버지 제이콥 존슨Jacob Johnson과 어머니 메리 존슨Mary Johnson의 아들이었던 앤드루 존슨은 1808년 12월 29일 노스캐롤라이나주의 한 통나무집에서 태어났다. 아버지 제이콥은 버지니아주 남부에 있는 아멜리아Amelia 지방의 농부였다. 어려운 시기에 땅을 잃은 그는 목적지 없이 떠돌다가 노스캐롤라이나주의 어느 선술집 종업원으로 일하며 여러 잡일을 도맡았다. 정직하고 믿음직한 그는 곧 시에서 여러 일을 처리하는 순경으로 임명되었고, 결혼식과 장례식 그리고 공공행사를 알리는 종치기로도 일했다. 그렇지만 여전히 가난한 백인으로서 사회계층 아래에서 벗어나지 못했다.

1801년 9월 9일 제이콥은 폴리Polly라고 불렸던 메리 맥도너 Mary McDonough와 결혼했다. 그녀 역시 같은 선술집 종업원이었다. 제이콥은 23세였고 폴리는 18세였다. 결혼 후 앤드루 존슨이 세 살 나던 해에 아버지가 죽었다. 그는 지역 시민묘지에 매장되었다. 무일푼의 메리는 앤드루와 형 윌리엄을 먹여 살리기 위해 바느질 과 세탁을 하며 품삯을 벌었다. 존슨 형제는 교육받지 못한 채 거 친 환경 속에서 자라났다. 사립학교는 꿈도 꾸지 못했다. 이러한 앤드루의 미천한 환경은 그의 영혼에 깊은 상처를 남겼다. 한때 앤드루 존슨과 다른 소년이 그 지역 농장주가 소유한 땅을 가로 질러 달아난 적이 있었다. 그때 앤드루 존슨은 '이 가난한 백인 쓰 레기들'을 추적하여 오두막으로 내몰았던 흑인 마부에게 채찍질 을 당했다.

1822년 앤드루 존슨은 형 윌리엄을 제자로 받아준 제임스 셀 비James J. Selby라는 재봉사 아래서 같은 신분의 도제가 되었다. 앤 드루에게 재봉사 업무는 매우 어렵고 따분하긴 했으나 최소한 그 가 21세까지 성장하는 데 생활비를 제공해 주었고, 장사를 배울 수 있게 해주었다. 책이나 정규교육을 접할 기회는 단 한 번도 없 었지만 앤드루는 본인이 배움에 대해 강한 열정을 품고 있다는 사실을 깨달았다. 사람들이 종종 재봉사 셀비의 가게로 와서 그에 게 책을 읽어주었다. 하루에 15시간을 일한 후 앤드루는 독학으 로 글을 배워 천천히 읽을 수 있게 되었다.

2년 후 존슨 형제는 우연한 일로 한 이웃에게 상처를 입히고 도망가지 않으면 안 되는 상황에 봉착했다. 셀비는 지역신문에 광고를 게재해 앤드루의 귀환에 10달러의 보상금을 내걸었다. 이 광고에서 재봉사 셀비는 앤드루의 인상을 "어두운 얼굴색, 검은색 머리와 눈을 가진 사람"으로 묘사했다. 얼마 후 앤드루는 원래 살던 곳에서 15마일 떨어진 카르타고Carthage라는 곳으로 이동해 날품팔이 직공 재봉사로 일했다. 이전 주인에게 잡히지 않을까 두려웠던 그는 다시 사우스캐롤라이나주의 로런스Laurens로 이사했다. 그사이 앤드루는 글을 읽고 쓸 수 있게 되었다. 이사한 후 1년이 지났다. 그는 셀비에게 되돌아가 도제 계약을 끝내고자 했으나 거절당했다. 그렇지만 앤드루는 서부로 떠나 새로운 생활을 시작하기로 결심했다. 곧 앤드루는 어머니와 형제들 그리고 눈이 먼 조랑말 한 마리가 끄는 바퀴 두 개 달린 짐수레와 함께 그레이트스모키Great Smokies산맥을 넘어 테네시주로 향했다.

그러는 동안 존슨은 그린네빌Greeneville 지역의 산악마을을 포함한 여러 곳에서 열심히 장사했다. 1827년 그 지역 재봉사가 죽자 그는 그린네빌로 와서 가게를 하나 얻어 '존슨 재봉사A. Johnsons Tailor'라는 작은 간판을 내걸고 재봉 일을 시작했다. 두 달 후 18세가 된 존슨은 엘리자 맥카들Eliza McCardle이라는 여성과 결혼했다. 갈색 머리를 소유한 두 살 연하의 어여쁜 여성은 존슨이 이 지역을 처음 방문했을 적에 첫눈에 반한 소녀였다. 제화업자shoemaker인 엘리자의 아버지는 죽었고, 그녀와 그녀의 어머니는 침대 덮개를 만들어 생계를 잇고 있었다.

존슨 부부는 가게 일을 하면서 근근이 살아갔다. 존슨이 재단하고 재봉을 하는 동안 비교적 좋은 기초교육을 받은 아내 엘리자는 큰 소리로 글을 읽어주었고, 존슨이 능숙하게 읽고 쓰고 셈할 수 있도록 꾸준히 도와주었다. 존슨 부부는 5명의 자녀를 두었다. 중년이 되자 엘리자는 마치 그동안 하지 못했던 과거에 보상이라도 하려는 듯이 때늦은 소비욕이 발동했고, 이후 그녀는 거의 무가치한 삶을 살았다. 그들은 종종 오랫동안 떨어져 지내기는 했지만 50년 동안 이어진 결혼생활은 대체로 행복했다. 그들의 한 친구는 이들을 두고 "두 개의 영혼과 마음이 하나가 되었다."라고 표현했다.

시간이 지나자 존슨은 능숙한 재봉사가 되었다. 그는 근면하게 생활했다. 주문을 받으면 즉시 배달까지 해주었다. 그는 곧 그린네빌의 보다 부유한 시민들을 고객으로 확보했다. 몇 년 후 그는 "나의 일은 결코 망하지 않을 것이다!"라고 자신 있게 선언했다. 그의 말대로 사업은 번창하여 존슨은 조수 한 명을 두게 되었다. 다소 여유가 생기자 존슨은 자기수양을 향한 열망이 커졌다. 존슨은 곧 그린네빌 대학의 토론협회에 가입했다. 매주 금요일마다 존슨은 가게 일을 닫고 4마일 떨어져 있는 대학으로 가서 정치적이고 철학적인 문제를 두고 학생들과 논쟁을 벌였다. 그의 가게는 역시 정치에 꿈을 가진 젊은 사람들, 특히 그를 도와준 기계공들의 모임 장소로 활용되었다. 그들은 당시 테네시주 출신인 제7대 미국 대통령 앤드루 잭슨을 대통령으로 만든 민주화된 변화에 반응하여 작은 지역사회에 한정되어 있는 상황에 만족하지 못하고 있었다.

이러한 비공식적인 모임과 토론의 환경 속에서, 앤드루 존슨이 지역 정치관에 진입하기란 그리 어렵지 않았다. 1929년 존슨은 기계공들의 지지를 받으며 시의원에 당선되었다. 6년 후 존슨은 시민들에게서 정말로 일을 잘하는 의원이라는 평가를 받았고, 쉽게 그린네빌의 시장으로 당선되었다. 1835년 존슨의 동료들은 그를 내슈빌Nashville시로 보내 표면상으로만 민주당 소속 주의원으로 당선시켰다. 그런데 존슨은 여기서 정치인으로서 처음으로 실수를 했다. 아직 완전히 개척되지 않은 변경지인 동부 테네시주는 교통 인프라 확보가 절실하게 필요했다. 그러나 존슨은 철도노선이 건설되면 이 지역의 소규모 여관과 소몰이꾼의 일자리가 상실될 것이라는 이유로 테네시주로의 철도노선 확장에 반대했다. 정작 지역주민은 존슨의 주장을 이해하지 못했고, 결국 그는 다음 선거에서 낙선했다. 존슨의 독단적인 처사가 야기한 결과였다.

존슨은 이 선거에서 낙방한 후 많은 교훈을 얻었다. 2년 후 그는 다시 주 하원의원으로 당선되었는데 이때 그는 공식적으로 민주당원이라 선언했다. 1843년 연방 하원의원에 출마해 당선되었다. 이후 그는 무려 다섯 번이나 연속으로 당선되는 기록을 세웠다. 워싱턴 D.C.에서 그는 5년 동안 정착한 가족에게 160에이커에 달하는 공용지를 불하拂下하는 홈스테드 법안Homestead Bill을 만드는 데 거의 전력을 쏟았다. 그러나 노예제도를 금지하는 자유주가 더 많이 탄생하는 것에 반대하는 남부 출신 동료들이 이 법안에 반대했다. 한편 존슨은 미국-멕시코 전쟁을 지지했고, 워싱턴 D.C.에서의 노예제도를 폐지하는 안건에 반대했으며, 스미스소니언 연구재단Smithsonian Institution과 웨스트포인트 육군사관학교 건설에 과도한 비용이 쓰인다고 비난했다. 존슨의 행보를 두고, 사관학교를 졸업한 미시시피주 출신의 제퍼슨 데이비스Jefferson Davis가 연방 하원이 열린 도중에 존슨을 비웃었다.

대장장이 업무나 재봉사 업무나 했던 사람이 어찌 나라를 지키는 튼튼한 보루를 만들 수 있겠는가?

스스로 자수성가한 사실에 대해 자부심이 강했던 존슨은 당연히 분개했다.

나는 내가 기계공 출신이라는 사실을 잊지 않고 있다. 나는 기계공으로 살았던 경험에서 자부심을 느낀다. 아담 역시 재봉사로서 무화과 잎으로 옷을 지어 입었다는 사실도 잊지 않고 있다. 우리를 구원한 예수께서도 목수(나사렛의 요셉)의 아들이다.

어느새 존슨은 단순한 재봉사라기보다 유능한 기업가이자 전문 정치가로 성장했다. 그는 어머니가 사는 농장을 포함해 상당히 많은 부동산을 소유했다. 또한 여러 노예, 그린네빌의 주요 거리에 놓인 좋은 저택을 소유했다. 그 집의 대문 문패에 존슨은 '대령 존슨Colonel Johnson'이라 썼다.

이제 존슨은 검은 눈, 큰 머리, 땅딸막한 어깨를 들먹이며 쉰 목소리로 자신을 비난하는 정적에게 맹렬히 반박하는 사람으로 널리 알려졌다. 토론에서도 종종 재치 없고 노골적인 표현을 사용해 청중의 짜증을 유발했고, 그들이 자리를 뜨도록 부추기기도 했으며, 때로는 그들과 심한 논쟁을 벌이기도 했다.

여론조사를 통해 선거에서는 존슨을 이길 수 없음을 확인한 휘그당은 1852년에 존슨이 속해 있는 선거구를 개편해 휘그당에 유리하도록 상황을 조성했다. 그러나 이 계략은 실패로 끝났다. 존슨은 집으로 돌아와 테네시주 주지사 선거에 출마했다. 경쟁 후보가 숱한 이유를 들먹이며 존슨을 선동가로 비난했고, 존슨은 힘든 선거전을 치른 후 어렵사리 주지사에 당선되었다. 이런 삶을 살아온 앤드루 존슨에게 정치적 투쟁이란 곧 개인의 성공과 같았다. 그에게 타협이란 자신의 본질을 저버리는 것과 같았다.

그래서 그는 누구에게도 협조를 받지 못했다. 대중의 힘으로 성공하는 것을 영광으로 여긴 존슨은 부자, 귀족, 좋은 교육을 받은 사람들, 어린 시절에 겪은 고통을 경멸하고 모욕하는 사람들에게 복수하기 위해 본인이 정치계로 파견된 것이라 생각했다. 이러한 존슨을 두고, 정적 중 한 사람은 "그는 면도칼이 아니라 식탁용 칼을 가지고도 자르는 사람"이라고 말했다.[11] 존슨은 '평민'이라 불리는 자신과 같은 사람에게 매사 호소하면서 평민이야말로 진정으로 이 세상을 지탱하는 사람들이라고 말했다. 반면 고급저택에 거주하는, 스스로를 훌륭하다고 여기는 거만한 상류계층을 향해 "불법적이고 허례허식이 심하며 위선적이고 인색하기 짝이 없는 귀족놈들"이라고 비난했다.

존슨은 소농小農과 소매상인을 좋아했고, 헌법은 성경과도 같은 것이며, 토머스 제퍼슨과 앤드루 잭슨은 유일하고 진실한 정치적 종교Political religion의 선구자라고 보았다. 존슨은 흑인이 열등하다는 신념을 품은 채 흑백 간의 근본적 차이를 전제로 하는 민주주의를 위해 헌신했다. 그는 하나님이 인종 간 차별을 설계하셨다고 보았다. 그는 노예제도를 불법화하려는 노예제 폐지론자들의 노력을 강하게 비난했다. 그는 노예제도를 남부 생활의 필수적인 요소로 보았다.[12]

비록 휘그당의 숱한 반대에 직면하긴 했으나 주지사로서 존슨이 성취한 주요 업적은 테네시주에서 최초로 세금으로 운영하는 공립학교체계를 구축한 것이다. 주지사로 일하는 동안 순수한 미국 태생으로만 정권을 확보하려는 미국당과 온 나라를 휩쓴 반가톨릭적 편견에 노골적으로 반대하긴 했으나 1855년 주지사 선거에서 존슨은 재선에 성공했다. 테네시주는 완고한 프로테스탄트 근본주의가 우위를 차지하는 지역이라 존슨 입장에서는 아주 간신히 지지를 얻어 재선한 셈이었다.

19세기 중반 미국에서는 반외국인 정서가 팽배해졌다. 아주 먼 옛날 아메리카로 이주한 프로테스탄티즘의 후예들을 우선해야 한다는 우월주의가 널리 퍼졌고, 이에 따라 아일랜드계와 독일계 이민자들이 특히 대대적으로 탄압을 받았다. 오늘날의 반이민 히스테리와 비슷했다. 당시의 반외국인 정서 역시 앞서 미국에 찾아온 자들의 후손들에게 강력한 호소력을 발휘하였다.

2년 후 민주당은 다시 주의회를 장악했고, 존슨은 오랫동안 갈망하던 연방 상원의원에 당선되었고. 무일푼의 가출 소년은 이제 이 나라 엘리트 그룹의 한 구성원이 되었다.

독선과 고집의 상징

연방 상원에서 존슨은 정부의 경제정책에 대해 자주 발언했다. 그는 노예제도를 지지했다. 그는 자신이 부통령이나 대통령 후보로 지명될 수도 있다는 희망을 품고 한때 주창했던 홈스테드 법안을 다시 주장했다. 그의 동료인 남부 민주당원의 계속된 반대에도 불구하고 이 제안은 북부 출신 의원들의 지지 아래 상하원을 통과했다. 그러나 이 법안은 남부의 환심을 사려 했던 제임스 뷰캐넌 대통령에 의해 거부당했다. 결국 이 법은 1862년에 연방 상원에서 남부 출신 의원이 거의 사라진 후에야 제정되었다.

남부의 연방탈퇴는 다른 모든 문제를 무색하게 만들었다. 남부인 대다수가 연방의 파괴에 반대했기 때문에 존슨은 1860년 민주당 대통령 후보로 자신이 타협을 이끌 최적의 후보라고 생각했다. 테네시주 찰스턴Charleston에서 열린 민주당 전당대회에서, 테네시주 대의원들은 존슨을 가장 적합한 후보로 지지했지만 북부 출신의 민주당원들과 마찰을 빚은 끝에 대통령 후보를 지명하지 못한 채 전당대회가 끝났다. 얼마 후 북부 민주당원들은 스티븐 더글러스Stephen A. Douglas를 지지했고, 남부 민주당원들은 존 브레킨리지John C. Breckinridge를 지지했다. 존슨은 브레킨리지의 당선을 위해 노력했다. 그러나 노예제도 유지를 지지하는 남부인이 공화당 대통령 후보인 에이브러햄 링컨의 당선을 연방탈퇴의 구실로 삼는다면 어떻게 할 것인지에 대한 질문을 받았을 때, 존슨은 "만약 위기를 맞이한다면 나는 연방을 지킬 것이다."라고 대답했다. 존슨의 정치적 역정歷程을 살피다 보면, 그가 다른 사람과 화합하지 못하는 독단적 판단과 아집으로 뭉친 인물임을 알 수 있다.

링컨이 대통령에 당선되고 1861년 3월 4일 취임하는 동안 남부 출신 의원 중에선 유일하게 존슨만이 남부의 연방탈퇴를 반대하며 비난했다. 비록 그는 각 주의 독자적 권리States' rights, 州權를 중시하고 노예제도를 옹호했지만 훌륭한 잭슨파Jacksonian*로서 연방을 분리할 수 없음을 강력히 주장했다. 상원의사당에서 발표한 날카로운 연설에서 그는 반연방주의를 반역으로 규정했으며 반역자들이 연방뿐 아니라 민주주의를 파괴하려 한다고 강하게 비난했다. 그의 다음 발언은 북부에서는 호평을 받았지만 남부에서는 비난을 받았다.

나는 헌법을 사랑한다. 나는 헌법과 연방이 안전하게 구원받아야 한다고 믿는다. 나는 상원의원의 직책을 걸고, 또 나의 목숨을 걸고서라도 연방을 구원할 것이다.

섬터 요새 전투Fort Sumter를 이어 링컨이 반역자들을 제압하기

---

* 미국의 제6대 대통령 앤드루 잭슨은 대중적 민주주의를 주창했는데, 본문에서는 이를 옹호하고 신봉하는 정치인을 Jacksonian이라 부른다.

위해 지원병을 모집하는 동안 존슨은 고향으로 달려가 테네시주가 연방에 남을 수 있게 필사적으로 노력했다. 독단적인 존슨에게 살해 협박 등 적대적인 항의가 뒤따랐다. 그렇지만 그는 모든 사람이 보는 단상에 올라 권총을 내동댕이치며 연설했다. 산악지대와 시골 계곡에 사는 사람들은 테네시주의 연방탈퇴에 반대했다. 그러나 인구가 많고 부유층 비중이 큰 테네시주의 서부지역에서는 연방탈퇴를 간절하게 지지했다. 이제 남부인에게 배신자로 낙인찍힌 존슨은 워싱턴 D.C.로 돌아왔다. 여기에서 존슨은 남부연합을 비난하고 연방에 충성한 유일한 남부출신 상원의원이 되었다. 이러한 행보 역시 남부는 물론이고 북부의 시선에서도 독단적으로 보였다.

존슨은 링컨 대통령의 정책을 지지했고 테네시주 동부지역의 구원을 이끌었다. 이곳에 거주하던 연방군의 동조자들은 남부인에게 적잖은 괴롭힘을 겪었다. 그중에는 자기 집에서 추방당한 존슨의 아내와 어린 막내아들도 있었다. 존슨의 아들 두 명은 연방군에서 복무했다. 그의 사위는 테네시주 산악지대에서 게릴라 전투에 참전했다. 1862년 초에 북부군 총사령관 그랜트가 테네시주 서부를 점령한 후 링컨은 존슨에게 준장계급을 수여해 그를 테네시주 군정지사로 임명했다. 테네시주에서 사실상 최고 권력자가 된 존슨은 이 주에서 남부연합의 영향을 제거해 나가기 시작했다. 그는 연방정부에 충성을 맹세하기를 거부하는 공무원을 강제 해고했다. 그는 반연방적인 성향의 신문을 폐간했고, 종교계에서 남부연합에 친밀한 성향을 드러낸 성직자들을 제거했다. 이 역시 존슨의 독단적인 조치였다.

존슨의 성화를 이기지 못한 링컨은 테네시주를 노예해방 선언의 효력이 닿지 않는 주로 선정했다. 남부 노예소유자가 연방으로 복귀하도록 이끌기 위함이라는 명분 때문이었다. 결국 테네시주는 노예해방 선언의 영향에서 벗어난 채로 연방에 복귀한 주가 되었다. 진퇴양난의 전쟁은 계속되었고, 1862년 가을 내슈빌이 남부 연합군에 포위되었다. 이때 존슨은 도시를 적의 위험으로부터 철수시켜야 한다는 모든 제안을 고집스럽게 반대했다. 그는 투덜거리면서도 엄포를 놓았다.

나는 군인이 아니다. 항복을 이야기하는 사람이 누구든 내가 쏴 죽일 것이다.

전쟁이 끝나갈 무렵, 존슨은 노예제도를 폐지하고자 하는 내용의 주헌법을 수정하고 친親연방 성향의 주정부를 강제로 설치했다. 역시나 독단적인 처사였다.

존슨의 이러한 노력에 강렬한 인상을 느낀 링컨은 1864년 그를 부통령 후보로 지명했다. 선거전은 가혹할 정도로 치열했다. 이때 존슨은 장티푸스에 시달렸고, 극도로 쇠약해져 몹시도 지쳐 있었다. 그렇지만 승리하였고, 완전히 회복되지도 않은 몸을 이끌고 취임식에 참석했다. 그의 아내 엘리자는 그린네빌에 남아 있었다.

1865년 3월 4일. 존슨의 부통령 취임식 당일에는 비가 내렸다.

취임식 전날 밤 친구들과 어울려 기쁨을 나누는 동안 존슨은 너무나 많은 술을 마셨다. 존슨은 곧 퇴임할 부통령 해니벌 햄린 Hannibal Hamlin 옆에 서 있었다. 자신이 부통령이 된 것 때문이었는지 아니면 연방을 지키고자 하는 자신의 주장이 성사되어서인지는 모르겠지만, 어쨌든 마음이 뒤숭숭했던 존슨은 위스키를 주문했다. 그는 취임식이 열리는 상원 의사당으로 걸어가기 전에 이미 여러 잔을 연거푸 마셨다. 좋지 않은 환기 시설, 군중의 열기, 연거푸 마신 위스키 때문에 그는 단번에 취하였다. 결국 취임식이 진행되는 동안 존슨은 비틀거렸다. 술에 취한 나머지 횡설수설 앞뒤가 맞지 않는 연설을 울면서 늘어놓았다.

그래……. 나는 여러분에게 말하고자 한다. 여기에서 오늘……. 그래, 나는 여러분에게 모든 것을 말하고자 한다. 나는 평민이다. 나는 평민 출신임을 영광스럽게 생각한다. 나는 평민 출신이다!

구경꾼들은 킥킥 웃었다. 링컨이 몹시 면목 없어 했다. 해니벌 햄린이 재빨리 존슨의 옆구리를 찌르고 나서야 상황이 무마되었다.[13]

술이 깨자 난처해진 존슨은 도망치다시피 워싱턴 D.C. 근교의 친구 집으로 갔다. 그는 상원에서 휴회가 선언될 때까지 돌아오지도 않았다. 그가 결석하자 이번에는 그가 계속 술을 진탕 마시고 있다는 소문이 퍼졌다. 이에 몇몇 상원의원은 그의 부통령 사퇴를 종용했다. 사실 존슨은 당시의 많은 미국인이 그랬던 것처럼 술을 많이 마시기는 했지만 그렇다고 알코올 중독자는 아니었다. 링컨은 존슨을 부통령 후보로 지명하기 전에 비밀요원들을 시켜 미래의 부통령이 될 사람을 뒷조사하게 했다. 링컨은 존슨에 대해 우려하는 내각 인사들에게 "나는 수년 동안 존슨을 지켜보아 그를 잘 알고 있습니다. 그는 한때 좋지 않은 방향으로 나간 적이 있지만, 여러분들은 걱정할 필요가 없습니다. 그는 술주정뱅이가 아닙니다."라고 말했다.[14]

북부인의 도움으로 대통령이 된 남부인

1865년 4월 14일 밤 10시 30분이 되기 직전, 존슨은 펜실베이니아 거리에 있는 2층짜리 건물인 커크우드 하우스Kirkwood House 호텔 스위트룸에서 잠을 자다가 문을 세게 두드리는 소리에 잠을 깼다. 한 친구가 문을 열고 들어왔고, 잠에서 막 깬 존슨은 무시무시한 소식을 들었다. 포드극장에서 링컨 대통령이 총을 맞았다는 소식이었다. 충격을 받은 존슨은 비틀거렸고 두 사람이 그를 부축했다. 정적이 흘렀다. 혼란된 순간이 지나고 앤드루 존슨은 자신이 격동의 시대에서 가장 중요한 역할을 맡게 되었음을 깨달았다.

새로운 소식과 소문이 더 많은 사람과 함께 밀어닥쳤다. 의식이 없는 링컨은 포드극장 건너편의 한 하숙집에서 숨을 거두었다. 국무장관 윌리엄 수어드William H. Seward는 침대를 내리치면서 죽고 싶다고 말했다. 살인에 대한 공포가 도시 전체를 덮쳤고, 무시무시한 음모가 진행되는 것처럼 보였다. 그날 밤 내내 삼엄한 경비태세가 유지되었고, 다음 날 아침 7시 30분에 링컨의 죽음을 애도하는 종소리가 울려 퍼졌다. 곧이어 존슨은 커크우드 호텔 특별휴게실에서 대법원장 체이스를 앞에 두고 대통령 취임선서를 했다. 수어드를 포함한 링컨의 내각은 그대로 유지되었다.

1865년 12월까지 의회가 휴회하고 있을 때 존슨은 온건한 재건정책을 내놓았다. 이에 공화당 중심의 급진파는 물론 심지어 중도파와 남부인까지도 지나치게 온건한 관용정책에 충격을 받았다. 존슨은 남부의 백인들에게 흑인의 참정권을 인정할 것을 요구하지 않았다. 또 남부에 어떠한 정치·사회적 변화도 요구하지 않았다. 남부 반역자를 처벌하겠다는 이전의 약속이 무색하게 그들에 대한 어떤 재판도 이루어지지 않을 것이었다. 남부연합의 대통령이었던 제퍼슨 데이비스는 감옥에 2년 정도 있다가 아무런 재판도 받지 않고 풀려나 81세까지 편안하게 살았다. 남부연합의 부통령이었던 알렉산더 스티븐스Alexander H. Stephens는 잠시 투옥되었다가 의회로 돌아온 후에 조지아주 주지사가 되었다.

존슨은 연방을 탈퇴해 반역을 저지른 남부인에게 엄한 처벌을 가하는 대신 남부연합의 지도자와 부유한 농장주를 제외한 모든 남부 백인에게 연방에 충성할 것을 맹세하라는 조건을 내걸며 사면을 단행하고자 했다. 비록 남부연합의 지도자와 농장주는 대통령 존슨이 사면하긴 했지만 말이다. 탈퇴한 남부주에는 임시 주지사가 임명되었으며 백인에 의해서만 선출된 대표단으로 구성된 주의회가 새로운 주헌법을 제정하기 위해 소집되었다. 새로운 대통령 존슨 덕분에 남부는 면벌부를 얻었다. 노예제도를 폐지하지 않아도 되었고, 연방탈퇴에 대한 비난과 처벌을 감수하지 않아도 되었으며, 막대한 액수의 빚을 갚아야 한다는 요구에서도 벗어났다. 남부의 새로운 주정부들은 완전한 자유를 얻었다. 반면 흑인 참정권은 철저히 소외되었다. 또다시 존슨의 독단적인 행보로 인해 벌어진 일이었다.

이런 독단적인 재건계획을 발표하면서, 존슨은 결코 회복할 길이 없는 언어도단의 실수를 저질렀다. 그는 마치 자신이 진짜 '잭슨파'나 된 것처럼 연방재건의 최고 책임은 대통령에게 있고 의회는 그럴 책임이 없다고 주장했다. 그러나 남북전쟁도 끝난 마당에 그동안 침묵하던 의회가 존슨이 원하는 만큼의 대통령 재량권을 순순히 인정할 리가 없었다. 하물며 당시 북부에서는 남부연합이 패배를 받아들이고 대가를 치렀다는 명백한 증거를 내밀지 않으면 남부를 결단코 연방으로 받아들이지 않겠다는 여론이 우세했는데, 존슨은 대중의 의사를 수용하지 않았다. 거기다 존슨은 비록 자신이 민주당원이지만 공화당의 힘으로 대통령이 되었다는 사실을 망각했다. 자신의 정치적 기반이 아니라 공화당에 충성해야 했다. 자신을 대통령으로 만든 공화당에 충성하지 않는다면 언제든 모종의 조치가 취해질 수도 있다는 사실을 망각한 것이다.

전쟁이 끝난 후 물리적으로든 경제적으로든 심리적으로든 북부 중심의 연방 체제에서 가혹한 처벌이 내려질 것이라 두려워하던 남부인은 존슨의 온건한 재건정책에 기뻐하지 않을 수 없었다. 그러나 북부 공화당 중심의 급진파는 흑인노예의 권리를 포기한 대통령의 처사에 분노했고, 그의 노선에 큰 우려를 표했다. 그들은 여러 요인을 고려하여 존슨이 자기들을 기만한다고 생각했다. 당시 해군장관 기드온 웰스는 이렇게 증언했다.

> 존슨은 다른 사람이 이야기하는 동안에는, 비록 본인이 동의는 하지 않더라도 그 자리에서 논박하지 않고 그냥 듣고만 있었다. 그의 평상시 습관이었다.[15]

기드온 웰스의 증언에 따르면, 급진파가 흑인의 참정권을 인정하라고 요구했을 때 보였던 존슨의 '침묵'을, 급진파가 '묵인'으로 잘못 해석했을 수도 있다. 한편 연방통일과 평화만을 원했을 뿐, 흑인 참정권을 향한 급진파의 병적인 집착에는 관심이 없던 북부인 대다수는 존슨의 계획을 공정하다고 보기도 하였다.

존슨의 정책이 예기치 않게 변화한 배경에는 중요한 두 가지 이유가 있다. 하나는 자신의 정책에 대한 존슨 본인의 관념이고, 다른 하나는 자신이 직접 결정하며 마주하게 될 현실이다. 첫 번째, 존슨은 남부주가 연방헌법에 복속되어 있기 때문에 결코 연방을 벗어나지 못할 것이라 보았고, 그래서 재건을 위한 특별조치도 필요하지 않으며, 단지 남부주가 연방으로 복귀만 하면 된다고 간주했다. 흑인 참정권 역시 연방차원에서 간섭할 사안이 아니라 주정부의 권한에 속하는 사소한 사안으로 이해했다. 그는 흑인 참정권은 어떻게 진행되든 투표할 자격만 부여하면 된다고 생각했다. 당시 존슨은 미국 주재 영국대사 프레더릭 브루스Frederick Bruce에게 "흑인노예들은 백인에게 의존하여 문명화된 보호를 받는 동안 질서를 유지하며 가만히 있어야 한다."라고 말했다.[16]

두 번째, '평민 출신'으로서 존슨의 분노는 남부인 전체가 아니라 남부 귀족에게 향했다. 그는 남부의 농장주에게서 정치적 권력을 넘겨받아 이를 백인 자영농에게 넘겨주고자 했다. 그는 주의원, 주지사, 하원의원, 상원의원 선거가 열릴 때마다 백인 농민들이 농장주에게서 권력을 뺏을 수 있을 거라 확신했다.

사실상 남부인이자 민주당원인 존슨은 전쟁 이전 북부 출신의 노예제 폐지론자, 전쟁 이후 공화당의 주류를 형성한 급진파의 입장에서는 달갑지 않은 인물이었다. 그런데 그는 대통령의 권한과 특권을 이용하여 국면을 새로이 설계하고자 했다. 이에 (존슨을 지지하는) 북부와 남부의 중도파들은 새로운 당을 조직하여 1868년 선거에 존슨을 출마시켜 그가 4년 더 백악관에서 살기를 기대했다.

탄핵에 이르기까지

존슨과 급진파는 의회가 다시 열리는 1865년 12월까지 일단 침묵하고 있었다. 연두교서에서 존슨 대통령은 재건이 완성되었으며 남부연합에 속했던 모든 주는 연방에 복귀할 자격을 가지고 있다고 선언했다. 그러나 사실 남부에서 반란의 징조가 완전히 사라지진 않았다. 또한 남북 백인들은 노예제도를 다시 정착시키려고 노력했다. 존슨은 연방을 찬성하는 백인 농부들이 선거를 이용해 권력을 차지할 것을 기대했으나 남부 유권자들은 과거 남부를 지배했던 농장주들에게 권력을 돌려주었다.

흑인노예를 다시 농장으로 돌려보내야 한다는 남부 농장주의 요구가 빗발쳤고, 그들의 힘으로 새로 구성된 남부의 주정부들은 흑인의 권리와 인간의 존엄성을 부정하는 '흑인 단속법Black Codes' 을 제정했다. 이 인종차별적 법안으로 노예 출신 흑인은 이전처럼 주인을 위해 노동할 것을 강요받았다. 고용되지 않은 흑인은 '부랑자'로 규정되었고, 체포되었으며, 벌금을 내고 백인 지주에게 임대되었다. 한 예시로, 플로리다주에서 노동계약을 어긴 흑인이 채찍질을 당했고, 1년 동안 다른 사람에게 품팔이로 팔려갔다. 흑인이 선택할 수 있는 직업은 한정되었고, 흑인은 땅을 소유할 수 없었으며, 남부에서는 흑인을 향한 공공연한 폭력이 난무하였다.

이러한 억압조치는 자유를 얻고자 노력한 흑인들을 매우 어려운 상태로 몰아넣었다. 북부군(양키군)이 승리하자 남부 일부 지역에서는 흑인들이 과거 노예 신분으로 경작했던 농장을 스스로 관리하게 되었고, 대규모 농장을 소규모 단위로 나누어 경작해 자영농이 되고자 노력하기도 했다. 그러나 자신과 가족들의 정치·경제적 기반을 구축하고자 펼친 흑인들의 노력은 새로운 백인들의 지배체제에 의해 수포로 돌아갔다. 여러 해가 지나며 과거 남부연합의 재무장관이었던 크리스토퍼 메밍거Christopher G. Memminger 같은 골수 남부인도 이렇게 말할 지경이었다.

남부인은 1865년에 가혹한 처벌을 감수하고 참회를 해야 했다. 흑인들을 인정하는 새로운 과정을 겪어야 했다. 그러나 앤드루 존슨 때문에 우리 남부는 다시 '백인의 나라'라는 희망을 느끼게 되었다.[17]

대통령의 재건정책에 노골적으로 불만을 표시한 공화당 급진파는 남부에서 형성되는 백인 단독정부를 무산시키고, 반역자들을 처벌하고 추방하여 흑인이 투표할 수 있는 새로운 체제를 건립할 것을 요구했다. 대통령의 재건정책은 재건이 아니라고, 뉴욕 출신의 한 급진파가 말했다. 급진파는 의사당에서 새롭게 선출된 남부 출신 연방 상원의원과 하원의원을 위한 자리를 안배하지 않았다. 그들 대부분은 의회의 통제권을 공화당의 손에서 빼앗고자 하던 민주당 출신이었기 때문이다. 그러나 연방의회를 구성한 의원 중 공화당 출신 의원 대다수는 중도파였다. 공화당 중도파는 비록 대통령의 계획에 결점이 있기는 하지만 대통령과 함께 협력하여 결점이 있는 계획을 수정할 수 있기를 희망했다. 따라서 존슨은 다수를 포함하는 중도파와 타협하여 자신의 재건정책을 진행해야 했다. 그러나 존슨은 타협과 협력이 아니라 싸움과 갈등을 선택했다. 존슨은 의회와 여론을 무시하는 최악의 길을 택했다. 이에 급진파와 중도파가 연합하여 남부의 상황을 조사하고자 재건합동위원회The Joint Committee on Reconstruction를 구성했다. 존슨의 독단과 아집이 낳은 결과였다.

존슨은 자신의 정책에 반대하는 세력에 인신공격을 일삼았다. 우선 초대 대통령 워싱턴의 탄생일을 축하하기 위해 백악관을 방문한 군중을 향해 "재건합동위원회는 '일종의 음모단체'에 불과하다."라고 비난했다. 이어 그는 매사추세츠주 연방 상원의원 찰스 섬너와 펜실베이니아주 연방 하원의원 새디어스 스티븐스Thaddeus Stevens 같은 급진파가 남부의 연방탈퇴파보다 연방에 훨씬 큰 위협이라는 근거 없는 망발을 내뱉었다. 존슨은 해방노예국의 활동 기간을 연장하는 법안, 흑인노예에게 법적 보호를 부여하는 시민권 법안에 거부권을 행사해 자신의 고집을 관철하고자 했다.

그러나 상원과 하원의 압도적인 지지로 해방노예국 활동 기간 연장 법안과 흑인 시민권 법안이 통과되었다. 이에 어느 하원의원은 "지금까지 하원에 제출된 법안 중 가장 중요한 법안"이라고 평가했다. 흑인 시민권 법안은 '흑인 단속법'을 무력화하고 나아가 연방정부에 평등의 원리를 보장했다. 예상대로 존슨은 이런 법안들이 주정부의 희생 위에서 연방정부로의 권력집중을 이끌 것이라는 이유로 거부권을 행사했다. 거기다 그는 흑인은 시민권을 부여받을 자격이 없다고까지 주장했다. 충격을 받은 중도파는 급진파와 합세해 1866년 대통령 거부권을 압도했다.

이제 대통령과 다수당인 공화당과의 불화는 불가피했다. 급진파는 물론 중도파까지도 "(연방을 향한) 남부주의 충성을 회복하는 일"에 대통령 존슨이 걸림돌이 된다고 생각했다. 이에 존슨은 급진파든 중도파든 의원 대다수를 '적'으로 규정했다. 존슨은 유연한 태도로 의회의 요구를 대폭 수용하라는 내각 보좌관들의 충고를 철저히 무시했다. 그는 개인비서에게 이렇게 말했다.

내가 옳다. 내가 옳다는 사실을 알고 있다. 내가 이 입장을 고수하지

않는다면 나는 저주받을 것이다.[18]

이때부터 대통령 존슨과 공화당 의원들 간의 공개적이고 노골적인 투쟁이 시작됐다. 의회는 대통령의 재건계획을 쓸어버리고 자신들의 재건계획을 채택하는 절차를 밟았다. 핵심은 수정헌법 제14조였다. 이 조항은 대통령의 거부권 행사에 한계를 설정하고, 의회 내 다수당의 권한을 강화하며, 남북전쟁 이후의 재건 과정이 공화당에 의해 추진된다는 내용이 명시되었다. 비록 흑인에게 투표권을 보장하진 않았으나 수정헌법의 신규 조항은 그 어떤 주도 '적법한 절차'에 의하지 아니하고서는, 또는 법률에 의한 '평등한 보호'를 하지 아니하고서는 모든 이의 생명, 자유, 재산을 박탈할 수 없음을 명시했다. 이에 존슨은 독선과 아집으로 의회를 완전히 무시하고는 남부 출신 의원들을 부추겨 수정헌법을 거부할 것을 공작했다. 이러한 무책임한 행동을 목격한 북부인 대다수는 연방을 재건하는 과정에서 존슨을 더는 신뢰할 수 없다고 확신하게 되었다.

의회와 존슨의 투쟁이 이어지던 한편, 남부 여러 도시에서는 흑인을 대상으로 백인들의 노골적이고 인종차별적인 폭력사태가 발발했다. 이로 인해 대통령을 향한 믿음은 더욱 의심을 받게 되었다. KKK 같은 야간 기마폭력단Night riders이 흑인과 흑인을 지지하는 백인에게 무자비한 테러를 가했다. 멤피스시Memphis와 뉴올리언스시New Orleans에서는 인종혐오적 유혈폭동이 난무했다. 분노한 백인들은 흑인을 상대로 약탈, 방화, 강간, 살인 등을 저질렀다.

급진파는 이러한 폭력사태를 존슨의 정책이 실패했다는 증거라며 비난했다.

이에 전투태세를 갖춘 존슨은 자신을 항상 지지한 유권자에게 호소했다. 바로 국민에게 직접 호소한 것이다. 존슨은 북부의 대중이 자신을 지지할 것이라 희망하며 특별열차에 탑승해 짧은 기간 동안 북부의 여러 지역을 여행했다. 워싱턴 D.C.에서 뉴욕주 북부지역으로, 미주리주에서 다시 워싱턴 D.C.로 되돌아오는 여정 동안, 존슨은 유권자에게 수차례 격한 연설을 하며 본인의 노선에 동참하는 후보를 지지해 줄 것을 호소했다. 존슨은 미국 대통령 최초로 현직 대통령 신분으로 열차를 이용해 북부지역을 여행하며 중간마다 내려 연설을 했던 인물이었다. 그러나 그의 이러한 노력은 비참하게 실패했다. 그의 기대와 달리 북부의 대중은 냉담했다. 이에 존슨은 공화당 중심의 급진파가 자신을 암살하려 한다는 얼토당토않은 억지 주장을 했다. 그가 연설을 위해 멈추는 곳마다 야유와 조롱이 뒤따랐다. 충동적이고 화를 참지 못하던 존슨은 이들의 조롱을 참고 넘길 수가 없었다. 그의 연설은 곧바로 고함이 오가는 설전으로 바뀌었다. 그리고 거의 폭력사태가 발생할 것처럼 악화했다. 군중 속에서 누군가 "제퍼슨 데이비스를 교수형에 처하시오!"라고 외치자, 존슨은 "찰스 섬너를 교수형에 처하시오! 새디어스 스티븐스를 교수형에 처하시오!"라고 외치며 맞받아쳤다.

그동안 수많은 연설을 들었으나 이토록 심각한 언사를 입에 담은 대통령을 본 적이 없던 미국인들은 큰 충격을 받았다. 그것도 국가와 국민을 대표하는 대통령이라는 사람의 말이 너무나 거칠고 폭력적이라는 점에서 더욱 그러했다. 존슨의 정적들은 그의 과도한 폭언을 두고 맹렬히 비난했다. 『네이션Nation』은 존슨의 이러한 말을 "천박하고, 독선적이며, 너무나 상스럽다."라고 비판했다. 어떤 기자는 존슨의 이러한 모습은 만취 행각이라고 추측했다. 『노스아메리칸리뷰North American Review』의 제임스 로웰James R. Lowell 기자는 존슨의 이 여행을 "추잡하게 마구 마시고 법석을 떠는 주연酒宴"으로 평가했다. 공화당은 '대통령의 거부권 행사를 막는 의회'라는 이미지를 구축하고 상하 양원에서 3분의 2 이상의 지지를 받으며 미국 수정헌법 제14조를 통과시켰다. 공화당은 존슨의 이러한 행동 때문에 더 많은 표를 확보할 수 있었다고 판단해 존슨의 만행을 되려 고맙게 여겼다.

전통적으로 대통령은 외교 업적으로 자신의 명성을 높였다. 국무장관 수어드는 비록 링컨이 암살당하던 밤에 입은 상처에서 완전히 회복되지는 않았으나 존슨 행정부에서도 업무를 잘 수행했다. 미국이 남북전쟁에 전념하는 동안 프랑스의 나폴레옹 3세가 멕시코에 군대를 파견해 오스트리아 대공 막시밀리안Maximilian을 멕시코의 권좌에 앉혔다. 존슨의 승인을 얻은 수어드는 먼로독트린*을 거듭 주장하기 위해 움직였고, 약 5,000명의 군인을 멕시코 국경지대로 파견했다. 미국으로부터 강경한 메시지를 받은

---

* 미국의 제5대 대통령 제임스 먼로가 천명한 미국의 외교방침으로, 유럽과 아메리카의 상호 불간섭을 원칙으로 삼은 고립정책을 가리킨다. 먼로주의라고도 부른다.

프랑스는 막시밀리안을 멕시코인의 온화한 자비심에 맡긴 채 프랑스로 물러갔다. 프랑스가 물러나자 막시밀리안은 처형되었다.

수어드의 가장 야심적인 성공작은 협상 개시 3주 만에 고작 720만 달러로 러시아로부터 알래스카를 구입한 사건이다. 그러나 이러한 업적도 당시에는 별 인기가 없었다. 특히 알래스카 구입 사건을 두고, 의회는 수어드의 어리석은 행동의 결과라고 보았다. 강력한 추진력과 강한 신념을 가진 수어드는 상원 외교위원회 위원장인 상원의원 찰스 섬너를 설득하여 거래를 성사시켰다. 그리고 존슨은 이 과정에서 아무 일도 하지 않았다. 동시에 그의 온건한 재건계획은 지지부진할 따름이었다.

존슨의 백악관 생활은 우울하기 그지없었다. 한 보좌관은 시무룩하고 늘 화가 나 있는 듯하며 웃음기 없는 존슨을 '엄한 대통령'으로 보았다. 영부인 엘리자 존슨은 자주 아팠고, 대체로 백악관 침대에서 생활했다. 자연히 존슨의 딸 마사Martha가 영부인 역할을 대신했다. 존슨 대통령의 아들 중 하나인 로버트 존슨Robert Johnson은 알코올 중독자였다. 백악관에서는 술을 마시며 시간을 허비했다. 이에 존슨은 해군장관 기드온 웰스에게 절실하게 부탁해 로버트를 장기간 항해하는 함선에 배치하도록 조치했다. 그런데 중간에 이 사실을 알아챈 로버트는 술을 진탕 마시고는 실종되었다. 대통령의 형 윌리엄은 존슨에게 툭하면 돈을 빌려달라고 빌붙었다. 결국 그는 아무런 일도 하지 않은 채 미국 정부의 공무원 명부에 등재되어 급료를 받았다.

의회는 존슨의 비타협적 태도, 노예해방의 현실을 거부하는 남부인의 고집에 분노했다. 그러니 대통령의 재건계획도 총체적으로 제어하고자 했다. 1867년 3월 공화당 중심의 의회는 대통령 거부권에 대한 권한을 무시하고 새로운 재건법을 제정했다. 이 법은 당시에 존재했던 주정부를 완전히 뒤엎는 조치였다. 이제 남부는 북부가 파견한 군정의 지배를 받게 되었다. 과거 남부연합에서 일한 수많은 관리가 일시적으로 공직에서 추방되었다. 그렇게 북부에 충성하는 남부 주정부가 탄생했다. 공화당 급진파는 남부지역의 주들이 미국 수정헌법 제14조를 비준하고 흑인에게 투표권을 부여한다면, 연방에 다시 가입할 수 있다는 내용을 법령에 담아 포고했다.

존슨 대통령 시기의 대통령과 의회의 반목은 새로운 재건법의 통과로 끝나지 않았다. 이제 다수의 급진파는 1866년 10월 초에 존슨 대통령의 탄핵을 강력하게 주장했다. 1년에 걸쳐 의회의 한 위원회가 존슨의 탄핵 사유를 증명할 증거를 수집하고자 노력했지만 별 소득이 없었다. 존슨은 급진파가 너무 오랫동안 증거를 찾고 있다고 비꼬았다. 대통령의 간섭으로부터 그들의 정책을 보호하기 위해 급진파는 이른바 공직보장법을 통과시켰다. 이 법은 대통령이 상원의 동의를 받지 않으면 내각 인사는 물론이고 어떠한 공직자도 해고할 수 없다는 골자를 담고 있었다. 이에 존슨은 급진파의 동료인 전쟁장관 에드윈 스탠턴을 해고해 자신의 권위에 대한 의회의 비헌법적인 억제조치가 어떤 결과를 야기할지를 직접 실험하고자 했다.

존슨과 의회가 스탠턴을 해고하는 대통령의 권리를 놓고 투쟁을 벌이게 되자 수도에서는 이제 더는 멀쩡한 분위기를 찾아볼 수 없게 되었다. 남은 것은 격앙된 흥분뿐이었다. 투쟁과 반목이 격렬해지자 급진파 소속의 누군가는 존슨 대통령이 링컨 대통령을 암살한 음모에 연루되었다고까지 주장했다. 존슨은 탄핵 위협을 받고 있었고, 의회는 스탠턴의 해고는 절대 불가하다고 으름장을 놓았다. 그렇지만 존스은 전쟁장관 스탠턴을 해고했다. 그를 해고하면서 "탄핵받아야 하고 비난받아야 할 사람은 내가 아니라 그대들이다!"라고 말했다.

이제부터 이른바 '의자 빼앗기 놀이'가 진행되었다. 스탠턴은 사임을 요구하는 대통령의 명령에 따르지 않았다. 이에 존슨은 결정을 잠시 보류한 채 그 자리에 그랜트 장군을 임명하고자 했다. 그랜트는 정계에 입문한 초창기에는 존슨을 지지하는 것처럼 보였지만 1868년 대통령이 될 수도 있다는 가능성을 감지하자 이내 마음을 바꾸었다. 그랜트는 문제가 되는 전쟁장관직을 포기하고, 그 자리를 늘 술에 절어있던 자신의 부관인 로렌초 토머스Lorenzo Thomas에게 넘겨주었다. 우여곡절 끝에 장관직의 열쇠는 다시 스탠턴에게 넘어갔다. 존슨이 보기에 급진파는 다가올 대선에서 공화당 후보로 그랜트를 지지하기로 했고, 그 대가로 존슨을 팔아넘기라고 그랜트에게 요구한 것처럼 보였다. 하여 존슨은 그랜트의 처신을 비난했다.

이러한 투쟁 일변도의 대통령에 대해 윌리엄 셔먼William Sherman 장군은 "그(존슨 대통령)는 다스리는 수단을 상실한 후에 지배하고자 했다. 존슨은 군대 없이 싸우는 군인과 같다."라고 평했다. 이런 상황에서도 존슨은 대통령으로서의 인사권을 주장하며 스탠턴을 해임하고 토머스를 새로 전쟁장관으로 임명했다는 사실을 1868년 12월 21일 상원에 통보했다. 그러나 이를 간파한 스탠턴은 전쟁부를 삼엄하게 경비하고 바리케이드를 설치해 자신을 강제로 끌어내리려는 모든 시도에 저항했다. 급진파가 재빨리 전쟁부를 포위했다. 3일 후 연방하원은 존슨이 그의 고집스러운 행보로 공직보장법을 위반했다는 이유를 들어, 126 대 47이라는 압도적인 표차로 존슨을 탄핵하는 데에 찬성했다. 그리고 운명의 판결은 연방 상원의 판단에 달렸다.

인종차별 문제를 떠넘긴 최악의 대통령

존슨은 유죄입니까? 그가 탄핵되어야 합니까?

35명의 상원의원은 분명 그렇다고 했다. 반대자는 19명이었다. 존슨이 탄핵되기 위해서는 1표가 더 필요했다. 앞에서 보았듯이 중도파인 에드먼드 로스는 극도의 긴장 속에서 마지막 표를 '무죄'에 던졌다. 결국 존슨은 탄핵되어 추방당할 뻔했다가 살아남은 최초의 미국 대통령으로 기록되었다. 훗날 연방대법원에 의해 이 시기의 공직보장법은 위헌이라는 역사적 평결을 받았다. 그러나 존슨이 1표 차이로 탄핵을 면할 수 있었던 이유는 그가 대통령으로서 우수해서가 아니었다. 중도파 상원의원이 급진파 지도자 벤웨이드에게 대통령직이 넘어가는 상황을 바라지 않았기 때문이었다. 또 다른 상원의원은 만일 대통령이 탄핵된다면 입법부와 행정부 사이에 유지되던 헌법적 권력 균형이 영구히 바뀔 수 있다는 두려움을 느꼈기 때문이라고 증언했다. 존슨은 탄핵 판결의 이런 미묘한 뉘앙스를 결단코 알지 못했다.

그는 간신히 탄핵의 위험에서 벗어났음에도 터무니없이 어리석은 정치적 행동을 반복했다. 그는 전임자 링컨과 북부연방군의 승리가 자신에게 가져다준 대통령으로서의 권력과 호의적 분위기를 내동댕이쳤다. 그는 국가의 정치적 질서와 생활을 붕괴시켰다. 존슨은 자신도 모르게 실질적으로 남과 북의 화해를 차단했다. 한 역사가는 "존슨 행정부야말로 국민의 신뢰를 어떻게 하면 얻을 수 없는지, 객관적인 교훈을 남겼다."라고 풍자했다.[19]

어찌 됐든 존슨이 탄핵을 피하자 남부는 새로운 희망을 품었다. 그리고 남부는 '백인의 나라'로 존속될 수 있었다. 비록 급진파가 주도한 재건은 1877년 남부에서 북부연방군이 철수할 때까지 이어졌으나, 공화당 급진파가 주도한 재건정책은 존슨에 의해 촉발된 남부의 저항으로 인해 상당히 약화했다. 이런 상황을 보고 남부 출신의 한 연방 상원의원은 존슨 탄핵이 실패했다는 소식을 남부에 전달한 후 "반항자의 눈은 광포하여 날뛰는 악인의 눈과 같이 번쩍거렸다."라고 말했다.[20] 여러 사람 중에서 특히 새디어스 스티븐스는 흑인노예의 미래에 대해 크게 낙담했다.

대단히 요란스러운 갈등을 일으킨 결과, 존슨은 자신을 변호하고 명예를 회복하기 위해 여생을 전념했다. 여러 대통령의 '직업병'이기도 한 자기기만을 범하던 존슨은 1868년 대통령 선거에서 민주당 대통령 후보가 되고자 했다. 그러나 실패했다. 남부 출신 민주당원들은 존슨을 열렬히 환영했으나 북부 출신 민주당원들이 그를 신뢰하지 않았다. 그렇지만 존슨은 백악관에서 나가자마자 테네시주로 돌아가 1869년 연방 상원의원에 출마했다. 이때의 도전은 역시 실패로 끝났고, 1872년에 다시 출마했으나 낙방했다. 그런데 3년 후 민주당 출신이 우위를 점한 테네시주 주의회는 54명의 무기명 비밀투표를 통해, 그것도 단 1표 차이로, 존슨을 테네시주 연방 상원의원으로 선출했다. 여기서도 1표라니, 실로 운명이다.

1875년 3월 5일 존슨은 연방 상원에 착석했다. 전임 대통령이 퇴임 후 상원의원이 된 최초이자 유일한 사례다. 존슨은 의사당 안을 이리저리 둘러보았으나 그나마 친근했던 중도파 의원은 소수에 불과했다. 상원의원 존슨이 알만한 다른 상원의원은 없었다. 존슨은 "나는 오랜 친구들을 보고 싶었을 뿐이다."라고 슬프고 힘없이 말했다. 존슨은 자신의 무죄를 위해 정치적 경력을 희생한 공화당 중도파 의원 7명 중 6명의 이름을 차례대로 불렀다. 사실 그들은 상원에서 사라졌었다.

페센덴, 파울러Fowler, 트럼블Trumbull, 그림스, 헨더슨Henderson, 로스 모두가 보이지 않네.

존슨은 상원의원으로서는 승리의 기쁨을 그렇게 오래 누리지 못했다. 1875년 7월 31일 테네시주 카터 스테이션Carter Station에 살던 그의 딸과 손주들의 집을 방문한 존슨은 66세의 나이에 뇌졸중으로 사망했다. 파란만장한 삶을 살았던 전직 대통령은 그의 요구대로 매장되었다. 그의 시신을 성조기로 감쌌다. 그의 머리는 미국 헌법 사본 위에 놓였다. 그는 이 상태로 매장되었다. 결국 존슨은 향후 1세기 동안 이어질 아프리카계 미국인에 대한 인종적 억압이라는 유산을 남겼다.

7장

Franklin Pierce

프랭클린 피어스 1853년 3월 4일 ~ 1857년 3월 4일

남북전쟁의 불씨를 키운
불성실하고 나약한 대통령

지방 삼류 정치인이
미국 대통령이라니!

『주홍글씨』의 저자 너새니얼 호손Nathaniel Hawthorne은 자신의 친구 프랭클린 피어스가 1852년 제14대 미국 대통령으로 당선되었다는 소식을 듣고서 피어스에게 다음과 같은 편지를 썼다.

프랭크, 나는 네가 정말 불쌍하다. 정말 걱정이다.[1]

호손은 친구 피어스를 진심으로 동정했지만 정작 동정해야 할 사람은 미국 국민이었다. 왜냐하면 제14대 대통령은 미국 최악의 대통령 중 한 사람이기 때문이다. 피어스는 잘 생기고 상냥하며 친절했지만, 술을 지나치게 좋아했고 지역감정과 지역갈등이라는 '판도라의 상자'를 열어 1850년대에 갈등을 촉발시키고 궁극적으로 남북전쟁으로의 길을 마련한 대통령이었다. 당시는 정치적으로 유능한 대통령이 필요한 시기였는데, 피어스는 그저 온화하고 평범한 사람에 불과했다. 무능한 피어스와 무능한 뷰캐넌이 위기의 미국을 연이어 책임졌다. 그리고 이 무능의 굴레는 남북전쟁이라는 비극으로 이어졌다. 역대 대통령은 후임 대통령에게서 낮은 평가를 받는 경우가 극히 드물지만 해리 트루먼 대통령은 피어스 대통령에 대해 이렇게 혹평했다.

피어스는 지금까지 백악관의 대통령 중 가장 잘생긴 대통령이었다. 그러나 대통령으로서의 그는 뷰캐넌과 캘빈 쿨리지와 같은 반열로 평가된다.[2]

시어도어 루스벨트도 프랭클린 피어스에 관해 이런 혹평을 남겼다.

그는 작은 정치인이었고 보잘것없는 정치인이었으며 비천한 환경에 둘러싸여 있던 정치인이었다. 그는 강자에게는 침묵하고 약자에게는 비열하게 구는 전형적인 인물이었다. 그는 당의 지도자가 노예제도는 물론이고 그보다 더 나쁜 것을 원하더라도 그렇게 시행하도록 준비되어 있었다.[3]

프랭클린 피어스는 미국 정치사에서 두 번째로 위대한 인물들이 등장해 활약한, 이른바 '은銀의 시대'*를 살았던 주요 인물이 차츰 은퇴하던 시기에 미국 최고위 공직을 얻었다. 조지 워싱턴과 에이브러햄 링컨 사이의 모든 대통령 중 가장 위대한 대통령으로 꼽힌 앤드루 잭슨은 여러 전투를 잘 치러내어 평화롭게 죽었다. 위대한 타협을 성사시킨 헨리 클레이Henry Clay는 1850년 타협을 통해 연방의 분열을 마지막으로 막는 일에 헌신하며 죽었다. 위엄이 넘치는 주권州權의 주창자 대니얼 웹스터Daniel Webster, 존 캘훈John

---

* 미국사에서 정치적으로 위대한 인물이 두 번째로 나와서 활약한 시대를 가리킨다.

Calhoun 역시 죽었다. 탁월한 연설가로 능변의 원로Old Man Eloquent라 칭송받던 존 퀸시 애덤스 역시 1848년 연방 하원의사당에 마련된 본인의 초라한 의자에서 뇌졸중으로 죽었다.

이와 같은 기라성과는 달리 피어스는 미국인이 직접 뽑은 대통령 중 지미 카터를 제외하면 가장 세상에 알려지지 않은 인물이었다. 그는 연방 하원의원과 상원의원을 지낸 적이 있지만 특별히 한 일이 없던, 그저 당내 거수기에 지나지 않았던 인물이었다. 또 멕시코와의 전쟁에서 육군준장으로 복무하긴 했으나 군 경력자가 아니라 정치적 배려에 의해 장군으로 임명된 인물이었다. 장군으로서의 피어스는 가장 흐리멍덩한 군인이었다. 1852년 민주당이 그를 대통령 후보로 지명했을 때도 그는 결코 전국적으로 알려진 인물이 아니었다. 피어스는 자신의 고향인 뉴햄프셔주 이외에는 거의 알려지지 않았다. 그는 동료들과 사이가 좋다는 이유로 그저 자리나 지키던, 주州 차원의 민주당 지도자 수준인 인물이었다. 따라서 그는 역설적이게도 다크호스 중의 다크호스였다. 피어스는 무려 대통령 후보자 결정투표를 49번이나 치른 민주당 전당대회에서, 후보자 선정 기준 중 가장 밑바닥에 있었던 "누구에게도 화를 낸 적이 없고, 정치적으로 어떠한 오점이 없다."라는 기준에 잘 부합하여 민주당 대선 후보로 뽑혔다.

피어스가 얼마나 전국적으로 알려지지 않은 인물이었는지는 그가 취임식에 참석하기 위해 워싱턴 D.C.로 가던 도중 뉴욕시를 방문해 인파로 북적거리는 브로드웨이에 갔음에도 그를 알아보는 사람이 없었다는 사실만 봐도 알 수 있다.[4] 심지어 그의 고향인 뉴햄프셔 주의 콩코드Concord에 사는 그의 이웃조차 피어스가 대통령 후보로 지명되었다는 사실을 듣고는 깜짝 놀랐다. "기가 막혀! 그 이슬처럼 연약한 사람이 어떻게……." 어떤 사람은 이렇게도 말했다.

프랭클린 피어스가 대통령이라니! 내가 인정하는데 프랭클린은 분명 좋은 사람이고, 나는 앞으로도 그가 그러기를 진심으로 바란다. 그는 주에서 활동하는 훌륭한 변호사다. 그는 분명 공정한 판결을 위해 노력하는 사람이고 … (중략) … 그가 이런 사람이라는 점을 부인할 사람은 없다. 그가 의원으로 활동하는 데 불만을 품은 사람 역시 아무도 없다. 그러나 프랭클린이 수도로 가서 이 나라의 대통령이 된다고 한다니, 나는 결코 생각조차 한 적이 없었다.[5]

병으로 자주 고생하면서 정치를 몹시도 싫어했던 피어스의 부인 제인 피어스Jane Pierce는 남편이 민주당 대통령 후보로 지명되었다는 소식을 듣고는 그만 기절했다. 그녀는 남편에게서 대통령직을 고민한다는 이야기를 단 한 번도 듣지 못했던 것이다. 피어스는 아내에게 자신은 적극적인 정치 활동을 하지 않겠다고 자주 얘기했다. 그녀는 남편 피어스가 연방 상원의원을 지내는 동안에도 워싱턴 D.C.에서 살기 거부했다. 수도의 기후가 그녀의 건강에 좋지 않은 영향을 준다고 생각했기 때문이었다. 게다가 피어스는 걷잡을 수 없을 만큼 술을 마시는 사람이라 그녀의 강경한 주장에 따라 1842년에 상원의원직을 사임할 정도였다. 프랭클린 피어스의 정치적 야심에 대해 그의 가족이 품은 반감이 얼마나 깊었는지, 열한 살의 아들 베니 피어스Bennie Pierce는 학교에서 그녀에게 이런 편지를 썼다.

에드워드가 말하길, 제 아버지가 대통령 후보로 뽑혔다고 합니다. 전 아버지가 선거에서 떨어졌으면 좋겠습니다. 저는 워싱턴 D.C.에서 살고 싶지 않아요. 또 어머니도 나와 생각이 같다는 사실을 알기 때문입니다.[6]

냉정하다 못해 냉소적이기까지 한 민주당 운영위원장은 대통령 후보로서 누구보다도 피어스를 우선했다. 단지 피어스에게는 아무런 정치적 오점이 없다는 이유 때문이었다. 민주당은 피어스를 이미 전설적인 인물이 된 앤드루 잭슨과 비교했다. 그를 그래닛 언덕the Granite Hills 출신의 싱싱한 지팡이인 '청년 히코리Young Hickory'라고 부르며 유세했다. 그는 남부는 물론 북부의 유권자에게도 큰 호감을 받았으나 정작 그를 알아보는 사람은 거의 없었다. 이 후보자의 장점이란 민주당의 노선에 철저히 충성한다는 것이었다. 또한 그의 정치적 기반이란 당내에서 허물없이 두루 좋은 관계를 유지하였다는 점이다. 마지막으로 무엇보다도, 그의 잘생긴 외모가 장점이었다.[7]

알맹이 없는 산뜻한 미남

『돛대 2년 전Two Years Before the Mast』의 저자 리처드 다나Richard

Henry Dana는 피어스의 당선에 얼토당토않다는 뜻을 밝혔다.

지방의 삼류 정치인이 미국 대통령이라니![8]

또한 조지아주 연방 하원의원인 로버트 툼스Robert Toombs는 이 새로운 대통령을 두고 이런 평을 내렸다.

부정직하고, 비열한 정치도박꾼들에게 둘러싸여 자기주장을 펼 줄도 모르는, 그 어떤 능력이나 자질도 없는 사람이다.[9]

당시 코네티컷주에서 활동하고 있던 논설위원 기드온 웰스는 이런 평을 남겼다.

피어스는 알맹이가 없고, 외모만 번지르르하며, 유순하기만 하다.[10]

앞선 평가들처럼, 피어스는 너무나 나약해서 대통령직을 수행할 능력이 없었다. 그는 해결해야 할 현안, 정책, 원리 등에 대해 거의 이해를 하지 못했다. 무엇보다도 그는 이런 사안에 관심이 없었다. 대통령으로서 처리해야 할 의사 일정, 논의사항은 자신보다 목소리가 큰 사람들에게 무조건 넘겨버렸고, 이런 태도는 대통령 임기 내내 계속되었다. 자신을 무시할 수 있는 사람과 직접 대면하기보단 자신에게 제출된 정책이 무엇이든, 관심이 있는 것이든 없는 것이든 무조건 서명하여 편안을 유지하는 쪽을 택했다.

이러한 모습에 질려서 피어스를 떠난 사람들은 하나같이 피어스의 불성실함이 가장 불만스러웠다고 증언했다.

대통령으로서 피어스는 자신의 주위에서 일어나고 있는 일들에 대해 진위는 물론 일의 현상과 파장을 전혀 이해하지 못했다. 굳이 알려고도 하지 않았다. 자신이 대통령이었음에도 그는 본인이 현실의 가혹함을 피해 술을 마시며 신비주의적인 종교의 세계로 도망쳤다. 피어스에게는 대통령으로서 공익을 위해 무엇이든 이루겠다는 굳은 신념과 반드시 해내겠다는 강력한 의지가 턱없이 부족했다. 그야말로 산뜻한 겉모습 외에는 볼 것이 없었다. 대통령직에 있던 4년 동안 그는 재선을 위해 계획된 계파정치의 놀림감으로 지냈다. 바로 그렇기 때문에 그는 재선에 실패했다. 윌리엄 태프트를 제외하면, 대통령 임기를 시작하며 국민이 보내준 수많은 호의를 피어스처럼 철저하게 낭비한 대통령도 없다. 실제로 피어스는 선출된 현직 대통령 중에서 처음으로 여당이 재선 출마를 방해한 사례였다.

프랭클린 피어스는 얼핏 보면 아주 매력적인 사람으로만 보인다. 48세의 그는 당시까지 대통령으로 당선된 사람 중 최연소였다. 윤곽이 뚜렷한 외모, 자부심 강해 보이는 태도, 깨끗하게 쓸어내리고 크게 굴곡진 검은색 곱슬머리의 소유자. 그는 이때까지 대통령이 된 사람 중 가장 수려하고 빼어난 용모의 소유자였다.

항상 자신의 외모를 의식했던 피어스는 백악관에서 일을 할 때도 화려하고 값비싼 옷을 입었다. 그는 선홍색 비단 줄무늬가 수놓인 휘황찬란한 복식도 종종 입었다. 일반인은 이러한 피어스를 좋아했다. 적어도 피어스 대통령이 친밀감을 과장해서 표현하는 것이나 평상시 점심과 저녁을 초대하는 것에 숨겨진 의미가 하나도 없다는 사실을 알기 전까지는 그랬었다.

피어스 행정부가 저지른 최악의 비극은 국가가 남북전쟁의 소용돌이 속으로 빨려 들어가기 전에 연방의 붕괴를 막을 수 있는 마지막 기회가 있었음에도 아무런 능력도 발휘하지 못했다는 점이다. 피어스는 제5대 미국 대통령 제임스 먼로 이후 가장 많은 선거인단 수를 확보하여 대통령이 되었고, 의회에서 다수당의 지원을 받으며 대통령직을 수행할 수 있었다. 즉 당시 미국 사회에서 파탄을 일으키고 있던 노예제도 문제를 어떤 대통령보다 능란하게 해결할 좋은 기회를 가지고 있었다. 만약 전쟁이라는 클라이맥스에 도달한 태풍이 허리케인을 닮았다면, 피어스는 그 허리케인의 눈 속에서 백악관에 입성한 인물이라 볼 수 있다.

많은 미국인에게 1850년의 타협은 북부와 남부의 갈등을 언뜻 봉합하는 것처럼 보였다. 사실 매사추세츠주 상원의원 찰스 섬너가 1851년 연방 상원의원에 당선되어 의사당에 들어왔을 때 그는 이런 말을 들었다.

당신은 이곳에 너무 늦게 도착했습니다. 아주 사소하고 당파적인 혼란을 제외하면, 이 노예제도 문제를 현명하게 처리할 수 있는 방도는 아무것도 없습니다.[11]

사실상 건국의 아버지들이 만들어 놓은 체제는 이 시기에 와서 실효력을 상실하였다. 이제 대통령은 모든 국민을 대표하는 직책이 되었다.* 그러나 노예제도를 둘러싼 갈등은 '연방'이라는 국가적 일치감을 근본적으로 파괴하였다. 거기다 피어스는 남북의 중간 경계선을 넘어 공개적으로 남부를 지지하는 정치인으로 부상하였다. 만일 그가 시대상황을 바라보는 이해력과 창의력이 조금이라도 있었다면, 소농민에게 값싼 토지를 제공하기 위한 자작농장법인 홈스테드 법안, 모든 사람에게 개방된 토지무상증여제도를 만들기 위한 법안, 그리고 관세인하 조치를 지지했을 것이다. 그렇게 되었다면 그는 앤드루 잭슨 대통령처럼 평민들의 막강한 지지를 받았을 것이다. 하지만 피어스는 다른 사람을 이해하는 덕성, 미래에 대한 폭넓은 비전, 도전적으로 다가오는 각종 현안을 해결할 정치적 능력이 턱없이 부족했다. 어떤 의미에서 보면 그의 소심하고 자신감 없는 태도에만 책임을 물을 일이 아닐 수도 있다. 부분적으로 굳이 변명을 하자면, 1852~1856년의 위기를 능숙하게 대처할 만한 능력을 지닌 후보자를 유권자들이 선택할 수 없을 만큼, 당시 정치 상황이 혼란스러웠다. 한마디로, 미국의 1850년대에는 국민의 신뢰를 기반에 두어 충분한 표를 받아도 될 정치적 인재가 아무도 없었다.

---

* 역사상 '통령(統領)'이란 특정 집단·지역·정당·세력을 대표하는 직책이다. 하지만 '대통령(大統領)'은 국가와 국민 전체를 대표하는 직책이다.

노예제도를 둘러싼 남북의 갈등

남북전쟁 이전에 "미국은 위대한 나라다! 미국은 위대한 나라다!"
라고 외치며 연방 하원의사당 마룻바닥에서 공중제비를 넘어 동
료들을 자주 즐겁게 해준 앨라배마주 하원의원에 관한 전설적인
이야기가 있다. 이 일화는 미국의 국력이 어느 정도 성장했다는
점을 알려주지만, 피어스가 대통령으로 당선되었던 당시 미국은
놀랄 만큼 빠르고 폭넓게 성장하고 있었다. 철도, 기선, 전신, 수확
기, 탈곡기 그리고 여러 다른 제품을 생산하는 새로운 공장들과
철강공장들이 국가의 형세를 바꾸었다. 급속한 성장의 이면에는
노예제도의 철폐를 중시하는 급진적 사상, 개인의 존엄성과 잠재
력의 발휘를 강조하는 분위기, 새로운 종교적 열의를 통해 기존의
사회적 관례를 혁신하려는 기류가 팽배해졌다.[12]

당시에는 이미 브라질과 쿠바를 제외한 세계의 나머지 나라가
대부분 노예제도를 불법화하고 있었다. 그러나 미국에서는 종래
의 노예 중 절반이나 노예로 남아 있었다. 이를 두고 에이브러햄
링컨은 "(미국이란 나라는) 노예제도를 두고 둘로 나누어진 하나의
집"이라고 표현했다. 변화를 추구한 북부주와 서부주 사람 대다
수는 노예제도에 반대했다. 이에 반해 남부인은 노예제도를 열렬
히 옹호했다. 남부인은 노예제도가 번영을 약속하는 '독특한 제도
Peculiar institutes'로서 유지, 발전, 확대해야 하고 아울러 면화산업도
반드시 확대해야 한다고 주장했다. 남부인 입장에서 노예제도는
'확대'가 이루어지지 않으면 '폐지'될 것이라 생각했다. 따라서 노

예제도에 대해 도덕적으로 증오하는 세력(북부 및 서부)보다 정치적이거나 경제적으로 이해관계가 얽힌 세력(남부)이 당시 갈등을 일으킨 핵심 집단이었다.

1820년 미주리주가 노예주로 연방에 가입하겠다고 하였을 때, 노예제도의 확대를 둘러싼 갈등이 촉발되었다. 이를 해결하기 위해 연방의회가 마련한 '미주리 타협안' 덕분에 갈등은 얼마간 진정될 수 있었다. 당시 연방의 22개 주는 절반이 자유주, 나머지 절반이 노예주로 양분되어 있었다. 만약 미주리가 노예주로서 연방에 가입한다면, 균형이 깨질 수 있었다. 혹독하고 격렬한 논쟁 끝에 미주리를 노예주로 인정하는 대신 이전에 매사추세츠주의 일부였던 메인주를 자유주에 속하게 한다는 타협안이 헨리 클레이의 주도로 체결되었다. 헨리 클레이의 타협안에는 북위 36도 30분을 기준으로 그 위의 지역에서는 노예제도가 영원히 실시되지 않는다는 조항이 포함되었다. 결국 제3대 미국 대통령 토머스 제퍼슨 때 나폴레옹에게서 구입한 루이지애나 지역 대부분에서는 노예제도가 영원히 도입되지 않게 되었다.

미주리 타협안이 체결된 후 약 30년간 미국은 멕시코와 전쟁을 치르고 난 후 방대한 남서부지역과 태평양 연안에 속한 지역을 새로이 획득했다. 미주리 타협안의 효력은 그 기간 동안 나름의 효력을 발휘했다. 그때까지 원래 노예제도가 존재하는 곳에서는 변함없이 존속되면서도 미주리 타협안의 한계를 넘어서진 않았다. 그런데 남부인은 자신의 피와 땀으로 새로 얻은 방대한 영토에 노예제도가 적용되기를 간절히 원했다. 당시 텍사스는 일종의 독립된 나라였는데, 노예제도가 실시되었다. 그래서 텍사스는 노예주로 연방에 가입했다. 자연스레 캘리포니아, 뉴멕시코, 유타 등의 주는 어떻게 할 것인지가 문제였다. 1850년, 헨리 클레이는 건강이 극도로 나빠졌음에도 하나의 타협안을 제안해 파국으로 치닫던 연방의 위기를 모면했다.

헨리 클레이가 추진한 이른바 '1850년 타협안'은 여러 가지 내용을 포함하였다. 일단 캘리포니아를 자유주에 포함해 텍사스주와의 균형을 이루게 했다. 뉴멕시코*는 준주準州로 인정했다. 그다음으로 연방당국이 도망노예를 그들의 이전 주인에게 돌려주는, 이른바 '도망노예 송환법Fugitive Slave Act'을 인정했다. 수도 워싱턴 D.C.에서는 노예제도가 아니라 노예매매를 폐지한다고 명시했다. 유타와 뉴멕시코는 그들 주헌법의 규정대로 노예제도를 허용하든 말든 주로서 연방에 가입할 것을 허용했다. 1850년 타협안은 휘그당은 물론 민주당에서도 대다수가 지지하였고, 당장에는 노예제도를 둘러싼 갈등이 완화할 것으로 기대를 받았다. 그러나 양당의 극단주의자는 노예제도 문제가 현안으로써 계속 이어지기를 원했다.

이 타협안을 둘러싼 치명적인 갈등은 도망노예 송환법 때문에 촉발되었다. 북부인은 이 법에 구역질을 느꼈다. 여러 북부주에서 보안관을 비롯한 법률 집행관이 도망노예의 체포를 거절했다. 그들은 노예들의 도망갈 권리를 주장했다. 심지어 북부의 여러 주

---

* 당시에는 지금의 애리조나주, 네바다주의 일부 지역도 이곳에 포함되었다.

에는 도망노예가 쉬어 갈 수 있는, 중간역이라 불러도 좋을 이른 바 '지하철도Underground railroad'*가 공공연하게 운영되었다. 노예제도에 반대하는 사람들은 노예제도가 폐지될 날을 간절히 고대하였다. 대표적으로 에이브러햄 링컨이 있었다. 그는 "악랄한 독처럼 가증스러운 이 제도는 불명예를 안고 사라지게 될 것이다."라고 주장하며 노예제도 폐지의 날을 간절히 소망했다.

도망노예를 다시 잡아들이려는 노력으로 인해 여러 폭동이 발생하기도 하였다. 노예소유주들은 양키(북부인)들이 도망노예 송환법을 지키지 않는 것을 남부의 제도와 생활방식에 반대하는, 위험한 음모의 명확한 증거라는 식으로 해석했다. 이런 와중에 오하이오주 신시내티시 교외에 살던 신앙심 깊은 여성인 해리엇 스토 Harriet B. Stowe는 노예제도를 둘러싼 가장 강력한 갈등의 불꽃을 피웠다. 그녀는 도망노예 송환법에 몸서리를 치며 1852년에 『톰 아저씨의 오두막』이라는 소설을 발간했다. 이 책은 급속도로 노예제도 반대운동의 상징으로 자리매김했다. 대대적인 호응을 받으며 반향을 일으킨 이 책은 출간된 첫해에만 무려 30만 부 팔렸다. 또한 이 책의 내용을 바탕으로 제작된 연극도 대단히 인기가 많았다. 이 책은 노예의 비참한 삶을 적나라하게 묘사했고, 그래서 애독자들은 단순히 노예제도의 확대를 금지하자는 수준이 아니

---

* 노예제가 시행되었던 과거 미국에서, 남부의 노예를 구출하기 위해 조직된 탈출망을 뜻한다. 지하철도라는 이름이 붙은 이유는 철도가 연상되는 암호를 사용했기 때문이다. 대체로 육로나 강을 이용했고, 지하도 또는 땅굴을 이용하는 사례는 많지 않았다.

라 영원히 폐지할 것을 요구하였다. 도망노예 송환법을 지키지 않는 거부운동이 확산되었다. 노예제도가 금지된 지역으로 도망친 노예들을 잡겠다고 북부로 찾아온 노예소유주가 허탕만 치고 고향으로 돌아가는 일이 빈번해졌다.

한편, 남부의 원리를 그대로 추종하는 소신 없는 북부 민주당원이라는 뜻으로 도우페이스Doughface*라 불렸던 프랭클린 피어스는 노예제도 폐지론자들을 주류에서 벗어난 극단적 이탈자로 간주했다. 그는 연방 하원의원과 상원의원을 지내는 동안 노예소유주들을 지지했다. 그는 흑인은 자유를 누리기에는 적합하지 않은 존재라고 생각했고, 민주사회의 일원으로 살아가는 데에도 적합하지 않은 존재라고 생각했다. 그는 연방헌법이 노예제도를 보호해야 한다고 주장했다. 또한 노예제도 반대를 선동하는 사람들이 사유재산제도와 연방정부를 위협한다고 생각했다. 그는 노예제도가 언젠가는 사라지겠으나 노예소유주의 이익이 확실하게 보장되고 나서야 가능할 것이라 보았다. 비록 북부주의 수많은 사람이 새로운 준주나 기존의 주에서 노예제도를 폐지해야 한다고 강력히 주장했지만, 피어스는 맹목적으로 도망노예 송환법이 강력하게 적용되어야 한다고 강조했다. 이런 견해와 행동은 그에게 당도할 비극의 서막이었다.

---

* '밀가루반죽 얼굴'이라는 뜻으로, 당의 주류 의견이나 명망 높은 정치가의 의견에 맹목적으로 따르다 보니 특색이 사라진 정치인을 비하하는 단어로 쓰였다.

민주당 가문에서 태어난 민주당 대통령

프랭클린 피어스의 아버지 벤저민 피어스Benjamin Pierce는 고향 매사추세츠주 첼름스퍼드Chelmsford에서 농사를 짓고 살았다. 1775년 4월 19일, 그는 렉싱턴 전투의 발발과 미국 독립혁명의 개시를 접하였다. 소식을 듣자 곧바로 농사 도구 대신 총을 들어 독립군에 자원했다. 그는 벙커힐 전투Battle of Bunker Hill에서 요크타운 전투Battle of Yorktown에 이르는, 거의 모든 중요 전투에 동원됐다. 1777~1778년 델라웨어의 악명 높은 포지계곡Valley Forge에서의 혹독한 겨울 날씨에서도 살아남아 대위로 진급했다. 독립혁명 이후 그는 뉴햄프셔주 국경지대인 힐즈버러 카운티Hillsborough County로 이사해 부농으로 성공했다. 그는 처음 결혼했던 아내와 금방 사별했고, 1790년 뉴햄프셔주 근처의 애머스트시 출신 애나 켄드릭Anna Kendrick과 재혼했다.

6명의 형제 중 첫째였던 프랭클린은 1804년 11월 23일 힐즈버러 카운티 인근의 통나무 오두막집에서 태어났다.[13] 그의 탄생 이후 얼마 지나지 않아 그의 가족은 그곳을 벗어나 힐즈버러 아랫마을에 있는 넓은 집으로 이사했다. 대지주가 된 아버지 벤저민은 뉴햄프셔주에서 정치인으로 성장했다. 지역 군대에서 육군준장으로 복무했고, 주헌법위원회 대표로 일한 적도 있었으며, 수년 동안 뉴햄프셔주 주지사 자문위원으로 활동했다. 아버지 벤저민 피어스는 제3대 미국 대통령이 될 토머스 제퍼슨과 민주공화파(민주공화당)*의 충실한 지지자였다. 하여 연방파로서 제2대 대통령이 된 존 애덤스가 새롭게 창설한 연방정규군의 육군대령직을 제시했음에도 이를 고사하였다. 대신에 힐즈버러 카운티에서 수년 동안 보안관으로 근무했고, 뉴햄프셔주 주지사로도 두 번이나 당선되었다.

프랭클린은 아버지의 영향을 많이 받았다. 난롯가에서 아버지가 자유를 위한 영광스러운 투쟁에 참가했던 이야기를 해줄 때 어린 프랭클린은 너무나 좋아했다. 그리고 때때로 제복을 갖춘 채 군인 시절을 회고할 적에는 약간의 경외심도 느꼈다. 프랭클린 피어스에게 어머니란 "애정이 많고 부드러운 사람"이었다. 그는 자신의 어머니가 늘 연약한 모습을 감추지 못하셨지만 친절함과 깊은 애정을 품은 사람이었다고 회고했다. 피어스는 어머니의 화려하고 유쾌한 분위기, 세련된 의상 감각을 이어받았을 뿐만 아니라 그를 평생 따라다닌 우울증과 알코올 중독도 어머니에게서 물려받았다.

프랭클린의 어린 시절 중 최고로 중대한 사건은 1812년 전쟁**이었다. 뉴햄프셔주가 포함된 뉴잉글랜드의 주민 대다수가 영국과의 긴밀한 공조를 추구한 연방파를 지지했기 때문에 이 전쟁

---

* 미국 독립혁명 이후 초대 재무장관 알렉산더 해밀턴을 주축으로 하는 '연방파'와 제3대 대통령 토머스 제퍼슨을 주축으로 하는 '민주공화파'가 결성되었다. 연방파는 독립 이후에도 영국과의 무역을 중시하는 상인 계층, 도시민의 지지를 받았고 연방정부의 강력한 지도력을 중시했다. 이와 달리 민주공화파는 연방에 가입한 각 주의 자치권을 중시했고, 농업과 농촌의 발전을 중시했다.
** 1812~1815년에 있었던 미국과 영국의 전쟁(미영 전쟁/영미 전쟁)을 가리킨다.

을 반대했다. 그러나 아버지 벤저민 피어스는 영국과의 전쟁을 적극 지지했다. 벤저민 피어스의 두 형은 물론 처남도 군에서 복무했다. 프랭클린의 집이 있는 힐즈버러 카운티는 캐나다 국경으로 향하는 도로에 자리하였다. 몇몇 부대의 군인들이 항상 이곳을 지나가곤 했다. 1812년 전쟁이 한창이던 당시 프랭클린은 이곳의 작은 학교에 다녔는데, 당시를 기억하던 사람들은 프랭클린이란 아이를 이해력이 빠르고 영리한 학생으로 회상하였다. 이후 그는 주위의 다양한 사립학교에서 더 많은 교육을 받았다.

당시 교육을 받지 못한 다른 사람들처럼 벤저민 피어스도 자녀 교육을 대단히 중시했다. 15세의 프랭클린은 대학 입학을 허락받았다. 어린 나이에 다트머스Dartmouth대학교에 다닐 기회를 얻었는데, 아버지는 그 대학에 끼치는 연방파의 영향력이 너무 강하다고 판단했다. 결국 1820년 메인주의 보든대학교Bowdoin College에 입학했다. 보든대학교 2학년 시절 프랭클린 피어스는 수줍은 성격의 신입생 너새니얼 호손과 친구가 되었다. 두 사람의 성격은 상이했으나 그들은 평생 친한 친구로 지냈다. 피어스보다 한 살 연하인 미국의 시인 헨리 롱펠로Henry W. Longfellow 역시 대학에서 만난 인연이었다.

피어스는 보든대학교에 다니던 2년 동안은 그저 평범하게 지냈다. 그는 그리스·로마의 고전작품, 대수학, 기하학, 역사 등의 공부보다는 느긋하게 자기 시간을 즐기는 데에 열중했다. 걸음걸이는 느릿느릿했고, 다른 사람을 속이는 일을 즐기기도 했으며, 여러 가지를 빌려 쓰기도 했지만, 그런 것을 염치없는 일이라 여기진 않았다. 그러다 상급생이 되어 최하위 성적을 받게 되자 충격을 받았고, 피어스는 그간 받지 못한 점수를 보충하듯이 열심히 공부했다. 한편으로는 채플수업에서 반장으로 활동하며 존 로크John Locke 등이 남긴 작품들에 깊은 관심을 가졌다. 또한 보든대학교 사관후보생의 대장이 되어 활동했다. 종교에도 깊은 관심이 있었고, 그의 룸메이트이자 훗날 매사추체츠주의 상원의원이 될 제나스 콜드웰 퍼킨스Zenas Caldwell Perkins와 함께 무릎을 꿇고 밤새 기도하기도 하였다. 1824년 피어스는 전체 14명 중 3등으로 졸업했다. 그는 졸업식에서 '지적인 인물들에 대한 환경의 영향The Influence of Circumstance on the Intellectual Character'이라는 제목의 졸업 연설을 했다.

아버지의 뒤를 이어

아버지 벤저민이 뉴햄프셔주의 명사였던 덕분에 프랭클린은 비교적 수월하게 법과 정치 분야에서 경력을 쌓았다. 졸업 후 그는 추후 연방대법원장이 될 레비 우드버리Levi Woodbury를 비롯한 여러 동료와 어울려 수년간 법을 공부했다. 그는 1827년 9월에 변호사 시험에 합격했다. 같은 해 아버지는 주지사에 당선됐다. 2년 후 아들 프랭클린은 주의회 의원으로 당선되어 정계에 입문했다. 프랭클린은 1년 임기의 주의회 의원으로 네 번 연속 당선되었고, 26세라는 젊은 나이에 주의회 의장으로 활동했다. 1833년 그는 다음 단계로 올라가기 위한 연방 하원의원직에 큰 어려움 없이 당선되었다. 여기서 그는 앤드루 잭슨의 강력한 지지자로 활동했다.

정계에 입문한 처음부터 그는 노예제도에 찬성하는 입장을 견지했다. 그는 노예제도 폐지론자를 "무모하고 미친 자들reckless fanatics"이라고 비난했고, 노예제도에 대한 토론을 금지하는 이른바 '토론금지령Gag rule'을 적극 지지했다.

30세 생일로부터 며칠을 앞둔 1834년 11월 10일, 프랭클린 피어스는 전직 보든대학교 총장의 딸인 28세의 제인 애플턴Jane M. Appleton과 결혼했다. 두 사람이 어떻게 만났는지는 알려지지 않았으나 이들만큼 어울리지 않는 부부는 없었다. 제인은 맵시가 탁월했으나 몸집이 작고 수줍음이 많았으며 우울증과 결핵을 앓았다. 반면 남편 프랭클린은 경쾌한 성격의 소유자였고, 사교적이어서 정치모임이나 술집에서 다른 사람들과 잘 어울렸다. 게다가 남편의 가문 사람이 대체로 뉴잉글랜드 출신의 귀족적인 풍습을 영위한 민주공화파 인사들과 연줄로 엮였기 때문에 아내 제인은 피어스의 가정에서 목소리를 낮출 수밖에 없었다. 그녀의 조상은 피어스 가문과 달리 과거 연방파와 연관이 있었기 때문이다. 그러나 부부의 사랑은 진실로 진심이었다. 그들의 첫 아이는 유아기에 죽었고, 둘째는 네 살에 죽었다. 그들은 셋째 벤저민 피어스를 '베니'라 부르며 온갖 사랑과 애정을 쏟았다.

1836년 고작 32세에 피어스는 연방 상원의원으로 당선되었다. 그때까지 최연소 상원의원이었다. 그는 나름대로 유능한 변호사이자 저명한 연설가였지만, 당대를 살았던 헨리 클레이, 대니얼 웹스터, 존 캘훈 등과 같은 정치계 거장들에 가려져 빛을 보지 못하고 있었다. 상원의원으로 있는 동안 피어스는 민주당의 충실한 추종자이자 열렬한 노예제도 지지자로 활동했다. 그는 뉴햄프셔주에 아내를 남겨두고, 한 독신 남성과 떠들썩하고 명랑한 파티를 즐기며 과음하는 생활을 즐겼다. 아내의 간곡한 부탁으로 여러 차례 금주를 시도하긴 했으나 술과의 싸움은 평생 이어졌다. 피어스와 정치적으로 대립했던 신문은 그를 '술병과 싸우는 영웅'이라 불렀다.

휘그당이 다수당이 되어 민주당이 소수당으로 전락한 상황에서, 피어스는 연방 상원의원이란 자리에 흥미를 잃었다. 이런 상황에서 아내 제인의 부탁을 받고 1842년에 상원의원직을 사임했다. 그는 뉴햄프셔주 콩코드에서 변호사로 일을 시작해 상당히 성공했다. 그는 변호사 사무장으로 앨버트 베이커Albert Baker를 곁에 두었는데, 베이커는 크리스천 사이언스Christian Science라 불린 신흥교단을 세운 메리 에디Mary Baker Eddy의 오빠였다. 피어스는 이런 배경에서 뉴햄프셔주 민주당의 지도자로 부상했다.

그는 뉴햄프셔주의 민주당 지도자로 부상하면서 정치적으로 난관에 봉착한 민주당이 통일된 노선을 견지할 수 있도록 기강을 엄격히 지켰다. 1845년 제11대 미국 대통령 제임스 포크가 제안한 뉴햄프셔주 지방검사District attorney직을 수락했다. 그러나 그다음 해에 포크가 제안한 법무장관직은 고사했다.

멕시코와의 전쟁이 발발하자 피어스는 아버지의 길을 따르기로 했다. 아내 제인이 강력히 반대했음에도 그는 사병으로 군에 자원했다. 그러나 이를 알게 된 포크 대통령이 그에게 대령계급을 수여했다. 군대 경험이라고는 그저 민병대에서 활동한 게 전부였음에도 사회적인 경력 덕분에 한 달도 안 되어 육군준장으로 진급했다. 1847년 6월 말 뉴잉글랜드의 지역부대는 윈필드 스콧 Winfield Scott 장군의 지휘를 받으며 멕시코시티로 행진했다. 그는 아버지처럼 군사 경력에서 영광을 맛보고 싶었으나 그의 욕심은 쉽사리 이루어지지 않았다.

미국-멕시코 전쟁의 마지막 전투 중 하나인 콘트레라스 전투 Battle of Contreras를 앞둔 시점이었다. 피어스가 탄 말이 포탄의 폭발하는 소리에 깜짝 놀라 껑충 뛰어오르더니, 안장에 앉아 있던 그가 거칠게 낙마했다. 결국 그는 사타구니에 큰 상처를 입었고, 극심한 고통 끝에 기절하고 말았다. 낙마하는 도중 무릎도 다쳤다. 얼마 후 부하들이 다른 전투에 참전한 동안 비슷한 사고로 무릎을 다쳐 다시 한번 기절했다. 결국 그는 죽는 날까지 이 일로 겁쟁이라는 조롱을 당해야 했다.

군에서 제대하란 명령을 받은 피어스는 뉴햄프셔주로 돌아와 그곳 주의 민주당 지도자로 다시 군림했다. 그는 헨리 클레이가 추진한 1850년 타협안을 지지했고, 뉴햄프셔주 민주당 주지사 후보직을 포기해 남부에서 상당한 주목을 받았다. 주지사 후보직을 포기한 대가로 그는 남부인의 지지를 얻었고, 1852년 대선에서 부통령 후보로 거론되었다. 그러나 그의 아내가 이에 강력히 반대했던 탓에 그는 마지못해 지지자들에게 자신은 부통령 후보직에 관심이 없다고 말했다.

그러나 당시 민주당 대통령 후보 지명자로 거론되던, 가장 인기 있는 인물이었던 뉴햄프셔주의 레비 우드버리가 갑자기 사망하며 피어스의 이름이 전면으로 부상했다. 이번에는 대통령직 후보로 거론되었던 것이다. 그해 6월 볼티모어에서 열린 민주당 전당대회에서, 대통령 후보직을 두고 유례없는 접전이 벌어져 각 후보의 지지자마다 민주당이 분열되는 조짐까지 나타났다. 프랭클린 피어스를 포함해 미시간주의 루이스 캐스Lewis Cass, 펜실베이니아주의 제임스 뷰캐넌, 일리노이주의 스티븐 더글러스, 뉴욕주의 윌리엄 마시William L. Marcy 등이 있었다. 후보자직을 놓고 너무나 다툰 나머지, 전당대회에 참가한 대의원들은 기진맥진하였다. 다만 피어스의 지지자들은 피어스가 유력 후보로 거론되었다는 사실 자체에 고무되었다.

프랭클린의 지지자들은 그야말로 모든 사람에게 무엇이든 제공할 수 있다고 떠들었다. 사실 프랭클린 피어스는 1850년 타협안을 지지했기 때문에 북부인들도 그를 경계하지 않았을 뿐만 아니라 남부인 대다수에게서도 강력한 지지를 받았다. 거기다 미국 대중이 대통령의 자질이라 여기던 속성을 두루 갖추고 있었다. 그는 오랫동안 살진 않았어도 나름 통나무 오두막집에서 태어나긴 했고, 독립혁명에 참전한 애국자 가문 출신이며, 다소 의문스럽긴 해도 적당한 군 경력이 있었다. 심지어 주의회와 연방의회에서 일한 경험도 있었다. 지지자들의 열화와 같은 성원을 받은 피어스는, 아내에게 후보직에 도전하겠다는 계획을 알리지 않는다는 조건으로 마지못해 자신의 이름을 대통령 후보 경선에 올리는 데에 동의했다.

전당대회가 열리는 4일간 대의원들은 계속되는 대통령 후보자 결정투표에서 너무나 지쳐버렸다. 예상된 일이지만 그 어떤 후보도 3분의 2 이상의 표를 획득하지 못했다. 누구도 서로에게 양보하려 하지 않았다. 볼티모어시의 푹푹 찌는 무더위에 녹초가 된 대의원들은 분노가 치밀어 올라 급기야 서로에게 욕설을 퍼붓고 주먹다짐까지 했다. 35번째 결정투표에서, 피어스의 지지자들은 절충안으로 피어스의 이름을 제시했다. 피어스는 점점 지지자를 확보했다. 드디어 49번째 결정투표에서, 갑자기 노스캐롤라이나주 대의원 전원이 피어스를 지지했다. 그들의 지지가 피어스에게는 눈덩이 효과snowball; effect를 발휘했다. 그해 민주당 전당대회는 앨라배마주의 윌리엄 킹William R. King을 부통령 후보로, 피어스를 대통령 후보로 결정하며 끝났다.

찌는 듯한 더위가 한창인 와중에 똑같이 볼티모어시에서 열린 휘그당 전당대회도 민주당 이상의 혼전을 거듭하였다. 북부세력과 남부세력으로 나뉘어 어떤 돌파구도 없이 다투고 있던 휘그당 대의원들은 제12대 미국 대통령 재커리 테일러 사후 대통령직을 계승한 현직 대통령 밀러드 필모어와 미국-멕시코 전쟁의 영웅 윈필드 스콧을 두고 대립했다. 휘그당의 남부출신 대의원들은 1850년 타협안에 서명한 필모어를 지지했고, 노예소유주들의 영향을 받지 않은 버지니아주 대의원들과 노예제도를 반대하는 북부출신 대의원들은 스콧을 지지했다. 휘그당의 최종적인 선택은 스콧이었는데, 이는 아이러니한 상황이 아닐 수 없었다. 왜냐하면 휘그당은 스콧에게 군사적 영광을 선사한 미국-멕시코 전쟁 자체를 반대했기 때문이다.

당시 미국을 대표하는 군인이었던 스콧은 1812년 전쟁 이후 대중의 관심을 받았다. 이와 달리 피어스는 사실상 고향 뉴햄프셔주를 제외하면 이름이 거의 알려지지 않았다. 그래서 민주당은 "그래서 프랭클린 피어스가 누구야?"라는 휘그당의 비아냥에 재빨리 대응할 필요가 있었다. 피어스의 오랜 친구인 너새니얼 호손은 이에 호응하고자 피어스에 관한 정보를 유권자에게 알릴 선거용 전기傳記를 저술하겠다고 자원했다. 호손은 그 전기에서 이런 내용을 썼다.

> 피어스야말로 애국심, 고결함, 용기 등을 보여주었다. 피어스는 고귀한 재능처럼 권위를 타고났으며, 심원하고, 속이 깊고, 충성스럽다.

피어스는 호손이 쓴 자신의 전기에 크게 감동했고, 후에 그는 호손을 영국 리버풀 주재 미국영사consul로 임명했다. 호손은 리버풀에서 작품을 쓸 충분한 시간적 여유를 누렸고, 유럽을 배경으로 삼은 그의 마지막 소설 『대리석 목양신』의 집필을 위한 기본 자료를 모을 수 있었다.

1852년 선거에서는 피어스와 스콧의 당락을 결정할 명확한 현안이 없었다. 민주당과 휘그당은 도망노예 송환법의 엄격한 적용, 1850년 타협안을 열렬히 지지했다. 비록 휘그당의 남부출신 인사 중 몇몇이 스콧의 능력에 의구심을 제기하긴 했으나 노예문제를 두고 지역갈등은 촉발되지 않았다. 현안을 두고 경쟁하지 않았기 때문에 두 후보는 상호 인신공격에 더욱 치중해 대통령 선거를 진흙탕으로 추락시켰다. 민주당은 스콧을 향해 "헛된 자만심으로 가득하고, 과시적이며, 반가톨릭 출신이자 최고 권력을 탐하는 망상에 사로잡힌 독재자"라고 비난했다. 휘그당은 피어스를 향해 "소심해서 기절하는 장군, 확실한 술주정뱅이, 의회에서 아무 일도 하지 않는 맹탕"이라고 비난했다.

선거일이 임박한 와중에 휘그당 내부는 노예제도 반대파와 찬성파로 양분된 반면, 민주당은 잭슨시대 이후 어떤 선거에서보다도 단일하게 똘똘 뭉쳤다. 결국 피어스는 스콧에게 등을 돌린 휘그당 남부출신 인사들의 지지까지 확보해 승리를 거두었다. 그런데 피어스는 당시 총 31개 주에서 4개 주를 제외한 전 지역에서 승리하긴 했으나 일반투표에서는 겨우 20만 표가 더 얻는 수준에 그쳤다. 이 선거 결과는 분열된 휘그당의 종언을 더욱 재촉했다.

그런데 피어스가 승리의 감격을 맛보려는 순간, 비극이 찾아왔다. 1853년 1월 6일 취임식을 두 달 앞두고 대통령 당선인 가족이 보스턴에서 기차를 타고 콩코드로 여행을 하고 있었다. 그때 돌연 그들이 타고 있던 열차가 심하게 흔들리며 옆으로 기울어 탈선했고, 급기야 둑 쪽으로 넘어졌다. 피어스와 아내는 무사했지만 그들의 마지막 남은 아들은 그들이 보는 앞에서 죽었다. 사건 이후 몇 주간 대통령 당선인 부부는 자식의 죽음으로 고통스러운 시간을 보냈다. 이 사건으로 결국 영부인 제니는 평생을 침울 속에서 보내게 되었다. 피어스는 아들의 죽음을 자신이 지은 죄에 대한 대가로 생각했고, 역시나 우울함을 술로 달래며 세월을 보냈다. 피어스는 죄에 대한 부담감을 가득 안은 채 의기소침하고 우울한 태도로 백악관에 들어왔다.

우유부단하고 나약한 지도자

새 대통령과 새 영부인에게서는 성공을 약속하는 즐거움이나 확신에 찬 모습을 어디에서도 찾을 수가 없었다. 1853년 3월 4일에 열린 취임식은 간소하기 그지없었다. 대통령 가족에게 닥친 비극을 감안해 축하행사는 가급적 축소했다. 심지어 영부인은 남편을 따라 워싱턴 D.C.로 오지도 않았다. 눈보라를 동반한 돌풍이 대통령 취임선서를 하는 그의 어깨 위로 스쳤다. 피어스도 어떤 팸플릿이나 교본도 없이 대통령 취임연설을 하여 그동안의 전통에서 벗어났다.

새로운 대통령은 1850년 타협안에 대한 보수적인 지지자들은 물론 타협안의 내용이 더욱 확대되기를 바라는 급진적인 지지자들을 모두 만족시키고자 했다. 그는 도망노예 송환법이 포함된 1850년 타협안은 지극히 헌법에 합치하기 때문에 이를 엄격하게 적용해야 한다고 주장했다. 노예제도 문제를 향한 대중의 관심을 다른 주제로 돌리고자 그는 쿠바와 남아메리카의 여러 땅에 성조기를 휘날리게 할 공격적인 영토팽창 정책을 주창했고, 무력을 사용해서라도 반드시 '명백한 운명Manifest Destiny'을 따를 것이라 선언했다. 그는 "나의 행정부는 영토를 확장할 때 어떤 소심하고 불길한 전조에 의기소침해지지 않을 것이다."라고 선언했다.[14]

으레 있는 취임식 후 무도회도 생략되었다. 대신 피어스는 오랜 시간 계속된 지겨운 환영행사를 주도했다. 형식적인 악수가 한없이 이어진 후 축하를 위해 모인 사람들이 드디어 떠났다. 백악관에는 진흙투성이의 융단, 깨진 접시와 유리, 침묵만이 남았다. 피어스는 이제 좀 쉬고 싶었다. 그러나 어디에서 잠을 자야 하는가? 그의 휴식을 위한 준비가 아무것도 마련되지 않았다. 그는 보좌관 한 명과 함께 위층으로 올라가 촛불을 들고 침대가 있는 방을 찾아 돌아다녔다. 그러나 아무것도 준비되어 있지 않았다. 어쩔 수 없이 그는 포기했다. 그는 보좌관에게 지저분한 방 하나를 가리키며 "여기서 마음을 바꾸는 편이 좋겠다. 나는 홀 여기저기서 침대를 찾아보겠다."라고 말했다.[15]

얼마 후 제인은 그녀의 친척인 애비 민스Abby Kent Means를 데리고 백악관으로 왔다. 민스는 백악관에서 영부인 역할을 대신 수행했다. 영부인이 아들의 죽음으로 슬픔에 빠져 대부분의 시간을 침대에서 보냈기 때문이었다. 술과 종교적 신앙심이 결합된 애수에서 위안을 찾고 있던 대통령은 매일 자신의 가족과 보좌관들을 위한 기도시간을 공식적으로 마련했다. 백악관의 분위기는 완전히 우울해졌다. 당시 백악관을 방문한 사람은 이렇게 증언했다.

이 저택의 모든 것이 을씨년스럽고 침울해 보였다. 나는 백악관보다 훨씬 행복해 보이는 수백 개의 통나무집을 알고 있다.[16]

일단 권력을 잡고 난 후 피어스는 두 가지 정책에서 확실한 선택을 내려야 했다. 그는 1850년 타협안이 노예제도와 관련된 갈등을 해소할 수 있을 거라 믿었고, 이에 따라 이견은 허용하지 않겠노라 단언했다. 피어스는 양측을 회유해 서로를 유연하게 대할 수 있게 태도를 바꾸려 했다. 그러기 위해서는 먼저 용기가 필요했다. 그래서 새 대통령은 북부와 남부의 극단주의자 사이의 갈등에 뛰어들었다. 그는 당의 갈등부터 부분적으로나마 해결하기로 했다. 그는 취임식에서 첫 번째 과정을 택했다. 그러나 피어스의 도전은 실패하고 말았다. 민주당의 통일은 미소와 화해의 몸짓따위로 이루어질 잡일이 아니었고, 명확한 원리에 입각한 뼈를 깎는 노력으로만 가능한 사명이었다. 그리고 당시 당의 통일보다 더 중요한 현안은 남북 간의 갈등으로 인해 위협받고 있던 연방의 안보였다. 그러나 피어스는 이에 대한 안목이 전혀 없었다.[17]

피어스는 미숙한 태도와 서투른 행동 때문에 여러 곤란한 상황을 마주했다. 그는 자신의 오랜 친구이자 노예제도 폐지론자인 뉴욕 출신 존 딕스John A. Dix에게 국무장관직을 제의했다. 남부인은 이 제안을 곧바로 반대했다. 그는 자신의 선택을 관철하기 위해 노력하기보다는 남부인의 고집에 굴복해 존 딕스 임명을 철회하는 방식을 선택했다. 정치지도자는 자신이 추진하는 정책이 어떤 이유로 영향력을 발휘하지 못하는 것인지 면밀하게 파악해야 하는데 피어스는 그렇지 않았다. 그의 소심한 행동을 지켜본 사람들은 새로운 대통령이 자신의 정책을 관철할 힘이 부족할 뿐만 아니라 위협과 협박에 굴복하는 나약한 사람이라 인식하게 되었다.

피어스가 최종적으로 구성한 내각은 모든 사람을 만족시키려

했던 무리한 결과물임이 여실했다. 능력은 충분하지만 양립할 수 없는 사람들로 구성된, 불협화음이라는 실체에 말안장을 얹어 놓은 격이었다.[18] 그의 인사 중 핵심 인물은 국무장관에 임명된 뉴욕 출신의 윌리엄 마시, 전쟁장관에 임명된 미시시피 출신의 제퍼슨 데이비스였다. 문제는 두 사람이 모든 면에서 철학과 입장이 전혀 달랐다는 점이었다. 마시는 열렬한 연방주의자로, 노예제도 확장에 반대했다. 반면 냉철하고 고집스러운 데이비스는 만일 노예제도가 자유롭게 확산되지 못한다면 연방은 이미 파괴되고 있는 것이라는 주장을 공공연히 떠들던 작자였다.

새 대통령은 정치적으로 노련한 마시 장관이 자신의 가장 가까운 보좌관이 되어주기를 의심의 여지없이 기대했다. 그러나 이 뉴욕 출신 관료는 내각이 출범하자마자 그와 입장을 달리하는 데이비스, 데이비스의 절친한 동료이자 법무장관을 맡은 매사추세츠 출신의 케일럽 쿠싱Caleb Cushing에게 따돌림을 당했다. 케일럽 쿠싱은 도덕적 신념이라고는 눈 씻고 찾으려 해도 찾을 수가 없는, 전형적인 도우페이스 정치가였다. 노예제도를 찬성하자는 전쟁장관과 간계한 법무장관이 국무장관을 따돌리는 순간, 이 나라에 잠재적인 재앙의 씨앗이 싹을 틔웠다. 이들을 중재해야 할 대통령이 하필이면 결단력이 부족하고 우유부단한 피어스였으니 말이다.

전쟁장관과 법무장관의 능력은 의심의 여지가 없었다. 웨스트포인트 육군사관학교를 졸업한 데이비스는 훗날 남북전쟁 동안 그가 이끌게 될 반란군(남부연합)을 분쇄한 북부연방군의 기초 체제를 정비한 인물이었다. 케일럽 쿠싱 역시 하버드를 졸업하고 정치, 외교, 법 분야에서 큰 업적을 세울 만큼 대단히 유능한 사람이었다. 그러나 이들은 철저히 극단적인 성향의 소유자였다. 더욱이 자신들이 추진하는 어떤 정책에도 통제를 가할 존재가 없었다. 소심하고 우유부단한 대통령에게서 아무런 제재도 받지 않고 마음대로 정책을 펼쳐나간 데이비스와 쿠싱은 피어스 행정부를 친親남부 성향으로, 노예제도를 옹호하는 방향으로 이끌었다. 결국 북부출신 민주당 인사의 대다수를 배제하는 결과를 야기했다. 민주당 출신 전 상원의원 토머스 벤턴Thomas H. Benton은 피어스 대통령의 집권기를 대통령의 권한과 지도력이 전혀 발휘되지 못한 시기로 표현했다. 그는 당시를 "연방을 파괴하려는 세력과 배반자들이 뻔뻔하게도 범죄적인 목적을 달성하기 위해 대통령의 이름을 악용한 시기"라고 규정했다.[19]

민주당은 지난 4년 동안 권력의 뒷전으로 밀려나 있었다. 이제 다시 정권을 잡은 민주당 지지자 중에는 관직을 탐내는 사람들이 대통령 피어스와 그의 내각 주위를 맴돌고 있었다. 이때의 상황을 보고 한 기자는 이렇게 썼다.

워싱턴에는 낯선 사람이 많았다. 마치 썩은 물고기 같은 냄새를 풍기는 정치인들에게 활로를 마련하는 것처럼 보였다.[20]

피어스는 모든 당파를 평등하게 대우하여 정치적 조화를 이룩하고자 했으나 뜨거운 물에서 걷는 것처럼 몹시도 비틀거렸다. 자신에게 찾아온 모든 사람을 만족시킬 만큼 일자리가 충분하지 않았다. 어떤 당파의 인사는 다른 당파와 비교하며 본인에게 주어진 보상이 약소하다며 분개했다. 의회 내에서도 내부갈등이 심화되었다. 이렇게 되면 될수록 피어스는 쉽게 잘 넘어가는 나긋나긋한 사람으로, 어떤 사태도 통제할 수 없는 무능한 행정가로 낙인찍혔다. 심지어 여당인 민주당이 연방의회 상하원 모두에서 다수당이었음에도 민주당 출신 대통령이 입법부에서 주도권을 행사하지 못했다. 이에 『뉴욕 트리뷴』은 피어스를 이 나라 역사상 가장 나약한 대통령으로 평가했다.[21]

무능한 대통령의 연이은 실책

피어스가 역점을 둔 외교 분야의 인사 역시 대단히 서글펐다. 무엇보다 냉철한 판단력을 요구하는 외교부서에는 낭만적인 모험가와 고집불통의 팽창주의자가 다수였다. 이들의 행동은 피어스 행정부를 난처하게 만들고 행정부를 웃음거리로 만들었다. 피어스는 대통령으로서 영토를 확장하고자 하는 갈망의 목표물로 쿠바를 지목했다. 서인도 제도의 일부인 앤틸리스 열도Antilles는 미국 남부인이 오랫동안 합병을 요구한 지역이었고, 심지어 강요하기까지 했다. 과거 제임스 포크 대통령은 1848년에 스페인에 1억 달러를 주고 그곳을 사들이려 했다. 그러나 자존심 강한 스페인은 한때 신대륙에서 강대한 제국을 건설했던 자들의 마지막 근거지를 절대로 팔려 하지 않았고, 결과적으로 푸에르토리코Puerto Rico는 이 시기만 하더라도 미국이 아닌 스페인의 땅으로 남아 있었다.

이런 상황에서 피어스 행정부는 집권 초창기부터 여러 가지 무모한 모험을 감행하였다. 노예제도 찬성자로 구성된 불법침입자들을 사주해 이 섬을 강제로 찬탈하고자 했다. 그러나 특별한 성과를 거두지 못했다. 이 계획이 실패로 돌아갔을 때 피어스는 외교적 통로를 통해 쿠바를 획득하는 쪽으로 방향을 틀었다. 그는 국무장관 마시에게 이 섬을 구입하기 위한 협상에 나서도록 명령했다. 마시는 마드리드 주재 미국대사 피에르 술레Pierre Soule에게 스페인과의 협상 테이블을 마련하라고 지시했다. 그러나 이 일은 피어스 행정부의 투박하고 서툰 인사정책 때문에 완전히 혼선을 빚으며 실패로 끝나고 말았다.[22] 술레는 먼저 스페인과의 협상 테이블에 앉기 전 런던 주재 미국대사 제임스 뷰캐넌을 1854년 10월에 만났다. 또한 벨기에의 오스탕드Ostende, 오늘날 독일어로 아헨Aachen이라 불리는 엑스라샤펠Aix-la-Chapelle에서 파리 주재 미국대사 제임스 메이슨James Y. Mason을 만나 쿠바 상황에 대해 의견을 나누었다. 이들의 의견은 이른바 '오스탕드 성명서Ostend Manifesto'로 알려진 외교문서로 구체화되어 마시에게 전달되었다. 그들은 이 성명서에서 스페인이 쿠바를 넘겨주는 값으로 1억 2,000만 달러 이상을 부르지는 않을 것이라고 했다. 만약 스페인이 이 섬을 팔지 않으려 한다면 "미국은 강제로라도 이곳을 획득하는 일을 정당화해야 할 것이다."라고 충고하는 내용이 담겨 있었다.

이 외교문서에 대한 왜곡된 기사가 『뉴욕 헤럴드』에 실렸다. 결국 그 기사는 유럽은 물론 미국을 뒤흔들었다. 유럽의 여러 나라는 이 시도를 스페인의 재산을 약탈하려는 뻔뻔한 행위라며 비난의 포문을 열었다. 런던에서 발행되는 『타임스Times』는 거드름 피우는 양키들(미국인)이 악행을 저지르는 것을 알면서도 미국 대통령은 아무런 조치를 취하지 않는다고 비난했다. 궁지에 몰린 미국 남부인은 이 음모를 인정하려 했다. 하지만 미국 북부인은 엄청난 비난을 쏟아냈다. 1856년 당시 뷰캐넌은 민주당 대통령 후보로 지명될 것이라는 약속을 받았다. 북부인이 볼 때 이 일은 노예제도를 확대하기 위한 노예제도 찬성론자들의 노골적인 음모였다. 따라서 북부인은 이에 대해 맹렬히 비난했다. 당황한 피어스는 오스탕드 성명서를 도저히 실행에 옮길 수 없었고, 쿠바를 얻기 위한 모든 방법을 포기하지 않을 수 없었다.

피어스 행정부의 서투른 처사로 쿠바 합병 문제를 의회에 상정조차 하지 못했다. 다만 당시 피어스에게는 쿠바를 합병하기 위한 대중의 지지를 충분히 끌어낼 여지가 다분했다. 이 일과 함께 몇 달 전 캔자스-네브래스카 법안Kansas-Nebraska Act이 통과되었는데, 이는 서부의 준주에서 노예제도를 둘러싼 갈등이 다시 전면적으로 표면화된 계기가 되었다. 남북전쟁을 유발시키며 피어스 행정부에 최대의 재앙을 몰고 온 이 사건은 대대적인 파장을 불러일으켰다. 노예제도의 확장에 대한 두려움으로 북부의 저항은 더욱 거세졌으나 피어스에게는 이러한 현상을 미리 파악하여 문제를 해결할 만한 능력이 없었다. 정치적으로 예리한 통찰력이 절실했던 시기에 대통령 피어스는 아무런 조치도 취하지 못했다.

캔자스-네브래스카 법안은 일리노이주의 유력 상원의원인 스티븐 더글러스가 독자적으로 남긴 화근이었다. 차분하고 조용한 피어스와 달리 '작은 거인'으로 불린 더글러스는 5피트(약 152센티미터)의 작은 키에 지능, 활력, 허풍으로 똘똘 뭉친 사람이었다. 1856년 대통령 선거에서 내심 민주당 대통령 후보가 되기를 기대했던 더글러스는 지도자 없이 표류하는 민주당에 다시금 활기를 불어넣을 극적이고 충격적인 사건을 꾸미고 싶어 했다. 그는 태평양횡단철도 건설문제에서 이러한 기회를 포착했다. 멕시코 전쟁 이후 대부분의 미국인은 국토 전체를 하나로 묶어줄 대륙횡단철도의 건설에 찬성했다. 그러나 철도를 어디에 건설할 것인지를 둘러싼 정치가와 철도건설 관계자들의 다툼으로 사업은 계속 연기되고 있었다. 여러 노선 후보지 중 가장 폭넓은 지지를 받은 안건은 시카고에서 샌프란시스코까지를 연결하는 중부선, 뉴올리언스에서 샌디에이고까지를 연결하는 남부선이었다.[23]

1853년 3월 의회의 명령에 따라 미 육군 지형학 엔지니어가 두 유력 노선을 조사했다. 사실 남부를 대표하고 있었던 제퍼슨 데이비스가 전쟁장관으로 있었기 때문에 남부선이 선택될 것이 당연했다. 데이비스는 남부선이 국가발전을 위해 가장 필요한 노선이고, 이 노선을 건설하는 과정을 방해할 요소 역시 가장 적을 것이라고 주장했다. 데이비스는 당연히 남부선 건설은 남부를 강화하는 일이라고 생각했다. 비록 남부인 대다수는 연방정부에 의한 교통망 개량사업에는 반대했으나 전쟁장관으로서의 데이비스는 대륙횡단철도를 군사방어를 위한 조치로 생각하며 이를 정당화했다. 그런데 지형조사 결과, 남부선은 멕시코 영토를 가로질러야 한다는 문제가 발견됐다. 이에 데이비스는 피어스를 설득하여 철도건설에 들어갈 약 7만 6,800제곱킬로미터에 해당하는 토지를 멕시코로부터 1,000만 달러에 구입할 것을 종용하였다. 힘 있는 전쟁장관이 요구하자 피어스 대통령은 아무런 반대도 하지 않고, 이른바 '개즈던 매입Gadsden Purchase'을 통해 미국에 인접한 멕시코 변경지역을 영토로 편입시키는 데에 관심을 기울였다.

이제 남부선 건설은 의회의 결정에 달렸다. 그러나 일리노이주 시카고 출신의 더글러스는 남부선보다는 중부선을 원했고, 이를 관철하고자 강도 높게 로비 활동을 하면서 격렬하게 투쟁하였다. 중부선이 건설된다면 시카고의 부와 권력이 증대할 뿐만 아니라 더글러스 자신이 보유한 서부 토지에서는 물론이고 철도 터미널 부지에 쏟아부은 투기금에서 막대한 이익을 취할 수 있었다. 그러나 중부선의 승인을 얻기 위해서는 방대한 미주리 서부지역(오늘날 캔자스주, 네브래스카주, 사우스다코타주, 와이오밍주, 콜로라도주의 일부)을 통과하는 해당 지역을 새로운 준주로 조직해 사람들이 정착할 수 있는 길을 열어두어야 했다. 수차례에 걸쳐 법안이 계속 제출되었으나 남부인의 반대에 부딪혀 철도건설 법안은 번번이 부결되었다. 미주리 타협안이 미주리 북부지역에서는 노예제도를 금지하고 있었기 때문에 중부선의 건설은 그만큼 남부인에게 불리한 조치가 될 수 있었다.

1854년 1월, 더글러스는 남부인을 회유하기 위한 미끼로 다수 주민의 희망과 의사를 따라야 하는 '주민주권Popular sovereignty'의

원칙을 존중했다. 즉 대평원 일대를 자유주로 할 것인지 노예주로 할 것인지를 스스로 선택해 연방에 가입하도록 했다. 주민주권은 1850년 타협안에서 유타와 뉴멕시코가 준주로 가입할 적에 똑같이 적용된 개념이었다. 그러나 일은 그리 쉽게 해결되지 않았다. 아직 영향력이 강했던 남부 출신 상원의원들의 불평불만과 선동으로 더글러스는 자신의 원래 계획에서 양보하지 않을 수 없었다. 캔자스-네브래스카 법안으로 알려진 양보안이 바로 그것이다. 이는 미주리 북부에서 노예제도를 금지하는 1820년 미주리 타협안을 무효로 만드는 내용을 골자로 담았다. 그동안 유지된 노예주와 자유주의 균형을 파괴하고, 미주리 북부에서 노예제도를 합법으로 인정하는 조치였다. 따라서 엄청난 지역갈등을 불러일으키게 될 것임을 더글러스 본인도 알고 있었다.[24]

이 법을 놓고 격론이 벌어졌다. 그러나 이번에는 분노를 삭이고 타협을 이끌 헨리 클레이 같은 인물이 없었다. 이 법에 반대한다는 수많은 결의안, 청원서, 각종 소장, 편지가 의회로 쇄도했다. 더글러스는 워싱턴 D.C.에서 시카고로 여행하는 도중 자신의 형상을 만들어 불태우는 장면을 수없이 많이 목격했다며 고백했다. 북부인은 30년간 유지된 타협안을 끝장내는 법안에 격렬히 반대했다. 그들에게 이 법안은 새롭게 탄생하는 준주지역에 노예제도를 적용하기 위한 일종의 강제조치로 보였다. 북부인은 이 법을 "너무나 소중한 권리에 대한 범죄적 배반이며 극악무도한 음모"라고 불렀다.[25] 남부인이 생각하기에 네브래스카주의 주민들은 자유주를 선택하겠지만 노예제도가 있는 미주리주에 인접한 캔자스주는 노예주로 만들 수 있을 거라 생각했다. 대단히 역설적이게도, 엄청난 갈등과 투쟁만을 촉발한 대륙횡단철도 노선 경쟁은 노예제도를 둘러싼 갈등으로 인해 잊히게 되었다.

피어스 대통령은 처음에 미주리 타협안 취소를 반대했고 계속 이런 입장을 고수했다. 하지만 제퍼슨 데이비스로부터 압력이 들어오자 유순했던 피어스는 어느 일요일 아침 남부주의 여러 상원의원과 아주 색다른 모임을 가진 후 자신의 주장을 철회했다. 피어스는 또다시 실수를 저질렀다. 행정부가 의회 간부들이 조작하는 대로 움직이는 실수를 범한 것이다. 결국 피어스 자신도 모르게 전쟁장관인 데이비스가 행정부에서 실권을 행사한다는 의심을 북부인에게 확신시켜 주는 결과를 낳았다. 다소 미온적이었던 북부 출신 민주당원들은 당의 노선에 따라 당장 캔자스-네브래스카 법안에 찬성하라는 압력을 받았다. 의회에서 만들어진 법안에 서명하면서 우둔하기 짝이 없는 피어스는 이 법안이야말로 자기 행정부의 최고 업적이 될 것이라고 말했다. 나아가 이 법안은 노예제도 문제를 다시 잠재울 것이라고 주장했다.[26]

그러나 더글러스와 피어스는 전투에서는 승리했으나 전쟁에서는 패배했다. 캔자스-네브래스카 법안은 피어스의 주장과는 달리 지역갈등의 잿더미에서 불꽃을 되살렸다. 노예제도를 둘러싼 투쟁과 그로 인한 분노와 두려움을 다시 일깨우는 결과를 초래했던 것이다. 오하이오주 연방 상원의원 새먼 체이스Salmon Chase는 승리를 만끽하는 남부인의 환호성을 들으며 의사당 계단을 내려올 때, 찰스 섬너를 보고 이렇게 말했다.

그들은 현재의 승리를 축하하고 있다. 그들이 외치는 이 환호성은 노예 제도가 완전히 사라지고 난 후에야 잦아들게 될 것이다.[27]

캔자스-네브래스카 법안의 후폭풍

캔자스-네브래스카 법안은 휘그당 대 민주당이라는 전통적인 정치 구조를 붕괴시켰다. 그리고 노예제도에 반대하는 새로운 정당인 '공화당'을 탄생시켰다. 1854년 7월 6일에 미시간주 잭슨시 Jackson에 있는 어느 참나무숲에서 공화당 대중모임이 열렸다. 이 모임에서 노예제를 반대하는 열광적인 지지자들, 북부 민주당 인사들, 과거 휘그당 인사들, 다양한 개혁가들에게서 환상을 걷어낸 후 제퍼슨식의 강령(자유로운 기업, 자유기업정신 등)을, 그리고 모든 준주에서 노예제도를 금지한다는 강령을 채택했다. 소수의 공화 당원은 노예의 복지에 대한 인도주의적인 관심도 표명했다. 그들은 노예제도를 반대했지만 한편으로는 자유로운 다민족 사회로의 재구성도 반대했다.

　구舊정당의 붕괴와 함께 초기 이주민 우월주의가 대두하고, 이민억제책이 강화되었다.[28] 당의 붕괴를 직면한 휘그당원 대다수가 반가톨릭적인 미국당에 가입했다. 여러 법안을 통해 그들은 미국에 이민 온 사람들이 미국시민으로서 인정을 받기 위해서는 미국에서 21년을 살아야 한다는 규정을 명시했다. 새로 형성된 미국당과 공화당의 공격을 받은 민주당은 1854년 의원선거에서 쓰라린 패배를 맛보았다. 특히 민주당은 하원에서 완전히 초토화되었고,

이제 피어스는 입법부의 도움조차 기대할 수 없게 되었다.

이제 미국인의 관심은 미국으로 이주하려는 '가톨릭교도들의 위협'에서 노예제도를 둘러싼 '유혈의 캔자스Bleeding Kansas'사건으로 옮겨갔다. 노예제 문제는 주민주권에 의해 결정하도록 되었기 때문에, 노예제도에 찬성하는 측과 반대하는 측이 준주에서 각자의 입장을 고수하며 지속적으로 갈등을 빚었다. 노예소유주들이 노예제도에 찬성하는 캔자스 주민을 돕기 위해 미주리에서 이사를 왔다. 반면 뉴잉글랜드의 노예제도 폐지론자들은 노예제도에 반대하는 캔자스 주민들을 위해 자금을 제공했다. 자연스럽게 캔자스의 준주 입법부를 조직하고자 선거 당일에 캔자스로 들어온 미주리인들에 의한 불법투표가 자행되었다. 노예제도를 향한 피어스의 공개적인 지지표명도 상황을 더욱 악화했다. 피어스는 캔자스에서 자행된 부정투표를 이용해 노예제도에 반대하고 자유 토지를 주장하는 후보를 거의 떨어뜨리고, 새로 탄생한 준주의 입법부에 정당성이 있다고 주장했다. 또한 피어스는 노예제도를 보호하는 엄격한 법안을 통과시켰을 뿐만 아니라 캔자스를 노예주로서 연방에 가입할 수 있도록 연방의회에 청원을 제출했다. 이에 피어스를 '반역자'로 규정한 자유주의 신봉자들은 그들 자신만의 주정부를 조직하고 자유주로 연방에 가입하는 길을 모색했다. 이렇게 되자 하나의 주에 두 개의 주정부가 존재하는 상황이 되어 갈등과 투쟁이 하루를 멀다하고 일어났다. 소규모지만 거의 2년에 걸쳐 악의로 가득한 전쟁 때문에 약 200명의 사람이 목숨을 잃었다.

폭력은 곧 연방 상원의사당으로 확산됐다. 1856년 5월 19일 상원의원 섬너는 "비열한 노예제도와 살인을 일삼는 미주리의 도둑들을 도리깨질해서 날려버려야 한다."라는 과격한 연설을 했다. 그가 연설 중에 선택한 용어는 대부분 사우스캐롤라이나주 상원의원이자 노예제도 찬성론자인 앤드루 버틀러Andrew P. Butler를 염두에 둔 말이었다. 3일이 지난 후 버틀러의 조카이자 사우스캐롤라이나주의 연방 하원의원인 프레스턴 브룩스Preston S. Brooks는 섬너 의원이 상원의사당의 좌석에 앉아 있는 모습을 보았다. 섬너에게 다가간 브룩스는 자신의 단단한 지팡이로 그를 마구 때려 삼촌 버틀러의 자존심을 상하게 한 것에 복수했다. 이 광경을 여러 남부 출신 의원들이 보고 있었지만 아무도 말리지 않았다. 이 일로 인하여 브룩스는 비난을 받고 사임했으나 곧 다시 당선되어 의회로 돌아왔다. 그는 후에 후원자들로부터 그들의 이름이 새겨진 지팡이를 선물로 받았다.

1856년 재선을 위해 필사적으로 뛰고 있던 피어스의 노력은 '유혈의 캔자스' 사건으로 인해 완전히 물거품이 되었다. 북부에서 피어스는 경멸의 대상이 되었다. 남부 민주당원은 비록 자신들의 요구와 정책방향에 도움을 주려는 피어스의 노력은 높게 샀지만 피어스가 북부에서 이미 지지를 상실했으니 그가 다시 대통령이 되는 것은 불가능하다고 판단했다. 남북의 지역갈등은 피어스가 대통령으로 당선되기 이전부터 존재했다. 그렇지만 피어스는 갈수록 지역갈등이 극심해지는 상황에서 국가적 균형을 유지하기 위해 노력해야 했다. 하지만 피어스는 남부 편중의 정치를 하여 오히려 두 지역의 상호적대감을 부채질하였다. 피어스는 심지어 캔자스의 주의회를 지키고 유지하는 비교적 단순한 일조차 해내지 못했다. 만약 피어스가 공정하게 성립된 캔자스 준주정부 치하의 질서를 회복하고, 공정한 의견을 피력해 갈등을 완화했다면, 그는 최소한 국민으로부터의 신뢰는 회복했을 것이다. 하지만 그는 이 일조차 실패했다.

피어스에게 전달된 가장 통렬한 충고는 벤저민 프렌치Benjamin B. French의 말일 것이다. 이전에 피어스의 개인비서로 일했던 그는 캔자스-네브래스카 법안 때문에 피어스와 결별했다. 프렌치는 이와 관련해 이렇게 말했다.

> 캔자스의 무도한 행위에 대한 책임은 그(피어스 대통령)에게 있다. 만약 그가 노예제 찬성론자의 요구에 순응하지 않았다면 그들은 마치 청어를 훈제하듯 지옥에서 그를 달달 볶아 죽였을 것이다.[29]

피어스를 버린 민주당은 역시 의지가 나약한 또 다른 인물인 제임스 뷰캐넌을 대통령 후보로 지명했고 그를 당선시켰다. 이에 피어스는 "이제 술 마실 일을 빼고는 할 일이 하나도 없구나!"라고 한탄했다.[30] 정말로 퇴임 후 그는 거의 매일 술을 마시며 허송세월했다.

남북전쟁을 일으킨 무책임한 방관자

프랭클린 피어스를 잘 알고 있는 앨라배마주 상원의원 클레멘트 클레이번 클레이Clement Claiborne Clay의 아내는 피어스가 백악관으로 들어가기 전 모습을 "마치 어린 학생처럼 백악관 계단을 활기차고 쾌활하게 뛰어올랐다."라고 회고했다. 4년 후 그녀는 백악관을 떠나는 대통령의 얼굴을 보고 "차분했으나 근심이 가득하고 병색이 완연한 모습으로 계단을 내려왔다."라고 회고했다. 클레이 부인은 여기에 한 마디를 더했다. "그에게는 비참한 실패의 모습 역시 역력했다."

피어스의 말년은 고통으로 점철되었다. 대통령 임기가 끝나자 그와 아내는 콩코드로 돌아왔으나 뉴잉글랜드의 혹독한 겨울은 견디기 어려웠다. 그래서 그들은 유럽으로 장기간 여행을 다니면서 마데이라 제도Madeira를 방문하고 카리브해의 이곳저곳에서 겨울을 보냈다. 그러나 제인은 열차 사고로 잃은 아들에 대한 슬픔에서 헤어나지 못했고, 그녀의 건강은 점점 나빠졌다. 결국 1863년 12월에 아내 제인이 죽었다. 그리고 피어스는 다시 많은 술을 입에 대기 시작했다. 1860년 친구들이 그에게 찾아와 다시 민주당 대통령 후보로 출마하라고 권유했으나 그는 제퍼슨 데이비스가 자신을 대신할 수 있을 것이라 말하며 거절했다.

링컨의 당선과 남북전쟁 발발을 지켜본 전직 대통령은 더욱 절망했다. 비록 그가 남부의 연방탈퇴를 지지하지는 않았으나 그는 북부 선동가들의 지나친 활동 때문에 남부인의 고유한 생활방식이 손상될 것이라고, 이러한 현실적 위협 때문에 남부가 연방을 떠나지 않을 수 없게 되었다고 주장했다. 이런 입장을 표명하자 그의 호감도는 더욱 떨어졌고 사람들은 그가 은밀히 남부의 반역에 동조하고 있다는 의심마저 품었다. 심지어 다친 북부 군인을 위해 상당한 액수의 금액을 기부했음에도 이런 비판과 의혹은 쉽사리 풀리지 않았다. 그는 1869년 10월 8일 죽었다. 어찌나 인기가 없고 평판이 좋지 않았는지, 고향 콩코드의 주민들조차 피어스 사후 거의 50년이 넘게 그를 위한 기념관을 세우지 않았다. 그것이 바람직하지 않다고 생각했기 때문이다.

한편, 편집자가 너새니얼 호손에게 비판적으로 충고했음에도 그는 남북전쟁 동안 그의 옛 친구 피어스를 위해 찬양 가득한 내용의 편지가 담긴 한 권의 책을 헌정했다. 미국의 시인 랄프 에머슨Ralph W. Emerson은 너새니얼 호손의 그 책을 구입해 읽기 전에 피어스에게 바친 헌정사와 편지부터 찢었다.

8장

James Buchanan

제임스 뷰캐넌 1857년 3월 4일 ~ 1861년 3월 4일

남부 편향적인 정치로
남북전쟁의 원흉이 된 대통령

우둔, 허약, 우유부단.
모두 그를 표현하는 단어다.

제임스 뷰캐넌은 눈이 안으로 몰리는 내사시를 가지고 있었다. 이를 감추기 위해 습관적으로 머리를 앞으로 내밀어 숙이고 옆으로 살짝 기울이는 모습을 자주했다. 한쪽 눈이 약간 찌그러진 뷰캐넌은 이상하게 생긴 커다란 새를 연상시키기도 했다. 그의 한쪽 눈은 먼 곳을 응시하고, 다른 눈은 가까운 곳을 응시했다. 마치 기회를 노리는 교활한 정치가의 모습으로 보였다. 다른 사람과 이야기를 할 때면 머리를 약간 왼쪽으로 기울이고 한쪽 눈을 지그시 감았다. 만약 상대방이 바로 곁에 있으면 먼 곳을 잘 보는 눈을 감을 것이고, 멀리 떨어져 있으면 가까운 곳을 잘 보는 눈을 감을 것이었다. 그의 말쑥한 검정색 양복과 티 하나 없는 흰색 목도리면 그의 이미지가 완성된다.

1857년 미국의 제15대 대통령이 된 뷰캐넌은 네 가지 점에서 다른 대통령과 구별된다. 그는 18세기에 태어난 마지막 미국 대통령이었고, 당선됐을 때 유일한 독신이었다. 그는 65세의 나이에 대통령이 되어 1981년 로널드 레이건이 70세에 대통령이 되어 기록을 경신更新하기까지 가장 나이가 많은 대통령이었다.* 늦은 나이에 대통령이 된 만큼 뷰캐넌은 약 40년 이상을 여러 공직에서 일

---

* 2020년 바이든은 78세에, 2024년 트럼프 역시 78세에 대통령으로 당선되었다.

했다. 그래서 그는 많은 면에서 널리 알려진 인물이었다.

대통령이 되기 전에 뷰캐넌보다 더 많은 공직을 경험해 본 사람은 없었다. 또한 한 시대의 최고권위자로서 그토록 저주스럽게 악평을 받고 완전히 실패한 대통령으로 평가받은 대통령도 없다.[1] 뷰캐넌은 네 번의 도전 끝에 대통령이 되었다. 대통령이 되기 전에 그는 펜실베이니아 주의회 의원, 연방 하원의원, 연방 상원의원, 러시아 및 영국 주재 미국대사, 국무장관직을 지냈다. 그러나 이처럼 다양한 공직을 가졌음에도, 피비린내 나는 대규모 전쟁에서 국가를 바르게 세우고 보존해 나갈 비전과 현실주의적 감각은 물론 정치적 민감성을 전혀 갖추지 못했다.

뷰캐넌을 평가할 때마다 나오는 말이 '우둔, 허약, 우유부단'과 같은 부정적인 단어다. 역시 실패한 대통령으로 평가받고 있는 프랭클린 피어스는 후임 대통령 뷰캐넌에 대해 이렇게 말했다.

뷰캐넌은 고조되는 지역적 갈등에 대처하지 못했으며 무능하고 서투른 판단으로 이 나라를 전쟁으로 내몰았다. 그는 연방을 위해 노력했지만 거만하고 편협한 친親남부정책으로 약 62만 명의 생명을 앗아간 대규모 전쟁을 초래했다. 거기다 그의 행정부는 시민전쟁(남북전쟁) 전에 가장 타락하고 부패한 전문가들에 의해 장악되어 있었다.[2]

미국의 역사학자 새뮤얼 모리슨Samuel E. Morison은 제임스 뷰캐넌을 '어리석고 서투른 뷰캐넌'이라 묘사했다. 아마 그에 대한 가장 전형적인 표현일 것이다.[3]

뷰캐넌은 상투적으로 매사 신중하고 꼼꼼하게 행동했다. 그에게는 항상 관료적 형식주의와 진부한 선례라는 평가가 따라다녔다. 그는 진정성과 다정함이 마른, 삐뚤어지고 딱딱하며 케케묵은 공무원으로 악명이 자자했다. 그에게서 어떤 재치나 신선한 생각은 도저히 찾아볼 수 없었다. 그는 매사를 마치 체스를 두듯 조심스럽게, 단계적으로 진행했다. 위험한 모험은 절대로 하지 않았다. 뷰캐넌의 한 친구는 "그가 일평생 재치 있고 재미있는 말을 한 적이 한 번이라도 있었는지 모르겠다."라고 말했다.[4] 그는 사소한 문제에도 지나치게 소심하고 까다롭게 따졌다. 심지어 자기 비서가 핀과 멜빵바지의 단추를 구입하는 데 쓴 몇 센트까지 일일이 기록했다. 언젠가 그는 자신이 돌려줘야 할 거스름돈 단 10센트가 모자라서 1만 5,000달러짜리 수표를 받지 않았다.

뷰캐넌은 열정이나 카리스마도 없었다. 정치에서 그가 부각을 나타낸 까닭은 재능보다는 순서 덕분이었다. 그는 강연자, 토론자 또는 중요 법률의 입안자로서 결코 뛰어난 재능을 보인 적이 없었다. 대신에 당내 위원회의 신중한 구성원이자 간사한 내부소식통이었다. 당시의 정치적 흐름에 따라 뷰캐넌은 점차 입지가 약해지는 연방파에서 잭슨파 민주당으로 전향했다. 그리고 국가 대소사를 당대의 최고의 실력자들과 함께 어울려 처리하기를 좋아했다. 그는 말하자면 피터의 법칙Peter Principle*에 해당하는 인물이

---

* 계층사회의 구성원은 자신의 능력이 한계에 직면하는, 즉 더는 직무를 수행할 수 없는 수준의 직책까지 올라간다는 경향을 설명하는 이론이다. 관료제의 단점을 설명할

었다.[5]

뷰캐넌은 외교와 사법 업무는 훌륭하게 처리했다. 뷰캐넌은 그 자신은 물론 국가를 위해서 1844년에 제10대 미국 대통령 존 타일러가 제안한 대법원 판사직을 받아들이는 편이 훨씬 나았을 것이다. 그러나 그는 앞으로 대통령 자리를 원한다면서 이 제안을 거절했다. 이후 러시아의 상트페테르부르크와 영국 런던에서 외교관으로 활약한다.

대통령 자질이 턱없이 부족한 뷰캐넌은 큰 갈등과 반목이 촉발되는 시기임에도 대통령에게 요구되는 단호한 용기와 결단력이 전혀 없었다. 거기다 자신의 의지에 따라 사람들을 이끌어야 하는 능력이 필요한 곳에서, 그는 단지 '우유부단함, 지나친 신중함, 관료적 형식주의, 교묘하게 농간을 부리는 책략'만을 일삼았다. 역사가 앨런 네빈스는 그의 인물됨의 핵심이 무능이라고 진찰했다.

> 그(제임스 뷰캐넌)의 결핍된 유머감각, 보잘것없는 창조성, 늘 비밀스러운 취향, 비뚤어진 방법론 등은 바로 이것(무능)과 관련되어 있다.[6]

그렇지만 뷰캐넌은 사교적인 사람이었다. 그는 수도 사교계에서 꽤 유명 인사였다. 친구 대다수는 남부 출신의 노예소유주였다. 그는 동료 독신남인 앨라배마주 상원의원 윌리엄 킹과 수년간 같

때 거론된다.

은 방을 썼다. 사람들은 킹과 뷰캐넌의 관계를 보며 '뷰캐넌과 그의 아내'라 불렀다.[7] 그의 정적들은 뷰캐넌을 은근히 동성애자라고 비난했다. 훗날 공개적으로 남성 동성애자라고 커밍아웃한 매사추세츠주 연방 하원의원 바니 프랭크Barney Frank는 1997년 TV 토론회에서 뷰캐넌을 미국의 유일한 동성애자 대통령이라 주장했다. 그렇지만 그의 주장에는 신빙성이 없다.

뷰캐넌은 파티, 무도회, 훌륭한 음식, 그리고 포도주를 즐겼으며 눈부시게 화려하고 아름다운 여성을 좋아했다. 뷰캐넌은 부모를 여윈 조카딸 해리엇 레인Harriet Lane을 어린 시절부터 돌봐주고 있었는데, 그녀를 영부인 대행으로 삼았다. 그녀의 손이 닿은 백악관은 이전보다 더 밝고 화려해졌다. 20대 말의 해리엇 레인은 백악관 최초의 '미디어 스타media star'였다. 여성들은 그녀의 짧은 드레스와 머리장식을 흉내 냈다. 백악관을 장식한 여러 종류의 진귀한 물건, 바퀴 달린 소형 말 썰매, 경주마, 꽃 등 덕분에 다양한 별명이 그녀에게 붙었다. 그녀를 위해 〈흉내지빠귀 새의 노래를 들어라Listen to the Mocking Bird〉가 울려 퍼졌는데, 이 노래는 훗날 에이브러햄 링컨 대통령이 가장 좋아하게 될 노래가 된다.

취임 후 얼마 되지 않은 뷰캐넌은 축하주로 쓰일 샴페인을 큰 병이 아닌 작은 병에 제공했다며 포도주 상인들을 비난했다. 그는 "겨우 몇 파인트의 적은 양은 백악관에 어울리지 않는다!"라고 말했다.[8] 뷰캐넌은 또한 로즈 오닐 그린하우Rose O'Neal Greenhow 부인이 여는 환영회와 저녁식사 모임에 정기적으로 참석했다. 그녀는 백악관 건너편 라파예트 광장에 살던 아름답고 생기 넘치는 과

부였는데, 뷰캐넌과 친구 이상의 관계로 발전했다는 소문이 나돌았다.

뷰캐넌은 실제로든 생각으로든 '어떤 상황을 경시하는 경향'이 심했다. 지미 카터처럼 그는 사람들을 거의 신뢰하지 않았다. 그래서 뷰캐넌은 거의 모든 대통령 업무를 사소한 일까지 두루두루 살피고 다녔다. 전쟁이 일어나기까지 낡은 가운과 닳고 닳은 슬리퍼를 착용하고 담배를 질겅질겅 씹은 채 집무를 보던 뷰캐넌은 몇몇 사람이면 충분히 다룰 수 있는 사소한 문제를 밤마다 몇 시간씩 소모하며 씨름했다. 이런 행동은 그의 건강을 악화시키고 타고난 고집을 더욱 강화했다. 뷰캐넌은 일이 잘 풀리지 않으면 급한 성미를 그대로 드러냈고, 자신이 원하는 방향으로 되지 않으면 곧바로 삐지는 일도 허다했다.

심지어 몇몇 친구도 그의 까다로운 태도에 화를 냈다. 제11대 미국 대통령 제임스 포크는 자신의 일기에 "뷰캐넌은 유능한 사람이지만 적절하고 결단력 있는 판단을 내리지 못하고, 작고 사소한 문제에 집착하여 어떨 때 보면 꼭 늙은 하녀 같다."라고 썼다. 포크는 그를 국무장관에 임명한 대통령이었는데, 이를 두고 포크의 조언자인 전임 대통령 앤드루 잭슨이 강력히 항의했다.[9] 이에 포크 대통령은 전임자에게 이렇게 답했다.

그러나 장군! 당신도 그를 러시아 주재 미국대사로 임명한 적이 있지 않습니까?

잭슨은 후임자의 되물음에 이렇게 대꾸했다.

그래요, 그랬습니다. 나는 내 시야에서 최대한 멀리 그를 보내고자 했습니다. 그래야만 그가 끼치는 해를 최소한으로 막을 수 있기 때문입니다. 만약 북극에 대사를 파견한다면 아마도 그를 거기로 보낼 것입니다.

뷰캐넌은 노예제도를 둘러싼 폭풍과 같은 갈등을 타협으로 진정시킬 계획을 품고 대통령이 되었다. 만약 자신이 이 문제를 성공적으로 해결할 수 있다면, 조지 워싱턴과 같은 반열에 오를 수 있다고 생각했다. 대통령 선거가 끝나고 얼마 후 그는 한 친구에게 이렇게 말했다.[10]

신의 섭리가 연방과의 조화를 회복시키려 하는 나의 노력을 성공으로 이끌 것이고, 나는 지금까지 헛되이 살지 않았다고 느낀다.

그러나 제임스 뷰캐넌은 '줏대 없이' 남부의 원리를 추종하는 소신 없는 북부인 도우페이스였고, 노예문제에서 남부 편향적인 행보를 일삼은 민주당 인사였다. 이러한 내력의 새로운 대통령은 남부 출신이 내각을 압도적으로 지배하고 있는 상황을 맞이하자 당시 미국을 휩쓸던 노예제도 반대기류에 적절히 대응하지도 못한 채 완전히 고립되었다.

뷰캐넌은 고향 펜실베이니아에서는 꽤 알려진 인물이었다. 그는 외교 문제에서 나름의 능력을 발휘하였지만 정작 미국을 거의 돌아다니지 않았다. 그래서 그는 노예문제를 둘러싸고 찬반 양측의 갈등이 얼마나 깊은지 알지도 못했다. 단지 서로 양보해 갈등을 진정시킬 수 있을 거라 안이하게 믿었을 뿐이었다. 그러면서도 노예제도 폐지론자들을 경멸했다. 노예제도에 아무 문제가 없다고 보았던 뷰캐넌은 폐지론자들의 입장을 도저히 이해할 수 없었다. 그는 이렇게 주장했다.

> 노예제도는 친절한 행위와 인류애로 취급되어야 한다. 현재 노예소유주의 박애정신과 그들의 이익추구가 노예제도에 의해 적절히 결합되어 행복한 결과를 낳고 있다.[11]

뷰캐넌의 이런 행동은 격렬한 갈등과 파괴를 불러일으킨 남북전쟁의 불씨를 지피는 결과를 초래했다. 의회는 준주에서 노예제도를 금지할 수 없다는 남부인의 견해를 무조건 지지했다. 그는 대법원에서 논쟁 중인 '드레드 스콧Dred Scott' 재판에 비밀스럽게 외압을 가했다. 드레드 스콧이란 남성은 노예주인 미주리주의 노예였다. 그는 군의관 주인을 따라 자유주인 위스콘신주와 일리노이주로 가서 일시적으로 해방노예가 되었다. 그러나 주인이 미주리주로 돌아오자 그를 다시 노예로 간주해야 할지 해방노예로 보아야 할지가 문제가 되어 대법원에서 그 판결을 준비하는 중이었다. 이때 뷰캐넌은 북부 출신의 한 판사에게 외압을 행사했다. 준주에 노예제도의 확산을 제한한 미주리 타협안의 적법성에 반대하는 다수의 남부 출신 판사와 똑같은 표를 던지라는 것이었다. 또한 뷰캐넌은 캔자스주에 거주하던 주민 다수의 의사를 무시한 채 캔자스주를 노예주로 연방에 가입시키는 안건을 승인했다. 그의 어리석은 행동으로 민주당은 북부에서 결국 처참히 패배하였다.

이러한 뷰캐넌의 정책적 무리수는 1860년 대통령 선거에서 창당된 지 얼마 되지도 않은 신생 공화당의 승리에 크게 기여했다. 비록 그는 강력한 '연방주의자'였지만 일단 남부가 연방을 탈퇴하기 시작하자 연방정부로서는 아무것도 할 수 없다고 믿으며 매우 당황했다. 퇴임을 앞둔 그는 무기력하고 허약했으며 우유부단했다. 심지어 연방 탈퇴를 결정한 주들을 붙잡기 위해 대통령으로서 자신이 갖고 있는 권한을 사용하려 했으나 그러지 못했고, 결국 그의 입지는 더욱 좁아졌다. 그에게서는 앤드루 잭슨과 같은 모습을 전혀 볼 수 없었고, 심지어 자주 도마 위에 오르는 '게으른 재커리 테일러'보다 더욱 무능한 인물로 인식되었다.

눈앞에서 나라가 둘로 갈리고 서로를 죽이는 와중에도 뷰캐넌은 '나 다음에야 홍수가 오든 말든 무슨 상관이냐!' 같은 태도로 방문객에게 "나는 미합중국의 마지막 대통령이다."라고 음울하게 말했을 뿐이었다.[12]

이민가정의 변호사

제임스 뷰캐넌의 아버지는 스코틀랜드-아일랜드계 이민자 출신으로, 그의 이름은 아들과 똑같았다. 아버지 뷰캐넌의 아들 뷰캐넌은 1791년 4월 23일 펜실베이니아주 머서스버그Mercersburg 근처의 방 하나짜리 통나무집에서 태어났다.[13] 아버지 뷰캐넌은 아들이 태어나기 8년 전에 홀로 미국으로 건너왔다. 친척을 위해 열심히 일한 후 그는 펜실베이니아주의 경계 부근에 작은 무역상점 하나를 열었다. 1788년에 그는 펜실베이니아주 랭커스터Lancaster 출신의 엘리자베스 스피어Elizabeth Speer와 결혼했다. 당시 그녀는 21세였고 그는 27세였다. 그들은 11명의 자식을 낳았는데 그중 아들 넷과 딸 넷이 살아남아 성장하였다.

부부의 장남으로 태어난 제임스 뷰캐넌이 다섯 날 나던 해, 가족은 머서스버그로 이사했다. 이곳에서 아버지는 상인이자 농부로 큰 성공을 거두고 부자가 되었다. 뷰캐넌은 14세가 된 1805년 남동생 윌리엄 뷰캐넌William Speer Buchanan이 태어나기 전까지 유일한 아들이었고, 어머니와 자매들이 가장 좋아하는 장남이었다. 어머니 엘리자베스는 공교육을 받진 않았으나 독서를 많이 한 여성이었다. 특히 영국 시인 존 밀턴John Milton과 알렉산더 포프Alexander Pope의 글을 읽은 어머니는 그의 아들에게도 비슷한 관심을 심어주었다. 성장하면서 뷰캐넌은 아버지를 도와 가게 일을 했다.

뷰캐넌은 아버지를 사랑하면서도 동시에 무서워했다. 알려진 바와 같이 시골지주였던 아버지 뷰캐넌은 아들에게 자주 자질구레한 일들을 시켰다. 이러한 일에는 뷰캐넌의 나이와 능력을 넘어서는 경우들도 포함되어 있었는데, 그럴 때마다 그에게는 칭찬보다 꾸중이 기다리고 있었다. 뷰캐넌은 일을 빨리 배웠으나 항상 잘했다는 생각을 좀처럼 하지 못했다. 그래서 매사 아버지를 만족시키는 경우가 거의 없었다. 아버지는 1821년에 죽었는데, 나중에 뷰캐넌은 자신이 이 나라 최고의 자리에 오르는 것을 보여주지 못하고 아버지를 떠나보낸 것을 평생 한으로 여겼다.

뷰캐넌이 16세가 되었을 때 지역 장로교 목사이자 근처 디킨슨대학Dickinson College의 이사인 존 킹John King이 아버지를 설득하여 그를 학교에 보내주었다. 어머니는 뷰캐넌이 목사가 되기를 원했지만 사업이 한창 번창하고 있던 아버지는 가족 중에 법률가가 있는 편이 유리하다고 생각했다. 처음으로 가족의 품에서 벗어나 1807년 디킨슨대학에 입학한 뷰캐넌은 비록 착하기는 했지만 은근히 말썽을 많이 일으키는 학생이었다. 학우들과 진탕 술을 마시고 자주 난폭한 싸움을 하는 등 여러 탈선행위를 저지르다가 그만 첫 학기 말에 퇴학을 당했다. 하지만 아버지의 도움으로, 대학 규칙을 따르겠다는 약속을 하고서 다시 학교를 다닐 수 있었고 18세가 된 해에 졸업했다. 비록 학위는 못 받았으나 지역 변호사의 주선으로 법학을 공부하고자 랭커스터로 갔다. 3년 후 변호사 시험에 합격했고, 이후 변호사로 일을 시작했다.

1814년 8월, 그는 고객을 끌어들일 희망을 품고 연방파의 일원으로 펜실베이니아주 주하원에 입후보했다. 이 시기 영국인에 의해 워싱턴 D.C.가 불탄다는 소식이 랭커스터에 퍼졌고, 지역민병대는 볼티모어를 방어하고자 주민들에게 자원입대를 종용했다.* 대부분의 연방파처럼 뷰캐넌도 이 전쟁을 '매디슨의 전쟁 Mr. Madison's War'**이라고 부르며 반대했지만 주하원에 당선되기 위해서는 볼티모어에서 애국심을 증명해야 한다고 생각했다. 비록 그가 속한 부대는 한 번도 전투를 하지 않았으나 랭커스터로 돌아온 뷰캐넌은 자원입대라는 이미지를 활용해 손쉽게 주하원의원으로 당선되었다.

두 임기 연달아 하원에서 일한 그는 자신의 변호사 일에 전념하고자 주하원의원직을 그만두었다. 이후 그는 계속 들어오는 사건을 맡아 승소하며 지역의 유능한 변호사로 성장했다. 한 소송에서, 그는 다른 사람의 생명을 위협했다는 이유로 고소당한 남자를 변호하게 되었다. 원고가 증언대에 섰을 때, 뷰캐넌은 이러한 신문을 통해 소송을 각하시켰다.[14]

뷰캐넌 당신은 대담한 용기를 지닌 사람인가요? 당신이 위협에 쉽게 두려워하지 않는 사람인지 스스로 생각해 보십시오. 만약 당신이 용기 있는 사람이었다면 나의 고객(피고)이 위협을 가해도 스스로 처리할 수 있지 않았나요?

원고 나는, 나는 누구보다도 용감한 사람입니다.

---

* 1812~1815년에 있었던 미영 전쟁을 가리킨다.
** 미영 전쟁이 제4대 대통령 '제임스 매디슨'의 임기 중에 발발한 점에 착안한 명칭이다.

뷰캐넌 그렇다면 당신은 피고가 위협을 가했을 때 두려워하지 말았어야 하지 않습니까?

원고 당연히 그렇습니다.

뷰캐넌 좋습니다. 그러면 이 소송은 무엇을 위한 소송입니까? 저는 이 소송의 각하를 요청합니다.

1818년 27세의 뷰캐넌은 앤 콜먼Ann Colema이라는 여성과 사랑에 빠졌다. 그녀는 22세의 미인으로, 랭커스터의 철강공장 소유주 로버트 콜먼Robert Coleman의 딸이었다. 빛나는 눈빛에 부드러운 검은 머리칼을 가진 그녀는 어떤 때는 아주 상냥하고 내성적이지만 자주 까다롭고 거친 성격을 드러내 정서적으로 안정적이진 않았다. 비록 그녀의 아버지는 뷰캐넌이 돈을 보고 그녀와 사귀는 것이 아닌지 의심했지만 두 사람은 1819년에 약혼했다.

그러나 뷰캐넌과 앤은 자주 다투었다. 앤은 파혼을 하고 필라델피아에 있는 친척의 집으로 가서 살았다. 얼마 안 가서 그녀는 그곳에서 죽었다. 자살로 추정되었다. 순식간에 그녀의 아버지 로버트 콜먼의 판단이 옳았고 그녀의 약혼자는 그녀보다는 돈에 더 관심이 있었다는 소문이 퍼졌다. 소식을 접한 뷰캐넌은 슬픔에 빠졌다. 그는 이를 두고 "나는 이 땅의 유일한 사랑의 대상을 잃었다. 나의 행복은 그녀의 무덤에 함께 묻혀 버릴 것이다"라고 기록했다.[15] 앤의 부모가 장례식에 참석조차 허락지 않았다는 것이 뷰캐넌의 가슴을 더욱 아프게 했다. 그 후 뷰캐넌은 수많은 연애를 하면서도 결코 약혼과 결혼을 하지 않았다.

남부를 편애하는 독신 대통령

앤이 죽기 전 뷰캐넌은 이미 번창하던 변호사 일을 계속하고자 했다. 당시 그는 지역 명사로서 인기를 누리고 있었다. 1820년, 그는 다시 의회에 입후보했는데 그해에 아버지가 마차사고로 입은 상처로 죽었다. 이번에도 뷰캐넌은 연방파로 입후보했다. 그러나 곧바로 당시의 정치적 흐름을 평가한 후 유리하다고 판단되는 민주공화파인 앤드루 잭슨당으로 갈아탔다. 이는 정치적 철학에 의한 노선 변경이 아니다. 철저한 철새정치의 표본이었다.

잭슨 행정부의 내각에 뷰캐넌이 입각해야 한다는 말들이 있었지만 잭슨 대통령은 그를 신뢰하지 않았다. 대신 잭슨은 그를 1831년에 러시아 주재 미국대사로 임명했다. 상트페테르부르크에서 뷰캐넌이 세운 가장 큰 업적은 미국과 러시아 사이에 최초로 무역협정을 성사시킨 일이었다. 그러나 정치적 야심이 있던 뷰캐넌은 멀리 떨어진 러시아에 너무 오래 머물러 있을 생각이 없었고, 1834년 연방 상원의원에 입후보하기 위해 돌아왔다. 그 후 그는 11년 동안 연방 상원에 있으면서 상원 외교위원회의 위원장직을 지냈다.

민주당 내 보수파이자 노예제도 찬성파의 일원이었던 뷰캐넌은 컬럼비아 자치구에서 노예제도를 폐지하려 했던 시도를 차단한 남부 출신 의원들의 지도자였다. 그는 노예제도 폐지론자들의 선동 때문에 노예문제에 대한 평화로운 해결이 혼선을 빚고 있다고 주장했다.

이러한 잘못된 선동이 시작되기 전에는 노예주일지라도 노예제의 점차적인 폐지를 옹호하는 세력이 당내에서 존재하고 성장했다. 그러나 이제 이러한 법안을 지지하는 목소리는 이곳 어디에서도 들을 수 없다.[16]

1844년 뷰캐넌은 민주당 대통령 후보 경선에 나섰다가 실패했다. 그러나 뷰캐넌은 대통령이 된 제임스 포크를 위해 펜실베이니아주에서는 물론 여러 지역에서 당의 조직구성을 하는데 중추적인 역할을 했다. 그 대가로 뷰캐넌은 국무장관에 임명되었다. 포크는 국무장관 뷰캐넌을 크게 신뢰했다. 뷰캐넌은 텍사스 합병을 위해 영국과의 협상에서 북방한계선을 49도 선으로 설정했다.

멕시코 전쟁 동안 몹시도 지친 포크 대통령은 재선 출마를 고려하지 않았다. 따라서 1848년에 뷰캐넌은 자신을 민주당 후보로 선출하는 데에 유리한 상황을 조성했다. 그러나 후보 경쟁에서 미시간주의 루이스 캐스에게 밀렸다. 하는 수 없이 뷰캐넌은 대규모로 구입한 부동산이 있는 위트랜드Wheatland로 돌아왔다. 그동안 뷰캐넌의 남매 여럿이 죽고, 그들의 자녀는 고아가 되었거나 고아와 다름없게 되었다. 이에 뷰캐넌은 조카들, 형제들의 증손주들을 돌보았다.[17]

1852년 민주당 대통령 후보에 또 출마했지만, 이번에는 프랭클린 피어스에게 패배했다. 새 대통령 피어스는 1853년에 뷰캐넌을 영국 주재 미국대사로 임명했다. 런던에 도착하고 얼마 되지 않아 국무부로부터 회람 하나가 도착했다. 외국에 있는 미국 관리들은 공무를 수행할 때 '미국 시민으로서 단순한 복장을 하고' 리본이나 황금장식은 하지 말라는 내용이었다. 이 내용은 뷰캐넌을 난처하게 만들었다. 영국 관리들이 그에게 정장 코트를 입지 않고는 공식 업무를 볼 수 없다고 말했기 때문이었다. 이에 뷰캐넌은 대체물을 떠올렸다. 군대 제복 또는 미국을 상징하는 '독수리 단추'가 달린 푸른 코트는 괜찮을 거라 생각했다. 이에 따라 그는 흑색 평상복을 입고, 예복에 착용하는 예식용 칼을 소지한 채 공식행사에 참석했다.[18] 미국 국무부의 권고사항과 영국의 규칙을 모두 지킨 일종의 속임수였다. 이 일에 대해 그는 이렇게 회고했다.

내가 여왕(영국의 빅토리아 여왕)을 알현하였을 때, 그녀의 위엄 가득한 얼굴에 자상한 미소가 피어올랐다. 마치 "그대는 그런 차림으로 내 앞에 선 최초의 인물이오."라고 말씀하시듯이. 고백하건대, 나 자신이 미국인이라는 사실이 이때보다 더 자랑스럽게 여겨진 적이 없다.

외교관으로서의 뷰캐넌은 유능한 관리였다. 그러나 그의 업적은 스페인으로부터 쿠바를 구입하는 문제를 재촉하는 과정에서 빛이 바랬다. 파리와 마드리드에서 노예제도 찬성론자 단체에 가입하여 열렬히 활동해서 얻어낸 '오스탕드 성명서'가 바로 그것이다. 이 성명서는 이런 내용을 선언했다.

> 만약 스페인이 쿠바를 팔려 하지 않는다면, 우리는 소유주로부터 억지
> 로 쿠바를 빼앗는 일을 정당화할 것이다.

이 무책임한 선언은 쿠바를 노예제에 찬성하는 새로운 영토로 편입시킬 수 있다고 생각한 남부인에게서 환영을 받았다. 그러나 이러한 노예제도 확산을 염두에 둔 영토 확장을 불신하는 북부인에게는 큰 반발을 샀다. 대통령 피어스는 오스탕드 성명서를 거부했지만 1856년 대통령 선거가 다가오자 이 성명서 덕분에 뷰캐넌을 향한 남부인의 지지율이 상승했다.

이 오스탕드 성명서와 노예제도 연장을 둘러싸고 캔자스에서 유혈사태가 벌어지는 동안 그는 미국에 없었다. 바로 이 점이 오하이오주 신시내티에서 열린 민주당 전당대회에서 그의 입지를 유리하게 만들어 주었다. 특히 노예제도를 반대하는 그의 라이벌, 대통령 피어스와 스티븐 더글러스는 캔자스주의 노예제도 찬성론자들의 운동으로 이미지가 손상된 상태였다. 이에 비해 당시 미국에 있지 않던 뷰캐넌은 '유혈의 캔자스 사태'와 무관했고, 남부인에게도 좋은 대통령 후보로 쉽사리 수용되었다. 뷰캐넌은 민주당 대통령 후보로 쉽게 지명되었고, 부통령 후보는 켄터키의 존 브레킨리지를 선출했다.

그해 11월, 대통령 선거에서 뷰캐넌은 휘그당의 해체로 생겨난 두 개의 새로운 정당후보와 겨루어야만 했다. 한 명은 서부개

척자 출신의 존 프리몬트John Fremont로, 그는 노예제도에 반대하는 공화당의 지명을 받았다. 다른 한 명은 이전에 대통령이었던 밀러드 필모어였다. 그는 반가톨릭과 반이민을 지향하며 미국당의 후보로 출마했다. 노예주와 캔자스주에서는 남부인의 선거운동이 기세를 올렸다. 남부인들은 만약 '흑인공화당'이 승리한다면 그들이 연방을 파괴할 것이라고 비난하였다. 이에 영향을 받은 월스트리트는 공화당이 승리할 미래를 두려워해 민주당을 후원했다. 미국의 로스차일드 은행대리인 어거스트 벨몽August Belmont은 민주당에 5만 달러를 기부했다. 그는 후원의 대가로 후에 해군에서 발주한 건설계획을 따내고 10만 달러에 달하는 공공 인쇄물 계약을 얻었다. 당시 공화당은 이런 금품수수행위를 막을 힘이 없었다.

뷰캐넌은 일반투표에서 절반이 약간 못 되는 표를 얻었지만 선거인단 투표에서 174표로 당선되었다. 프리몬트는 114표, 필모어는 8표를 얻었다. 뷰캐넌은 필모어를 지지한 메릴랜드주를 제외한 모든 노예주에서 선전했다. 그런데 북부에서는 단지 4개 주에서만 승리했다. 민주당 입장에서 이 결과는 불길한 징조였다. 공화당은 비록 패배했지만 북동부와 서부에서 선전하여 1860년 선거에서는 이길 수 있다는 희망을 품게 되었다.

1857년 3월 4일, 뷰캐넌은 대통령에 취임했다. 화려한 허례허식과 번쩍이는 장식은 그의 상징이었다. 대통령 당선자는 랭커스터에서 워싱턴 D.C.로 가는 특별열차를 타고 조카인 해리엇 레인과 함께 백악관에 입성했다. 약 3만 명의 방문객이 수도로 몰려들어 북적였고, 호텔과 술집은 사람들로 넘쳐났다. 숙박시설이 부족해서 서커스 텐트의 간이침대에서 하룻밤을 지내는 데 50센트씩이나 지불하는 사람도 있었다. 주 민병대, 금관악기 밴드, 소방대의 경호를 받으며 뷰캐넌은 전임 대통령 피어스와 함께 무개마차를 타고 의사당으로 들어갔다. 80세의 대법원장 로저 토니Roger B. Taney가 대통령선서를 받기 위해 비틀비틀 걸어 나왔다.

뷰캐넌에게는 취임식을 빛나게 하는 명연설이나 독창적인 생각이 없었다. 아니, 뷰캐넌에게는 그럴 능력이 없었다. 뷰캐넌은 당의 운영문제나 지역 갈등문제가 아니라 자신의 입장을 우선 언급했다. 그리고 자신은 다음 선거에 나서지 않을 것이라고 선언했다. 훗날 위기를 능숙하게 다루기 위한 강력한 권위와 국민의 지지에 힘입은 용기가 필요할 때, 취임식 날의 선언이 뷰캐넌의 발목을 잡았다. 결국 이 선언은 뷰캐넌 스스로를 다리가 부러진 오리 신세로 전락시킨 결정적인 실언이었다. 취임연설 도중에 나온 또 하나의 충격적인 발언은 캔자스주의 쓰라린 갈등에 관한 것이었다. 뷰캐넌은 노예제도 찬성파와 반대파 양측에 곧 결정이 날 드레드 스콧 소송사건의 대법원 판결을 기다리라고 종용했다. 그는 이 판결이 문제를 종결시킬 것이라고 주장했다. 그리고 "판결이 어떻든 나는 기꺼이 이를 따를 것이며, 모든 선량한 시민들 역시 그렇게 하기를 간청할 것"이라고 선언했다.[19]

잔잔한 물결이 흐르는 듯한 하얀 드레스에, 여러 줄로 된 진주 목걸이를 한 눈부시게 화려한 해리엇이 취임식장 근처 사법부 광장에 임시로 마련된 무도회장에서 사회를 보았다. 금색으로 장식한 별들이 하얀 천장에 반사되어 반짝거리고 있었고, 붉은색, 흰색, 푸른색 천이 벽에 드리워져 있었다. 한 참석자는 "열기에 걸맞은 화려함!"이라고 표현했다. 의원들은 포도주에 취해 과도하게 흥분한 나머지 2층 방에서는 소음 때문에 문을 닫아야 할 정도였다. 미국 주재 러시아대사이자 남작인 에두아르드 드 스토클 Eduard de Stoeckl은 프랑스대사의 부인 마담 사르티지Sartiges에게 "워싱턴 D.C.의 현재 상황은 1830년 혁명(7월 혁명)을 겪고 있는 파리와 같지 않느냐?"라고 물었다. 당시 프랑스 국왕 루이 필리프 1세가 주최한 어느 무도회에서는 프랑스 외무장관 탈레랑Talleyrand이 왕에게 이렇게 말했다. "폐하, 우리는 지금 화산 속에서 춤을 추고 있는 것 같지 않습니까?"[20]

이틀 후 대법원장 토니는 떨리는 목소리로 드레드 스콧 사건에 대한 대법원 판결을 전달했다. 예상대로 판결은 스콧의 희망을 짓밟아 버렸다. 토니는 "흑인노예는 시민이 아니므로, 연방정부나 법원으로부터 보호받을 수 없다."라고 선언했다. 심지어 거기에 멈추지 않고, 준주에서 노예제도를 억제하려는 시도는 적절한 절차 없이 노예소유주의 재산권을 침해하는 불법 행위로 규정했다. 이 선언에 분노한 북부인은 뷰캐넌의 음흉한 음모를 알아차렸다. 북부인은 뷰캐넌이 노예제도를 새로운 지역으로 확산시킬 생각으로, 대법원 판결에 앞서 표리부동한 행동을 했다고 비난했다.

책략과 농간과 기회포착에 능했던 뷰캐넌은 당시 알려진 것 이상으로 드레드 스콧 재판에 영향력을 행사했다. 반세기가 지난 후 대법원장 토니가 취임식 직전 대통령 당선자로부터 너무나 중요하고 임박해 있는 판결에 대해 명백히 사법윤리에 반하는 행위를 지시받았다는 사실이 드러났다. 뷰캐넌은 7 대 2의 다수가 스콧의 주장을 반대했다고 말했으나 실제로는 남부 노예주 출신 5명의 재판관만 노예제도의 확산을 막으려는 의회의 노력을 무산시킬 준비가 되어 있었다. 사실 뷰캐넌은 친구이자 펜실베이니아주 출신 판사 로버트 그리어Robert C. Grier를 설득해 지역정서에 오점을 남기지 않도록 남부 출신 재판관의 결정에 동참하게 했다. 이는 권력분립 원칙에 대한 명백한 위법행위이자 대법원의 판결에 영향력을 행사하지 않는 미국의 전통을 파괴하는 악행이었다. 뷰캐넌은 그리어를 회유했고, 그리어는 굴복했다.

남부를 위한 뷰캐넌의 간섭과 회유는 그가 평생에 걸쳐 저지른 최악의 실수였다. 대법원 판결에 영향력을 행사하는 것은 명백히 불공정한 짓임에도, 그는 거리낌 없이 이러한 행위가 북부에도 통할 것이라는 어리석은 판단을 했다. 대법원의 공명정대성에 대한 믿음을 파괴하고 남부의 승리를 위한 편파적인 판결을 유도하여 대통령직과 남부에 대한 대대적인 반발을 불러왔다. 말하자면 뷰캐넌의 적절하지 못한 행동이 북부인 전체의 반발을 불러일으켰고, 준주의 노예제도 확산은 상황을 더욱 악화시켰다.

뷰캐넌의 실수는 이게 끝이 아니었다. 1856년 연방 양원에서 다수당을 확보한 민주당과 대통령 뷰캐넌은 캔자스를 노예주로 연방에 강제 가입시키고자 했다. 노예제도 찬성론자들은 캔자스의 르컴튼Lecompton에서 1857년 대표자 회의를 소집하여 노예주로 연방에 가입하기 위한 주헌법을 제정했다. 그러나 이를 사기와 속임수에 지나지 않는다고 본 노예제도 반대론자들은 맹비난을 가했다. 그런데도 뷰캐넌은 의회에 르컴튼 헌법을 가진 캔자스주를 연방의 일원으로 승인할 것을 강력히 요청했다. 하나의 주가 자유주가 될 것인지 노예주가 될 것인지는 해당 주의 주민이 결정해야 한다며, 주민주권을 강력하게 지지한 스티븐 더글러스가 이끄는 북부와 서부지역 민주당원들은 뷰캐넌의 요청을 기만행위로 규정하고 대통령을 강하게 비난했다.[21]

1858년 일리노이주 유권자들은 노예제도의 확산을 강력히 반대했다. 이를 알고 있던 더글러스는 만약 자신이 르컴튼 헌법을 찬성하면, 1860년 대선에 도전할 기회를 상실하게 되는 것은 차치하더라도 1858년 연방 상원의원 재선마저 실패할 수 있다는 사실을 잘 알고 있었다. 이에 따라 백악관에서 이 문제를 놓고 뷰캐넌과 더글러스가 격렬히 대립하였다. 뷰캐넌은 더글러스에게 행정부를 향해 반대를 위한 반대를 하고 있다고 경고하면서 과거에 앤드루 잭슨이 자신에게 반대하는 정치가들을 철저히 파괴했던 역사를 더글러스에게 주지시켰다. 이에 작은 거인으로 불린 더글러스는 대통령의 말을 가로채면서 "대통령 각하! 잭슨 장군은 죽었고, 이제는 없지 않소?"라며 화를 냈다.[22] 여당이 분열의 위험에 처해 있음에도, 뷰캐넌은 르컴튼 헌법과 캔자스주를 노예주로 연방에 가입시키는 야망을 관철하고자 아집을 부렸다. 반면 더글러스는 이 헌법을 다시 캔자스주 주민투표에 부칠 것을 요구했다. 이에 분개한 대통령은 더글러스를 후원하는 체신장관과 더글러스의 주선으로 공무원이 된 이들을 해고했다. 르컴튼 헌법을 통과시키기 위해 부정, 폭력, 현금 매수 등 온갖 추잡한 수단을 연방 하원의원들이 자행했다.[23] 그러나 더글러스가 이끄는 민주당, 새롭게 탄생한 공화당, 미국당의 연합은 뷰캐넌의 야욕을 좌절시켰다. 더글러스의 주장대로 노예제도에 찬성하는 자들의 헌법은 캔자스 주민들의 주민투표에 다시 부쳐졌고, 주민들은 압도적인 표차로 르컴튼 헌법을 거부했다. 캔자스는 1861년 자유주로 연방에 가입했다. 그러나 여전히 노예제도의 확산문제는 언제 터질지 모르는 시한폭탄이었다.

뷰캐넌은 만약 자신이 르컴튼 헌법을 지지하지 않았더라면 남부주들이 연방에서 탈퇴하거나 무기를 들어 전쟁을 시작했을 거라고 주장하며 자신의 행동을 변호했다. 그러나 뷰캐넌의 주장은 정당화할 수 없었다. 1858년 남부는 호전적이고 열렬한 노예제도 찬성론자들이 지배하고 있었다. 또한 그들은 캔자스에서 공정한 투표를 실시하는 것에 대한 반대가 연방탈퇴를 위한 충분한 구실이 될 수 없다는 점을 인정한 현실주의자들이었다. 백악관은 친남부적 성향을 지닌 민주당원이 진을 치고 있었고, 상하 양원에서도 민주당이 다수당을 차지하고 있었다. 대법원을 향한 민주당의 영향력 역시 압도적이었다. 따라서 뷰캐넌에게 조금이라도 창조성과 지도력이 있었다면, 남북 간의 피비린내 나는 전쟁은 막을 수 있었을 것이다. 1820년에서 1854년까지의 선례를 통해 남북은 타협이라는 전통을 준수했다. 또 당시에는 국가적 통일에 대한 기회와 열망이 대두하고 있었다. 그러나 뷰캐넌에게는 이를 이룰 만한 정치적 창조성이나 지도력이 없었다.

민주당의 번영과 발전보다는 더글러스에 대한 개인적 증오심 때문에, 뷰캐넌은 1858년 선거에서 그를 추방하고자 이를 갈았다. 당의 지도자로서 뷰캐넌은 응당 민주당 상원의원의 일원인 더글러스의 재선에 축하와 응원을 보내야 했다. 그러나 오히려 그는 더글러스 때문에 공화당이 의석을 하나 잃은 것에 아쉬워했다. 물론 뷰캐넌은 더글러스의 재선에 노골적으로 반대하지는 않았고, 최소한 중립을 유지했다. 확실하지 않으나 어쨌든 더글러스는 공화당 후보인 에이브러햄 링컨과 여러 차례에 걸쳐 그 유명한 프리포트 논쟁Debate in Freeport*을 한 후에 간신히 재선에 성공했다. 이 논쟁으로 링컨은 1860년 대통령 선거에서 이름을 떠올릴 정도의 인물로 부상하게 되었다.

북부 출신 민주당원 대다수는 1854년 선거에서 완패하였다. 북부에서는 공화당이 주지사, 상원, 하원을 휩쓸었기 때문이다. 뷰캐넌은 충격을 받았다. 그는 "패배가 너무 심각해 상황이 터무니없어 보인다."라고 말하며 패배를 인정했다.[24] 그렇지만 그는 현실로부터 점점 유리되었다. 형편없는 중간선거 결과에도 뷰캐넌은 "전망은 밝아지고 있다. 현재 상황으로 보아 당은 앞으로 철저히 단합할 것이다."라는 황당한 발언을 했다.

두 명의 전임 대통령, 토머스 제퍼슨과 존 퀸시 애덤스를 제외하면 외교업무 면에서 뷰캐넌의 경험에 견줄만한 대통령은 없다.

---

* 공화당의 링컨과 민주당의 더글러스는 1858년 7차례에 걸쳐 토론회를 진행했는데, 해당 토론회의 주요 안건은 '노예제도 확산문제'였다.

그는 국제문제에서 미국을 위한 활발하고 역동적인 역할을 완수했다. 뷰캐넌은 외교적 승리를 무기로 삼아 대중의 관심을 다른 곳으로 돌리고자 했다. 그는 러시아로부터 알래스카를 매입하고, 스페인으로부터 쿠바를 사들일 생각을 하고 있었다. 또한 그는 중앙아메리카를 가로지르는, 두 대양을 잇는 무역로를 장악하고 멕시코와 카리브해에서 미국의 우위를 확보하는 것은 물론 대륙횡단철도를 건설해 국가를 확장하고자 기획했다. 이런 이유로 노예제도를 둘러싼 지역적·당파적 갈등, 그로 인한 연방탈퇴, 남북전쟁의 발발이 없었다면 어쩌면 뷰캐넌이 시어도어 루스벨트를 뛰어넘어 가장 적극적인 팽창주의자로 기억될 수도 있었을 것이다. 그러나 그의 야심만만한 계획은 지역적 갈등에 빠진 의회의 분쟁 속에 침몰하고 말았다. 심지어 일상적으로 이루어지는 평범한 정부예산 지출까지 편히 넘어가지 않았다. 예컨대 유타에서 벌어진 모르몬교Mormon와의 소규모 갈등을 처리하는 데에도 엄청난 어려움을 겪어야만 했다.

대통령 취임식 날, 뷰캐넌은 자랑하듯이 "우리의 현재 재정 상태는 역사상 어느 때와도 비교할 수 없습니다. 연방정부의 재정은 넘쳐나고 있습니다."라고 말했다. 하지만 취임 후 한 달도 되지 않아 은행들이 파산했고, 두려움과 공포가 월스트리트를 엄습했다.* 공장들은 문을 닫았고, 노동자들은 떼를 지어 북부 여러 도시로 몰려들어 "빵 아니면 피!"라고 외쳤다. 철도건설을 둘러싼 비정상

---

* 1857년 미국이 겪었던 경제공황을 가리킨다.

적인 투기 열풍, 수입 증가에 따른 관세인하 요구, 크림 전쟁의 종전과 함께 유럽으로의 식량 수출 격감 등은 사회적 변화를 요구하는 흐름을 형성하여 뷰캐넌 행정부를 엄습하였다. 그러나 이에 대한 뷰캐넌의 반응은 구태의연했다. 정부는 국민의 고통에 동정하는 듯했지만 정작 그걸 완화하기 위한 노력은 아무것도 하지 않았다. 결국 그와 행정부가 손을 놓고 있는 상태에서 기대할 수 있는 것은 자연적인 경기부양과 미국인의 역동적인 에너지가 활력을 되찾는 것뿐이었다. 그러나 그것이 거저 주어지는 것이겠는가? 그것은 이름 모를 수천 명의 사람들이 파산하고, 굶주리며, 절망을 겪은 후에야 이루어질 수 있는 것이었다.[25]

뷰캐넌 행정부 시기에는 장기간에 걸쳐 미국 정치에 어두운 그림자가 드리워졌고, 경기침체가 이어지는 와중에 두 가지 중요한 정치적 입장이 형성되었다. 하나는 민주당 행정부로부터 버림받았다는 불만으로 가득한 북부 공장노동자들의 입장이다. 그들은 현재 자신들이 겪고 있는 어려움은 낮은 관세 때문이며 만약 공화당이 정권을 잡게 되면 관세와 노동자임금이 상승할 것이라 생각했다. 그래서 그들은 공화당의 주장에 열심히 귀를 기울였다. 반면 경기침체가 면화경제에 거의 영향을 끼치지 않았던 남부지역에서는 "면화가 왕이다Cotton is King."라고 선언했다. 만약 북부인이 남부인의 주장과 생각을 따르지 않는다면, 남부는 연방을 버릴 것이고 남부만의 번영의 세계로 가겠다고 선언했다.

비록 뷰캐넌이 훗날 연방을 탈퇴하는 남부주에 반대하려 했으나 연방헌법을 이용할 힘이 없었다고 변명했지만, 그는 유타 준주에서 벌어진 모르몬교의 행위를 연방정부에 대한 반역으로 간주하고 가차 없이 진압했다.* 오하이오, 미주리, 일리노이에서 탄압을 받은 모르몬교의 신도들은 1847년 제2대 교주 브리검 영 Brigham Young의 지도에 따라 유타의 새로운 영토로 이동했다. 몇 년 후 이들은 불어난 인원과 함께 부를 확보했고, 일부일처제의 민주주의 나라에서 일부다처제의 신정정치를 강요했다. 브리검 영은 의회를 설득해 자신을 유타 준주의 주지사로 세울 것을 요구했다. 그러나 대다수 의원은 유타주 자체를 부정하게 얻은 의붓자식 정도로 취급했고, 유타주의 문제는 수도의 정치권에서 철저히 무시당했다.

1855년 대통령 피어스는 3명의 연방판사를 유타 준주에 파견했다. 2명은 모르몬교를 배교했고, 남은 1명은 모르몬교를 극도로 증오했다. 그들은 브리검 영과 교회의 명령만 따르는 주민들이 자신들의 명령을 무시한다며 연방정부에 불평했다. 대통령이 된 뷰캐넌은 유타에 관한 정보를 전혀 알아보지도 않고 무작정 브리검 영을 주지사직에서 해임하고, 주민들이 새로운 주지사의 명령에 복종하도록 250명의 군인을 파견했다. 그러나 불행하게도 유타의 주지사에게는 모르몬의 선지자가 다른 사람으로 교체되었음을 알리는 공식 서류가 전달되지 않았다. 전임 대통령 피어스가 경제적인 이유로 유타의 우편시설을 폐쇄했기 때문이었다. 정부로부터

---

* 1857년 5월부터 1858년 7월까지, 오늘날 미국의 유타주에서 모르몬교와 미국이 싸웠던 내전을 '유타 전쟁'이라 부른다.

아무런 공식문건도 받지 못한 상태에서, 단지 대규모 군대가 유타로 들어온다는 소식을 들은 영은 자신이 만든 군대를 동원했다.

그 결과 모르몬교의 신도들은 두 곳의 연방 요새를 불태우고 정부군의 마차행렬을 공격했다. 광신적인 모르몬교도들은 캘리포니아 근처에 살던 120명에 달하는 이민자를 학살했다. 상황이 이렇게 되자 마침내 뷰캐넌의 친구이자 모르몬교도들에게 매우 동정적이었던 필라델피아의 토머스 케인Thomas L. Kane이 브리검 영과 대화하기 위해 자신을 유타주의 주도 솔트레이크로 보내줄 것을 대통령에게 요청했다. 대통령은 이를 수락했다. 케인과의 회담에서 더 많은 군대가 오고 있다는 말을 들은 브리검 영은 현실을 인정하여 요구를 받아들였고, 유타 문제는 해결되었다. 이 과정에서 문자 그대로 팔짱 끼고 구경만 했던 뷰캐넌은 의회에서 이렇게 말했다.

> 나는 유타의 주지사와 다른 시민 장교들이 이제 순순히 적절한 기능을 수행하게 되었음을 의원 여러분들에게 통지하게 되어 매우 기쁩니다. 이제 준주에는 평화가 도래했습니다.[26]

그러나 이 말은 단순한 준주 하나가 아니라 이 나라의 나머지 지역에서 적용되어야 할 것이었다.

남북전쟁을 방관한 무책임한 대통령

1859년 10월 16일 밤이 깊어갈 무렵 분노로 불타오르는 눈을 가진 열광적인 노예제도 폐지론자이자 테러리스트 존 브라운John Brown이 노예반란을 선동할 의도로 웨스트버지니아의 하퍼스페리Harpers Ferry에 있는 연방군 병기고를 습격했다. 이 과정에서 여러 사람이 죽고, 브라운은 그를 추종하는 18명의 흑인과 백인을 데리고 병기고의 소방서에 자리를 잡았다. 소식을 듣고 충격을 받은 뷰캐넌은 서둘러 전쟁장관 존 플로이드John Floyd를 만났다. 플로이드는 당시 대령이었던 로버트 리가 지휘하는 연방군 1개 중대를 현장으로 파견했다. 단 몇 시간 만에 브라운의 추종자 10명이 목숨을 잃고, 브라운과 나머지는 체포되어 재판장에서 버지니아주에 대한 반란죄를 선고받아 교수형을 당했다.

브라운이 노예해방을 위해 뿌린 씨앗은 남부인에게 두려움을 불러일으켰다. 남부의 백인들은 자신의 목을 만지면서 몸서리를 쳤다. 브라운과 폭도들이 누구를 대상으로 반란을 일으켰는지 너무나 잘 알고 있었기 때문이다. 심지어 남부의 중도파들조차 이제는 북부 중심의 연방을 따르거나 위험하기 짝이 없는 적들을 상대하기 위해 자신들의 생활을 보호하는 길 중 하나를 택해야 했다. 조지아, 앨라배마, 미시시피, 루이지애나 등 최남부지역에서는 자신들의 안전을 지키기 위해 자발적으로 민병대가 조직되었고 군수품을 마련하기 위해 수많은 돈이 유용되었다. 그리고 그들은 만약 1860년 대통령 선거에서 노예제도에 반대하는 북부의 '흑인공화국'이 대통령을 선출한다면 연방에서 탈퇴하겠다고 엄포를 놓았다. 그러나 이러한 남부와는 너무나 상이하게 북부에서는 처형당한 브라운이 노예제도 반대운동의 순교자로 받들어지고 있었다. 특히 랠프 에머슨Ralph Waldo Emerson과 같은 유명한 노예제도 폐지론자는 브라운을 "십자가에 처형당한 예수처럼 영광스럽게 교수형을 당한 사람"으로 예찬했다. 이러한 분위기는 남부 백인들에게 경악과 두려움을 더욱 부채질했다.

연방을 파괴로 이끈 이 사건의 영향은 빠르게 번져나갔다. 마치 전쟁을 위한 진군의 북소리가 더 크게 울려 퍼지듯 갈등은 증폭되어 갔다.[27] 캔자스 문제를 둘러싼 대통령 뷰캐넌의 서툰 처신은 결국 민주당의 분열을 가져오게 했다. 노예제도에 찬성하고 폭력적인 방법을 동원해서라도 이를 지켜야 한다고 생각하는 사람들의 온상인 찰스턴에서 1860년 4월 민주당 전당대회가 열렸다. 바로 여기서 준주에서의 노예제도 보호를 당연시하는 강령을 요구하는 문제를 두고 민주당이 분열되었다. 대통령 후보를 내기 위해 투표가 이루어졌을 때 하ㅏ남부 8개 주의 대표단은 퇴장해버렸다. 남은 민주당 대표단은 무려 57차례에 걸쳐 대통령 후보자 결정 선거를 했지만 결국 후보를 내지 못한 채 해산해 버렸다. 두 달 후 볼티모어에서 다시 만난 민주당은 이름값이 다소 내려간 더글러스를 대통령 후보로 지명했고, 반면 희망을 상실한 일부 남부 민주당원은 친親노예제도 강령을 채택하고 현직 부통령인 텍사스의 존 브레킨리지를 대통령 후보로 지명했다. 뷰캐넌도 브레킨리지에게 표를 던졌다.

휘그당과 미국당의 일부 세력은 노예제도 문제에서는 모호한 태도를 보였지만 법과 연방에 대해 강력한 지지를 보내는 헌법연합당Constitutional Union Party을 만들어 테네시주의 존 벨John Bell을 대통령 후보로 지명했다.

아무 희망 없이 민주당이 분리된 상태에서 링컨은 일반투표에서 전체의 39.8퍼센트만 득표했지만 선거인단에서는 180명을 획득하며 큰 격차로 승리했다. 링컨은 노예제도가 현존하고 있는 곳에서는 이를 완전히 말살시키지 않겠다고 명백히 말했음에도, 선거가 끝나자마자 사우스캐롤라이나주를 비롯한 하남부 지역에서 연방 탈퇴의 요구가 갈수록 심해졌다. 당시 남부에서 권력을 잡고 있던 극단주의자들은 링컨의 당선이 그 자체로 북부가 노예제도를 완전히 제거하려 한다는 의도를 입증한다고 주장했다. 두려움, 구겨진 자존심, 볼품없는 명예가 뒤섞여 남부인은 새롭고 독립된 공화국을 세워 자신들의 생활방식을 보존해야 한다고 생각했다.

일흔 가까운 나이에 노쇠하고 건강이 악화한 뷰캐넌은 온 나라를 휘감고 있는 전쟁의 소용돌이를 보며 절망하다가 결국 자포자기했다. 교활한 탈퇴주의자들과 민주당의 앞잡이로 득실거리는 내각의 영향력에서 벗어나지 못한 채 허우적거린 뷰캐넌은 고통 속에서 자신의 의무를 다하려고 노력했다. 그러나 민첩하거나 단호한 결정을 내리지 못했던 그는, 남부의 탈퇴나 남북전쟁은 그가 링컨에게 대통령직을 넘겨줄 넉 달의 불편한 궐위 기간에 해결될 것이라는, 안일한 생각을 품고 형세를 관망하기만 했다. 그는 연방정부의 우월성을 주장하고 무력을 시용하겠다고 위협만 했다. 1832년 연방정부의 관세법을 무효화하는 법령을 통과시킨 사우스캐롤라이나주의 행위를 단호히 물리친 앤드루 잭슨과는 전혀 다르게, 뷰캐넌은 남부의 탈퇴에 대해 어떤 조치도 취하지 않았다. 한 역사가는 뷰캐넌에 대해 이렇게 평가했다.

> 때로는 너무나 망설여 우유부단하고, 때로는 너무나 고집이 세다. 확고
> 부동한 결의가 요구될 때에도 의지가 부족한 그는, 여러 기회를 모두
> 내동댕이치고 당황과 혼란의 와중에서 허우적거리기만 했다.[28]

1860년 12월에 있었던 연두연설에서 뷰캐넌은 탈퇴를 시도하는 남부주를 향해 앤드루 잭슨과 같은 강력한 지도력을 발휘할 기회가 있었다. 그러나 그는 이러지도 저러지도 못하며 막연히 상황이 좋아지기만을 기다렸다. 오히려 그는 노예제도 폐지론자들을 향해 국가를 골육상잔의 길로 끌고 갔다고 비난을 가했다. 그의 비난은 연방의 파괴를 인정하지 않고 어떤 타협이든 받아들이려 했던 북부인의 입지를 더욱 난처하게 고립시켰다. 반면 남부인에게는 링컨이 어떤 서툰 행동을 하지나 않는지 지켜보도록 요구했다. 그는 연방으로부터의 탈퇴는 비헌법적이라고 말했으나 연방정부는 이것을 막을 수단 혹은 탈퇴하는 주를 억압해 연방에 남길 수단도 보유하고 있지 않다고 주장했다. 상황은 이제 뷰캐넌의 호소로 처리할 수 있는 단계를 완전히 벗어나고 있었다.

그런데도 뷰캐넌은 크리스마스 전에 열린 한 무도회에 참가했다. 여기서 그는 무도회장 밖에서 소동이 일어났다는 소리를 들었고, 무슨 일이 일어났는지 확인하기 위해 한 여성을 보냈다. 그녀는 매우 기뻐하는 얼굴로 전보를 높이 든 채 "사우스캐롤라이나주가 연방을 탈퇴했다! 사우스캐롤라이나주가 연방을 탈퇴

했다!"라고 외치는 사우스캐롤라이나주 연방 하원의원의 모습을 보았다. 흥분한 군중을 뚫고 대통령에게 돌아온 여성은 소식을 전해주었다. 소식을 들은 뷰캐넌의 얼굴은 갑자기 몇 년은 더 늙어 보였다. "누군가 마차 좀 불러주지 않겠소. 나는 가야 합니다."라고 힘없이 중얼거렸다.[29]

앨라배마, 플로리다, 조지아, 루이지애나, 미시시피, 텍사스 주가 연달아 탈퇴했다. 1861년 2월 9일, 그들은 앨라배마주의 몽고메리에서 미국 남부연합의 임시정부를 조직했다. 연방의 요새와 병기고뿐만 아니라 재무성 분국이 새로운 체제에 넘어갔다. 순식간에 뷰캐넌을 둘러싼 탈퇴주의자가 그들이 점령하고 있는 남부의 병기고로 무기를 보내고 남부 조폐국에 황금을 보낼 음모를 꾸미고 있다는 소문이 북부 전역에 퍼졌다. 남부연합에 넘어가지 않고 북부연방군에 남은 유일한 요새는 아직 완성되지 않은 상태로 고립된 찰스턴 항구의 섬터 요새뿐이었다.

뷰캐넌은 남부주의 탈퇴로 연방정부 내각이 새롭게 구성되자 용기를 얻어 약간의 지도력을 행사했다. 그러나 별 희망이 보이지 않는 섬터 요새를 구하고 이를 강화하고자 했던 시도는, 군대를 태운 비무장 기선이 섬터로 향하던 중 사우스캐롤라이나주의 깃발이 휘날리는 포대의 공격을 받고 후퇴하며 실패로 끝났다. 비난의 화살이 빗발치는 가운데 뷰캐넌은 이 상황을 합법적으로 해결할 수 있도록 자신에게 새로운 권력을 줄 것을 의회에 요청했다. 그러나 민병대를 소집하는 법안과 군에 대한 뷰캐넌의 권한을 확대하는 법안은 당연히 링컨과 공화당의 반대로 무산되었다. 이제 뷰캐넌은 이 현실적 위기를 해결하는 최고의 방법은 노예제도를 원하는 주에서는 노예제도를 인정하도록 헌법을 수정하는 길이라고 생각했다. 그러나 남부인조차 이미 흥분의 도가니에 휩싸여 이런 방안에는 관심이 없었다. 깊은 시름을 앓던 뷰캐넌은 1861년 3월 4일 링컨에게 대통령직을 넘겨주며 다음과 같은 말을 남겼다.

> 존경하는 대통령 각하! 만약 당신께서, 제가 위트랜드로 돌아가며 느끼는 행복과 똑같은 행복을 느끼며 백악관으로 들어가신다면, 당신은 진실로 행복한 사람입니다.[30]

뷰캐넌은 사람들의 경멸을 받으며 고향으로 돌아갔다. 섬터 요새가 화염에 휩싸이자 뷰캐넌은 링컨과 연방을 지지하는 입장을 취했지만 어디까지나 원론적인 수준이었다. 그는 남은 생애 내내 비난에 시달렸다. 남부에 대한 본인의 우유부단하고 편향된 태도가 미국에 커다란 반역죄를 지었다는 비판을 받았다. 뷰캐넌은 이 비난에 변명하기 급급하며 여생을 보냈다. 연방 상원은 "뷰캐넌은 남부 탈퇴주의자들과 그들의 반역적 행위에 동정적이었다."라는 이유를 들어 그를 고발하는 결의안을 고려하기도 했다. 그러나 이는 간발의 차이로 통과되지 않았다. 사상자가 늘어나면서 그에 대한 비난과 모욕은 더욱 늘어났고, 그는 이를 피해 영국의 랭커스터로 떠나버렸다. 그리고 거기서마저 늘 모멸과 생명의 위협을 느껴야 했다.

그렇다고 해서 이 늙은이의 망상이 죽은 것은 아니었다. 1864년

말 여전히 뷰캐넌은 고집스럽게 '이전처럼 다시 연방에 복귀하라는 순진한 제안을 남부연합이 받아들일 것'이라는 생각을 고수하고 있었다. 그리고 노예제도 폐지론자들이 이 전쟁의 유일한 책임자라는 믿음도 결코 버리지 않았다. 그는 노예해방선언에 반대했고 해방노예에게 투표권을 주는 것은 위험이자 위헌이라고 생각했다. 1868년 1월 1일, 제임스 뷰캐넌은 76세의 병약한 몸으로 죽었다. 죽기 얼마 전에 한 친구에게 "나는 나의 삶과 내가 몸담은 어떤 공직에 대해서도 후회하지 않는다. 역사가 이를 기억해줄 것이다."라는 말을 남겼다.[31]

그의 믿음은 빗나갔다. 역사는 아직도 그에게 원한을 품고 있다. 미국의 한 현인은 다음과 같은 말로 뷰캐넌의 생각을 미리 평가해준 듯하다.

이 세상에는 '선한 전쟁' 따윈 존재하지 않고, '악한 평화' 역시 존재하지 않는다.

9장
Warren Gamaliel Harding

워런 하딩 1921년 3월 4일 ~ 1923년 8월 2일

총체적으로 심각한
빛 좋은 개살구 대통령

미국 역사상 이렇게 철저한
바보는 찾아볼 수 없다!

『볼티모어 선』의 기자 헨리 루이스 멘켄은 워런 하딩의 대통령 취임식을 지켜보기 위해 1921년 3월 4일 아침 워싱턴 D.C.로 달려갔다. 멘켄은 얼굴이 떨어져 나갈 정도로 매서운 추위 속에서 울려 퍼지는 제29대 미국 대통령 취임연설의 내용을 더 잘 듣기 위해 접이식 의자를 들고 이리저리 옮겨 다녔지만 쉽지 않았다. 그는 처음에는 하딩을 무척 좋아했고 그에게 투표한 것을 자랑스럽게 여겼으나 곧바로 마음이 변했다. 그렇게 오랫동안 지지했던 하딩의 계속된 불미스러운 일에 멘켄은 결국 등을 돌렸다. 그는 공화당이 배출한 새로운 대통령에 관해 이렇게 논평했다.

> 지금까지 미국 역사 어디에도 이렇게 철저하고 완벽한 바보는 찾아볼 수 없다![1]

시간이 지나면서 많은 사람이 볼티모어의 언론인이 내린 신랄한 평가를 연이어 증명했다. 전임 대통령 우드로 윌슨 시절 재무장관을 지낸 윌리엄 맥아두는 "하딩의 연설은 마치 생각 하나를 얻기 위해 여기저기를 헤매는, 수많은 말의 흉내 내기 같은 인상을 준다."라고 평했다.[2] 미국의 시인 커밍스E. E. Cummings는 "하딩은 단순한 평서문을 쓸 때 일곱 번 이상 문법 실수를 저지르는 유일한 남자 혹은 여자 또는 어린애다."라고 평가했다.[3] 시어도어 루스벨트의 딸인 앨리스 롱워스는 "하딩은 나쁜 사람이 아니다. 얼간이다."라고 말했다.[4] 이처럼 하딩의 말솜씨에는 불가사의한 면이 없지 않았다. 하딩이 선택한 표현은 매사 이런 식이었다.

우리는 미국을 최고로 번영시켜야만 한다. 나는 정부가 간섭하지 않고 완화할 수 있는 모든 것을 완화하는, 그런 정부를 좋아한다.

하딩은 한때 운율을 맞추면서 말하기도 했었다.

진보는 성명 선언이 아니요, 서투른 교섭도 아니다. 또한 놀이도 편견도 아니다. 그것은 인칭대명사도 아니요, 영구적인 성명도 아니다. 그것은 열정으로 단련된 사람들의 불안한 마음도 아니며, 제안된 약속도 아니다.[5]

Progression is not proclamation nor palaver, nor play or prejudice. It is not of personal pronouns, nor perennial pronouncement. It is not the perturbation of a people passion-wrought, nor a promise proposed.

지금까지 백악관의 주인 중 가장 무능하고, 게으르고, 의지박약한 자가 바로 하딩이다. 그는 무능한 대통령을 상징하는 프랭클린 피어스나 캘빈 쿨리지보다 더 무능하다고 평가받는다. 하딩이 항상 최악의 평가를 받는 이유는 그의 이름이 등장하면 곧바로 사람들은 뇌물, 독직, 타락이 판치는 시대를 열었던 티포트 돔 사건이나 오하이오 갱*을 상기하기 때문이다. 간혹 이런 평판을 조금이라도 개선하려는 시도가 있었지만 나아진 것은 거의 없었다. 심지어 하딩은 사생활에서도 최악이었다. 그는 백악관 집무실 은밀한 곳에 편리한 밀실을 꾸미고는 그곳에서 여성과 밀회를 즐겼다.

하딩이 직접 많은 돈을 횡령했다는 명백한 증거는 없다. 그러나 그의 친구와 동료와 일부 내각 요인은 국가의 부를 도둑질하는 이기적인 기업인들과 은밀한 흉계를 꾸미길 주저하지 않았다. 하딩이 대통령이 되기 전에 그의 아버지는 앞으로 다가올 재앙과도 같은 사건들을 어렴풋이 감지하고 있었던 것 같다. 언젠가 그의 아버지는 "워런! 너는 언제나 가족 같은 생활방식a family way으로 살고 있기 때문에 여자로 태어나지 않은 것이 무척 다행이지만 이 때문에 너는 언제라도 '아니요!'라는 거절의 말을 할 수 없을 것이다."라고 말했다. 하딩은 오하이오주 시골 법정 어디에서나 볼 수 있는, 작은 마을의 조직폭력배와 협잡꾼을 자신과 어울려 놀 친구랍시고 백악관으로 데려왔다. 대통령 취임식이 있던 날, 어느 시민은 저녁에 몹시도 혼란스럽게 뛰어다니는 하딩의 친구들을 향해 다른 사람들이 "야! 야! 갱들이 여기 다 모였구나!"라고

---

* 워런 하딩 대통령이 집권한 시기에 대통령을 둘러싼 정치인, 기업경영자, 대통령의 측근과 친인척을 통칭하는 단어다. 대다수가 워런 하딩의 정치적 고향인 오하이오주에서부터 인연을 맺었기에 '오하이오 갱'이라 부른다.

소리치는 소리를 사방에서 들었다. 그 시민은 "그들은 미국 의회의 지붕을 마음대로 들었다 놨다 한다는 말까지 들을 수 있었다." 라고 회고했다.

하딩 행정부의 내무장관은 미국 역사상 장관으로서 감옥에 간 최초의 내각 인사였다. 하딩의 법무장관은 간신히 감옥에 가는 것을 면했다. 그의 해군장관은 너무 우둔하고 태만하다는 이유로 강제사퇴를 당했다. 재향군인회the Veterans Bureau에서의 사기 행각, 외국인재산관리실the Office of the Alien Property Custodian의 독직, 법무부의 음모 등 하딩의 내각은 그야말로 파고들수록 괴담으로 가득했다. 이 정도로 고위층 공직자들이 기소되어 감옥에 간 사건은 닉슨과 레이건 대통령 시절에 와서야 다시 발생했다. 워터게이트 사건에서 기소되지 않은 공모자로 연방 배심원에서 증언한 닉슨과 달리 하딩은 국민의 신뢰를 위반한 것에 대해서는 사면을 받지 못했다. 그는 뉴욕의 대규모 백화점인 메이시스Macy's가 추수감사절 행사 때 띄운 열기구와 같은 엄청난 부패의 난장판 속에서 아무 일도 하지 않은 채 무작정 될 대로 되란 마음으로 시간을 보냈다.

1920년 공화당 전당대회가 열리는 동안 당 지도부가 대통령 후보로 하딩을 지명하고, 그가 담배연기 자욱한 시카고 호텔 방에 모습을 드러내기까지, 대다수 미국인은 이 잘생기고 태평한 오하이오주 상원의원이자 과거 작은 마을의 소규모 신문사에서 편집자로 일했던 사람을 알지 못했다. 그런데도 그는 유권자의 61퍼센트라는 지지율을 획득하여 대통령에 당선되었다. 이는 지금까지 미국 대통령 선거 중 최고의 지지율로 당선된 사례였다. 1920년 대선의 가장 큰 변화는 수정헌법 제19조에 의해 여성들에게 최초로 선거권이 주어진 것이었다. 전체 여성 유권자를 기준으로 35퍼센트의 여성이 투표에 참가했다. 그들은 대체로 이 잘생긴 백발 상원의원에게 투표했다. 아마도 여성 유권자가 보다 현명한 선택을 하기 위해서는 더 많은 경험이 필요했을 것으로 보인다. 이에 대해 한 전기 작가는 이렇게 말했다.

> 마치 한 옷가게 모델이 선택한 옷을 가게 앞 진열장에 몇 년씩 성심성의껏 진열한 후에야 비로소 그 가게 경영인을 우연히 만날 수 있는 것과 같다.[6]

하딩이 대승을 거둘 수 있었던 이유는 당시 미국인이 원하는 인물상이었다는 점을 들 수 있다. 하딩은 변화무쌍한 시대에 평범한 미국인이 가지고 있는 희망과 두려움을 알고 있었다. 또 그가 이를 해결할 수 있을 것 같다는, 막연한 느낌을 유권자들에게 선사했다. 불과 몇 년 전까지만 해도 시어도어 루스벨트와 우드로 윌슨은 개혁을 위한 성전의 최전선에서 싸우고 있었다. 혁신주의 정치가와 스캔들을 폭로하는 저널리스트는 트러스트와 정치적 지배세력의 상징적 관계를 폭로하면서 변화에 대한 긴박한 요구를 강요했다. 그러나 불행히도 변화와 개혁은 제1차 세계대전과 함께 유명무실해졌다. 이러한 현실에서 전쟁이 끝난 몇 년 동안 많은 미국인은 국내 개혁이나 국제질서와 같은 도덕적 성전에 환멸감을 느꼈다. 당시 멘켄은 전후의 현실에 대한 논평에서 "지금 내가 가장 확신하는 것이 있다면, 선을 행하는 것이 가장 멋없는 일이라는 점이다."라고 말했다.

이상주의에 대한 희생과 도덕적 호소, 급진주의에 대한 두려움과 인종적 갈등에 의한 충격에 지친 미국인들은 정부의 간섭 없이 자신들의 일을 평온하게 스스로 해결하길 원했다. 하딩의 대통령 선거운동 슬로건은 "정상으로의 복귀Back to Normalcy"였다. 처음 의도한 바는 선거운동 기간만 '정상'이었는데 결과적으로 이것은 그 의미를 훨씬 뛰어넘게 되었다. 그가 말한 '정상'은 유권자들 사이에 민감한 반응을 불러일으켰다. 역사학자 프레더릭 앨런 Frederick L. Allen은 하딩의 슬로건에 관해 이렇게 설명했다.

사전에는 그가 말한 정상Normalcy이라는 단어가 없다. 그러나 그가 말한 정상은 미국인들이 원하고 있는 것이었다.[7]

무능하고 부패하며 난잡한

워런 하딩이 태어난 당시, 미국의 농촌과 작은 마을은 도시화, 표준화, T형 포드 승용차Tin Lizzie* 등의 무자비한 공격에 무력해지고 있었다. 그는 바로 그런 미국의 농촌과 작은 마을을 상징하는 인물이다. 그의 아버지는 오하이오주 블루밍 그로브Blooming Grove 근

---

* 1908~1928년에 미국에서 판매된 대중 자동차다.

처 농가에서 초등학교 교사로 근무하다가 동종요법homeopathic*
치료사가 된 조지 하딩George T. Harding이고, 그의 어머니는 산파로
활동하던 피비Phoebe였다. 워런 하딩은 1862년 11월 2일 두 사람
슬하의 여섯 아들 중 맏이로 태어났다. 워런이 백악관에 입성하
는 그날까지 하딩 일가는 아프리카계 미국인의 피가 흐르고 있다
는 비아냥을 들으며 성장했다. 학교에서 줄곧 하딩과 하딩 집안의
다른 아이들은 '검둥이'라는 놀림을 받았다.

하딩은 시골의 어느 대학에서 3년을 공부한 후 교실이 하나밖
에 없는 학교에서 월급 30달러를 받으며 1년 동안 교사로 일했다.
그는 훗날 이때의 경험이 자신이 한 일 가운데 가장 어려웠다고
회고했다. 교사생활을 청산한 그는 집요한 노력 끝에 오하이오
의 붐비는 도시 마리온Marion으로 이사했다. 이곳에서 하딩은 잠
시 법률을 공부하다가 한계에 부딪혀 보험 판매업에 종사했다. 하
지만 이 역시 큰 성공을 거두지는 못했다. 그 후 주급 1달러에 신
문 편집 업무를 하다가 몇 년 후 당시 곤경에 처한 소규모 일간지
『마리온 스타Marion Star』의 소유주이자 편집자가 될 정도로 성공
을 거두었다.

이런 하딩에게 관심을 주며 따라다니는 여성이 있었다. 마리온
의 최고 은행가인 아모스 클링Amos Kling의 딸인 이혼녀 플로렌스
플로시Florence 'Flossie' Kling였다. 하딩보다 다섯 살 연상이었던 플로

---

* 건강한 사람에게 질병을 일으키는 물질은 아픈 사람의 유사한 증상을 치료할 수 있
을 거라 보았던, 대체 의학 또는 사이비 의학을 가리킨다.

시는 하딩을 '우어런Wurr'n'이라고 불렀다. 그녀의 목소리는 마치 유리 깨지는 소리 같았고, 그녀의 푸른 눈은 차가워 보였으며, 그녀의 태도는 서늘하게 거만했다. 하딩은 그런 플로시를 애써 피하진 않았다. 두 사람은 서로에게 어울리는 짝은 아니었지만 1891년 26세가 되는 해에 하딩은 그녀와 결혼하기로 결심했다. 예비 장인인 아모스 클링은 처음엔 결혼을 반대했다. 그도 하딩을 거리에서 만났을 때 '검둥이'라고 불렀던 사람 중 하나였다.

하딩과 플로시 사이에는 아이가 없었고, 결혼생활은 크게 행복하진 않았다. 그녀는 야심만만한 사람이었고, 매우 인색했다. 그런 그녀는 남편의 사업에 대해 어떤 고견도 내놓지 못했다. 그녀는 단지 『마리온 스타』를 통해 부자가 되려 했고, 나아가 남편의 보잘것없는 능력과 야심에는 아랑곳하지 않은 채 소심하기 짝이 없는 남편을 능력 이상의 세계로 내몰았다. 이에 대해 『마리온 스타』 신문의 배달원 가운데 한 명으로, 훗날 미국 사회당 대통령 후보가 될 노먼 토머스Norman Thomas는 "당시 하딩 부인은 하나의 쇼를 연출했다."라고 회고했다.[8] 하딩 본인도 아내를 비꼬는 투로 '공작부인Duchess'이라고 불렀다. 하딩은 항상 날카롭고 찢어지는 목소리로 온갖 요구를 하는 그녀의 잔소리에서 벗어나고자 너저분한 도박판이나 철길을 따라 들어선 매음굴에서 친구들과 진탕 놀았다.

하딩은 싱클레어 루이스의 소설 『배빗』의 주인공, 부동산 중개인 조지 배빗George F. Babbitt과 흡사하다. 배빗처럼 하딩은 선천적으로 친밀한 사람이었으며 술을 유쾌하게 나누는 좋은 친구였다.

그는 시내의 한 밴드클럽에서 코넷을 연주했고, 각종 사회단체에서 적극적으로 활동했다. 그가 활동에 참여한 사회단체는 키와니스 클럽the Kiwanis, 로터리 클럽the Rotarians, 프리메이슨the Masons, 슈라이너 클럽the Shriners, 무즈 클럽the Moose, 엘크 클럽the Elks, 오드펠로 클럽the Odd Fellows 등이 있다.* 하딩은 자신을 좋아하는 사람들과 어울리며 상스러운 농담을 즐겼다. "그거 알아?What d'ya know?"라고 말하며 운을 띄우고, 진한 농담을 곁들였다. 하딩의 왕성한 사교활동은 정계 입문에 큰 도움을 주었다. 오하이오의 시골에서 인생을 역전하기란 그리 어렵지 않았다. 하딩의 연설은 산만하고 두서가 없었다. 그러나 낭랑하게 울려 퍼지는 목소리, 자기자랑이 많은 과장된 내용, 성실하고 정직해 보이는 외모 등에 힘입어 하딩은 공화당 집회가 열리는 여러 곳에서 언제든 환영받는 연사로 활동했다.

하딩은 해리 도허티Harry M. Daugherty로부터 인생의 많은 면에서 도움을 받았다. 하딩이 그를 처음 만난 곳은 1899년 오하이오 주의 리치우드Richwood에서 열린 공화당의 시끌벅적한 집회였다. 하딩은 연설을 마치고 남의 눈에 잘 띄도록 단상의 첫째 줄에 앉았다. 그때 그다음 줄에 앉아 있던 도허티는 잘생기고 친절하게 보이는 하딩의 모습을 무심코 바라보았다. 당시 하딩은 약 183센티미터의 훤칠한 신장, 크고 넓은 어깨, 구릿빛 얼굴을 하고 있

---

* 키와니스 클럽은 1915년에 창설된 미국-캐나다의 사교모임이다. 오드펠로 클럽은 18세기 영국에서 창립된 비밀공제조합이다.

었다. 회색빛 머리칼 몇 가닥이 그의 앞이마로 흘러내렸다. 훗날 도허티는 이때를 회상하며 "아! 이 잘생긴 사람을 대통령으로 만들 수 있지 않겠는가?"라는 생각을 했다고 주장했다.[9] 하딩이 대통령이 된 후 도허티는 이 말을 자주 확인시키곤 했다.

도허티는 하딩보다 다섯 살 연상으로, 하딩과 비슷하게 작은 마을 출신이었다. 도허티는 그렇게 중요한 직책이 아닌 공직에서 일했고, 하딩을 만났을 당시에는 오하이오주의 도시 콜럼버스 Columbus에 있는 주의회에서 공익사업과 다양한 사업의 이익을 보장하는 최고의 로비스트로 일했다. 도허티를 잘 아는 언론인 마크 설리번은 그에 대해 이렇게 말했다.

그는 (무슨 일이든) 항상 막후에서 조정이 될 것을 알고 있었다. 그는 지레의 힘을 발휘할 수단으로써 무슨 일이든 처리해 줄 수 있는 사람들과 조직을 소유했다. 그는 항상 결과가 어떻게 나올 것인지 미리 알고 있었다.[10]

지금까지 오하이오주는 6명의 미국 대통령을 배출했고, 하딩은 일곱 번째였다. 언뜻 영광스럽게 보이지만 이 숫자는 사실상 문제였다. 당시 오하이오주의 정치적 상황을 한마디로 표현한다면 바로 죄악의 소굴이었다. 그때의 정치권은 도시 클리블랜드의 대기업가 출신으로 매킨리 대통령 시절 노련한 정치가로 활약한 마크 해나, 연방 상원의원으로 활동하며 '화재경보기Fire Alarm'라는 별명으로 불린 조지프 포레이커Joseph B. Foraker의 투쟁과 갈등에 휩쓸렸다. 그런 상황에서 하딩은 오하이오주 연방 상원의원으로 두 번 당선되었는데, 1899년이 초선이었다. 하딩은 자신을 포레이커파派에 유용한 인물로 앞세웠다. 포레이커를 향한 충성의 보답으로 하딩은 손쉽게 부副주지사에 당선될 수 있었다. 당시 오하이오의 정치판이 대부분 그랬던 것처럼 하딩의 당선 역시 정치권의 독직 사건으로 여겨졌다. 활동의 폭을 넓히게 된 하딩은 자신의 신문사 『마리온 스타』를 활용해 돈을 벌었다. 하딩은 지역 양조장의 주식을 사들여 많은 돈을 벌었고 얼마 후에는 농기계 회사의 주식을 사들여 역시 많은 이득을 취했다.[11]

어느 정도 성공을 거둔 하딩은 자신보다 열 살 연하의 키 크고 매력적인 여성 캐리 풀턴 필립스Carrie Fulton Phillips를 알게 되고, 그녀에게 추근거렸다. 그녀는 사실 하딩의 절친한 친구이자 성공한 포목상 제임스 필립스James Phillips의 아내였다. 여러 해 동안 하딩의 아내 플로시, 캐리의 남편 제임스 필립스는 그들의 남편과 아내가 종종 사교장에서 따로 만나고 심지어 유럽과 버뮤다까지 함께 여행을 갔음에도 불륜을 눈치채지 못했다. 결국 캐리는 남편과 결별했고, 하딩에게 아내와 이혼하고 자신과 결혼할 것을 요구했다. 하딩은 거절했고 그녀는 유럽으로 떠났다.

그러는 동안에도 정치인으로서 하딩의 인기는 치솟고 있었다. 1910년과 1912년에 그는 공화당 후보로 주지사에 나섰지만 두 번 모두 출판업계 동료인 민주당의 제임스 콕스James M. Cox에게 패배했다. 콕스는 세 번에 걸쳐 오하이오주 주지사로 당선되었으나 1920년 대통령 선거에서는 하딩에게 패배했다. 하딩이 주지사 선거에 낙방하고 2년이 지난 후였다. 혁신주의가 쇠퇴하고 제1차 세계대전이 발발하자 집권당이었던 민주당에 대한 지지율이 하락했다. 하딩은 이런 시대적 상황에서 1914년 공화당 후보로 쉽게 연방 상원의원에 당선되었다.

은빛의 머리카락과 아름답고 사교적인 미소를 지닌 하딩은 마치 위대한 상원의원처럼 보였다. 워런 하딩의 상원의원 재직 시절, 누군가 그의 집에 방문하면 그가 고대 로마의 원로원이라도 된 것처럼 토가Roman toga 같은 옷을 입고 있는 광경을 볼 수 있었다. 그러나 상원의원으로 지낸 6년 동안 하딩은 유의미한 일을 한 적이 없는, 그저 평범한 생활을 보냈다. 심지어 대중의 관심을 끌 법한 법률을 제정할 때에도 이름을 올리지도 않고 수정안을 내지도 않았다. 그저 자신의 선거구민이나 자신의 당선에 도움을 준 사람들에게 유리한 내용이 들어가도록 아주 사소한 법안의 일부에만 의견을 제시했을 뿐이었다.

역설적이게도 배타적인 분위기가 팽배한 연방 상원에서 하딩의 이러한 행보는 하딩이란 사람을 '너무나 편안한 인물'처럼 보이게 했다. 그는 이해력과 기력이 부족했음에도 상원은 그에게 어떤 무거운 부담도 떠맡기지 않았다. 와중에 보수는 좋았다. 그는 해마다 5,000달러를 받았고, 수당으로 약 2만 달러를 받았다. 『마리온 스타』에서 벌어들이는 돈까지 챙기며 부유한 생활을 즐겼다. 그는 주로 폐쇄적인 골프 클럽인 체비 체이스 클럽Chevy Chase Club에서 골프를 쳤다. 이때 그와 같이 골프를 친 사람들은 하딩의 인종적 배경에 대해서는 알지 못했던 것이 분명했다. 그는 골프를

칠 때 해학적인 몸짓으로 동료들을 자주 즐겁게 했다. 그와 어울려 놀았던 동료 대다수는 하딩을 '멋있는 친구'로 여겼다. 하딩의 부인 플로시는 워싱턴 D.C.의 사교장에 자주 나갔다. 이곳에서 그녀는 『워싱턴 포스트』의 출판업자이자 호프 다이아몬드Hope Diamond 소유주 에드워드 매클레인Edward Beale McLean의 아내, 에발린 매클레인Evalyn McLean과 친구가 되었다. 이런 와중에 하딩은 본인보다 13세 연하인 낸 브리턴Nan Britton이라는 금발의 젊은 여성을 특히 좋아했다. 1919년 그녀는 딸을 출산했는데, 아기의 아버지가 하딩이라고 주장했다. 또한 하딩은 제1차 세계대전 발발 후 유럽에서 미국으로 돌아온 캐리 필립스와 또다시 염문을 뿌리는 일을 저질렀다.

대통령으로 당선된 무능한 상원의원

마크 설리번은 하딩의 평범하고도 평범했던 연방 상원의원 시절의 행적을 통렬하게 비판했다.

> 하딩이 상원에 뭔가 흔적을 남겼다면 그건 아마도 의회인명록에 등록된 다른 수많은 사람의 이름과 같이 눈에 잘 띄지 않는 이름을 올려놓은 것뿐이다.[12]

상원에서뿐만 아니라 대통령이 되기 전까지의 하딩이 쌓은 경력을 살펴보면, 그의 성과가 너무 미미한 나머지 1920년 공화당의

대통령 후보를 말할 때 도허티를 제외하면 하딩을 거론한 사람은
아무도 없었다.

　도허티는 하딩의 첫인상을 결코 잊지 않았다. 도허티의 일은 하
딩이 대통령 후보 지명을 확보하도록 그를 설득하는 것이었다. 최
근 몇몇 역사가는 도허티가 믿고 주장하는 바처럼 하딩이 정말로
마지못해 대통령 후보가 된 것이 맞는지 논쟁하고 있다. 하딩의
전기 작가인 앤드루 싱클레어Andrew Sinclair는 백악관을 향한 하딩
의 야심이 1914년 그가 상원의원에 입후보했을 때에 생겼다고 주
장했다. 그리고 하딩이 반복적으로 대통령직에 대해 부정적으로
반응한 것은 연막전술에 불과하다고 보았다. 반면 또 다른 전기
작가인 프랜시스 러셀Francis Russell은 하딩과 캐리 필립스 사이에
오간 미공개 편지를 보면 그의 야망은 어디에서도 발견할 수 없다
고 주장했다.

　누구의 이야기가 맞는지는 알 수 없지만 어쨌든 도허티는 복음
을 전파하는 열의로 하딩을 대통령으로 만드는 일을 가장 신성한
업무로 추진했다. 한때 하딩이 "내가 대통령 출마를 할 수 있을 정
도로 충분히 인기가 있는 사람이라고 생각하는가?"라는 걱정 어
린 질문을 던졌을 때, 도허티는 즉석에서 "웃기는 소리 마라! 대통
령직이 위대하다는 시기는 끝났다. 대통령직에 기대하는 위대함
이란 거의 환상이다!"라고 대답했다.[13]

　도허티의 전략은 단순했다. 대통령 후보에 도전하는 선두주자
두 사람이 서로 싸우는 동안 하딩은 누구의 화도 유발시키지 않
고 조용히 자리를 확보하는 전략이다. 당시 육군참모총장 출신 레

너드 우드Leonard Wood 육군 소장, 일리노이주 주지사 프랭크 로던 Frank O. Lowdon이 압도적인 후보였다. 1920년 2월 초, 도허티는 다음과 같은 말로 자신이 밀고 있는 후보가 공화당 대통령 후보로 지명될 거라고 확실히 예견했다.

> 나는 상원의원 하딩이 첫 번째, 두 번째, 세 번째 대통령 후보자 결정 선거에서 후보로 결정될 것이라 기대하지 않는다. 그러나 전당대회가 열리는 금요일 아침 새벽 2시 11분에 우리는 기회를 잡을 수 있을 것이다. 그때가 오면, 상당히 지친 15명에서 20명 정도의 공화당 지도부가 한 테이블에 둘러앉아 그중 몇 명이 누구를 지명할지 얘기를 꺼낼 것이다. 바로 이 순간 하딩의 친구들은 그를 추천할 것이고, 결국 그렇게 하딩이 대선 후보가 될 것이다.[14]

도허티는 훗날 그의 이러한 예견을 "공화당 기수의 선택은 담배 연기 가득한 방 안에서 15명의 사람에 의해서 이루어진 일"이라고 말하며 자주 자화자찬하곤 했다. 그의 이러한 이야기는 이후 미국의 정치판에서 단골로 회자되는 소재가 되었고, 그는 놀랄 정도로 정확한 예견을 하는 사람으로 여겨졌다.

찌는 날씨의 한여름! 시카고에서 열린 전당대회는 서로 다른 야심들이 충돌하는 전장이 되었다. 도허티의 예견처럼 우드와 로던은 네 번에 걸친 후보 지명 선거에서 교착상태에 빠졌고, 그들이 열심히 싸우는 사이 하딩은 보다 많은 표를 얻을 수 있었다. 화가 머리끝까지 치밀어 오른 두 사람의 신경전은 결국 갈 데까지 가서 마침내 더 이상의 대화가 불가능하게 되었다. 하는 수 없이 전당대회는 금요일 밤까지 휴회하고 당 지도부는 당이 완전히 갈라지기 전에 어떻게든 해결책을 내놓아야 했다. 드디어 해리 도허티가 예견한 순간이 다가왔다.

성격 급한 공화당 지도부가 당의 전국의장인 윌 헤이스Will H. Hays의 숙소인 시카고 블랙스톤 호텔the Blackstone Hotel 13층 스위트룸 404호에서 406호까지 모여 있었다. 술잔이 오가고 담배연기 자욱한 이곳을 공화당 지도부와 영향력 있는 상원의원들이 오고 가고 있었다. 우드와 로던은 돌이킬 수 없을 정도로 서로를 헐뜯고 있었다. 이는 두 사람 다 후보가 되지 않는 쪽이 둘 중 하나가 후보가 되는 것보다 낫다는 데에 암묵적으로 동의한 바와 다름없었다. 이들의 자리를 누가 대신할 것인지 논의가 이어지며 한 사람씩 호명되었다. 전후 유럽의 굶주린 대중에게 식량을 제공하는 일을 훌륭하게 처리한 허버트 후버, 매사추세츠주의 보수적인 주지사 캘빈 쿨리지, 캘리포니아 상원의원 하이럼 존슨Hiram Johnson……. 차례차례 거론된 이름이 하나둘씩 사라지고, 마지막으로 남은 것은 하딩이었다. 드디어 공화당 지도부는 하딩이 대통령 후보에 가장 적절하다는 의견에 뜻을 모았다. 우선 그는 정치적으로 적이 없었다. 또 지역적으로 중추에 해당하는 오하이오주 출신이고, 금주법과 여성참정권에 찬성해 시대의 흐름에도 올라탈 수 있다는 것이 이유였다. 그러나 이런 모든 이유보다 당 지도부의 구미를 당긴 것은 그가 자신들의 충고를 쉽게 받아들이고 자신들을 신뢰할 사람일 거라 생각했기 때문이었다. 도허티가 예견한 시간인 새벽 2시경, 어안이 벙벙해진 하딩은 '담배연기 자욱한 방'에서 자신이 공화당 전당대회에서 1920년 대통령 후보로 지명될 것이라는 말을 들었다. 당시 당 지도부의 분위기는 "그가 대통령이 되지 못할 그 무슨 문제가 있는가?"였다.

하딩은 당 지도부에게 "존경하는 여러분! 나는 잠시 혼자 있고 싶습니다."라고 말했다. 드디어 옆방으로 인도된 하딩은 10분 정도를 기다렸다. 이곳에서 그는 선거운동에 돌입하게 되면 아마도 자신이 아프리카계 미국인의 피를 이어받았다는 사실, 캐리 필립스와의 스캔들 문제, 낸 브리턴과의 스캔들과 사생아 문제, 무엇보다도 자신이 대통령으로 적절치 못하다는 평가 등이 거론될 것이라 생각했다. 그러나 하딩은 사람들이 모여있는 방으로 다시 찾아가 "여러분! 하나님이 보시기에도 내가 미합중국 대통령이 될 수 없는 이유가 하나도 없다고 생각합니다."라고 말했다.[15]

전당대회가 다시 시작되었을 때, 하딩이라는 인물됨에는 이전과 별달리 달라진 것은 없었다. 그렇지만 유권자들의 지지율은 확고하게 상승하여 압도적인 지지로 대통령 후보에 선출되었다. 하딩의 내연녀 낸 브리턴은 애인이 주선해준 특별관람석에서 이 장면을 지켜보고 있었다. 하딩은 후에 "이러한 와중에 우리는 데이트를 즐겼다."라고 자랑스럽게 말했다.

도허티의 '담배연기 자욱한 방' 이야기는 하나의 전설이 되었다. 하딩이 공화당의 후보로 낙찰되도록 분위기를 몰아간, 타락한 음모꾼의 공작이라는 것이다. 이에 대해 신문기자 윌리엄 앨런 화이트는 이렇게 비판했다.

대규모 석유회사가 (공화당) 전당대회를 지배했다. 나는 매킨리를 대통령 후보로 지명한 이후 모든 전당대회를 지켜보았는데, 이렇게 음흉하고 경제적 힘에 지배된 전당대회는 단 한 번도 보지 못했다.[16]

심지어 우드가 내각 중 자리 3개를 석유회사에 약속하는 조건으로 후보지명을 제안 받았다는 보도까지 나왔다. 그러나 엄격하기로 소문난 이 정직한 군인은, 이러한 제안을 듣고 고려했다는 이유로 자신의 선거 매니저를 해고했고, 그는 대통령이 될 기회를 상실했다.

당시 공화당 전당대회는 자신들이 원하는 것을 얻기 위해 모든 특권을 활용하려 했던 기업인, 그리고 이들과 연관된 이익집단에 의해 지배되었다. 그렇지만 하딩은 결코 당 지도부와 이익집단의 음모와 강요 때문에 억지로 대통령이 된 것이 아니라는 게 윌리엄 앨런 화이트의 견해다.[17] 사실 하딩은 당시의 전당대회 분위기, 나아가 1920년 미국의 분위기에 가장 어울리는 후보였다. 하딩은 많은 면에서 겸손하고 주제를 넘지 않는 관리형 대통령이 될 인물이었다. 그가 성격상 겸손하고 주제를 넘지 않는 인물이라기보다는, 아는 것이 많지 않아 나서지 않는 태도에서 비롯된 이미지라 할 수 있다. 어쨌든 그는 결코 지적으로 거만한 우드로 윌슨 대통령이나 에너지가 넘쳐흐르는 시어도어 루스벨트 대통령처럼 기업인과 의원들의 기를 죽이지 않았다.

선거가 시작되자 열기는 고조되기보다 점차 식어가고 있었다. 대통령 후보 하딩과 부통령 후보인 캘빈 쿨리지는 주로 건물 베란다에서 선거운동을 했다. 민주당 대통령 후보인 제임스 콕스와 시어도어 루스벨트의 먼 친척이자 해군차관 출신인 프랭클린 루스벨트가 민주당 부통령 후보가 되었다. 민주당 후보는 우드로 윌슨의 꿈인, 미국의 국제연맹 가입문제를 국민투표에 부칠 것을 주장하며 선거운동을 전개했다. 하딩은 마리온에 머무르며 그야말로 판에 박힌 상투적인 말만 사용해 자신이 최고의 선택지라고 주장했다. 펜실베이니아 공화당 상원의원 보이스 펜로즈Boies Penrose는 하딩의 이러한 선거운동이 효과적일 거라 생각하며 이렇게 말했다.

워런을 집에 머물도록 하시오. 그에게 어떤 대중연설도 시키지 맙시다. 만약 그가 여행을 떠난다면 누군가 그에게 많은 질문을 할 것이 분명합니다. 그렇게 되면 워런은 이런 질문에 답하기 위해 얼토당토않은 말을 할 것이 틀림없습니다. 그러니 집에서 선거운동을 하게 합시다.[18]

가수 알 졸슨Al Jolson은 그가 만든 선거 캠페인 노래를 부르면서 하딩의 선거운동을 도왔다.

우리는 또 다른 링컨을 필요로 한다. / 이 일을 위해 이 나라는 깊이 생각해야 한다. / 그가 하딩 씨라는 것을 / 그가 바로 우리를 위한 바로 그 사람이다.

모든 것이 순조롭게 진행되는 가운데 캐리 필립스라는 위협적인 스캔들을 의식한 공화당 전국 위원회는 필립스에게 연금으로 매월 2만 달러를 주기로 하고는 잠정적으로 그녀를 배에 실어 일본으로 보냈다. 즉 그녀를 추방했다. 흥미로운 사실 중 하나는 캐리 필립스가 하딩에게 받은 많은 편지를 보관해 두었는데 이 편지들은 현재 봉인된 채 미국 의회도서관에 있다. 이는 2014년에 공개하기로 되어 있다.*

백악관을 점령한 오하이오 갱

하딩은 표면적으로는 해리 트루먼과 유사한 부분이 많다. 현학적인 사람들은 1945년 프랭클린 루스벨트의 죽음으로 갑작스레 백악관에 입성한 트루먼을 두고 '하얀 하딩white Harding'이라고 불렀다. 두 사람은 미국 중서부의 시골 출신에 학력이 짧은 편이었고, 부패하고 타락한 정치적 도당을 통해 정권을 획득했다. 둘 다 완고한 보수주의자들을 친구로 두었고, 친구들이 연루된 스캔들이 발발했다. 둘 다 자신이 속한 당내의 모든 당파를 수용해 대통령이 되었다. 이를 달리 말하면, 두 사람을 지지한 세력이 정치적으로 가장 약했다는 말도 된다. 이들은 외형적인 유사점까지 공유한다. 그렇지만 트루먼에게는 결정적으로 하딩과 구별되는 한 가지가 있다. 그는 아주 완고하고 성실하게 스스로의 한계 상황을

---

* 구글 사이트에서 'Warren Harding to Carry Philips'로 검색하면 하딩의 연애편지들을 확인할 수 있다.

극복하고, 자신의 능력을 확대하고자 끊임없이 노력했다. 수동적으로 조성된 현상에 안주하던, 어떻게 보면 점차 퇴보하던 하딩과는 분명히 다른 점이다.

하딩의 문제는 19세기의 미국의 촌스러운 소도시에서 근엄한 태도로 삶을 살았다는 점이다. 그는 제1차 세계대전 후 미국의 역동적인 현상, 예를 들어 혼란스러운 사회적 변화와 도덕적 위기, 유동하는 경제적 기회와 대규모의 경제적 혼란 등을 이해할 능력이 턱없이 부족했다. 하딩이 내놓은 해결책이란 과거로의 회귀였다. 미국인이 직면한 문제들을 해결하기 위해서는 연방정부의 넓고도 장기지속적인 힘을 사용하기보다는 그런 힘을 이용한 적이 없던, 신비하고 근엄한 시대로 되돌아가자는 것이었다. 하딩 정권이 들어선 후 대통령은 산적한 문제에 등을 돌리고 앉아 스스로의 생활에 만족했다. 대통령이 국정을 방관하는 동안 국가는 지도력을 상실하고 표류하였다.

대통령에 당선된 후 하딩은 자신의 정무 수행 능력이 부족하다는 점을 인정하고, 이 나라 '최고지성best minds'을 각료로 임명할 것이라 발표했다. 이전에 뉴욕주 주지사였고 1916년에 공화당 대통령 후보였던 찰스 휴스가 국무장관에 임명되었다. 허버트 후버는 상무장관에 임명되었다. 미국에서 가장 부유한 사람 중 한 명으로 꼽히는 앤드루 멜론이 재무장관에 임명되었다. 여기까지는 그의 말대로 '최고지성'이라 할 수 있지만 그다음부터는 지성하고는 전혀 무관하고 하찮기 그지없는 인물들로 공직을 채웠다.

당시는 금주법이 시행 중이고, 전쟁 동안 발생한 각종 사기 사건이 들끓던 시기였다. 법무장관직은 가장 정직한 사람이 맡아야 했다. 모든 부정행위를 일소하는 중대한 임무를 도맡아야 할 자리였다. 그런데 하딩은 그 자리에 해리 도허티를 앉혔다. 자신이 대통령이 되는 데에 결정적인 도움을 주었지만 여러 면에서 음흉한 도허티에게 법무부 최고의 지위를 내준 것이다. 한 냉소적인 비평가는 "해리 도허티가 의사당의 계단마저 싼 가격에 팔아치울 날이 얼마 남지 않았다."라고 비웃었다. 또한 하딩은 뉴멕시코주 연방 상원의원 앨버트 폴을 내무장관에 앉혔는데, 이는 이른바 '석유왕'들에게는 무척 기쁠 소식이었고 자연을 지키자는 환경주의자들에게는 대경실색할 소식이었다. 늘어진 코밑수염, 뱀 같은 눈, 테가 넓은 모자를 쓴 앨버트 폴의 모습은 마치 서부영화에 종종 등장하는 부패한 보안관처럼 보였다. 언행이 둔한 전직 하원의장 에드윈 덴비를 해군장관에 임명한 조치도 비극적인 실수였다. 약 152센티미터 정도에 불과할 윌 헤이스는 공화당 경선 당시 하딩을 대통령 후보로 선발하는 데에 기여한 대가로 체신장관에 임명되었다. 이를 본 언론인 헨리 루이스 멘켄은 하딩의 내각을 이렇게 요약했다.

사리사욕이 가득한 지적인 인간 3명, 멍청이 6명, 사기꾼 1명.[19]

하딩은 오래된 오하이오 친구들 역시 결코 잊지 않았다. 마리온의 동종요법 의사이자 영부인 플로시가 가장 좋아하는 친구, 찰스 소여Charles E. Sawyer에게는 육군준장 계급을 주고 대통령 주치의를 맡겼다. 당시 준장을 부르는 명칭은 'brigadier-general'였는데, 하딩은 'brigadier-generalcy'라고 잘못 사용했다. 하딩과 어린 시절부터 친구로 지낸 도널드 크리싱어Donald R. Crissinger는 금융업계 경력이라고 해봤자 마리온에 있는 작은 신탁회사에서 고작 몇 달 근무한 것밖에 없었다. 그렇지만 대통령이 된 친구 덕분에 미국 최고의 금융업계 관직인 연방준비제도 이사회의 일원으로 임명되었다. 하딩의 다른 친구, 프랭크 에드거 스코비Frank Edgar Scobey는 피크웨이Pickaway 카운티의 보안관 이상의 직책에 오른 적이 없었다. 그렇지만 대통령 친구를 둔 덕분에 미국 조폐국의 국장director of the Mint에 임명되었다. 연방교도소장으로는 이복동생인 허버 보우터Heber H. Votaw를 임명했다. 그리고 새로 구성된 재향군인회 회장으로는 하딩이 상원의원으로 있을 때 하와이로 유람 여행을 하다 우연히 만났던 달변가, 해군중령 찰스 포브스Charles H. Forbes를 임명했다.

법무장관이 된 도허티는 이상한 성격의 소유자인 제스 스미스Jess Smith를 항상 데리고 다녔다. 배가 유난히 부르고 뚱뚱하며 사지가 축 늘어진 그는 상관인 도허티를 충견忠犬처럼 따랐다. 법무부 내에서 스미스는 공식적으로 아무런 직책도 없었지만 항상 법무장관의 가장 가까운 곳에 사무실을 두고 있었다. 이곳에서 그가 무엇을 했는지 아는 사람은 아무도 없었다. 오랜 친구인 두 사람은 최신 유행의 워드먼 파크 호텔Wardman Park Hotel에서 함께 생활했다. 둘은 종종 백악관에서 그리 멀지 않은 1625K 거리에 있는 작은 도시저택에서 자주 만났다. 이곳에는 오하이오주의 교활한 로비스트이자 도허티의 오랜 친구, 하워드 매닝턴Howard Mannington이 운영하는 불법 주류밀매점과 불법 도박장이 있었다. 이른바 '오하이오 갱'은 이곳으로 모여 일을 주선하고 비밀거래를 했으며 진탕 마시고 노는 매음굴로도 운영되었다.

24시간 영업했던 'K 거리의 작은 초록색 집little green house of K street'은 금주법 시대에 주류밀매업자의 보호소로 쓰였다. 이곳은 정부가 비축한 술을 마음대로 빼돌릴 수 있는 곳이었고, 심지어 판사직을 매매하는 거래소이자 가석방과 사면 등의 판결을 거래하는 장소였다. 이 가게의 단골 메뉴는 공직 매관매직과 권력 남용이었다. 찰스 포브스는 이곳 '가게'에서 최고 입찰가격으로 경매를 개시하는 데에 필요한 법무부의 기본 자료들을 매닝턴이 자주 살펴보는 것을 보았다고 주장했다. 제스 스미스는 "아 얼마나 많은 돈이 그저 굴러다니는가!"라고 혼자 중얼거리기도 했다. 그는 이른바 오하이오 갱의 상납금 수금원이었기 때문에 이런 말을 버릇처럼 당연하게 생각했다.[20]

하딩은 K 거리의 파티에는 참석하지 않았다. 대신 그는 오하이오의 친구들을 주 2회 이상 밤마다 백악관으로 불러 포커를 즐겼다. 백악관 포커게임의 정규 회원으로는 법무장관(도허티), 내무장관(앨버트 폴), 재향군인회 회장(찰스 포브스), 대통령 주치의(찰스 소여)가 있었다. 종종 재무장관 앤드루 멜론과 내무장관의 친구이자 석유왕인 해리 싱클레어Harry E. Sinclair도 참가했다. 당시 미국에는 엄연히 금주법이 시행되었지만 백악관에서는 무색했다. 시어도어 루스벨트의 딸, 앨리스 롱워스는 백악관 1층에서 열리는 환영회에 참가했다가 대통령 서재가 있는 2층을 구경했는데, 이때의 광경을 이렇게 묘사했다.

> 백악관의 진풍경은 소문 그대로다. 서재는 대통령의 친구들로 바글거리고 담배연기가 자욱했다. 최고급 상표가 붙은 위스키 병이 여기저기 흩어져 있었고 사람마다 카드와 포크 칩을 들고 있었다. 모두가 양복 조끼를 풀어헤친 채 다리를 책상 위에 올려놓고 있었다. 그리고 여기저기에 침 자국이 있었다.[21]

총체적 난국

10명의 대통령을 모셨던 백악관 의전관 아이크 후버Ike Hoover가 회고하길, 책상에서 그렇게까지 많은 시간을 보낸 사람은 하딩밖에 없다. 아마도 그에게는 더욱 많은 시간이 필요했을 것이다. 하딩은 자신이 하는 일이 가치 있기를 갈망했지만 작은 마을에서 보잘것없는 교육을 받고 언론인으로 활동한 경력, 정다운 악수나 나누며 쌓은 정치적 경력에서는 대통령이 되기 위한 준비과정을 도무지 찾아볼 수 없었다. 따라서 그는 필연적으로 대통령직의 무게를 버티지 못하고 압도당했다. 그는 밤낮없이 반은 으리으리한 호텔에서, 나머지 반은 박물관과 같은 백악관의 회랑에서 지냈다. 한때 해결하기 곤란한 세금 문제와 관련된 서류 하나가 자기 책상 위에 놓여 있었는데, 그는 그 서류를 집어던지며 한 비서에게 이렇게 말했다.

존, 난 이런 세금 문제 같은 저주스러운 일을 할 수 없어. 한쪽 말을 들어보면 그쪽 말이 옳고, 다른 쪽 말을 들어보면 그쪽 말도 옳아. 내가 괴로워하는 것은 바로 이거야. 나는 나에게 진실을 알려줄 책이 어딘가에 있다는 사실은 알아. 그러나 빌어먹게도 그 책을 읽을 수가 없어. 이 문제의 진실을 알고 있는 경제학자가 어딘가에 있다는 사실 정도는 알고 있지만, 그를 어디에서 찾아야 할지 모른다고. 그리고 언제 찾아야 할지도 모르고, 그를 믿어도 괜찮은지도 몰라! 하나님, 이토록 버거운 시련이라니요![22]

외교 문제 역시 하딩을 곤란하게 만들었다. 『뉴욕 트리뷴』의 한 특파원이 유럽을 여행한 후 백악관에 들렀을 때였다. 하딩은 비서 저드슨 웰리버Judson Welliver를 불러들여 그 기자에게 이렇게 말했다.

나는 이러한 잡동사니 같은 사안에 관해서는 아는 게 하나도 없다. 당신이 저드슨과 함께 일을 처리하고 나면 그가 나에게 (결과를) 말해줄 것이다. 그는 이런 문제를 잘 처리한다.[23]

물론 하딩이라고 아무런 성과가 없었던 것은 아니다. 대통령의 승인 아래 국무장관 휴스는 1921~1922년에 워싱턴 D.C.에서 해군 군축회의를 조직했다. 이 회담은 미국, 영국, 일본 사이에 희생이 큰 해군력 경쟁의 위협을 줄였고, 결과적으로 10년 동안 동아시아에서의 군사 긴장을 완화했다. 하딩은 예산국Bureau of the

Budget을 설립해서 초대 국장에 찰스 도스Charles G. Dawes를 임명했고, 예산국장을 통해 처음으로 연방정부에 견실한 예산집행을 집행하도록 조치했다. 그리고 하딩은 제1차 세계대전의 공식적인 종결을 선언했다. 공화당이 지배한 상원이 윌슨이 협상한 베르사유 조약을 비준하지 않았기 때문이다. 하딩은 이 일을 위해 1921년 7월 2일 뉴저지주의 한 골프장을 나와 친구의 집에서 상하 양원의 결의안에 서명했다. 물론 그토록 중요한 서류를 마치 개가 어떤 신발을 향해 쿵쿵거리며 냄새를 맡듯이 대강 훑어보고 나서 그냥 서명만 하고 백악관으로 돌아온 셈이긴 했지만.

자신의 망상 속 환영에 사로잡힌 하딩은 본인을 남북전쟁 이후 남부인의 시민권을 옹호한 최초의 대통령이라 생각했겠으나 미국으로 들어오는 이민자를 막으려는 토착민(초기 이주민의 후손들)의 정치적 압력에 대해서는 아무런 조치도 취하지 않았다. 남북전쟁 동안 흑인은 삶을 개척하기 위해 북부로 대거 이동했는데, 1919년부터 시작된 유혈사태와 인종갈등에 하딩은 아무런 조치도 취하지 않았다. 하딩은 앨라배마주 버밍햄Birmingham에서 "나는 흑인이 미국 시민으로서 특권과 의무에서 본인 스스로를 완전한 일원으로 여기게 될 시간이 오기를 기대한다."라고, 엄격히 통제 분리된 청중 앞에서 말한 적은 있다. 그렇지만 대통령은 자신의 말을 뒷받침할 어떤 조치도 취하지 않았고, 따라서 미국의 흑인들은 분개했다.[24]

이런 와중에 하딩 행정부는 부패와 타락의 나락으로 빠져들고 있었다. 내무장관 앨버트 폴이 동포의 지갑을 도둑질해 정국을 어지럽혔다. 전 세계 해군이 연료를 석탄에서 석유로 전환하게 되자, 미국해군에 비상연료를 제공하기 위해 미국 정부는 캘리포니아의 앨크 힐스Elk Hills와 와이오밍의 티포트 돔에 대규모 석유저장소를 설치했다. 애초부터 석유회사들은 이런 저장소를 설치하기 원했으나 그간 계획이 매번 무산되는 바람에 실현되지 못했다. 그러다 앨버트 폴이 내무장관에 취임하자 드디어 그 일이 실현되었다.

폴은 내무부를 장악하자마자 곧 이 문제를 해군과 분리했고, 내무부 주관으로 저장소 설치문제에 혼신을 다했다. 폴은 해군이 석유저장소를 관리하기보다 대리점을 통해 운영하는 편이 훨씬 효율적이라고 하딩을 설득했다. 이어 폴은 오랫동안 해군장관으로 있던 에드윈 덴비에게 눈을 돌렸다. 장관으로서 딱 필요한 일만 처리했을 뿐, 전반적인 해군업무에 전혀 관심이 없었던 덴비는 폴의 설득에 쉽게 넘어갔다.

하딩 행정부가 출범한 후 세 달도 지나지 않은 1921년 5월 31일, 하딩은 석유저장소 관리를 내무부로 넘기자는 내용이 담긴 행정서류에 아무 이의도 제기하지 않고 서명했다. 두 달 후 폴은 엘크 힐스 석유저장소의 사용권을 자신의 오래된 친구, 사업가 에드워드 도헤니Edward L. Doheny가 운영하는 범미국 석유수송회사 Pan-America Petroleum and Transport Company에 넘겼다. 이에 대한 대가로 도헤니는 10만 달러가 든 작은 검은 가방을 폴에게 건네주고, 매우 기쁜 표정으로 "만약 우리가 100만 달러의 이익을 보지 못한다면, 그것이야말로 불운한 결과일 것이다."라고 말했다. 곧바로 폴은 티포트 돔 석유저장소의 관리 권한을 역시나 자신의 또 다른 친구, '석유왕' 해리 싱클레어에게 넘겼고 그 대가로 싱클레어로부터 자유공채로 23만 3,000달러와 현금 7만 달러를 받아 착복했다.[25]

폴이 해군의 석유저장소를 유용하고 있는 동안 사회 전반에 걸쳐 다른 부정행위가 저질러지고 있었다. 하딩이 대통령으로 있는 동안 이러한 부정행위를 도중에 차단한 유일한 사건은 재향군인회에서 부당이익을 취한 찰스 포브스와 관련된 일뿐이었다. 포브스의 타락은 하딩에게 특히나 괴로운 사안이었다. 전임 대통령 윌슨이 이른바 '모든 전쟁을 끝내기 위한 전쟁war to end all wars'이라는 명분으로 제1차 세계대전에 참전했고, 그로 인해 수많은 군인이 고통을 겪었다. 이 문제를 해결하기 위해 하딩은 찰스 포브스를 백악관으로 불러 재향군인회 회장으로 임명했다. 당시 부상된 채로 퇴역한 군인 출신 미국인은 수천 명에 달했다. 그들 태반이 무능하고 지친 나머지 구빈원, 정신병자 보호시설, 일부 부적절한 자선단체에 수용되어 있었다. 어떤 퇴역군인은 아예 아무런 혜택도 받지 못하고 있었다. 하딩이 집권하기 전까지는 이런 문제를 다루는 기구가 없었다. 너무나도 '아량'이 깊었던 하딩은 해당 업무를 중복적으로 다루던 여러 단체를 떼어내고, 독립적으로 이 문제를 관장할 재향군인회를 정식 부처로 신설하였다.

포브스는 많은 돈을 들여 재향군인을 위한 병원을 설립해야 한다는 점, 국가에 봉사한 사람은 병원 보호를 받아야 한다는 점을 하딩에게 어렵지 않게 설득할 수 있었다. 의회는 이를 위해 무려 3,600만 달러의 사용을 승인했다. 그런데 포브스는 병원을 짓기 위해 계약한 어느 건설회사로부터 '대부'를 받았고, 정부의 의료 공급품과 각종 도구를 개인적으로 팔아치워 부당이득을 취했다. 포브스는 700만 달러 이상의 공급품, 예를 들어 붕대, 침대에 들어가는 물품, 각종 의약품을 단 60만 달러에 팔아 착복했다.[26]

1923년 초, 포브스의 이런 악행은 대통령 주치의 소여에게 발각됐다. 대통령 측근 중 혼자 이득을 본 포브스에게 무시당했다고 믿은 소여는 이 사실을 법무장관 도허티에게 고발했다. 그러자 이 약탈행위에서 몫을 나누지 않은 포브스의 실수에 도허티는 의심할 여지도 없이 분노했다. 곧바로 그동안 포브스가 저지른 부당행위를 하딩에게 일러바쳤다. 포브스는 즉시 백악관으로 소환되었다. 그런데 때마침 하딩에게 임명장으로 받기로 예정된 어떤 사람이 백악관에 방문한 상황이었는데, 그는 실수로 백악관의 붉은방Red Room*으로 들어갔다. 그는 붉은방 가까이에서, 치밀어 오르는 분노로 숨을 격하게 헐떡이는 하딩의 목소리를 들었다고 증언했다. 그러다 방 안으로 들어갔을 때, 손님은 두 사람을 보았다. 비굴한 태도로 벽에 서 있는 포브스, 그리고 그의 목을 거세게 쥐고 있는 하딩. 두 사람의 광경을 보고 손님은 크게 놀라지 않을 수 없었다. 대통령은 상기된 얼굴로 "이 생쥐처럼 비열한 놈! 이 중 교잡된 잡종아! 너는 이제 더는……."이라고 외쳤다. 당황스러운 광경에 너무 놀란 손님은 무어라 말했고, 이에 하딩은 얼굴을

---

* 백악관의 응접실로 쓰인다.

획 돌렸다. 하딩은 포브스의 목을 쥔 손을 놓았다. 포브스는 공포에 질려 얼굴이 백지장이 된 채 비틀거렸다. 하딩은 손님께 퉁명스러운 어조로 "미안하군요! 오늘 당신이 임명을 받는 날인데, 다른 방으로 오시오."라고 말하며 나가버렸다. 백악관을 나와 집으로 돌아가는 길에, 이 손님께서는 자신이 그 방에서 보았던 사람이 누구인지 백악관 경비원에게 물었다. 경비원은 "재향군인회 회장인 포브스 대령입니다."라고 대답했다.[27]

백악관을 다녀오고 난 후 포브스는 즉시 사표를 내고 서둘러 유럽으로 도망쳤다. 당시는 이른바 오늘날의 '출국금지조치'가 없지 않았나 생각된다. 하딩은 이러한 부정행위를 단속한 것에 만족하고 그 이상의 일은 하지 않았다. 그러나 상원의 조사위원회는 재향군인회에서 포브스가 저지른 부정을 면밀하게 조사했다. 그런데 포브스의 곁에서 한몫을 챙긴 재향군인회의 변호사 찰스 크래머Charles Cramer가 욕실에서 문을 잠근 채 권총으로 자살하자, 사건은 의외의 방향으로 흘러갔다.

도허티가 장관으로 있는 법무부는 이른바 도덕적으로 불건전한 '매춘부部'라는 별칭으로 불렸다. 친절한 법무장관은 행정부 전반에 만연한 부정행위의 중심으로 간주되었다. 도허티는 장관에 취임하자마자 즉시 전쟁기에 일어난 사기행위나 부당이득소송을 무효처리해주고 그 대가로 뇌물을 받았다는 비난에 시달렸다. 워싱턴 D.C.에서는 제스 스미스를 통해 '법무장관'과 '적절한 교섭'을 하면 소송을 법정 밖에서 해결할 수 있다는 소문이 나돌았다.

도허티가 관련된 가장 악명 높은 스캔들은 전쟁 동안 몰수한 독일인의 재산을 관리하고 있던 외국인재산관리실과 관련된 것이었다. 외국인재산관리실은 그 액수가 700만 달러라고 주장하였고, 이를 처리하는 과정에서 도허티의 심복인 제스 스미스가 수수료로 2만 4,000달러를 챙겼다. 스미스는 또한 5만 달러를 오하이오 고향에 있는, 법무장관의 형 맬 도허티Mal S. Daugherty가 운영하는 은행에서 개설한 해리 도허티와의 공용계좌에 저축했다.[28]

법무부가 자행하는 불법행위와 관련한 소문은 너무나 자자하여 1922년 초에는 도허티를 축출하고 불법행위로 모은 돈을 몰수해야 한다는 목소리가 드높았다. 이에 도허티는 "나는 법무장관직을 이용해 단 30센트도 받지 않았다. 뿐만 아니라 나는 수백만 달러를 준다고 해도 굴하지 않을 것이다."라고 신문기자들 앞에서 말했다. 그의 이러한 말을 믿는 사람은 거의 없었다. 이듬해 의회는 도허티의 탄핵을 요구하는 결의안을 채택했다. 이렇게 되자 도허티는 적극적 개념의 공세적 방어에 나섰다. 법무장관은 훗날 FBI가 될 '법무국 수사국'의 지휘자로, 변덕스러운 성격의 사립탐정 윌리엄 번스를 발탁했다. 번스와 그가 비밀리에 부리고 있던 심복 개스턴 민스Gaston B. Means는 도허티로부터 상원조사위원들을 뒷조사하라는 지시를 받았다. 무단 주거침입과 불법 전화도청이 수도 정치권 한복판에서 자행된 것이다. 또한 그들은 법무장관 도허티 조사에 가장 열을 올리는 몬태나주 연방 상원의원 버턴 휠러Burton K. Wheeler의 사생활을 문제 삼아 집요하게 물고 늘어졌다.

형사가 합법적으로 집요하게 뒤를 따라다녔음에도 법무장관 도허티는 평정을 잃지 않았다. 그러나 그는 제스 스미스에게 자신이 매우 긴장했고, 큰 부담을 느낀다고 말했다. 이에 불안해진 스미스는 의심이 많아지고 매사에 신경과민적 반응을 보였다. 그는 오하이오주 고향을 자주 방문했고, 이혼한 전 아내 록시 스틴슨 Roxy Stinson에게는 몇몇 은행계좌를 파기하고 수표를 무효화시키며 다른 서류를 파기할 것을 요청했다. 그리고 그는 한 친구에게 "앞으로 살아 있을 날이 얼마 남지 않았어." 같은 말을 자주 했다. 수도로 돌아온 스미스는 도허티와 함께 살던 아파트에서 여러 날을 혼자 지냈다.

1923년 5월 30일 이른 아침. 도허티의 비서인 워런 마틴 Warren E. Martin은 그들의 아파트에서, 쇠로 만든 쓰레기통에 머리를 처박은 채 마루에 쓰러져 있는 스미스를 발견했다. 그의 오른손에는 권총이 들려 있었고, 총탄이 그의 관자놀이를 왼쪽에서 오른쪽으로 관통했다. 마틴은 사건을 워싱턴 D.C. 경찰에게 넘기지 않고, 수사국장 윌리엄 번스를 불렀다. 번스는 부검도 하지 않고 곧바로 서류를 작성해 자살로 결론지었다. 그러나 록시 스틴슨은 제스 스미스가 오른손잡이인데 그의 왼쪽 머리에서 총이 발사되었다는 사실을 이해할 수 없다고 말했다. 워싱턴 D.C.의 한 경찰 간부는 "이런 일은 도저히 일어날 수 없어!"라고 말했다.[29]

하딩은 자신이 임명한 장관, 고위관료가 부패와 타락에 전염되어 썩어가고 있다는 사실을 언제부터 알고 있었는가? 이는 잘 알려지지 않았다. 다만 1923년 여름쯤에는 아무리 무관심하고 순진한 사람일지라도 눈치챌 정도로 수많은 증거가 줄줄이 딸려 나오기 시작했다. 찰스 포브스의 노골적인 부정행위, 찰스 크래머와 제스 스미스의 자살, 도허티의 부정행위에 대한 소문, 석유저장소와 연관된 앨버트 폴의 부정행위 등이 적나라하게 드러나자 하딩도 더는 정경유착의 문제를 덮어둘 수는 없게 되었다. 지치고 기운 빠진 하딩은 치료를 위한 여행을 떠났다.

급작스러운 사망

6월 20일, 대통령 일행은 알래스카로 출발했다. 하딩은 도중에 자주 멈추어 연설했다. 수도로부터 멀어질수록 군중도 많아졌고, 대통령의 열정도 더욱 늘어난 것을 확인할 수 있었다. 그러나 항상 독직 문제가 그림자처럼 그를 따라다녔다. 앨버트 폴의 부인은 캔자스주의 어느 사모임에서 대통령이 과거에 횡령한 사실을 감추고 있다고, 기자들에게 폭로하고 말았다. 그녀가 하딩에 대해 말한 내용은 확실하게 검증되지 않았으나 하딩은 동요된 모습으로 인터뷰를 해야만 했다. 다음 날 대통령은 언론인 윌리엄 앨런 화이트 앞에서 이렇게 한탄했다.

> 하나님! 이런 지옥 같은 시련이라니! 지금까지 저는 저 자신과 저의 정적들과 곤란한 문제 없이 지냈습니다. 지금도 저는 저의 적들을 제 마음대로 다룰 수 있습니다. 그러나 이 저주스러운 친구놈들! 이 저주받을 친구놈들 때문에! 그놈들 때문에 걱정으로 밤새 이리저리 돌아다녀야 한다니![30]

하딩은 알래스카를 방문한 최초의 미국 대통령이었다. 이곳에서 하딩은 내무장관 앨버트 폴에 대해 불평하는 보수주의자들의 비판을 얻어맞았다. 이곳을 떠나기에 앞서, 대통령 앞으로 날아든 어느 비리 사건과 관련된 긴급 전보는 그를 극도로 당혹스럽게 만들었다. 이틀 동안 대통령은 허탈과 좌절 속에서 건강이 극도로 쇠약해졌다. 배를 타고 돌아오는 도중에 하딩은 자기 선실로 상무장관 허버트 후버를 불러 행정부 내에서 파란을 일으키고 있는 엄청난 부정행위에 대해 언급했다. "이 사건을 없었던 일로 하거나 무마해 버릴 방법은 없을까?"

이에 허버트 후버는 "이 부정행위 사건이 우리의 정직과 신용의 정도를 드러내려 할 것입니다."라고, 간단하고 무뚝뚝하게 대답했다. 배를 타고 있는 동안 다른 사람들은 쉬어 가면서 카드놀이를 했는데 하딩은 악몽에서 벗어나기 위해 밤낮을 가리지 않고 카드 브리지 놀이를 했다. 그때의 분위기는 긴장 그 자체여서 그 이후 후버는 다시는 브리지를 할 수 없었다.[31]

하딩은 몸과 마음이 극도로 쇠약한 상태로 샌프란시스코에 도착했다. 당시 나이는 57세밖에 안 되었으나 이때의 모습도 행동도 노인이 따로 없었다. 1923년 8월 2일, 그는 팰리스 호텔the Palace Hotel 스위트홈에서 휴식을 취하고 있었다. 이때 주치의인 소여는 하딩이 식중독으로 약간의 고통을 받고 있다고 말했다. 그러는 동안 아내 플로시는 『새터데이 이브닝 포스트The Saturday Evening Post』에 실린 어느 반가운 기사를 하딩에게 읽어주고 있었다. "그것 좋군. 계속해. 더 읽어 봐요."라고 하딩은 아내에게 말했다. 그리고 더는 말이 없었다. 갑자기 그의 얼굴이 뒤틀리더니, 입이 벌어지고 머리는 힘없이 푹 떨어졌다. 하딩은 과거에 심장병을 앓았다. 주치의 소여는 하딩이 발작 후 급사했다고 결론지었다. 그러나 사립탐정이었던 개스턴 민스는 하딩의 죽음에 대해 괴담을 퍼뜨렸다. 주치의 소여와 영부인 플로시가 대통령을 각종 불명예로부터 구원하고자 독살을 공모했다는 내용의 괴담이었다. 그렇지만 플로시가 어떤 부검도 원하지 않았기 때문에 민스의 주장은 입증되지 못했다.

미국인은 예기치 못한 하딩의 죽음에 진정한 애도를 표했다. 국민 대다수는 이때만 하더라도 하딩 행정부에서 자행된 부정부패와 정경유착에 대해 거의 모르고 있었다. 그래서 그의 인기는 여전히 높은 상태에 있었다. 장례열차가 대륙을 가로질러 워싱턴 D.C.로 달려갈 때, 철로 주변은 애도의 군중으로 가득했다. 그들은 하딩이 가장 즐겨 불렀던 찬송가를 부르며 마지막 존경을 표했다. 하딩이 회원으로 속했던 키와니스 클럽은 자신들이 발간하는 잡지에서 떠나가는 형제(회원)에게 다음의 애정과 찬사를 바쳤다.

오! 하나님께로 되돌아간 하느님의 아들이여 / 평화와 휴식이 그대에게 임하리라. / 그대의 부드러운 얼굴과 평온함은 / 우리에게 황금의 향유를 남겨 주었다.

수행행렬이 백악관에 도착했을 때 플로시는 관을 열고 하딩의 시체가 들어있는 관 옆에서 여러 시간을 아무 말 없이 앉아 있었다. 그녀는 죽은 남편의 얼굴을 자신의 얼굴로 조용히 어루만지면서 "이제 더는 당신에게 상처 줄 사람은 없어요. 우어렌Wurr'n!" 이라고 속삭였다.[32]

공화당 지도부 입장에서는 하딩의 죽음은 구사일생이었다. 한마디로 티포트 돔 사건의 무도한 과실을 어물어물 넘길 수 있는 뜻밖의 행운이었다. 이제 곧 다른 부정행위도 대중에게 알려지게 되겠지만 그마저도 죽은 이와 그 동료들에게 책임을 전가할 수 있게 된 것이었다. 내무장관 앨버트 폴은 상원 조사위원회가 활동에 나서기에 앞서, 형사사건에서 배심원에 의해 고발 또는 기소당하지 않는다면 구금될 수 없다는 수정헌법 제5조를 이용하기도 했다. 그러나 그는 결국 40만 달러의 뇌물을 받고 '석유왕'으로 불리던 기업가 도헤니와 싱클레어에게 석유저장소의 사용권을 넘겨주어 횡령과 착복을 했다는 명목으로 기소되어 1년 징역형을 선고받았다. 그는 하딩 내각에서 부정행위로 인하여 처음으로 처벌을 받은 인물이었다. 하지만 뇌물을 준 장본인들인 석유왕들은 그 어떤 처벌도 받지 않았다.

한편 어떤 문제 제기나 의문을 품지 않고 폴에게 석유저장소를 넘겨준 해군장관 에드윈 덴비를 무능과 직무유기를 물어 탄핵해야 한다는 여론이 돌았다. 그러나 심문을 주도한 몬태나주 연방 상원의원 토머스 월시Thomas Walsh가 "내가 아는 한 어리석음은 탄핵의 이유가 될 수 없다."라고 발언한 후 이러한 여론은 사라졌다. 재향군인회장 찰스 포브스는 뇌물과 불법행위 공모에 대한 재판을 받기 위해 유럽에서 송환되었다. 그는 고작 1만 달러의 벌금과 리븐워스Leavenworth 교도소에서 2년의 징역형을 선고받았다. 200만 달러의 부당행위는 이렇게 가벼운 처벌만으로 끝이 났다.

해리 도허티는 이후에도 당분간 법무장관직을 유지했으나 그가 주류 밀매업, 석유업 등의 기소사건 처리와 관련된 자료를 상원 조사관에게 제출하기를 거부하자, 대통령직을 승계한 캘빈 쿨리지가 곧바로 그를 해임하였다. 해임되기 전 도허티는 이러한 자료는 국가안보에 필수적이거니와 자신의 신문을 맡은 상원의원은 소련 정부로부터 '동지' 칭호를 받았다는 망발을 뱉으며 발악했다.

외국인 재산을 부당하게 착복했다는 이유로 기소된 해리 도허티는 최근에 죽은 하딩 대통령의 사후 명성을 보호해야 한다는 핑계로 증언대에 서기를 거부했다. 도허티의 이러한 행동은 하딩이 어떤 방식으로든 부정행위와 관련되어 있다는 인상을 퍼뜨리는 데 기여했다. 배심원단은 도허티가 무죄인지 유죄인지를 둘러싸고 논쟁했으나 합의에 도달하지 못했다. 그러나 다시 기소된 도허티는 또 한 번 재판에 회부되었다. 도허티는 하딩의 평판을 희생한 끝에 다시 한 번 무사할 수 있었다.

하딩의 내연녀 낸 브리턴은 사생아 딸을 위해 하딩 가족에게 돈을 요구했다. 그러나 그녀의 요구는 거절당했고 그녀는 회고록 『대통령의 딸The President's Daughter』을 출간했다. 이 책은 "세상의 모든 미혼모와 무고한 자식들에 대한 사랑과 이해를 위해" 그들에게 헌정하는 식으로 출판되었다. 책은 곧바로 베스트셀러가 되었다. 그녀는 회고록에서 처음 백악관을 방문했을 때 대통령 하딩이 어떤 곳으로 자신을 데려갔다고 밝혔다. 여기에서 하딩이 "우리는 안전하게 키스를 나눌 수 있다. 이곳은 우리가 잘 꾸민 작고 은밀한 장소다. 이곳은 달콤한 애인과 사랑을 나누기에 좋은 장소다."라고 말했다고 밝혔다.[33]

워런 하딩의 사망 후 하딩의 고향 마리온에 기념비를 설치하기 위한 계획이 착수되었다. 이에 관련된 전반적인 상황을 논의하고자 한 위원회가 유명한 건축가 존 러셀 포프John Russell Pope의 제안을 받아 모였다. 모임에 늦게 도착한 위원회 구성원은 설계 구상을 대강 살펴본 후 손을 내저으며 이렇게 말했다.

하나님 맙소사! 여러분! 여러분은 이딴 걸 만들려고 하셨습니까? 이걸 지어봤자 우리가 무얼 얻지요? 티포트A teapot를 얻나요?[34]

10장
Richard Milhous Nixon

리처드 닉슨 1969년 1월 20일 ~ 1974년 8월 9일

국민을 기만하고 헌법을 위반하고도
반성조차 하지 않는 후안무치한 대통령

닉슨은 내가 지금까지 만난 사람 중
가장 정직하지 못한 사람이다.
그는 자신의 국민과 전 세계를 상대로
거짓말을 하고 있다!

리처드 닉슨은 애리조나주 프레스콧Prescott에서 슬리퍼리 걸치 로데오the Slippery Gulch Rodeo 경기장에서 손님을 이끄는 홍보원으로 사회생활을 시작했다. 당시 10대였던 닉슨은 '합법적인' 운명의 수레바퀴에 올라탔다. 여기서부터 그는 일종의 사기꾼처럼 보잘것없는 성공을 거두었다. 닉슨의 이러한 경력은 그의 인생 전체와 아주 잘 어울린다. 닉슨은 미국 정계에서 정치라는 상품을 선전한 판매꾼이었기 때문이다. 그는 "나는 이 질문을 당신에게 하게 되어 매우 기쁩니다." 또는 "지금 내가 하고자 하는 것은 미국 정치사에서 선례가 없었던 일입니다." 같은 웅변조의 교묘한 거짓말을 자주 떠들었다.[1]

닉슨은 풍부한 경험을 살려 너무나 손쉽게 자신의 선전물을 청년들에게 팔았다. 다른 선전물과 구별하기도 어렵게 바꾸어 뉴잉글랜드에 거주하는 시민들에게 어필했다. 급기야 자신의 선거 홍보물을 공화당원들에게 적극적으로 강매했다. 능숙한 달변가이자 아마추어 배우 같은 그는 부드럽고 아름다운 바리톤의 목소리를 가지고 있었다. 그는 목구멍에 어떤 덩어리를 삼킨다는 상상만으로도 가짜 눈물을 흘릴 수 있는 사람이었다. 더불어 숙련된 연설가로서 온갖 종류의 교활하고 능숙한 책략을 활용한 사람이었다. 그는 약자, 자유주의자, 무식한 사람이 주로 사용하는 '쉬운 방법

easy way'에 조롱하는 한편, 능숙한 기교를 발휘해 자신에게 힐난과 야유를 보내는 사람들을 쉽게 휘어잡았다.

지금까지 백악관에 입성한 역대 대통령 중에는 준비된 상태로 당선된 사람이 더러 있었다. 미국의 제37대 대통령 리처드 닉슨 역시 무척 준비가 잘 된 사람이었다. 그는 연방 하원의원과 연방 상원의원에 당선되어 활동했고, 드와이트 아이젠하워 대통령 밑에서 두 번이나 부통령으로 일했다. 닉슨은 율리우스 카이사르, 칭기즈칸, 나폴레옹, 그리고 19세기 영국의 저명한 정치가 글래드스턴Gladstone과 디즈레일리Disraeli 의 전기를 읽었다. 그는 앨리스 롱워스에게서 롱워스의 아버지 시어도어 루스벨트의 국정수행에 관해서 배웠다. 그는 골프도 열심히 배웠다. 그러나 위인들의 전기를 열심히 탐구했다고 위대한 대통령이 된다는 보장은 어디에도 없었다.

닉슨은 탄핵을 피하기 위한 수단으로 대통령직 사임을 택했다. 그는 노골적으로 사법권을 방해하고 헌법을 위반했기 때문에 최악의 대통령으로 선정됐다. 닉슨이 만약 자신의 후계자 제럴드 포드 대통령에 의해 사면을 받지 못했다면, 그는 총체적 난국이었던 워터게이트 사건 때문에 중범죄로 기소되어 처벌받았을 것이다. 그렇지만 닉슨은 이 책에서 다루는 다른 대통령과는 차별점이 있다. 그는 능력이나 지성은 훨씬 우수했지만 미국의 민주주의 제도 자체를 아주 냉소적으로 경멸한 사람이었다.

그는 스스로를 '약한' 사람이 아니라고 말했지만 사실 그는 '악한' 사람이다. 한때는 그와 절친한 친구이자 1964년 공화당 대통령 후보였던 베리 골드워터Barry Goldwater는 닉슨에 대해 이런 평가를 남겼다.

닉슨은 내가 지금까지 만난 사람 중 가장 정직하지 못한 사람이다. 그는 자신의 아내, 가족, 친구, 여당, 심지어 미국인, 나아가 전 세계를 상대로 거짓말을 하고 있다.[2]

미국 국세청은 닉슨이 대통령직을 떠났을 때 무려 43만 2,787달러의 세금을 체납했고 이에 대한 이자와 벌금으로 3만 3,000달러를 내지 않았다고 발표했다. 그는 국가공문서보관소에 보관된, 부통령 명의로 추정되는 어음을 공제 가능한 보험 증권으로 만들어 멋대로 사용하고자 했다. 그러나 이 어음은 별다른 가치가 없는 것으로 판명이 났다. 이를 증명하듯 해당 어음에 큰 가치를 부여한 평론가들도 사기행위로 기소되었다. 심지어 플로리다주와 캘리포니아주에 있는 닉슨의 집으로, 출처가 상당히 의심스러운 정부자금이 쓰였다. 한편 닉슨은 무려 20만 달러의 수입에 단지 800달러의 소득세만 낸 것으로 알려졌다. 그리고 닉슨은 자신의 딸 중 한 명을 위해 주선한 무도회에 자금 5만 달러를 사용했는데, "미국 대통령의 공식 행사에 쓰인 활동비" 명목으로 처리해 공제를 받고자 했다. 그리고 그 비용은 닉슨의 뜻대로 처리됐다. 미국의 시인이자 수필가 헨리 소로Henry D. Thoreau는 닉슨의 악행에 대해 이렇게 말했다.

그가 부정직한 악당이란 증거는, 어떤 사건이 일어날 때마다 형편대로 정황상 나타났다. 어떤 정황 증거는 너무도 명백하다. 그럴 때마다 여러분은 우유에서 송어 한 마리를 찾는 것처럼 그가 악당이라는 사실을 분명하게 확인할 수 있다.

닉슨이 저지른 범죄는 납세자를 제물로 삼아 본인을 부자로 만드는, 너저분한 사기행각 수준이 아니다. 그는 단순한 사기를 훨씬 능가하는 권력형 범죄를 자행했다. 하딩 행정부에서 의사당 지붕까지 팔아먹으려 했던 오하이오 갱, 율리시스 그랜트를 둘러싼 친인척들이 단지 돈만 밝히는 부정축재자들이었다면, 닉슨은 더욱 원대한 목적을 위해 음모를 꾸미는 악당이었다. 닉슨은 미국의 헌법 자체를 완전히 파괴하려 했었다.

미국인이 워터게이트 사건에 느낀 충격은 너무나 무겁고 크다. 당시 미국은 베트남 전쟁으로 인한 피로가 만만치 않게 누적되었다. 존 F. 케네디 대통령과 그의 동생 로버트 케네디와 인권운동을 주도한 개신교 목사 마틴 루터 킹 2세의 연이은 암살로 인해 사회도 혼란스러웠다. 그런 상황에서 워터게이트 사건이 터지자 미국인은 엄청난 충격을 받았다. 결국 미국인은 이 사건 이후 삐뚤어진 망상증과 음모론을 정당하게 간주했고, 연방정부를 냉소적으로 바라보게 되었다. 닉슨은 국가안보를 위한 기구와 조직, 국가의 기밀정보를 국가방위를 위해 쓰지 않았다. 이토록 중요한 것들을 자신의 사악하고 부도덕한 행위와 실수를 감추기 위한 구실로 악용했다. 정부 발표와 미국인이 실제로 믿는 것 사이에는 이른바 신뢰성의 격차credibility gap가 있었는데, 닉슨의 부정행위 이후 미국인은 정부와 지도자를 향한 어떤 믿음을 품고 있든 일단 불신하고 보게 되었다. 즉 신뢰성의 격차가 넓디넓어져 버린 것이다.

닉슨의 사임 후 20년이 지났다. 그가 죽기까지 닉슨과 그의 추종자들은 워터게이트 사건에서 대통령의 책임이 없다고 주장했다. 심지어 후임자 포드 대통령의 사면을 받아들일 때도 가장 큰 죄책감을 느껴야 했을 피고인들은 그 어떤 범죄행위도 시인하지 않았다. 닉슨의 추종자들은 전임 대통령 린든 존슨과 존 F. 케네디 역시 백악관의 대통령 집무실에서 도청을 일삼았고, 정적을 방해하고 괴롭히기 위해 FBI나 미국 국세청인 IRS를 이용했다고 주장했다. 일단 린든 존슨과 존 F. 케네디의 도청은 법원에서 범죄행위가 아닌 것으로 인정받았다는 차이가 있긴 하지만 어떤 관점에서는 닉슨의 주장이 타당할지도 모른다. 왜냐하면 닉슨과 그의 추종자들은 워터게이트 사건이 얼마나 중대한 사건인지를 전혀 이해하지 못했기 때문이다. 즉 그들은 민주주의 국가에서 대통령이 국민에게 가져야 할 책임감의 문제를 인식조차 하지 못했다는 것이다. 닉슨이 저지른 잘못을 범죄행위로 인식하지 못했던 이유는 문제를 외면했기 때문이 아니라, 처음부터 문제로 인식조차 하지 못했기 때문일 가능성이 있다. 결국 닉슨과 그의 추종자들은 헌법을 파괴하려는 시도를 했음에도 현행범으로 체포되지 않았다.

포드에 의한 사면으로 많은 미국인이 닉슨의 변명과 해명을 충분히 들었지만 대다수는 이를 문자 그대로 믿거나 받아들이지 않았다. 뉴욕주 대법원에서는 마치 요란하게 북을 두드리듯 강한 어조로 닉슨의 변호사 자격에 대해 비난했다. 당시 닉슨은 자신의 위법행위를 공식적으로 인정하지 않았는데, 뉴욕변호사협회에서는 스스로 탈퇴하여 변호사 자격의 박탈을 회피하고자 했다. 그러나 법원은 변호사협회로부터 닉슨에 대한 여러 문제를 들은 후 적당한 조치를 통해 그가 변호사 자격 박탈 절차를 교묘히 피할 수 없다고 판결했다. 다음은 당시 법원의 판결문 요지다.

닉슨 씨는 1972년 6월 17일 워싱턴에 있는 민주당 전국위원회본부사무실을 무단침입한 것에 대한 연방수사국의 조사를 부적절하고 부도덕하게improperly 방해했다. … (중략) … 닉슨 씨는 무단침입과 관련하여 기소된 하워드 헌트E. Howard Hunt에게 은밀히 돈을 주는 것이 부적절하고 부도덕했음을 인정했다. … (중략) … 닉슨 씨는 자신의 참모와 대통령재선위원회 구성원이 저지른 불법행위와 관련된 증거를, 부적절하고 부도덕하게 감추었을 뿐만 아니라 다른 사람을 시켜 인멸하고자 했다.[3]

백악관 대통령 집무실의 녹음테이프에는 대통령으로서는 할 수 없고 해서도 안 되는, 닉슨의 비열하고 부끄러운 일이 녹음되어 있었다. 미국인들은 자유세계의 지도자여야 할 그가 마치 브루클린에서 사기와 협박과 공갈을 일삼는 악랄한 '마피아 두목'처럼 말하는 것을 들었다. 어느 순간 닉슨은 백악관의 보좌관들에게 "빌어먹을! 나는 무슨 일이 일어나든 개의치 않아! 제기랄!"라고 말했고, 이런 부당한 명령을 내렸다.

> 여러분 모두가 그것(워터게이트 사건 조사)을 잘 방해하길 바란다. 그것
> 을 수정헌법 제5조를 적용해서 잘 대처하기 바란다. 워터게이트 사건
> 을 잘 마무리할 수만 있다면, 은폐도 좋고 그 이상의 일도 좋다. 반드
> 시 그렇게 하길 바란다.

무법세계의 한 장면이 아니다. 닉슨이 집권한 백악관의 평범한
일상이었다. 미국인들은 그들의 대통령이었던 사람이 보좌관에게
"책임을 유대인들에게 전가해라!" 같은 명령이나 내리는 꼴을 목
격했다. 나아가 워터게이트 침입 사건으로부터 2주가 지난 뒤 공
화당전국위원회 간부들에게는 민주당의 강력한 비난을 감수하더
라도 그곳에 침입해 증거를 인멸하라고 명령했다는 사실도 알게
되었다.

위대한 투쟁가, 부정한 지도자

닉슨의 대통령직 사임의 직접적인 계기는 워터게이트 빌딩에 있
는 민주당전국위원회 사무실을 서투르게 침입한 삼류 좀도둑 때
문이라 할 수 있다. 그러나 닉슨 본인의 성격이 낳은 결과라도 봐
야 할 것이다. 닉슨의 야망, 불안정한 심리상태, 일시적인 발광과
같은 격노, 냉담한 무관심, 비리를 선호하는 습성, 유머와 융통성
의 부족 등 그에게서 나타나는 모든 성격이 그를 대통령직에서 물

러나게 한 결정적인 요인이라 할 수 있다. 그리스 철학자인 헤라클레이토스Heraclitus는 수천 년 전에 "인간의 성격은 그의 운명을 결정한다."라는 말로 이런 상황을 일찍이 예견하였다.

빈곤한 환경에서 태어나 백악관의 주인이 되기까지, 닉슨은 눈부신 성공을 거둔 당사자임에도 마치 황소 같은 고집과 뒤틀린 성격 때문에 스스로를 아웃사이더로 인식했다. 그는 자신을 경멸하고 얕보는 사람에게 마음속 깊이 분노를 느꼈고, 언젠가 복수하리라 각오했다. 그는 인생이란 본인처럼 "가지지 못한 자"와 "모든 것을 쥔 채 살찐 엉덩이로 앉아 있는 사람" 간의 투쟁으로 보았다. 그는 이러한 분노를 우리야Uriah를 죽인 다윗*처럼 신성한 흉내와 겸손한 모습으로 감추었다. 즉 닉슨에게 인생이란 끝없는 극복을 요구하는 '위기의 연속'이었던 셈이다.[4] 인생을 어떻게 이끌든 그는 오늘날 청취자가 참가하는 라디오 프로그램에서나 들을 수 있는, 분노와 투쟁을 일삼는 시끄러운 목소리에서 벗어나지 못했다.

닉슨의 특질이라 할 수도 있는 투쟁적 성격은 캘리포니아주 휘티어대학교Whittier College를 다니는 동안 형성되었다. 당시 닉슨의 눈에 휘티어대학교는 '가지지 못한 자'를 경멸하는 모임 '프랭클린Franklin'이 주도하는 공간이었다. 이에 닉슨은 경쟁단체로서 충직

---

* 구약성경의 「사무엘하」 편에서, 이스라엘의 왕 다윗은 장군 '우리야'의 아내 '밧세바'를 얻고자 우리야를 사지로 몰았다. 다윗의 음모에 우리야가 죽자 밧세바는 다윗의 아내가 되었고, 훗날 솔로몬 왕을 낳았다.

한 사람들의 모임이라는 뜻의 오소고니언Orthogonians이란 단체를 조직했다. '똑바로, 정확한'이란 의미의 그리스어 orthós, 각도를 의미하는 gōnía, 사람을 의미하는 ian을 이용해 만든 합성어다. 별칭으로는 스퀘어 슈터Square Shooters라고도 불렸다. 이 단체는 운동선수로 활동하는 학생, 대학에서 생활비를 벌기 위해 일하는 학생들도 구성되었다. 단체의 상징은 멧돼지였다. 닉슨은 몰랐지만 멧돼지는 영국의 왕 리처드 3세1452~1485의 상징이기도 하였다. 이를 두고 닉슨을 비판한 사람들은 닉슨을 곧잘 리처드 3세에 비유하곤 했다.* 프랭클린과 오소고니언의 투쟁은 그의 인생을 통틀어 몇 번이고 언급될 사건이었다. 그의 첫 번째 정적 연방 하원의원 제리 부르히스Jerry Voorhis와 헬렌 더글러스Helen G. Douglas도 프랭클린 출신이었다. 격조 높은 외교관 앨저 히스Alger Hiss 역시 프랭클린 출신이었다. 그리고 케네디 대통령 역시 프랭클린 출신이었다.

닉슨은 만사를 경멸하는 태도와 부정행위를 저지르고도 당당한 정신세계를 가지고 있었다. 그는 운명을 맹신했고, 모든 곳에 계략과 불법적인 공모가 존재한다고 단정하던 사람이었다. 다시 말해 자신을 비난하는 언론에 대해, 공화당을 지배하고 있는 동

---

* 리처드 3세는 에드워드 4세의 동생으로, 형이 죽자 글로스터 공작의 신분으로 어린 조카 에드워드 5세의 섭정을 했다. 몸이 불구인 탓에 의심이 많고 음흉한 야심가로 전락한 그는 음모를 꾸며 정적을 처형하고 어린 왕과 왕의 아우를 런던탑에 유폐하며 왕위를 찬탈했다. 사실 여부는 분명치 않으나 선왕 형제를 살해했다는 소문이 퍼져 백성들에게서 신망을 잃었다고 전해진다.

부의 부유한 기득권층에 대해, 상류사회를 구성하는 워싱턴의 관료사회에 대해, 특히 1960년 대통령선거에서 간발의 차이로 자신을 낙방시키고 케네디를 당선시켰다고 믿은 CIA에 대해 그렇게 생각했다.

우리는 닉슨을 워터게이트 사건 그 이상의 의미로 기억해야 한다. 닉슨은 동시대 사람들보다 더욱 유능한 인물로 평가받는데, 이는 일반적으로 사실이다. 닉슨은 실제로 국내외 문제에서 견실한 업적을 성취한 정치가였다. 비록 닉슨은 공산주의에 반대하는 신념으로 불타오르는, '십자군의 열망'으로 권좌에 올랐으나 중국과 소련과의 가교를 세우고자 노력했고, 상상력이 풍부한 정치가답게 핵무기 감축 협상을 계속했다. 사회적으로 은둔생활과는 거리가 먼 그는 시어도어 루스벨트를 제외한다면 20세기 공화당 출신 대통령 중 가장 자유주의적인 대통령이었다.[5] 닉슨이 전임 대통령 린든 존슨의 정책 중 과도하다고 생각되는 사안을 정리하는 동안 닉슨의 행정부는 정책의 방향성을 국내문제에서는 로널드 레이건이나 뉴트 깅리치Newt Gingrich의 노선보다 프랭클린 루스벨트의 뉴딜 노선 쪽으로 맞추었다. 관행처럼 존재하던 흑인 차별을 일정하게 유지한 '남부전략'을 지속하긴 했어도, 닉슨은 1954년 연방대법원이 학교에서의 인종분리를 불법화한 이래로 어떤 대통령보다도 학교에서의 흑백통합을 달성하기 위해 애를 썼다.[6]

연방 상원의원 밥 돌Robert 'Bob' Joseph Dole은 전직 대통령 세 사람(닉슨, 포드, 지미 카터)를 싸잡아 비판하며 신랄하게 풍자했다.

이들에게서 죄악이 없다는 소리를 들어라.

이들에게서 죄악이 없다는 사실을 보아라.

그러면 죄악이 들리고 보일 것이다.

이러한 비난에도 닉슨은 자신을 두둔할 무언가를 가지고 있었다. 본인이 집권하기 전까지 백악관을 차지했던 대통령들과 달리 닉슨은 가정에 헌신적인 남편이었다. 그는 반복적으로 호의와 친절을 베풀 능력이 있었다. 낯선 사람과의 교제에 부끄러움이 많고 썩 달가워하지 않았음에도, 그는 선거구민으로부터 상당한 지지를 받고 있었다. 그 증거로, 그가 정계에 입문했을 때에는 태어나지도 않았던 젊은 미국인이 그의 장례식에 길게 늘어서서 그에게 존경을 표했다.

그러나 다섯 번에 걸쳐 전국 공천을 받고 네 번이나 당선된 프랭클린 루스벨트와 똑같은 기록을 보유한 닉슨*은 프랭클린과 달리 많은 사람에게서 신망을 얻지 못해 "닉슨에게서는 헐값의 중고차도 구입할 수 없을 것 같다."라는 비아냥이나 들어야 했다. 닉슨에게는 임무를 맡길 동료는 많았으나 진실한 믿음을 나눌 친구는 거의 없었다. 그는 끊임없이 일하는 사람이었다. 그만큼 그는 상당히 불안정했고, 미국 정치에서 관례상 통용되는 사소한 의식

---

* 프랭클린 루스벨트는 1920년에 민주당 부통령 후보로 출마했으나 낙선했고, 1932년, 1936년, 1940년, 1944년에는 대통령으로 당선됐다. 닉슨은 1952년, 1956년에 공화당 부통령으로 당선됐다. 1960년에는 대통령 후보로 출마했으나 낙선했다. 1968년, 1972년에 대통령으로 당선됐다.

에서 한 발자국씩 떨어진 사람이었다. 그는 악수를 몹시 싫어했고, 얼굴에 미소를 띤 채 이야기하는 모습을 거의 볼 수 없었다. 닉슨은 자신과 함께 여행하거나 늘 같이 다니는 동료들에게 반드시 이야기할 필요가 있을 때만 이야기할 것을 주지시켰다. 심지어 그가 말을 할 때 사용하는 몸짓과 태도와 용모, 예를 들어 승리를 표시하기 위해 팔을 펼치는 순간에서도 그가 말하기 전에는 아무도 움직이지 않았다. "마치 사운드 트랙이 필름 앞뒤의 짧은 간격을 그냥 진행하는 것처럼 아무런 움직임이 없었다."[7]

닉슨에 관한 수백 가지 사실이 우리의 기억을 고통스럽게 만든다. 이류 악당의 미묘한 분위기를 가진 교활한 수사관 딕Dick을 이용해 앨저 히스에게 가한 무지막지한 추적 수사*, 민주당에 대한 보복적인 괴롭힘, 소련 공산당 서기장 니키타 흐루쇼프와의 부엌 논쟁Kitchen Debate** 이후 중국공산당과의 평화협정 논의, 로맨스 드라마의 애처로운 주인공, 최종에는 정치적 원칙을 무시한 늙다리 정치가. 닉슨을 둘러싼 다양한 기억은 우리를 늘 괴롭히고 있다. 영국의 총리 윈스턴 처칠이 "러시아(소련)는 온통 모순과 불가해한 것으로 가득한 비밀의 나라"라고 발언한 적이 있는데,

---

* 리처드 닉슨은 1948년 앨저 히스의 소련 간첩 혐의를 조사하는 청문회에서 두각을 보이며 거물급 정치인으로 성장하는 발판을 마련했다.
** 1959년 모스크바에서 미국이 주최하는 전시회가 열렸는데, 당시 미국 부통령 닉슨과 소련의 흐루쇼프는 통역사를 이용해 즉석에서 논쟁을 펼쳤다. 자본주의와 사회주의, 여성의 지위 및 역할, 과학기술 등을 주제로 펼친 이 논쟁은 훗날 TV를 통해 전 세계에 방송됐다.

오랜 기간 닉슨의 보좌관이었던 레이 프라이스Ray Price는 이 발언에서 '나라(러시아)'를 '닉슨'으로 바꾸면 딱 맞아떨어진다고 언급했다. 그러나 전직 대통령 해리 트루먼은 닉슨에겐 아무런 비밀도 없다고 말했다. 트루먼은 "닉슨은 농간 잘 부리고 책략을 좋아하는 사람이며 빌어먹을 거짓말쟁이일 뿐이다. 사람들은 이것을 알고 있다."라고 평가했다.

닉슨의 출세는 의지로 일궈낸 승리라고 할 수 있다. 본래 내성적인 성격이었던 그는 스스로 부정적인 이미지를 열심히 창출했다. 존 F. 케네디는 유권자가 그들 스스로가 느끼는 수준보다 훨씬 현명하고 용감하며 민주시민으로서의 자질이 있는 사람들이라는 확신을 주기 위해 노력했다. 이와 달리 닉슨은 주제넘게도 유권자가 본인보다 훨씬 부족한 사람이라 생각했다. 자신과 달리 유권자들은 덜 지적이고, 깊게 생각하지도 못하며, 덜 지성적인 존재라고 보았다. 그러면서도 그는 자신을 다른 사람에게 평범한 중산층 미국인으로 보이려고 노력했다. 애국적이고 종교적인 감정에 호소하는 방식을 동원하면서도 사교적인 모습을 드러내고자 노력했다. 그러나 닉슨이야말로 이러한 이미지에 가장 동떨어진 사람이었다. 따라서 이러한 이미지를 유지하려 했던 그의 끝없는 노력은 심리적인 기력을 상당히 고갈시켰다. 지칠 대로 지친 닉슨은 평범한 미국인을 향한 경멸의 태도를 숨기는 데 실패했다.

닉슨은 평범한 미국인들이 자신의 정책에 담긴 미묘한 점들을 이해하지 못할 것이라 생각했다. 또한 평범한 미국인은 닉슨 자신이 대단히 지적이고 열심히 일하기 때문에 자신에게 투표하지 않을 것이라고 생각했다. 그래서 유권자인 국민에게 그렇게 보이지 않으려 애를 썼다. 국민이란 원래 직업정치가에게 근면성보다는 뛰어난 정치적 수완을 더 갈구한다고 여겼기 때문이다. 또한 닉슨은 1952년과 1956년에 민주당 대통령 후보로 나선 애들레이 스티븐슨Adlai E. Stevenson이 그러했듯이 본인이 평범한 미국인의 수준으로 낮아지면 평범한 유권자들의 표를 얻을 수 있을 거라 믿었다. 닉슨은 『타임』의 편집자 휴 시디Hugh Sidey와의 인터뷰에서 이렇게 말했다.

당신이 평범하기 그지없는 국민에게 『타임』의 내용을 이해시키려 하는 것은 선善이라기보다 차라리 악惡에 가깝다.

닉슨은 1960년의 대선에서 케네디에게 아쉽게 패배하고, 2년 뒤에는 캘리포니아 주지사 선거에서도 낙선했다. 이에 닉슨은 "여러분은 더는 나를 놀릴 수 없을 것입니다."라는 냉소적인 기자회견과 함께 정계를 떠났고, 그의 정적들은 매우 기뻐하며 그가 다시 정계로 돌아오지 않을 것이라 생각했다. 그러나 그는 다시 돌아왔고, 1968년과 1972년 대선에서 승리를 거두었다. 그는 나사로Lazarus*보다 더 끈질긴 생명력을 가지고 있는 듯했다. 닉슨의 이러한 재기는 자신의 정체성을 찾고자 하는 평범한 미국인을 상대로 한 계산된 노력의 결과였다. 1960년대의 민권운동과 베트

---

* 신약성경의 복음서에서, 예수는 죽은 나사로를 부활시키는 기적을 행한다.

남 전쟁에 대한 항의와 갈등으로 빚어진 혼란과 폭력 속에서, '말 없이 일하는 다수silent majority'로 살아왔던 '잊힌 미국인들forgotten Americans'은 안정, 법치, 질서, 명예로운 평화를 이룩하겠다는 대선 후보 닉슨에게 박수를 보냈다.

이제 많은 미국인은 닉슨을 믿고 따를 모든 준비가 되어 있었다. 그러나 정작 닉슨에게는 미국, 미국의 제도, 무엇보다 미국인이 자신을 신뢰하고 따르게 할 능력이 없었다. 백악관에 입성하기 위한 오랜 역정에서 뼈에 사무친 원한을 쌓아두었던 닉슨은 정적들을 나열한 일종의 블랙리스트를 만드는 방식으로 악의적인 형태의 분노를 터뜨렸다. 그는 백악관의 비밀요원을 이용해 CIA, FBI, IRS, 정적들과 비판자를 색출하고 방해하며 분쇄하는 일에 집착했다. 또한 국가안보와는 실상 무관함에도 툭하면 안보를 들먹이며 경찰력을 동원해 자신에게 부정적인 의사를 표시한 언론을 상대로 협박, 공갈, 부정공작으로 겁을 주었다. 또한 자신의 범죄행위를 감추고자 서슴지 않고 공권력을 동원했다.

1971년 8월, 닉슨 대통령 고문인 존 딘John Dean이 대통령직 임기에 결정타를 가할 적의로 가득한 메모 하나를 백악관에서 참모들에게 유포했다. 그 내용은 퉁명스러운 어조로 적혀 있었다.

우리 행정부에 대항하는 활동을 하는 사람을 다루기 위해 현직 임기를 어떻게 최대한 이용할 수 있을까? … (중략) … 우리의 정적을 분쇄하기 위해 연방정부의 공식기구를 어떻게 하면 잘 활용할 수 있을까?[8]

휘티어의 퀘이커 가정에서

닉슨의 아버지인 프랜시스 닉슨Francis A. Nixon은 떠돌이로 지내다
가 20세기 초 캘리포니아주 남부로 이주했다.[9] 임시직을 전전하
며 발가락에 동상을 입는 고통을 맛본 후 프랜시스 닉슨은 훨씬
따뜻한 환경의 터전을 찾아다녔다. 이전에 그는 오하이오주 콜럼
버스에서 뚜껑이 없는 트롤리버스의 기관사로 근무했다. 휘티어
의 엄격한 퀘이커Quaker 신자*들이 사는 마을에서, 그는 과수원 집
안의 딸인 해나 밀하우스Hannah Milhous를 만났다. 이들은 4개월
간의 교제 후 1908년 결혼했다. 그러나 밀하우스의 집안은 닉슨
이 딸을 가난하게 만들었다고 생각했다. 곧 이 젊은 부부는 요바
린다시Yorba Linda 근처의 레몬과수원으로 이사한 후 작은 판잣집
을 짓고 살았다. 이곳에서 열심히 일하고 교회도 충실히 다닌 부
부는 훗날 리처드 닉슨이 '말없이 일하는 다수'라고 호명한 유권
자의 전형이었다. 그들 부부의 다섯 자녀 중 둘째인 리처드 닉슨
은 1913년 1월 9일에 태어났고, 부부는 차남에게 사자 왕의 심장
을 가진Lionhearted 리처드라는 이름을 지어주었다.**

   프랜시스는 아내의 종교인 퀘이커를 받아들였다. 그러나 그는
아주 투쟁적이고 불경스럽기 짝이 없었으며 극도로 규율이 엄한

---

* '퀘이커'는 17세기에 조지 폭스라는 인물이 창시한 개신교 교파로 대한민국에서는
'종교친우회'라고도 부른다.
** 12세기 잉글랜드의 국왕이었던 리처드 1세의 별칭은 '사자심왕(the Lionheart)'이
었다.

사람이었다. 그런 아버지가 몹시 무서웠던 리처드는 자신의 내성적인 성격 덕에 매사 자중하여 형제들과는 달리 체벌을 피하였다. 어머니 해나는 아버지와 정반대였다. 부드러운 목소리에 절제력이 탁월했던 그녀는 결코 자기감정에 따라 화를 내지 않는 사람이었다. 리처드는 어머니를 '성자'라고 불렀다. 그는 "어머니는 세계평화에 열렬한 관심을 가지고 있었다."라고 자주 말했다. 1916년 그녀는 공화당을 향한 그간의 견고한 신념을 버리고 민주당의 우드로 윌슨에게 투표했다. 왜냐하면 윌슨은 그동안 "미국이 전쟁에 개입하지 않도록" 해주었기 때문이었다. 훗날 닉슨은 어머니가 자신을 더욱 친근하게 대해주기를 원했으나 아들의 희망은 이루어지지 않았다. 그녀는 아들을 별명이 아닌 본명으로 불렀다. 그리고 리처드가 학교에 들어가기 전에 글을 읽을 수 있도록 교육했다. 또한 리처드가 매일 기도를 하도록 했으며 주일마다 퀘이커 교도들의 모임에 네 번씩 참가하도록 권고했다. 리처드가 퀘이커 선교사가 되기를 원했기 때문이다.

닉슨에 관한 많은 글을 남긴 톰 위커Tom Wicker는, 닉슨이 '세계적인 평화구조'를 구축하려 했던 이유는 어머니에게 일종의 보상을 드리려고 했기 때문이라고 설명했다. 닉슨은 모친의 소망과 달리 음모와 기만으로 가득한 정치가의 길을 선택했다. 적나라하게 권력을 추구해 어머니의 이상과 소망을 무산시켰으니, 이에 대한 일종의 보상 차원으로 세계평화에 신경을 썼다는 설명이다.

닉슨의 가장 큰 원동력은 어머니 해나를 배려하고자 했던 희망이었다.

사실 닉슨의 일상 생활은 그의 정치 생활과 마찬가지로 근엄함이라곤 찾아볼 수 없었다. 맞잡고, 싸움질하고, 배반을 일삼았다. 그야말로 퀘이커 교도의 삶과는 달랐다. 그래서 닉슨은 "어머니! 저는 평화를 이룩했습니다. 이제야 어머니를 부끄럼 없이 뵐 수 있을 것 같습니다."라고 말했다.[10]

닉슨 가족이 운영한 레몬과수원은 성공하지 못했다. 그들은 리처드 닉슨이 9세 때 휘티어로 이사했다. 휘티어에서 아버지 프랜시스는 가스 주유소를 매입했고, 그 옆에 잡화점을 열었다. 이곳에서 가족 모두가 일했다. 하루에 16시간씩 일했고, 일주일 내내 쉬는 날이 없었다. 닉슨은 당시를 이렇게 회상했다.

우리는 가난했다. 우리는 돈이 거의 없었다. 우리는 옷을 물려 입어야 했다. 나는 나의 형이 신던 신발을 신고, 내 아래 동생은 다시 내 신발을 신었다. 우리는 돈의 가치를 깨닫지 않을 수 없었다. … (중략) … 그렇지만 당시 우리 가족은 좋은 시간을 함께 보냈다.[11]

어린 시절 리처드는 다소 수줍음을 타기는 했지만 매우 영리한 아이였다. 또한 그는 시 암송에 특별한 재능을 가지고 있었다. 그러나 친구들에게는 별로 인기가 없어 잘 어울리지 못했다. 그의 사촌으로 소설가인 제사민 웨스트Jessamyn West는 "닉슨은 꼭 껴안아 주고 싶은 아이는 아니었다."라고 말했다.[12] 닉슨은 어린 시절의 괴로운 경험으로 인해 생긴 분노와 원한을 평생 품고 살았다.

닉슨은 한 보좌관에게 "사실 나를 이 정계로 들어서게 이끈 것은 어렸을 때 받은 비웃음과 멸시와 푸대접이다."라고 고백했다.[13] 리처드는 아버지의 영향으로 정치에 열렬한 관심을 갖게 되었다. 그 결과 그는 신문에 난 정치뉴스를 읽는 데 열중했다. 티포트 돔 스캔들이 폭로되었을 때 리처드는 아버지가 부정직한 정치가들과 타락한 법률가들을 비난하는 소리를 들었다. 그 상세한 내막을 알기 위해 신문을 꼼꼼히 읽은 리처드는 "언젠가 변호사가 되어 뇌물을 주고받을 수 없도록 만들겠다."라고 어머니에게 말했다.[14]

리처드가 14세가 되었을 때 큰형인 해럴드Harold가 결핵에 걸렸고 어머니 해나는 그를 치료하고자 미친 사람처럼 여기저기를 돌아다녔다. 그러다가 해럴드를 데리고 애리조나주 프레스콧까지 갔으나 치료에는 별 도움이 되지 않았다. 여기에서 어머니 해나는 다른 결핵 환자들을 돌보고 가장 천한 병실 일을 하면서 살림을 꾸려갔다. 해럴드를 포함하여 그녀가 돌보는 환자들이 하나둘씩 죽어 나갔다. 두 번의 여름을 보내면서 리처드는 어머니와 형을 방문했고 그동안 그는 로데오 경기가 열리는 '슬리퍼리 걸치 로데오'에서 손님을 끄는 일을 했다. 이 일에서 리처드는 타고난 자질을 발휘해 다른 사람들보다 많은 돈을 벌었다. 해럴드는 사실상 리처드의 가장 친한 친구이자 그가 믿고 의지할 수 있는 유일한 인물이었다. 이에 대해 닉슨의 전기 작가로 유명한 스티븐 앰브로즈Stephen Ambrose는 어린 리처드에게 해럴드의 죽음은 온정과 상호 신뢰에 기반을 둔 동년배 관계의 종언을 의미한다고 말했다.[15]

닉슨은 고등학교를 졸업하고 하버드대학교에서 장학금을 받았는데 이것으로는 수업료만 충당이 되었다. 당시는 세계를 덮친 대공황으로 인한 극심한 경기침체기였다. 하여 닉슨은 하버드대학교에서 생활할 숙박에 들어갈 돈은 물론 책값이나 용돈 등 다른 곳에 쓸 돈이 한 푼도 없었다. 결국 그는 하버드대학교를 포기하고 퀘이커의 영향이 큰 휘티어대학교에 들어갔다. 닉슨은 훗날 이 선택을 전혀 후회하지 않는다고 말했다. 휘티어의 작은 대학교에서 닉슨은 능력이 돋보이는 학생이었다. 가게에서 과일과 채소를 파고, 가게 일을 하기 위해 매일 새벽 4시에 일어났다. 그는 정치적으로 야심이 있는 학생이었고, 학교생활 전반에서 두각을 보인 인물이었다. 서투르지만 축구를 즐겼고, 피아노를 즐겨 쳤으며, 타의 추종을 불허하는 토론 실력을 자랑했다.

　휘티어를 졸업한 닉슨은 장학금을 받고 듀크대학교Duke University의 로스쿨을 다녔다. 그는 홀로 지독한 가난에 허덕이며 끊임없이 공부했다. 그래서 학교 동료에게 닉슨은 "우울한 친구"로 통했다. 3등으로 학교를 졸업한 닉슨은 동부에 있는 최고의 법률회사나 연방수사국에서 일하고자 했다. 그러나 그는 이 두 곳으로부터 모두 거절당했다. 휘티어로 돌아온 그는 작은 마을의 법률회사에서 일했다. 그러나 그의 강한 의욕에 비해 토지계약이나 도와주는 일은 너무 단순해 지루하다고 느꼈다. 닉슨은 정치판에 뛰어들 적절한 순간을 무작정 기다리고만 있지 않았다.

　어느 날 한 친구가 닉슨에게 얼마 전 휘티어 리틀Whittier Little 극단의 새로운 단원으로 채용된 '빨간 머리의 화려한 여성'을 만나보라고 제안했다. 그 여성이란 바로 세인트 패트릭 데이St. Patrick's

Day[*]인 3월 17일 전날에 태어났기 때문에 팻pat으로 불린 델마 캐서린 라이언Thelma Catherine Ryan이었다. 그녀의 아버지는 아일랜드계 혈통으로, 네바다주 광산업자로 일했고 캘리포니아주로 와서 농부가 되었다. 10대에 고아가 된 그녀는 뉴욕에서 비서 일로 돈을 벌었고, 그 후 캘리포니아로 돌아와 대학을 졸업하고 휘티어 고등학교에서 타자와 속기교사로 일했다. 동시에 할리우드에서 하루 7달러를 받고 엑스트라 연극배우로 일했다. 팻 라이언은 할리우드 최초의 총천연색 영화 〈베키 샤프Becky Sharp〉에서 대사 단 한 줄을 말하는 단역을 맡았는데 정작 실제 상연된 영화에서는 해당 장면이 삭제되었다.

여성과의 교제 경험이 거의 없었던 닉슨은 팻을 본 순간 첫눈에 반했다. 그는 대학생 시절 취미 중 하나였던 연기 재능을 살려 즉시 이 극단의 연극 오디션에 참가했다. 결국 닉슨은 이 예쁘고 젊은 여성의 상대역을 따냈다. 그들이 처음 데이트를 하는 날, 닉슨은 팻에게 청혼했으나 그녀는 한마디로 거절했다. 후에 그녀는 "나는 그가 단순히 열렬한 팬인 줄만 알았다. 아니면 그 다른 무엇이거나……."라고 말했다. 그러나 닉슨은 끈질겼고 2년 이상 팻을 따라다녔다. 심지어 팻이 로스앤젤레스에 가서 다른 남자와 데이트를 하는 중에도 닉슨은 그들 주위에서 서성이다가 데이트를 마친 그녀를 집으로 배웅했다. 이런 끈질긴 구혼 끝에 그들은 1940년 6월에 결혼했다.

---

[*] 아일랜드 가톨릭의 수호성인 '성 패트릭(파트리치오)'을 기념하는 날이다.

그 해에 닉슨은 공화당 대통령 후보였던 웬델 윌키Wendell Willkie를 위해 몇 차례 연설했다. 그러면서 그는 공화당 산하조직인 청년공화당원Young Republicans에서 활동했다. 그러나 제2차 세계대전이 발발하는 바람에 그의 정치적 야심은 향후 5년간 접어 두어야만 했다.

정계로 진출한 반공투사

닉슨은 퀘이커 교육을 받았지만 평화를 중시하는 교리를 파기하고 해군 복무를 원했다. 해군에서 복무할 날을 기다리며 워싱턴 D.C.에 머문 8개월 동안 그는 물가통제국Office of Price Administration의 타이어 배급부에서 사무 변호사로 일했다. 이 기간에 그는 관료정치를 경험했다. 그는 1942년 중반 해군에 대위로 입대했다. 군에 입대한 후 처음으로 제복을 입은 닉슨을 보며, 그의 어머니는 몹시도 울었다. 닉슨은 전쟁기 대부분을 오세아니아의 솔로몬 제도Solomon Islands에서 복무했다. 그곳에서 닉슨은 햄버거 저장소 Nixon's Hamburger Stand로 불리는 병참기지를 포함해 공군 수송단을 관리하는 작전장교로 일했는데, 매우 유능한 장교로 통해 부하 장교와 사병에게 인기가 많았다. 그러나 여기서도 진실한 마음을 나눌 수 있는 친구를 얻지는 못했다.

닉슨은 해군에 있는 동안 포커놀이를 배웠다. 그러나 그는 포커를 단순히 시간 때우기 용이 아니라 일확천금을 버는 도박으로 생각했다. 결코 무모한 노름꾼이 아니었던 그는 포커에서 돈을 걸기 전에 다른 사람의 승리 가능성을 신중하게 분석했다. 만약 자신의 패가 좋지 않으면 그 판은 미련 없이 포기했다. 그가 포커를 쳐서 딴 돈은 7,000달러에 육박했는데, 이는 그의 2년 치 봉급에 해당하는 액수였다.

해군에서 소령이 된 닉슨은 곧바로 제대를 자원했다. 당시 공화당 세력은 자유주의적 성향의 제리 부르히스를 상대할 적수를 물색했는데, 공화당을 지지하던 은행가와 기업인들은 캘리포니아주 제12지구 연방 하원의원 선거에 출마해달라고 닉슨에게 접근했다. 닉슨은 이 기회를 적극적으로 붙잡았다.

1946년 선거에서, 닉슨은 치고 빠지는 스타일과 윤리적인 물의를 빚는 전략을 활용했다. 이러한 방식은 향후 30년간 닉슨이 선거 밑천으로 삼은 상투적 수단이 될 예정이었다. 그는 자신이야말로 중산층의 가치를 확고하게 신봉하는 사람이라고 유권자들에게 소개하면서 진보 성향의 제리 부르히스를 공산주의자로 몰아세웠다. 훗날 닉슨은 "물론 나는 제리 부르히스가 공산주의자가 아니라는 사실을 알고 있었다. 그러나 나는 선거에 이겨야만 했다."라고 너무도 간단히 해명했다. 닉슨에게는 오로지 당선만이 중요했던 것이다.[16] 그는 지역구 유권자 60퍼센트의 지지를 얻어 연방 하원의원에 당선되었다. 이 해의 선거에서 공화당은 20년 만에 다수당을 확보했다. 닉슨은 공화당의 전국적인 승리에 동참한 주역으로 거듭났다.

제80차 의회에서 닉슨은 교육노동위원회the Education and Labor Committee에 배속되었다. 여기서 그는 매사추세츠주 민주당 초선

하원의원인 존 F. 케네디를 만나 친구가 되었다. 이 위원회는 노조원들이 '노예노동법'이라 비난한 태프트-하틀리 법안Taft-Hartley Act*을 제정했다는 성과를 냈다. 대통령직을 놓고 싸우는 경쟁자가 되기 전, 두 사람은 펜실베이니아주의 맥키스포트McKeesport에서 열린 어느 공개토론회에서 태프트-하틀리 법안의 장점에 대해 논쟁을 벌였다. 닉슨은 "나는 이 법안에 찬성했지만 케네디는 반대했다."라고 회상했다. 닉슨은 "당시 고용주 대다수가 내 편이었기 때문에 논쟁에 유리한 입장에 있었다."라고 말했다.

닉슨이 전도유망한 정치가로 부상한 시점은 하원에서 논쟁을 일삼는 반미활동위원회House Un-American Activities Committee를 이끈 이후였다. 당시 제2차 세계대전이 끝나며 미소 동맹도 붕괴한 상황이었다. 해당 위원회는 미국 정부에서, 미국 영화계에서, 다른 여러 미국인의 생활공간에서 공산주의자로 낙인찍힌 사람과 그들의 추종자를 색출하는 '공산주의 사냥'의 최전선에서 활동했다. 학력과 실력이 뛰어난 전직 법무부 공무원 앨저 히스를 끊임없이 추궁한 끝에 그를 공산주의자 스파이라고 확신한 닉슨은, 당시 대통령 트루먼과 동부지역의 언론의 혹독한 비판을 감수하면서까지 이 사건을 대서특필하여 세간의 관심을 끌었다. 심지어 1948년 대선 당시 트루먼이 공화당의 대통령 후보 토머스 듀이Thomas E. Dewey를 압도적으로 누르고 당선되었음에도, 심지어 앨저 히스의 간첩행위에 대한 공소시효가 만료되었음에도, 닉슨은 앨

---

* 노동조합의 활동과 권한을 제한하는 미국 연방법으로, 1947년에 제정되었다.

저 히스를 기어코 위증죄로 기소했다. 그런데도 그는 연방 하원의원 재선에 성공했다. 즉 미국의 역사가 닉슨의 당선을 통해 상대를 굴복시키는 음모론을 활용해도 괜찮다고 비준한 셈과 마찬가지였다. 이 사건은 닉슨의 정치 경력에서 하나의 분수령이 되었다. 이제 갓 35세가 된 닉슨은 앨저 히스 사건으로 전국적인 정치가로 성장하고 말았다.

2년 후 닉슨은 연방 상원의원직에 눈독을 들였는데, 그의 상대는 한때 영화배우였고 자유주의적인 노선을 추구한 여성 하원의원 헬렌 더글러스였다. 헬렌 더글러스는 나름 인기가 있었으나 민주당원 모두가 좋아하는 정치인이 아니었다. 존 F. 케네디는 "당신(닉슨)이 상원의원으로 당선되어 그녀를 할리우드로 돌려보내면 좋겠다."라고 말하며 1,000달러를 닉슨에게 기부했다. 닉슨과 헬렌이 선거에서 경쟁하는 동안 위스콘신주 상원의원 조지프 매카시Joseph R. McCarthy는 공산주의자들을 향한 혹독한 비난과 고발을 주도했다. 그는 공산권 간첩들이 유럽과 아시아에서 공산주의를 퍼트렸다고, 소련 간첩이 원자폭탄의 기밀정보를 빼돌렸다고, 나아가 그 간첩들에게 한국전쟁을 포함한 모든 재난의 책임이 있다고 주장했다.

한편 닉슨은 더글러스를 '말뿐인 진보parlor pink'*라고 조롱하며 그녀를 구석으로 몰아갔다. 그러면서도 더글러스를 공산주의자

---

* 팔러 핑크(parlor pink)는 좌파 또는 사회주의 신념을 표명하지만 적극적으로 지지하지 않는 부유한 사람을 가리키는 용어다.

와 교묘하게 연결하고자 애썼다. 공산주의 노선을 견지한 연방 하원의원 비토 마르칸토니오Vito Marcantonio의 주장에 '핑크 레이디'가 354회나 찬성의 뜻을 보냈다고 선동한 것이다. 닉슨은 이런 내용을 담은 분홍색 종이를 유세장에서 뿌리며 헬렌 더글러스를 공산주의자로 둔갑시켰다. 공화당뿐 아니라 민주당도 닉슨의 주장에 넘어갔다. 좌절한 민주당은 닉슨이 탐욕스러운 야심에 눈이 멀어 진실을 왜곡하고 있으며 통계 자료를 조작해 거짓말을 한다고 고발했다. 그렇지만 닉슨은 그해에 치러진 모든 상원의원 선거를 통틀어 가장 많은 표차를 기록했다. 선동의 귀재는 총 70만 표를 얻어 연방 상원의원에 당선되었다.

닉슨이 상원의원이 되고 2년이 채 되기도 전에 1952년 대선을 앞두고 공화당에서는 드와이트 아이젠하워가 대통령 후보로 선정되었다. 이때 닉슨은 자신의 능란한 반공주의 십자군으로서의 평판과 아이젠하워의 나이를 상쇄시켜 줄 수 있다는 명분을 이용해 공화당 부통령 후보가 되었다. 대선에서 아이젠하워는 큰 문제를 일으키지 않는 평범한 방식을 택했다. 반면에 닉슨은 한국전쟁을 서투르게 대처하고 정부의 부패세력을 상대로 무능하게 대처한 민주당 트루먼 행정부를 격렬하게 비난하는 선봉장을 자처했다. 닉슨은 민주당의 장기집권 체제를 '20년의 반역twenty years of treason'*으로 규정하고 "트루먼 체제는 스캔들로 가득했다고 역사

---

* 민주당의 프랭클린 루스벨트가 1933년부터 1945년까지, 프랭클린의 부통령이었던 해리 트루먼이 1945년부터 1953년까지 대통령으로 집권했다.

에 기록될 것"이라는 공격적인 비난을 퍼부었다.

그런데 닉슨이 스캔들에 휘말렸다. 자유주의 계열 신문인 『뉴욕 포스트New York Post』가 캘리포니아의 백만장자 기업인들이 모금한 비밀기금 1만 8,000달러를 닉슨이 개인적인 뇌물로 받았다는 충격적인 폭로를 기사로 내보냈다. 이에 민주당은 공화당 후보 아이젠하워가 강조하는 도덕성에 비추어 볼 때 닉슨은 부통령 후보직에서 사퇴해야 한다고 주장했다. 심지어 공화당 계열의 신문도 닉슨을 비판하며 사퇴를 요구했다. 사실 이 기금은 애초에 비밀기금조차 아니었다. 오로지 정치자금으로만 쓰이도록 용도가 지정된 합법적인 돈이었다. 그러나 자극적인 보도로 인해 닉슨이 받은 타격은 적지 않았다. 닉슨이 계속 부통령 후보로 남을 것인지 사퇴할 것인지 고민하는 와중에 본인의 러닝메이트가 '충성스러운 사냥개의 이빨만큼 깨끗하기를 원했던' 아이젠하워는 아무런 반응도 하지 않았다.

하지만 닉슨이 누구인가? 그는 이 문제를 정면으로 돌파하고자 했다. 뇌물 스캔들이 온 나라를 들끓게 하고 있던 1952년 9월 23일 저녁, 5,500만 명 이상에 달하는 미국인이 닉슨의 해명을 실시간 생방송으로 시청했다. 그는 오로지 정치적 목적을 위해서만 자금이 쓰였고, 결코 본인을 위한 사적 유용을 한 적이 없음을 시청자들에게 설명했다. 닉슨은 자신이 소유한 자산을 목록으로 정리해 시청자에게 보여주었고, 아내 팻은 밍크코트 한 벌도 제대로 갖고 있지 않다고 강조했다(당시 해리 트루먼 행정부는 밍크코트를 이용한 뇌물 스캔들이 터져서 엄청난 비판을 받았다). 물론 그녀는 공화당원이 주로 입는 양질의 코트를 실제로는 가지고 있었지만 말이다. 그러고 나서 닉슨은 카메라를 진지한 눈빛으로 응시하며 하고픈 말을 이어갔다.

내가 여러분에게 분명히 말할 수 있는 것은 우리는 어떤 선물 하나를 받았다는 것입니다. 그것은 흑백이 섞인 점박이, 작은 개 한 마리입니다. 이제 여섯 살이 된 우리의 작은 딸, 트리샤Tricia는 이 개에게 체커스Chekers라는 이름을 붙여주었습니다. 여러분도 아시다시피 아이들은 개를 무척 사랑하고, 저 역시 지금 이 개를 사랑하고 싶습니다. 이 개에 대해 무슨 말씀을 하시든 우리는 이 개를 지킬 것입니다.

눈물을 그렁그렁 흘린 닉슨은 스튜디오를 떠나며 자신의 계획이 실패했을 거라 느꼈다. 그러나 놀라운 일이 일어났다. 전국에서 시청자의 격려 전화, 전보, 지지 서한 등이 공화당전국위원회에 쇄도했다. 아이젠하워 부부도 닉슨의 방송을 보며 손수건으로 눈물을 훔쳤다고 말했다. 아이젠하워는 다음 날 닉슨을 만나 화색을 밝히며 "당신은 내 사람이오!"라고 말했다. 이리하여 아이젠하워와 닉슨은 1952년 대선에서 압승을 거두었다. 정계에 입문한 지 6년 만에 닉슨은 미합중국 부통령이 되었다. 이제 그의 목표는 그 윗자리였다.

대통령 당선으로의 여정

닉슨은 한때 부통령직을 '속이 텅 빈 껍데기'로 평가했다. 미국 정치제도에서 가장 형편없이 규정된 자리라고 생각했다. 그러나 부통령직에 오른 그는 그 직책의 일을 잘 수행했다.[17] 한 팀으로 당선되었음에도 아이젠하워와 닉슨은 텔레비전 해명 이후 결코 가까워지지 않았다. 닉슨에게서 대통령이 될 만한 정체성과 힘을 발견한 아이젠하워는 1956년 선거에서 그를 제거하려 했지만 성공하지 못했다.

닉슨은 이전의 어떤 부통령보다도 자기 역할을 뛰어나게 수행했다. 그는 주로 외국을 돌아다니며 친선 외교를 맡았다. 냉전이 한창일 때, 부통령 닉슨은 소련공산당 서기장 흐루쇼프와 텔레비전에 출연하여 민주주의와 공산주의에 장점에 대해 토론을 벌여 이기기도 했다(부엌 논쟁). 베네수엘라의 수도 카라카스Caracas에서 좌익 시위대의 공격을 받기도 했다. 1954년과 대선이 있던 1956년에 닉슨은 민주당을 향해 맹공을 가해 민주당으로부터 공분을 샀다. 그렇지만 그는 아이젠하워의 잦은 병치레를 교활한 재능으로 잘 수습했다. 드디어 1960년 대선에 출마했을 때 "닉슨 대통령, 새로운 대통령"이라는 이야기가 나돌았다.

많은 미국인에게 1960년 대선은 케네디가 승리하여 권력을 잡은 사건으로 기억한다. 하지만 이 선거는 닉슨이 다 잡아놓은 승리를 얼마나 서투르게 놓쳐버렸는지를 보여주는 사건이기도 했다. 닉슨은 아이젠하워를 향한 국민의 지지와 본인의 상당한 정책적 경험에 힘입어 선거 초반에는 훨씬 유리한 위치를 차지했다. 반면 케네디는 단순한 '플레이보이'로 인식되고 있었다. 그러나 닉슨은 이러한 유리한 자산을 이용하는 데 실패했다.

첫째, 그는 아이젠하워를 선거운동에 내세우는 카드를 절대로 사용하지 않았다. 그는 아이젠하워의 인기를 시기했고, 아이젠하워의 완전한 신임을 누릴 생각도 없었다. 자신의 힘으로 대통령에 당선되기를 원했다. 둘째, 케네디와의 토론을 피하라는 아이젠하워의 충고 역시 귀담아듣지 않았다. 아이젠하워는 닉슨이 케네디를 철저하게 제압하지 않는다면 텔레비전 토론회는 케네디를 유리하게 만들어줄 것이라 충고했으나 닉슨은 이미 토론회 공동 출연에 합의하는 실수를 저지르고 말았다.

와중에 닉슨은 실수를 거듭했다. 이른바 사진발이 별로였던 닉슨은 전국에 자신을 알리는 첫 번째 텔레비전 토론회에서, 화장조차 하지 않았다. 어떤 사람들, 특히 라디오로 토론회를 들은 사람들은 닉슨이 승리했다고 생각했다. 하지만 악의가 감도는 닉슨의 턱뼈를 눈으로 본 수많은 유권자는 닉슨에게서 등을 돌렸다. 닉슨의 어머니는 캘리포니아에서 전화를 걸어 외모에 대해 걱정하면서 "어디가 아프냐?"라고 물어볼 정도였다. 모친의 안부를 받기 전까지 닉슨은 무엇이 잘못됐는지 짐작조차 하지 못했다. 더욱이 대다수 미국인은 케네디의 한결같은 카리스마를 보고는 첫눈에 반해버리고 말았다.

11월에 치러진 대선 투표의 결과, 차이는 근소했다. 일반투표에서 케네디는 3,422만 7,096표(49.9퍼센트), 닉슨은 3,411만 8,546표

(49.6퍼센트)를 얻어 약 11만 표 차이로 케네디가 승리했다. 그런데 일리노이주와 텍사스주에서 부정행위가 진행됐다는 강력한 증거가 발견되었는데도 닉슨은 재개표를 요구하지 않겠다고 발표하며 모두를 놀랍게 했다. 닉슨은 "결정을 질질 끄는 것은 이 나라에 이루 헤아릴 수 없는 손해를 줄 수 있다. 지금까지 미국에서 대통령직을 훔친 사람은 아무도 없다."라고 말하며 결과에 승복했다. 그러나 그는 이 쓰라린 경험으로 인해 바뀌기 시작했다. 그는 이후부터 어떤 일이든 결코 간단하게 처리하지 않았다. 아무리 형편없는 경쟁자라도 가볍게 대응하지 않았다. 그리고 정치는 결단코 정상적으로 작동하지 않는다고 맹신하게 되었다.

닉슨은 케네디에게 축하를 보낸 후 캘리포니아로 돌아왔다. 그곳에서 1962년 자신의 이름을 대중들에게 계속 인식시키기 위해 현직 주지사 에드먼드 브라운Edmund G. Brown을 상대로 캘리포니아 주지사에 도전했지만 압도적인 표차로 낙선했다. 그는 너무나 오랫동안 캘리포니아를 떠나 살았다. 그리고 그간 너무도 많은 적을 만들었다. 자신이 패배한 원인을 편견으로 가득한 언론으로 탓한 닉슨은 기자들에게 화를 냈다. 이른바 '언론과의 마지막 대담'을 마치며 "기자들은 더 이상 닉슨을 함부로 다루지 못할 것이다."라고 말했다. 곧이어 닉슨은 뉴욕으로 이사했고, 그곳에서 변호사 사무실을 개업해 상당한 성공을 거두었다. 당시 『타임』은 기적이 일어나지 않는 한 닉슨의 정치적 경력은 끝났다고 추측했다.

그러나 역사의 강력한 힘이 닉슨을 다시 링 위로 올려놓았다. 1968년의 미국인 대다수에게 세상은 통제 불가능한 지경에 도달한 것처럼 보였다. 공산주의 게릴라가 베트남의 사이공에 있는 미국대사관을 습격했고, 여러 가지 여건상 질질 끌고 있는 베트남전쟁은 더 이상 승리할 가능성이 없어 보였다. 이 전쟁에 미국인이 너무도 크게 분노한 나머지, 케네디를 계승한 린든 존슨은 대선 출마를 포기하였다. 이에 민주당은 존 F. 케네디의 동생 로버트 케네디Robert F. Kennedy를 내세우려 했으나 그조차도 암살당했다. 거기에 민권운동을 이끈 마틴 루터 킹 2세 목사가 암살된 후 수많은 도시에서 폭동이 연이어 발발했다. 인플레이션으로 물가는 폭등했고, 미국이라는 나라는 남북전쟁 이래 최대의 혼란에 빠진 것처럼 보였다. 이에 많은 미국인은 안전과 안정을 약속해 줄 지도자를 갈망했다.

다시 대통령 후보로 나선 닉슨은 이번에는 격론을 피하며 신중하게 선거에 임했다. 선거는 린든 존슨 대통령 집권 당시 부통령이었던 민주당 후보 휴버트 험프리Hubert Humphrey, 인종차별적 성향을 지닌 앨라배마주 전 주지사이자 제3당인 미국독립당American Independent Party의 후보인 조지 월리스George C. Wallace와의 삼파전으로 전개되었다. 닉슨은 전쟁으로 황폐해진 베트남에 '명예로운 평화'를 가져올 계획을 구체적으로 작성했다고 주장했다. 그러나 교착상태에 빠진 파리 평화협정을 위태롭게 할 수 있다는 우려 때문에 계획의 구체적인 내용은 밝히지 않았다. 즉 닉슨은 이번에도 최고의 마케터로서 능력을 발휘한 것이다. 국내문제의 경우, 닉슨은 법과 질서를 준수할 것이라 밝혔다. 그리고 그는 존슨의 '위대한 사회프로그램'과 대법원이 선고한 자유주의적 판결을 비난했다. 한편, 닉슨은 미국 남부를 동서로 뻗은, 이른바 '선벨트 Sun Belt'에서의 백인 반란표를 확보하기 위해 '남부전략'을 신중하게 구상했다. 이에 따라 공화당 부통령 후보로 메릴랜드주 주지사 스피로 애그뉴Spiro T. Agnew를 선택했다. 애그뉴는 이전에 흑인 폭도들을 가차 없이 비난한 인물이었다.

닉슨의 복귀는 미국 정치사에서 가장 큰 정치적 복귀 중 하나로 꼽힌다. 그는 과거의 쓰라린 패배 이후 잿더미에서 자신의 거친 성격과 태도를 고쳤다고, 훨씬 부드러워진 '새로운 닉슨'을 보이겠다며 대중에게 호소했다. 과거의 본인보다 훨씬 불쾌함이 덜하고, 힐난과 고발을 적게 하는 인물이 되었다며 유권자에게 홍보했다. 텔레비전에 출연하면서도 이번에는 특별히 신중하게 화사한 화장을 했고, 출연 장소 역시 밝게 꾸몄다. 이는 청중들 앞에서 최선을 다하는 후보자의 모습을 보여주기에 충분했다. 그는 상대 후보자와의 격론은 될 수 있는 한 피했다.

결국 닉슨은 8년 전 자신이 케네디에게 패배한 표차보다 약간 앞선 표차로 승리했다. 민주당의 험프리는 42.7퍼센트를, 닉슨은 43.4퍼센트를 얻어 0.7퍼센트 앞서 당선됐다. 그러나 대다수 미국인은 여전히 그를 농간을 잘 부리고 교활하며 매력 없는 인물로 인식했다. 그렇지만 정계에 뛰어들어 22년이 지난 56세의 닉슨은 그렇게 기다리고 오랫동안 자신을 애타게 한 미국의 대통령 자리에 올랐다.

일찍이 승리를 공언한 닉슨은 오하이오주에서 지방유세를 하는 동안 10대 소녀가 흔들고 있는 피켓 문구인 "우리 함께 살아갑

시다."를 곱씹었다. 비록 닉슨이 흑인 폭도들과 백인의 반전 시위를 비난했으나 그는 "미국인 모두가 함께 사는 것이야말로 이 정부(닉슨 본인이 대통령이 된 정부)의 가장 중요한 목적이 될 것"이라 선언했다.

그러나 그가 추구한 균질적인 미국이란 더는 존재하지 않았다. 미국은 점차 문화적으로, 세대적으로 구분되고 분화될 예정이었다. 미국인은 각각의 사건에 각자의 방식대로 반응하고 적응했다. 이렇게 되자 닉슨과 그의 지지자들은 미국인에게 분명하지 않은 비전을 제시한 꼴이 되어버리고 말았다. 우려대로 닉슨은 미국인이 평화롭게 공존하는 길로 향하지 못했다.

국민을 기만한 대통령

닉슨은 백악관에 입성한 지 얼마 되지 않았을 때 연설문 작성을 담당하는 윌리엄 새파이어William Safire와 함께 몇몇 전임 대통령에 대해 이야기를 나누고 있었다. 닉슨은 "많은 사람이 트루먼을 투사로 생각할 것이다. 아이젠하워는 훌륭한 사람, 케네디는 카리스마 넘치는 사람, 린든 존슨은 일꾼. 그렇다면 나는 무엇이라 생각하는가?"라고 물었다. 이에 새파이어는 "유능한 사람"이라고 답했다. 그리고 이 대답에 닉슨이 실망하는 기색을 드러내자 새파이어는 재빨리 "제가 잘못 생각하고 있나요? 죄송합니다."라고 답했다. 이에 닉슨은 소리치며 말했다.

제기랄! 우리가 제아무리 능력을 발휘해 국내의 자잘한 문제를 잘 처리한다고 해도, 역사적으로 대업을 이룬 사람으로는 기억되기 어려울 것이다.[18]

닉슨은 필사적으로 국민에게 기억되기를 원했다. 그는 바로 우드로 윌슨의 방식으로 기억되기를 원했다. 그는 미국이 중심이 되는 세계적인 평화 질서를 구축하는 대업을 성취하여 윌슨처럼 되기를 간절히 원했다. 그래서 닉슨은 사실 내치에는 그다지 관심이 없었다. 닉슨은 외치에서의 목표를 달성하기 위해 온 힘을 다했다. 자연스럽게 그의 외교정책은 국가안보보좌관APNSA이자 하버드대학교 국제관계학 교수였던 헨리 키신저의 판단과 결정에 크게 좌우되었다. 반면 행정부 국무장관 윌리엄 로저스William Rogers와 국방장관 멜빈 레어드Melvin Laird의 의견은 거의 무시되었다.

닉슨은 국내문제를 처리할 때 출중한 구석이라곤 거의 없었던 내각 구성원보다는 대체로 젊은 나이의 충성스러운 보좌관들을 신임했다. 특히 대통령의 최측근으로, 과거 캘리포니아 남부의 광고업자였던 해리 로빈스 홀더먼H. R. Haldeman은 참모 중의 참모였다. 홀더먼이 스스로 밝혔듯이 그는 이른바 리처드 닉슨만의 '개새끼son of a bitch'로 불리는 것을 자랑스럽게 여기는 사람이었다. 시애틀에서 변호사로 활동하다가 닉슨의 대선에서 공을 세운 존 에를리히먼John Ehrlichman도 대통령의 고위보좌관으로 임명되었다. 홀더먼과 에를리히먼 두 사람 모두 거만하고 무뚝뚝한 성격의 소유자였다. 독일어로 발음되는 이름 덕분에, 그리고 그들이 대통령으로의 접근을 엄격히 통제한 탓에 '베를린 장벽'이라는 별명으로 불렸다. 뉴욕에서 닉슨과 밀접하게 지냈던 파트너 변호사였던 법무장관 존 미첼John Mitchell만이 그들을 상대로 자유롭게 이야기했으며 닉슨을 자주 만나볼 수 있었다. 불행하게도 닉슨 행정부의 이러한 핵심 측근들은 민주적인 절차를 깔보았을 뿐만 아니라 복잡하게 전개되고 그래야 하는 정책의 입안 과정을 무시했다.

닉슨은 열심히 일했다. 매일 12시간 이상 일했다. 그것도 거의 혼자서, 그가 스스로 많은 문제를 생각하고 해결했다. 근처에 내각의 장관과 참모가 있었으나 닉슨은 백악관에서 혼자 일하기를 선호했다. 정말로 외로운 사나이가 되었다. 그는 정부의 세세한 사항에 관해서는 귀담아들으려 않았고, 신문이나 잡지를 읽기보다는 참모들이 가져다주는 요약문을 참고했다. 백악관의 대통령 집무실이나 은밀한 공간에 텔레비전을 가져다 두지도 않았다. 음산한 하숙집 같은 분위기가 흐르던 닉슨의 백악관에서, 은밀한 공간은 닉슨과 그의 절친한 친구들이 밀담을 나누는 장소로 활용됐다. 닉슨은 대다수 업무를 수없이 많은 메모 기록으로 집행했다. 그는 음모에 탁월한 기질과 마음 때문에 오히려 '자유재량'이라는 것을 결단코 허용할 수 없었다.

그는 극히 사소한 문제도 강박적인 태도로 접근했다. 적포도주를 공식 만찬장에서만 제공하도록 조치했다. 자신이 사용하는 전화기의 디자인도 직접 결정했다. 그의 생각에 의문을 제기하는 사람은 물론이고 그에게 농담을 던져 그를 기쁘게 해주는 사람도 없었다. 모든 비판으로부터 차단되고 아첨꾼들에게만 둘러싸인 닉슨은 점차 의회를 얕잡아 보고 경멸하였다. 이렇게 되자 그는 더욱 관료주의적인 고집에 빠져들었고, 자신의 생각과 행보에 방해가 되는 장애물을 조금도 봐주지 못하는 성질 급한 악당이 되어갔다.

닉슨은 린든 존슨과는 달리 베트남 전쟁 때문에 대통령직에서 물러나는 일이 없도록 신중하게 처신했다. 그래서 닉슨이 최우선으로 채택한 정책은 1972년 대선을 치르기 전까지 미국의 동맹국인 남베트남을 포기하지 않은 채 베트남이라는 수렁에서 미국을 건져내는 것이었다. 그는 이 목표를 달성하기 위해 수도 정가에서조차 솔직하지 못하게 많은 사람을 속였다. 당시 닉슨은 주로 헨리 키신저의 도움을 받았다. 헨리 키신저는 무모한 임무가 하달되었을 때도 매력을 잃지 않을 만큼 누구보다 영리하고 예리한 사람이었다. 그는 마치 브롱크스의 도살자Bronx butcher처럼 보였지만, 때로는 르네상스 시대를 살아가던 어느 추기경의 냉소주의에 사로잡힌 채 목적을 수행했다. 그는 닉슨처럼 음모 꾸미기를 좋아하는, 타고난 음모꾼이었다.

닉슨은 어떠한 형태의 항복이든 용납하지 않을 것이라 주장했다. 그러면서도 베트남의 수렁에서 미국을 건져낼 만반의 준비를 할 때까지는 전쟁을 종결시키지 않기 위해 국내 반전운동을 제한할 정책을 도입했다. 이른바 '베트남화Vietnamization 정책'이라고 불리는 이 정책은 미국의 지상군이 베트남에서 점진적으로 철수하는 것이 골자였다. 이렇게 하면 징병이 줄어들 것이고, 자연스럽게 젊은 유권자들의 항의도 줄어들 것이라 계산했다. 그런데 닉슨은 평화협정을 체결하기 전에 남베트남에 있는 모든 공산주의자가 철수할 것을 고집했고, 반대로 북베트남과 공산주의 게릴라 '베트콩Viet Cong'은 그들 방식의 통일을 결코 포기하지 않았다. 결국 전쟁은 이어졌고, 수많은 군인은 계속 죽어야 했다.

1970년 4월이 되자 닉슨은 파리에서 열린 북베트남과의 협정을 진전시키기 위해 베트남의 이웃인 캄보디아를 향해 공습 타격할 것을 명령했다. 그곳에 있는 공산주의자 공급기지와 은신처를 파괴하기 위함이었다. 의회와 국민에게 비밀로 진행된 이 공습은 군의 활기를 되살림과 동시에 미국 내 반전운동의 불씨를 다시 지피고 말았다. 전국의 대학가는 떠들썩한 반전운동으로 달궈졌고, 전국적인 시위가 여러 날 이어지며 여러 명이 죽고 다쳤다. 국가전역에 걸친 강력한 시위에 깜짝 놀란 닉슨과 키신저는 이 악명 높은 군사작전을 평화를 위한 십자군 운동이라고 속였다. 3년이 지난 후 미국인들은 닉슨이 캄보디아를 중립국으로 인정하면서도 1969년 이래 캄보디아를 비밀리에 꾸준히 포격했다는 사실을 알게 되었다. 그리고 닉슨의 캄보디아 포격 명령은 캄보디아의 '킬링 필드Killing Field' 대참사의 직간접적인 원인 중 하나가 되었다는 사실이 밝혀졌다.

닉슨은 자신의 지지자들을 불러놓고, 자신의 정책에 반기를 드는 사람을 암살자와 반동분자로 비난하며, 전쟁이 연장된 것에 비난한 의회와 언론의 반응이 대단히 불쾌하다고 표했다. '닉슨의 닉슨Nixon's Nixon'으로 불릴 정도로 닉슨에게 절대적으로 충성한 부통령 애그뉴는 보수주의자들의 영웅으로 불릴 만큼 신랄한 비난을 일삼았다. 그는 닉슨 행정부에 반대하는 사람을 "까다롭게 투덜거리기나 할 줄 아는 한심한 사람들"이자 "건방지고 맥 빠지는 속물근성의 소유자들"이라고 비난했다.

정부를 향한 반대운동과 의심이 이어지는 동안 닉슨은 반전운동을 하는 사람들과 행정부의 적들에 대해 감시를 강화하도록 명령했다. 정부 반대자들을 포위 공격하려는 낌새가 백악관에서 흘러나왔다. 언론과 반전운동가들을 감시하는 일은 끊임이 없었다. 그들은 회계감사를 받아야 했고, 그들의 전화는 도청되었다. 닉슨은 자신의 최측근 보좌관도 믿지 못해서 백악관 집무실에 도청 장치를 설치했다. 보좌관 중 몇몇은 닉슨의 결정에 동의하지 않을 수가 없었다고 변명했다.

첫 번째 임기의 마지막에 다다른 시기였다. 닉슨은 여러 참모와 함께 베트남 전쟁을 반대하는 다수의 민주당 상원의원에 관해 이야기했다. 이야기 도중 닉슨은 격렬하게 화를 냈다.

우리는 그들을 언젠가 처단할 수 있을 것이다. 우리는 그들을 원하는 바로 그 시점에 처단할 수 있을 것이다. 그들을 윽박질러 비틀어버릴 수 있을 것이다. 맞아, 처단해 버려야 한다. 내 맞이 맞지 않는가?

닉슨이 이렇게 말하자 보좌관 중 한 사람인 찰스 콜슨Charles E. Colson이 맞장구를 쳤다. 닉슨은 "헨리는 내가 무슨 소리를 하는지 알고 있을 거다. 그들을 데리고 와서 똑바로 세워두고, 추호의 자비도 보이지 말고 완전히 뭉개 버려!"라고 덧붙였다. 키신저는 생

각에 잠긴 듯 웃으면서 고개를 끄덕였다.[19]

1972년 대통령 선거일이 다가왔다. 닉슨은 몇 년 동안 이어진 미군의 좌절과 계속 들끓고 있는 미국인의 반전운동이 대선을 패배로 이끌 수 있겠다고 생각했다. 이러한 정황상 닉슨과 키신저는 미군의 완전 철수를 조건으로 남베트남에서 북베트남군을 철수하라고 요구했던 고집을 포기할 수밖에 없었다. 대선 투표로부터 하루 전인 10월 26일, 키신저는 "평화가 눈앞에 다가오고 있다." 라는 말과 함께 중차대한 발표를 했다. 물론 베트남과의 협정은 계속해서 난항을 겪고 있었다. 하지만 닉슨이 그간의 전통과 관례를 깨면서까지 중국과 소련을 방문한 덕분에 키신저의 발표에 힘이 실렸고, 결국 민주당의 불운한 대통령 후보 조지 맥거번George McGovern은 낙선하고 말았다. 닉슨은 무려 60.7퍼센트의 지지율로 재선에 성공했다. 1972년 대선은 역사상 가장 큰 표차를 기록한 대선 중 하나였다.

안전하게 재선에 성공한 닉슨은 12월 중순에 북베트남을 상대로 이른바 '크리스마스 공습Christmas blitz'으로 알려진 12일 맹폭격을 감행했다. 닉슨은 미국인에게 이 공습은 북베트남을 압박해 전쟁을 종결하기 위함이라고 설명했다. 그리고 곧 목적을 달성할 것이라 주장했다. 그러나 그의 해명은 교활한 마케터의 감언이설에 불과했다. 평화협정을 실시간으로 방해한 주체는 다름 아닌 남베트남의 사이공 체제였다. 그들은 미국이 철수한 후에도 남베트남 정권을 유지할 것을 계속 요구했다. 따라서 북베트남 폭격은 미국이 어떤 대가를 치르더라도 남베트남을 보호하고 있다는 사실을 남베트남인에게 확신시키기 위해 저지른 일이었다.

파리협정은 닉슨과 키신저가 4년 전에 출석했을 때와 별반 다를 게 없었다. 그동안 또 다른 미군 2만 553명이 전장에서 죽었고, 이는 베트남 전쟁에서 죽은 미군 전사자 5만 8,000여 명의 3분의 1 이상을 차지하는 비중이다. 그리고 그사이 미국의 사회는 갈가리 분열되었다. 그런데도 평화협정 덕분에 키신저는 북베트남의 평화협정 책임자와 공동으로 노벨평화상을 수상했다. 이 협정에서 체결된 두 가지 사항은 즉각적인 휴전, 수백 명에 달하는 미군 전쟁포로 석방이었다. 두 가지 사항을 제외한 모든 것이 분명치 못했다. 말할 수 없는 비밀로 가득한 것으로 보였다. 남베트남에서 북베트남군이 철수한다는 내용도 없었고, 베트남을 재통일하고자 하는 공산주의자의 의지를 단념시킨다는 조항도 없었다. 닉슨과 키신저는 '명예로운 평화'를 떠들며 선전했으나 실상은 다르다. 미국이 전쟁에서 빠져나오되 남베트남 사이공 체제의 전복 시점을 상당 기간 유예해 준 것에 불과하였다.

닉슨은 두 번째 임기가 시작되었을 때 기쁨을 만끽해야 했다. 미군은 베트남으로부터 전면 철수했고, 미국의 여러 도시는 십여 년에 걸친 소란과 혼란이 잦아들며 안정을 되찾고 있었다. 거의 모든 부문에서 희망이 넘실거리고, 전 세계에 실질적인 평화가 도래하고 있다는 전망이 부풀어 있었다. 중국과 소련에 대한 주도권을 쥐고서 핵무기 경쟁을 종결시키고자 했던 닉슨의 노력은 전 세계적으로 인정받고 있었다. 닉슨은 분명히 위대한 업적을 달성한 주인공이었다. 또한 중동에서 펼친 키신저의 등거리 외교는 이스라엘과 이집트 사이의 평화를 중재했다. 이토록 환호할 만큼 대단한 승리에 가혹하고 긴 어두운 그림자가 서서히 드리워지기 시작했다. 워터게이트 사건의 서막이었다.

1972년 6월 17일 밤이었다. 5명의 남자가 고무장갑을 낀 채 도청 장치를 들고 워터게이트 빌딩에 있는 민주당전국위원회 본부에서 체포되는 사건이 발생했다. 그들이 이곳에서 무엇을 했는지 아는 사람은 아무도 없었다. 이때 닉슨은 플로리다의 키 비스케인 key Biscayne을 방문하던 중이었다. 닉슨은 사건 다음 날에 체포 소식을 들었다. 그는 "참 비상식적이고 터무니없는 소리로 들리는구먼!"이라고 말했다. 닉슨은 이 일을 '어떤 짓궂은 장난' 정도로 간단히 처리했다. 홀드먼은 닉슨으로부터 "가능한 일을 혼란스럽게 만들어라."라는 지시를 받았다.[20] 그렇게 은폐 작업이 시작됐다.

워터게이트 사건

지금도 워터게이트에 관한 여러 가지 의문점은 풀리지 않은 채 그대로 남아 있다. 왜 그들은 민주당전국위원회 사무실을 불법으로 침입했는가? 누가 실제로 이 일을 명령했는가? 왜 닉슨은 자신의 부하 중 몇몇이 지나친 충성심으로 민주당전국위원회 사무실을 도청했다는 사실을 인정하지 않았는가? 그렇게 당당하다던 닉슨은 왜 다음 대선에 나서지 않았는가? 왜 닉슨은 본인을 몰락시킨 백악관에서의 녹음테이프를 철저히 인멸하지 않았는가?

이런 모든 의문을 이해하기 위해서는 1971년 『뉴욕타임스』와

『워싱턴 포스트』가 폭로한 국방부 문서, 이른바 '펜타곤 페이퍼 Pentagon Papers'의 내용을 알아야 한다. 해당 문서는 미국이 베트남에 어떻게 개입했는지가 담겨 있다. 닉슨과 키신저는 자신들이 언론을 장악했다고 생각한 상황에서 정보가 새어나갔다는 사실을 확인했다. 당연히 견디기 힘들 정도로 분노할 수밖에 없었다. 그래서 백악관의 보좌관들과 백악관 출입기자들의 전화를 도청하기 위해 도청 장치를 설치했다. 그리고 존 에를리히먼은 특별조사단을 조직해서 운영했다. 이 특별조사단은 '기밀 누설을 방지하는 사람들the plumbers'이었다. 이 일을 위해 과거에 고약한 수사를 일삼던 수사관 출신 고든 리디Gordon Liddy와 하워드 헌트Howard Hunt를 고용했다.

아마 오늘날에 컴퓨터를 이용해 이 일의 적임자를 검색한다 하더라도 역시 고든 리디와 하워드 헌트를 찾아냈을 것이다. 두 사람 모두 현란한 과거와 여러 가지 말썽을 일으킨 경력을 가지고 있었다. 한때 CIA 간부였으며 염가의 괴기소설 작가였던 하워드 헌트는 엉뚱한 카우보이 익살꾼이라는 평가를 받았다. 그리고 연방 마약관리국Bureau of Narcotics(마약단속국의 전신)의 간부라는 경력을 가지고 있던 고든 리디는 멕시코로부터 유입되는 마약을 저지하려는 계획을 고안한 적이 있었다. 그의 계획 때문에 미국과 멕시코 사이의 국경에서 여행객들은 수 마일씩 늘어선 긴 교통체증을 감당해야만 했다.

리디와 헌트는 전 CIA 수사관인 제임스 매코드James W. McCord와 미국으로 망명한 4명의 쿠바인을 고용했다. 그들의 첫 번째 목표물은 국방부 문서를 누설한 주범으로 의심받는 국가안보위원회 직원인 대니얼 엘즈버그Daniel Ellsberg였다. 그들은 대니얼 엘즈버그를 치료하는 로스앤젤레스의 정신과 의사의 사무실에 침입해 대니얼 엘즈버그와 관련된 자료를 입수하고자 했다. 엘즈버그가 기밀을 유출했을 것이라는 의심을 증명할 자료를 얻기 위함이었다. CIA는 '기밀 누설을 방지하는 사람들'에게 침입을 위한 스파이 장비를 지원했다.

1972년 초 고든 리디와 하워드 헌트는 대통령재선위원회CREEP 위원들에게 그들이 입수한 정보를 제공했다. 정적을 탐지하고 분쇄할 신중한 계획, 이른바 이른바 '준準보석Gemstone'으로 알려진 계획도 제출했다. 기업들이 조성한 불법기금 중 8만 9,000달러에 달하는 수표가 멕시코 은행을 경유하여 돈세탁을 한 후 닉슨의 선거운동 본부에 제공되었다. 그리고 그 돈은 이러한 공작에 쓰이도록 지정되었다. 또한 이 일을 하는 동안 대통령재선위원회 자금 중 2만 5,000달러의 수표가 추가로 제공되었다.*

민주당의 대통령 후보 조지 맥거번이 다음 목표였다. 그러나 그의 사무실을 도청하려 했던 시도는 실패했다. 그래서 이 팀은 목표 대상물을 워터게이트 건물에 있는 민주당전국위원회 의장 로런스 오브라이언Lawrence F. O'Brien의 사무실로 변경했다. 닉슨은

---

* 대통령재선위원회는 리디와 헌트의 준보석 계획을 처음 보고받았을 때에는 이를 허락하지 않았다. 하지만 계획수행에 들어갈 돈을 몇 번 줄이자 계획은 허용되었다. 로버트 차알디니의 저서 『설득의 심리학』에서 리디와 헌트의 계획을 승인한 대통령재선위원회의 결정을 '일보후퇴 이보전진'이라는 '보상의 심리'로 설명하고 있다.

이 침입 작전 자체를 몰랐다고 주장했다. 또 닉슨과 그의 지지자 대다수는 '기밀 누설을 방지하는 사람들'과 대통령재선위원회는 CIA나 합동참모본부의 통상적인 업무를 수행했을 뿐이라고 주장했다. 또한 그들은 공산권과의 긴장을 완화한 닉슨의 업적을 더욱 강조하려고 애쓴 사람들이라고 옹호했다.

하지만 닉슨은 오브라이언을 향해 확실하게 강박관념을 가지고 있었다. 닉슨은 1960년 대선에서 자신을 낙선시킨 핵심 인물이 오브라이언이라고 간주했다. 또한 닉슨은 자신의 선거운동 본부의 불법 자금에 관한 증거를 오브라이언이 갖고 있지 않을까 늘 염려했다. 당시 이 자금의 출처에 관해서, 은둔생활을 하는 억만장자 하워드 휴스Howard Hughesr가 조성했다는 말이 나오고 있었기 때문이다.

워터게이트 빌딩 침입을 실질적으로 명령한 사람이 누구인지, 궁극적으로 책임을 져야 할 사람이 누구인지는 아무것도 규명되지 않았다. 그러나 여러 가지 증거를 고려할 때, 이 명령은 오브라이언이 무엇을 알고 있는지를 간절하게 알고 싶어 했던 대통령의 압력에서 비롯되었다. 즉 대통령재선위원회를 이끌고자 법무장관직에서 사임한 존 미첼이 명령을 내린 것으로 드러났다.

두 번에 걸친 서툰 시도 끝에 강도들은 1972년 5월 27일 민주당전국위원회 사무실을 침입했다. 그리고 그들은 오브라이언과 그의 보좌관이 쓰는 전화기에 도청 장치를 설치했다. 그런데 오브라이언의 전화에 설치한 도청 장치가 작동이 되지 않았다. 이에 제임스 매코드와 4명의 쿠바인은 도청 장치를 고치기 위해 워터게이트 빌딩을 다시 침입했다. 이때 경비 한 명이 차고 문이 열려 있는 광경을 발견하고 경찰을 불렀다. 강도들은 권총의 위협을 받고 그 자리에서 체포되었다. 당시 그들은 도청에 쓰이는 장치와 일련번호가 찍혀 있는 100달러 지폐 총 3,200달러를 소유하고 있었다. 근처 모텔에서 워터게이트 침입을 사주한 헌트와 리디는 근처 호텔에서 이 광경을 보다가 당황한 채 허겁지겁 현장을 벗어났다.

사건이 폭로되기 시작하면서 추악한 거짓과 기만들이 드러났다. 사건 심리가 '기밀 누설을 방지하는 사람들'을 조직한 존 미첼과 다른 백악관의 참모들에게까지 확대될 것을 걱정한 대통령 닉슨은 일찌감치 이 일을 은폐하는 일에 가담했다. 닉슨은 강도에게 입막음용으로 돈을 주었다. 그리고 그들의 입을 틀어막았고, 워터게이트 침입 사건을 조사하는 FBI의 수사를 방해했다. 닉슨은 멕시코에서 돈세탁을 거친 비밀자금, 그 비밀자금을 대통령재선위원회를 경유해 강도들에게 흘러 들어간 사건을 심리하는 것만으로도 FBI가 시간을 허비하도록 애를 썼다. 1972년 6월 23일, 홀더먼과 에를리히먼을 만나는 자리에서 닉슨은 CIA를 이용해 FBI가 멕시코 관련 조사를 멈추도록 합의하였다. 즉 국가안보 문제가 연루되었다는 변명으로 조사를 끝내라고, FBI를 설득하려 했던 것이다. 그러나 CIA는 닉슨의 제의를 거절했다. 워터게이트 빌딩에 침입한 강도들에 대한 보석금, 재판에 들어갈 비용 등을 책임지겠다는 백악관의 여러 제안을 거절했다.

이제 대통령은 이 침입 사건에서 자신만 완전히 깨끗한 채로 빠져나올 수 없게 되었다. 대통령 본인도 이 사실을 분명하게 깨달았다. 나아가 전직 법무장관 존 미첼이 '백악관의 혐오스러운 일'을 처리하기 위해 워터게이트 사건을 저질렀기 때문에, 닉슨 본인은 사과하고 싶어도 '기밀 누설을 방지하는 사람들'과 대통령재선위원회가 저지른 다른 부정공작에 대해서는 사과할 수 없다는 사실을 알고 있었다. 그래서 닉슨은 국민의 항의를 처리하는 과정에서 백악관의 대통령 고문 존 딘을 시켜 해당 사건의 심리를 담당하도록 했다. 존 딘의 실질적인 임무는 11월 대선까지 이 사건의 전면적인 수사를 막고 시간을 끄는 것이었다.

그러는 사이 사건과 관련한 여러 가지가 누설되었다. 『워싱턴 포스트』의 두 젊은 기자인 칼 번스틴Carl Bernstein과 밥 우드워드 Bob Woodward는 신문 헤드라인을 장식할 수 있는 충분한 증거를 찾아냈다. 11월 대통령 선거 직전에 진행된 갤럽의 여론조사에서, 미국인 48퍼센트가 워터게이트 사건에 대해 아는 바가 없다는 결과가 나왔다. 그래서 워터게이트 사건은 닉슨의 대선 승리에 아무런 영향도 주지 않았다. 그러나 선거 이후 몇 달이 지나자 은폐되었던 사건의 전말이 드러나기 시작했다. 워터게이트에 침입한 강도들에 대한 재판을 이끈 핵심 인물은 연방판사 존 시리카John J. Sirica였다. 존 시리카는 워터게이트 사건의 핵심 관계자들의 태도에 극도로 분노했다. 고든 리디는 윗선을 보호하기 위해 시종일관 고압적인 자세를 보였다. 하워드 헌터, 제임스 매코드, 4명의 쿠바인은 의사방해를 일삼았다. 그들이 항변하자 시리카는 진실을 파악하기 위해 그들에게 가혹한 형벌을 선고할 것이라 엄포했다.

결국 제임스 매코드는 시리카의 끈질긴 추궁과 사법 공갈에 굴복했다. 그는 시리카에게 편지를 보내 유죄를 부인하도록 '정치적 압력'을 받았고, 위증을 교사받았으며, 고든 리디보다 높으신 분이 사건 뒤에 숨어 있다고 증언했다. 연방 상원에서는 노스캐롤라이나주 출신이자 한때 판사였던 까다로운 성격의 소유자, 샘 어빈 Sam Ervin을 워터게이트 사건 특별조사위원회의 위원장으로 임명했다. 제임스 매코드는 상원의 조사위원회에서 증언으로 대통령 고문 존 딘을 끌어들이고, 대통령재선위원회의 부위원장 젭 매그루더Jeb Magruder도 끌어들였다.

이제 백악관도 두려워지기 시작했다. 사건에 연루된 모든 이가 엄청난 공포에 시달렸다. 닉슨의 보좌관들은 변호사를 선임해 자신을 기소한 검사에게 달려갔고, 배심원 앞에서 증언했다. 그들은 상원조사위원회에서도 증언했고, 그들의 증언은 언론을 통해 전 세계로 퍼져나갔다. 워터게이트 사건의 은폐된 진실이 하나둘씩 세상에 공개되자 닉슨은 자신을 구원하고자 그렇게도 애쓰던 보좌관들을 저버리기 시작했다. 닉슨은 홀더먼, 에를리히먼, 존 딘을 해고했다. 존 미첼의 뒤를 이어 법무장관이 된 리처드 클라인딘스트Richard G. Kleindienst, FBI 차장 패트릭 그레이Patrick L. Gray는 사임했다. 그러나 스캔들의 규모는 갈수록 눈덩이처럼 불어났다. 6명이 따로 분리된 상태에서 심문이 시작되었다. 보스턴 출신의 하버드대학교 법대 교수인 아치볼드 콕스Archibald Cox가 워터게이트 사건을 담당하는 특별검사로 임명되었다. 1973년 5월 17일, 상원에서 워터게이트 조사위원회가 청문회를 시작했다.

청문회 시작 후 37일 동안 멋들어지게 꾸며진 상원 간부 회의실은 도덕성 문제는 물론이고 미스터리 드라마, 로맨스 드라마, 사이코패스 범죄드라마 같은 내용이 넘실거렸다. 그곳은 과거 하딩 행정부의 티포트 돔 스캔들의 청문회가 열렸던 곳이기도 하였다. 청문회 동안 리처드 닉슨이 보이지 않는 악당이었다면, 위원회를 이끄는 상원의원 어빈은 주인공이자 영웅이었다. 특유의 느린 말투, 하얀 머리칼, 분홍빛을 띤 채로 약간 떨리는 턱, 영원불멸의 마녀와 같은 매력을 지닌 눈썹, 헌법을 수호하려는 의지가 담긴 능란한 언변 등은 어빈 위원장을 일약 스타 정치인으로 부상시켰다.

청문회는 이른바 잔챙이부터 상대하기 시작했다. 대통령재선위원회 하급 구성원들은 대체로 성실하게 청문회에 참석했다. 시간이 흐르자 추궁 대상은 상급자, 간부들로 확대되었다. 청문회의 활기는 지칠 줄을 몰랐다. 존 딘은 6월 25일에서야 청문회에 참석했다. 4일이 지나자 그는 너무나 중차대한 이 사건의 중심에 대통령이 있다고 증언했다. 그는 마이크를 구부려 당긴 후 사건 은폐의 전말을 정말 놀라울 정도로 자세하게 증언했다. 그런데도 워터게이트 사건의 핵심 문제는 여전히 풀리지 않았다. 대통령은 무엇을 어느 정도 알고 있었는가? 대통령은 언제 그것을 알게 되었는가? 이 의문이 풀리지 않는다면 존 딘은 닉슨에게 죄를 뒤집어씌운 사람이 되고 만다. 그러나 그의 증언을 증명해줄 사람은 아무도 없었다.

다시 시간이 흘러 7월 16일, 백악관 안보담당 보좌관 중 한 사람인 알렉산더 버터필드Alexander Butterfield가 닉슨 대통령은 백악관의 집무실에 녹음 장치를 갖추고 있다고 폭로했다. 이곳에서 이루어지는 모든 대화가 녹음되는 중이니 만약 그 장치만 발견한다면 존 딘의 증언을 증명할 수 있다고 말했다. 이제 닉슨은 옴짝달싹도 할 수 없는 올가미에 묶였다. 그는 녹음테이프 제출을 요구하는 특별검사 콕스를 해임하는 방식으로 사건에서 빠져나가려 했다. 이에 당시 법무장관 엘리엇 리처드슨Elliot Richardson은 스스로 사퇴하는 쪽을 택해 특별검사 해임 명령을 거부했다. 리처드슨의 보좌관 윌리엄 럭켈스하우스William D. Ruckelshaus 역시 사퇴했다. 결국 법무차관 로버트 보크Robert Bork가 콕스를 해임하는 일을 떠맡았다. 일찍이 닉슨을 의심하고 있던 수많은 사람은 이른바 '토요일 밤의 대학살Saturday Night Massacre'을 지켜보며 닉슨이 무언가 숨기고 있다고 확신하게 되었다. 토요일 밤의 연이은 사퇴를 본 시민들은 거대한 폭풍처럼 항의했다.

그러는 동안 부통령 애그뉴가 볼티모어시 간부로 일하던 시기와 메릴랜드주 주지사로 일하던 시절에 고속도로 건설업자에게서 뇌물과 정치자금을 받았다는 사실이 들통났다. 결국 그도 부통령직을 사임했다. 이 사건으로 인해 가뜩이나 워터게이트 문제로 떨어질 대로 떨어진 백악관의 위신이 더욱 나락으로 추락했다. 부통령 사임 후 이틀이 지났다. 부통령이 궐위일 경우 대통령이 후임을 임명하게 되어 있는 수정헌법 제25조 규정에 따라 닉슨은 퇴역군인이자 공화당 하원 소수파 지도자 제럴드 포드를 부통령으로 임명했다. 닉슨은 자신이 추방될 경우를 고려했고, 그의 조치는 일종의 보험정책이랍시고 조롱을 받았다. 한편 애그뉴의 스캔들과 사임으로 닉슨을 향한 탄핵 요구가 잠시 주춤하는 듯했다. 그렇지만 포드가 닉슨을 사면하겠다는 약조해서 닉슨이 포드를 부통령으로 임명한 것이라는, 두 사람의 부정거래가 있을 것이라는 비난이 쇄도했다. 그런데 백악관의 녹음테이프가 정말로 등장하자 이러한 비난은 단지 추측으로만 머물게 되었다.

애그뉴의 부정부패는 지엽적인 문제에 불과했다. 하원의 민주당 지도부는 대통령 탄핵 가능성을 본격적으로 논의했다. 텍사스 출신 변호사 레온 야브로스키Leon Jaworski가 특별검사로 새로 임명됐다. 야브로스키 역시 녹음테이프 전체 제출을 요구했으나 닉슨은 편집된 일부만 제출하겠다고 고집했다. 홀더먼, 에를리히먼, 존 미첼, 리처드 클라인딘스트 등 닉슨 대통령의 최측근 심복들은 워터게이트 사건에서 각자 맡은 역할에 따라 차례대로 유죄를 선고받고 형을 받았다. 닉슨은 비밀리에 작성된 대배심원 보고서에 '기소되지 않은 공모자unindicted coconspirator'로 기록되었다.

결국 1974년 7월 24일, 대법원은 '국가안보'에 대한 문제와 '행정부의 특권'을 내세워 테이프의 전면 제출을 거부하는 닉슨의 주장을 일축하고 백악관에서 녹음된 모든 테이프를 야브로스키에게 제출할 것을 명령했다. 3일이 지난 후 하원 법사위원회는 다음의 사유를 제시하며 탄핵으로의 길을 열었다.

닉슨은 사법권 행사를 방해했고, 대통령으로서의 신임에 반하는 행동을 일삼았으며, 나아가 조사위원회의 소환장을 무시하는 등 정당한 헌법 정부를 전복시키는 위헌행위를 저질렀다.

의회의 압력을 받은 닉슨은 결국 테이프를 제출했다. 1972년 6월 23일 워터게이트 침입 사건으로부터 6일이 지난 후의 내용이 녹음된 테이프를 8월 5일에 공개했다. 그 테이프에는 닉슨이 홀더먼과 에를리히먼에게 CIA를 이용하여 FBI의 조사를 중지시키라는 명령이 녹음되어 있었다. 닉슨은 이전에 이 내용을 빠뜨리는 '중대한 실수'를 했다고 마지못해 시인했다. 그러나 이것이야말로 모두가 바라고 있었던 '결정적인 증거smoking gun'였다. 이후 닉슨에게 마지막 신뢰를 보내던 최후의 지지마저 완전히 자취를 감추고 말았다.

캘리포니아로 추방되다

닉슨은 훗날 한 텔레비전 인터뷰에서 "난 그 테이프를 파괴했어야 했다."라고 말했다. 키신저는 물론 포드 대통령 밑에서 부통령으로 일한 넬슨 록펠러Nelson A. Rockefeller, 닉슨 행정부의 재무장관이었던 존 코널리John Connally는 닉슨에게 그렇게 하라고 재촉했었다. 그러나 닉슨은 "나는 그런 힘든 결정을 내릴 수 없다."라고 말하며 그렇게 하지 않을 것이라고 말했다. 닉슨의 변호사 역시 증거를 인멸하라고 충고했다. 사실 그 테이프가 역사의 증거로 채택된 까닭 중에는 역사 속에서 어떻게든 자신의 발자취를 남기려 했던 닉슨 본인의 고집도 있다. 증거가 남아 있으면 닉슨의 도덕성에 씻을 수 없는 상처를 남기겠지만 증거를 파괴하는 행위는 닉슨 본인을 완전히 파괴하는 행위와 같았다.

격렬한 비난이 쏟아지는 가운데 닉슨은 1974년 8월 9일에 대통령직을 사임했다. 그러면서도 본인답게도 전형적인 '닉슨식' 작별인사를 남겼다. 다시금 자신의 사임이 탄핵에 대한 두려움 때문이 아니라는 주장을 펼쳤다. 단지 대통령직을 유지할 만큼 '충분히 강력한 정치적 기반'을 의회에서 확보하지 못했기 때문이라서 사임한다고 주장했다. 백악관을 떠난 닉슨은 사실상 캘리포니아로 추방되었다. 그는 자신의 보좌관들에게 짧은 이야기를 전했다.

언제나 최선을 다하세요. 결코 실망하지 마세요. 결코 사소한 일에 마음을 두지 마세요. 다른 사람이 당신을 몹시도 싫어할 수 있다는 사실을 항상 명심하세요. 그러나 당신이 그들을 싫어하지 않는다면, 당신을 싫어하는 사람은 결코 승리하지 못할 것입니다. 만약 당신이 그들을 싫어하면, 당신은 스스로를 파괴하게 됩니다.

너무나 훌륭한 충고가 아닐 수 없다. 하지만 우리가 알다시피 혹은 이 책을 읽으며 알게 되었듯이 너무나 나쁜 리처드 닉슨은 이 내용을 스스로에게 주지시키지 못했다.

Richard Milhous Nixon

에필로그

가장 과대평가된 두 대통령
토머스 제퍼슨과 존 F. 케네디

토머스 제퍼슨과 존 F. 케네디는 미국 대통령 역사에서 특별한 존재들이다. 두 대통령은 재임 중 이룬 업적보다 훨씬 좋은 평가를 받는다. 미국 대통령들에 관한 평가를 할 때마다 제퍼슨은 항상 위대한 대통령으로, 케네디는 어쨌든 대단한 대통령으로 평가받는다. 하지만 그들의 평판은 백악관에서의 기록이나 업적에 기반을 둔 평가가 아니다. 대통령 임기와는 거의 관련이 없는 사건, 감정, 느낌에 의해 영향을 받은 것이다. 따라서 제퍼슨과 케네디는 일반적으로 과대평가를 받았다.

제퍼슨은 '건국의 아버지들' 중 미국인 대다수가 가장 좋아하는 인물이다. 제퍼슨은 대의를 옹호한 혁명가이자 언론(신문)의 자유를 사랑하고 끝없는 지적 호기심을 발휘했기 때문이다. 그렇지만 제퍼슨이 '자유'를 '떠드는' 동안 흑인노예들이 땀과 피로 제퍼슨이 소유한 농장 몬티첼로Monticello를 건설했다는 역사를 알면, 그리고 오늘날 그 사원을 관광객 무리가 숭배하듯 관람하는 모습을 보면 그에 대한 칭찬이 과도하다는 사실을 알 수 있다. 제퍼슨은 평생 수백 명의 노예를 소유했을 뿐만 아니라 노예를 해방한 적이 없었다. 그는 대통령 임기 중에도 최소한 8명 이상의 노예를 추가로 구매했다. 케네디는 1962년 4월 29일, 노벨상 수상자들과의 대화에서 미국의 후손들이 제퍼슨에 매료된 현상과 관련하여 이런 말을 남겼다.

> 지금에 견줄 만큼 백악관에 비범한 재능과 지식이 총집결한 상황은 토머스 제퍼슨이 홀로 식사했을 때다.*

제퍼슨을 평가할 때 가장 큰 난관은 아마도 그 사람의 뛰어난 재능에 맹목적으로 눈이 멀어지는 경향이다. 몬티첼로의 현자는 정치가, 철학자, 외교관, 과학자, 농부, 건축가, 발명가, 합리주의의 사도, 버지니아대학교의 설립자, 「독립 선언서」의 저자, 자유의 선지자였다. 거기다 그는 오늘날 민주당 혹은 공화당의 전신前身이라 할 수 있는 민주공화파 창조자였다. 미국의 역사가 조지프 J. 앨리스Joseph J. Ellis는 수년에 걸쳐 연구한 끝에 제퍼슨에 대해 이런 평가를 내렸다.

> 그는 사람으로 붐비는 축구 경기장 위를 비행하는 비행선처럼 정치 현

---

* 제퍼슨 한 명의 재능과 지식이 미국인 노벨상 수상자 전원의 그것과 맞먹을 만큼 탁월했다는 칭찬이다.

장을 맴돌며 두 팀(민주당과 공화당)에 영감을 주는, 일종의 자유롭게 부유하는 정치적 아이콘이 되었다.[1]

제퍼슨은 의심할 여지 없이 위대한 미국인이다. 하지만 그는 위대한 대통령이란 자격을 갖추기엔 부족하다. 제퍼슨 행정부의 최고 업적인 루이지애나주 구입은 그의 현명하고 뛰어난 외교력 덕분이라기보다는, 오히려 우연의 산물이다. 그리고 이를 승인받기 위해 본인이 오랫동안 견지한 헌법에 대한 견해*마저 바꾸었다. 사실 정치의 실용적 필요성, 특히 외교 문제에 있어서 제퍼슨은 반대 연방파의 지도자인 알렉산더 해밀턴Alexander Hamilton과 제2대 미국 대통령 존 애덤스의 보수주의적 원리에 도전하며 고수한 자신의 모든 정치적 견해와 정책을 거의 포기해야 했다. 그리고 자신의 견해와 정책을 포기한 탓에 여러 재앙을 맞이했고, 결국 그의 가장 열렬한 추종자들조차 그의 두 번째 임기 동안에는 거의 눈을 돌리고 말았다.

한편「독립 선언서」의 경우, 의회가 제퍼슨의 초안을 대대적으로 편집하기 전까지는 너그러운 우아함을 갖추지 못했음을 지적해야 한다. 미국인이 추구하는 신념의 핵심과도 같은 그 장엄한 단어들을 중심으로 살펴보자. 먼저 제퍼슨의 초안은 다음과 같다.

---

* 앞서 말했듯이 '연방파'가 연방정부와 제조업, 도시의 발전을 중시했다면, 제퍼슨의 '민주공화파'는 주 중심의 작은 정치, 농업과 농촌의 발전을 선호했다.

우리는 이러한 진실을 신성하고 부인할 수 없는 것으로 여긴다. 모든 사람은 평등하고 독립적으로 창조되었고, 그 평등한 창조의 원리에서 그들은 고유하고 양도할 수 없는 권리를 얻었으며, 그중에는 생명의 보존, 자유, 행복 추구가 있다.

개정된 버전은 훨씬 더 간결하고 강력하다.

우리는 이러한 진실을 자명한 것으로 여긴다. 모든 사람은 평등하게 창조되었고, 창조주로부터 분명히 양도할 수 없는 권리를 부여받았으며, 그중에는 생명, 자유, 행복 추구가 있다.

케네디의 경우, 그의 비극적인 죽음이 그가 생전에 이룬 어떤 업적보다도 더 큰 영향을 미치고 있다. 수많은 미국인에게 케네디란, 카멜롯의 전설legend of Camelot에서 순교했던 랜슬롯 경Sir Lancelot*과 같은 존재다. 미국인은 그의 삶을 보며 잠시나마 그 전설이 사실이었던 것처럼 믿게 된다. 케네디의 죽음은 그의 빼어난 말솜씨, 재치, 매력, 젊음, 스타적 자질을 더더욱 부각시켰다. 덕분에 케네디가 불필요한 위기에 실수로 빠져 미국을 베트남이라는 늪으로 이끈 냉전의 전사요, 1960년대 민권운동 초창기에 사회개혁의 열망을 냉소적으로 바라본 위정자였다는 역사는 사라졌다.

---

* '카멜롯'은 아서왕과 원탁의 기사가 모이는 전설 속 본거지며, '랜슬롯 경'은 원탁의 기사 중 한 명이다.

심지어 그의 특징이라고 할 수 있는, 여성 편력과 난잡한 사생활 같은 오점마저 지워졌다. 전 세계 수백만 명에게 그는 이상적인 미국 대통령이라는, 거의 신화적인 존재로 각인되었다. 케네디가 미국에 공헌한 가장 큰 업적은 정치에서 이미지가 제일 중요해진 시대를 열었다는 점일 수도 있다. 하지만 그따위 업적은 감사하게 환영받을 성취가 아니다.

케네디와 제퍼슨 사이에는 1세기 반의 차이가 있고, 성격과 전망은 정반대이지만, 그들은 나름 공통점을 공유한다. 18세기 귀족 개혁가들에 대한 여러 글을 쓴 러시아 제국 출신 유대계 정치철학자, 이사야(아이제이아) 벌린Sir Isaiah Berlin은 두 미국 대통령의 공통점을 발견했다.

그들의 정신세계는 넓고, 관대한 지평을 견지하며, 무엇보다도 독특한 지적 쾌활함을 드러내고 있다.

벌린은 또한 어느 영국 철학자의 발언도 인용해.

동시에 그들은 지적으로 새로운 것, 진보적인 것, 반항적인 것, 젊기에 결코 시도되지 않았던 것, 곧 생겨나는 모든 것을 옹호했다.[2]

제퍼슨의 명성이 부풀려진 배경은 두 가지 오해에 기인하고 있다. 첫째, 제퍼슨이 연방파를 권력에서 축출하고 민주공화파의 수장으로서 대통령에 당선됐다는 오해다. 그는 이를 "1800년의 혁명Revolution of 1800"*이라 불렀다. 제퍼슨은 이 대선에 "쇠퇴하는 특권 계층 및 귀족 세력을 상대로 평등을 추구하는 정치적 민주주의가 승리한 사건"이라는 의미를 부여했다. 둘째, 제퍼슨의 영리한 외교술로 광대한 루이지애나 영토를 프랑스로부터 매수했다는 오해다. 물론 그의 이 업적 덕분에 당시 미국은 영토를 두 배로 늘렸다.[3]

냉정하게 따지자면 제퍼슨의 대통령 당선은 혁명으로 평가하기 어렵다. 그는 투쟁(1880년 대선)이 국민을 소중히 여기는 사람들과 국민을 불신하는 사람들 사이에서 촉발되었다고 주장했지만, 본질적으로는 두 가지 철학의 갈등 때문에 발발한 사건이 아니다. 두 종류의 재산, 즉 '경제 활동을 어떻게 하는가?'에 따라 분리된 두 집단 간의 충돌이었다. 초대 재무장관 알렉산더 해밀턴은 국정 수행을 위한 충분한 수입이 있는 강력한 정부를 추구했지만, 제퍼슨은 최소한의 정부를 지지했다. 해밀턴은 은행과 세금을 토대로 자금 조달 시스템을 구축했고, 상인과 투자자 그룹을 보조했다. 반면에 제퍼슨은 해밀턴이 구축한 시스템을 지탱한다고 여겨진 지주 계층을 신뢰했고, 그들의 지지를 받았다. 시간이 지나자 결국 해밀턴이 더 정확한 예언자로 판명되었고, 자작농과 기능공의 국가를 꿈꾼 제퍼슨의 희망은 공상에 불과하다는 사실이 판명되었다.

제퍼슨이 가졌던 혁명적 의도가 무엇이든 1800년 선거의 위대

---

* 제3대 대통령 선거가 1800년에 있었고, 정식 취임 날짜는 1801년 3월 4일이었다.

함은 당선 과정의 기이함으로 인해 절하되었다. 사실 제퍼슨 대통령의 탄생 자체가 (오늘날의 시선으로는) 몹시 이상하다. 1800년 미국 헌법은 대통령 후보와 부통령 후보를 위한 투표용지를 구별하지 않았다. 함께 출마했던 뉴욕 출신 에런 버Aaron Burr가 선거인단에서 같은 표를 얻었고, 최종 판결을 하원에 맡겼다. 당시 연방파의 막강한 지도자였던 해밀턴은 제퍼슨을 두 명의 악惡 중 덜 악한 인물로 여겼고, 연방파 의원들에게 제퍼슨에게 투표할 것을 촉구했다. 하지만 제퍼슨의 지지자들이 제퍼슨을 에런보다 덜 급진적이라 확신을 느끼기 전까지는 해밀턴도 선택을 망설였다. 좌충우돌 끝에 결국 제퍼슨이 대통령으로 뽑혔다.

재임 중 제퍼슨과 그가 임명한 스위스 태생의 재무장관인 앨버트 갤러틴Albert Gallatin은 해밀턴의 유능함과 해밀턴주의Hamiltonism가 미국 경제의 가본 토대가 되었다는 점을 불안하게 생각했다. 이에 제퍼슨 행정부는 정부 지출을, 특히 국방 지출을 삭감했다. 정부 예산을 담당하는, 증오스러운 소비세excise tax도 폐지했다. 그렇지만 해밀턴이 구축한 연방정부의 재정 시스템을 완전히 청산할 수는 없었다. 그래서 해밀턴 시스템의 핵심 요소인 미국 은행제도는 다소 약화하긴 했지만 그대로 유지되었다. 당시 제퍼슨은 기존 경제 질서를 파괴되는 것이 두려워 대규모 사회 개혁을 시작할 수 없는, 현대 정치인과 매우 비슷한 입장에 놓여 있었던 것이다. 제퍼슨 스스로도 "우리는 이제 모두 연방주의자다."라고 중얼거렸다. 그래서 훨씬 급진적인 제퍼슨의 지지자 중 일부는 제퍼슨을 향해 "연방주의자들보다 더 연방주의적"이라고 비난했다.

루이지애나 구입 문제 역시 제퍼슨이 오랫동안 고수한 원칙을 포기하거나 수정하도록 강요했다. 그는 프랑스로부터 단순히 뉴올리언스와 미시시피강 인근 동쪽의 작은 영토를 사려고 했다. 하지만 놀랍게도 나폴레옹은 제퍼슨에게 거절할 수 없는 제안을 했다. 1,500만 달러만 지불하면 당시 미국 영토를 두 배로 늘려주겠다는 제안이었다. 하지만 그 제안에는 몇 가지 골치 아픈 조건이 붙었다. 당시에는 루이지애나의 경계를 아무도 확실히 알지 못했다. 훗날 텍사스주에 속할 영역까지 포함된 지역이었는가? 플로리다도 그중 일부였는가? 더군다나 온전히 연방정부 예산으로 투입되어야 할 1,500만 달러는 연방정부의 공공부채를 20퍼센트 늘릴 것으로 추정되었다. 연방정부의 부채 상환에 관심이 드높은 대통령에게 루이지애나 매수는 결코 사소할 수가 없었다. 거기다 스페인은 당시만 하더라도 프랑스에 루이지애나를 '온전히' 양도하지 않은 상황이었는데, 그런 영토를 미국에 팔 권리가 프랑스에 있기는 한 것인가? 무엇보다도 제퍼슨은 수년간 헌법의 엄격한 해석, 세밀한 법률 조항에 대해 의무적으로 복종할 것을 설파한 장본인이었다. 그런데 당시 연방헌법 그 어디에서도, 연방의 전체만큼 커다랗고 인적이 드문 황무지를 대통령 독단으로 구입할 권리가 명시되어 있지 않았다.

　　상당한 고뇌 끝에 제퍼슨은 그 문제를 마음속으로 되뇌었다. 유일한 대안은 개헌인 듯했다. 하지만 개헌은 몇 달 또는 몇 년이 걸릴 사안이고, 파리에 있는 대통령의 대리인들은 프랑스가 마음을 바꾸기 전에 서둘러야 한다고 결정을 촉구하였다. 유일하게 현명한 해결책은 매수를 받아들이고 훗날 합법화될 수 있기를 기도하는 것뿐이었다. 개인적으로 제퍼슨은 루이지애나 매수를 "헌법을 벗어난 행위"라고 인정하긴 했으나 그는 자신의 양심과 타협했다. 물론 루이지애나 매수는 그가 대통령 임기 중 거머쥔 위대한 성취임은 틀림없다. 그러나 에런 버나 존 애덤스가 그 자리에 있었더라도 분명히 똑같은 선택을 내렸을 것이다.

제퍼슨의 두 번째 임기는 나폴레옹 전쟁이라는 암초에 걸려 좌초되었다. 영국과 프랑스는 해외 무역을 차단해 서로를 굴복시키려 했다. 당시 유일하게 중립국이었던 미국은 상당한 운송 무역로를 운영하고 있었고, 달리 말해 양국 사이에 끼어 있었다. 이런 상황에서 제퍼슨은 인색하게도 국방 예산을 삭감해 미국 무역로를 보호할 방어 수단을 확보하지 못했고, 영국과 프랑스의 손에 굴욕을 당하거나 경제 제재라는 형태로 전쟁을 대신할 방도를 모색해야만 했다.

그래서 제퍼슨은 1807년 금수조치법Embargo Act of 1897을 시행했다. 그러나 이는 제퍼슨 대통령이 저지른 가장 큰 실책이었다. 미국의 무역항구를 폐쇄한 이 조치는 미국 경제를 사실상 파괴했고, 기어이 미국은 첫 번째 불황에 빠지고 말았다. 그런 와중에 국가를, 국가의 이익을 보호한다는 원래의 목적을 달성하지도 못했다. 거기다 금수조치는 연방정부가 시민의 자유를 강제로 제한한 정책이었다. 이는 '제한된 정부'를 추구했던 제퍼슨의 원칙과도 모순되었다. 어리석게도 제퍼슨은 자신의 경제 정책이 종국에는 미국을 위한 조치가 될 것이라는 환상에 집착했다. 하지만 결국 금수조치로 지출한 비용이 전쟁보다 세 배나 많다고 인정했다. 만일 금수조치로 손실된 수입의 일부만이라도 호위함 건조에 사용했다면, 영국은 1812년에 미국과의 전쟁을 개시하지 않았을 것이다. 이를 두고 시어도어 루스벨트 대통령은 자신의 책『1812년 해군 전쟁Naval War of 1812』에서 "범죄에 준하는 어리석은 정책"이라고 썼다.[4]

제퍼슨의 명예는 에런 버 음모 사건을 처리하며 더욱 훼손되었다. 해밀턴을 결투에서 죽이고 부통령 임기가 끝난 에런 버는 서부로 가서 무척 놀랍고 야심만만한 계획을 실행해다. 그는 멕시코를 점령하거나 미국 남서부의 상당 부분을 빼앗아 자신만의 독자적인 정권을 수립하고자 했다. 오늘날까지도 그의 실제 의도가 무엇인지는 불분명하다. 에런 버가 스페인 제국의 일부를 빼앗는 데에 관심이 있는 것처럼 보이는 동안 대통령 제퍼슨은 그를 여러 번 만났음에도 그의 책략에 눈감았다. 하지만 에런 버의 활동은 너무 당혹스러웠고, 결국 미국에 대한 반역을 획책한 혐의로 체포되었다. 제퍼슨은 그가 반역죄로 기소되어 유죄 판결을 받기를 간절히 원했다. 아마도 자신과 에런 버 사이의 무언가를 감추기 위해서였을 것이다. 당시 제퍼슨주의Jeffersonism에 저항하는 연방파의 수장이었던 연방 대법원장 존 마셜John Marshall은 비록 대통령과 먼 친척 사이였으나 대통령의 이중적인 태도에 분노하며 에런 버에게 무죄를 판결했다.[5]

제퍼슨의 대통령 임기는 허무하게 끝났다. 그는 1807년 12월에 조지 워싱턴의 전례에 따라 두 번째 임기를 마치면 은퇴하겠다고 발표했다. 그리고 그는 가장 중요한 문제의 결정을 재무장관 갤러턴과 국무장관 제임스 매디슨James Madison에게 맡겨버렸다. 자연히 그의 임기 마지막 해는 표류의 시기였다. 어떤 비판가들은 그가 금수조치의 재앙적인 영향에서 손을 씻으려고 하는 것을 두고, 그를 본디오 빌라도Pontius Pilatus*에 비유하며 이렇게 말했다.

권력의 족쇄를 벗어던졌을 때 느끼는 안도감이란, 죄수가 사슬에서 풀려날 때 얻는 안도감보다 훨씬 클 것이다.[6]

결국 제퍼슨은 대통령으로서 마지막 축도를 남기며 떠났다. 대통령으로서의 일상이 얼마나 고통스러웠는지, 그는 자신의 묘비에 새길 비문에 '제3대 대통령'이라는 문구도 남기지 않았다.

한편 텔레비전 시대에 살던 존 F. 케네디는 이미지가 권력이라는 사실을 누구보다도 잘 알고 있었다. 그는 고상하고 영감을 주는 연설, 젊은 느낌과 인간적인 우아함, 세련되고 화려한 아내를 이용해 자신의 대통령직에 반짝이는 이미지를 덧칠했다. 미국 정치가 갈수록 어두워지는 도중에도 그는 미소를 지으며 멋지게 질주하는 기사처럼 보였다. 케네디가 심혈을 기울여 만든 희망과 언약의 이미지는 그의 가장 큰 업적일 것이다. 따라서 그의 죽음은

---

* 신약성서에서, 로마 총독 본디오 빌라도(폰티우스 필라투스)는 예수를 처형하라는 유대인들의 요구에 손을 씻는 행위로 대답을 대신했다. 이는 예수를 처형하는 것이 자신의 책임이 아니고, 이에 관련된 모든 문제에서 자신의 잘못이 없음을 강조하는 의사표시였다.

미국인의 정서에 영원불멸한 흔적을 남겼다. 훗날 미국인들이 과거를 돌이키며 미국의 밝은 미래가 어디서부터 시작됐는지 궁금해할 때, 많은 사람이 케네디가 암살당한 1963년 11월 22일을 가리켰다. 그렇다면 케네디의 이미지는 얼마나 케네디의 실체와 닮았는가? 케네디는 후임 대통령들만이 자신의 성과를 평가할 수 있을 거라 믿었다.

> 대통령만이 자신에게 가해지는 진짜 압박과 이에 대한 실제 대안이 무엇인지 알 수 있다.[7]

그의 말이 타당할 수 있다. 하지만 우리 역시 대통령의 공약과 실제 성과를 비교할 수 있다. 제퍼슨처럼 케네디 역시 변화를 약속하며 집권했다. 프랭클린 루스벨트의 뉴딜 프로젝트 이후 가장 야심만만한 개혁 프로그램을 제공하여 미국을 되살리겠다는 것이 그의 포부였다. 하지만 그 옛날 버지니아인(제퍼슨)이 경쟁자를 간신히 이긴 것처럼 케네디 역시 리처드 닉슨을 상대로 간신히 승리했기 때문에 여러 제약에 둘러싸인 채 국정을 운영했다.

케네디는 몇 가지 업적을 달성했다. 그가 남긴 유산 중에는 평화봉사단Peace Corps이 있는데, 이는 원래 케네디의 경쟁자 중 한 명인 휴버트 험프리Hubert H. Humphrey가 민주당의 지명을 받기 위해 제안한 아이디어에서 비롯되었다. 케네디는 집권 후 라틴 아메리카와의 경제 협력을 위해 '진보를 위한 동맹Alliance for Progress'을 체결했고, 자신의 집권으로부터 10년 안에 미국인을 달로 보내겠다는 우주 프로그램에 착수했다.

그렇지만 케네디는 "미국을 다시 움직이게 하겠다."라는 본인의 공약을 이행하지 못했다. 그는 노인에게 의료 지원을 제공하고, 인종 차별을 종식하려 했다. 교육과 교통을 현대화하고, 도시를 재건하며, 빈곤을 근절하겠다고 약속했다. 그런데 민주당 내 보수적인 구성원들을 포섭하지 못했고, 본인의 공약을 실천하기 위해 언제든 누구와도 싸우려는 적대적인 태도 때문에 개혁의 흐름은 케네디 사후 난항을 겪었다. 거기다 민권운동의 흐름 속에서 케네디본인이 통제할 수 없는 사건들이 연이어 발발하고, 케네디 대통령은 시민권이 성장하는 시대적 분위기에 망설이고 흔들리기만 하는 모습을 보였다.

미국 내부 문제로 곤경에 처한 케네디는 외교 문제로 자신의 존재 이유를 증명하고자 결심했다. 그는 강인하고 참을성 없는 이미지를 투사하며 소련과의 대립을 마치 외교적 투쟁으로 구체화했다. 케네디는 본인을 확실한 냉전의 전사cold warrior로 내세웠고, 그의 최우선 정책 중 하나가 바로 군사적 팽창이었다. 그는 "소련과의 미사일 격차missile gap를 메우겠다."라는 약속으로 선출되었다. 그는 취임하고 나서야 미국의 미사일 보유량이 소련보다 훨씬 많다는 사실을 알았는데, 그가 거대하고 값비싼 미사일 추가 생산 정책을 추진한 바람에 소련도 미사일 무기고를 추가로 구축하는 것으로 응수했다. 결국 케네디 집권기에 국제적 긴장이 고조되었다.

민주적 자결 원칙을 향한 케네디의 신념은 준準군사 작전, 대對

게릴라 작전, 그의 어린아이 같은 행동 때문에 빛이 바랬다. 첫 번째 위기는 미국의 중앙정보국Central Intelligence Agency이 쿠바의 공산주의 지도자 피델 카스트로Fidel Castro를 축출하기 위해 모의를 꾸미던 쿠바에서 일어났다. 당시 케네디 대통령의 명령으로 CIA에서 훈련받은 쿠바 망명자들은 1961년 4월 17일에 쿠바를 침공했다. 하지만 마지막 순간에 케네디는 군사작전 때문에 '소음'이 발생할까 염려했고, 작전의 일환으로 안배된 공중지원을 철회했다. 결국 작전은 실패했다. 이 사건을 두고 평론가들은 케네디가 진실로 카스트로를 국가 안보를 위협하는 악으로 여겼다면, 비공식적인 군사작전을 펼치는 대신 실제로 해병대를 파견했어야 한다고 지적했다.

피델 카스트로를 축출하려는 이 잘못된 노력 때문에 이후 암울한 사건이 연이어 발발했다. 소련은 곧바로 케네디를 조롱했다. 케네디 대통령은 오스트리아 빈에서 열린 정상회담에서 "흐루쇼프가 나를 완전히 때려 눕혔다."라고 훗날 인정했다.

아마도 그는 피그스만Bay of Pigs 사건(앞서 언급한 쿠바 침공을 가리킴) 때문에 그랬다고 생각한다.[8]

이후 소련 공산주의자들은 베를린의 동부와 서부를 나누는 벽을 쌓았고, 언젠가 미국의 공격이 있을 거라 예상하며 쿠바에 미사일 기지를 설치했다. 핵전쟁의 위험을 무릅쓰고 케네디는 미사일을 남겨두지 않겠다고 선언했다. 위협을 감수할 능력이 부족한 소련이 슬그머니 물러나기 2주 전까지, 미국과 소련이 대치했다. 그들은 미국이 쿠바를 침략하지 않겠다고 약속하고, 터키에서는 소련을 겨냥한 미국 미사일을 철수하는 조건으로 쿠바에서의 미사일을 철수하기로 약조했다. 하지만 카스트로의 목숨을 노리는 케네디의 음모는 계속되었다. (아직도 명확히 규명되진 않았으나) 케네디의 이런 행동이 그의 암살에 영향을 미쳤을 가능성이 크다.

한편 케네디는 베트남과 동남아시아의 나머지 지역을 점령하려는 공산주의자들의 음모를 막고자 대담한 작전에 착수해다. (베트남인의 관점으로 본다면) 베트남의 남북 분단은 실제론 장기 내전a long-running civil war이지만 대통령과 그의 유능한 보좌진은 당시 베트남의 분단 상황을 냉전의 관점으로 파악했다. 이에 케네디의 미국은 남베트남을 '자유세계의 초석cornerstone of the Free World'으로 삼는 실수를 저질렀다. 그리고 남베트남이 투쟁을 계속할 수 없거나 투쟁하려 하지 않을 때, 미국은 베트남 전쟁이라는 부담을 고스란히 짊어지게 되었다. 졸지에 베트남은 미국의 식민지가 되었다. 아이젠하워 대통령이 집권하던 당시 베트남에는 미국 군사고문 650여 명이 거주했다. 그러나 케네디가 암살당했을 당시에는 베트남에 거주하는 정규 미국 군인의 수만 1만 7,000명에 달했고, 이후로도 계속 증가하고 있었다.

상황이 이러함에도, 케네디 대통령이 살아 있었다면 그가 베트남에서 미군을 철수했을 것이라고 주장하는 사람들이 있다. 하지만 이러한 주장은 케네디의 성격과 맞지 않는 억지스러운 이야기다. 케네디는 너무나도 헌신적인 '냉전의 전사'였고, 게임에서의 승리에 너무나도 몰두한 인물이었기 때문에 승리가 없었다면 결코 물러나지 않을 작자였다. 암살당하기 두 달 남짓한 시기, 미국 CBS 이브닝 뉴스 진행자인 월터 크롱카이트Walter Cronkite와의 인터뷰에서 케네디 대통령은 단호한 어조로 이렇게 말했다.

철수해야 한다는 주장에 나는 동의하지 않는다. 베트남에서의 미군 철수는 큰 실수가 될 것이다.[9]

케네디를 좋아하는 지지자들은 1963년 후반에 케네디가 소련과의 핵 실험 금지 협정을 맺으려는 의지가 있었다고 주장했다. 그래서 그들은 케네디 대통령의 위대한 업적은 그의 두 번째 임기에서 가능했을 거라고 말한다. 하지만 실제로 케네디가 재선에 성공했다 하더라도, 그저 어두운 사생활을 은폐하는 4년이 더 이어졌을 수도 있다. 케네디가 자신의 무모한 행동과 난잡한 사생활을 은폐하기 위해 언론을 공모자로 만들었는데, 그 언론들이 과연 어디까지 침묵했을지도 모를 일이다.

일부 전문가는 개인의 사생활은 대통령으로서의 자질과는 무관하다고 말하지만 이는 착각에 지나지 않는다. 성격과 내면의 자질은 공인公人에게 아주 중요한 덕목이다. 케네디도 이를 모르지 않았으나 자신에게 그 규칙을 적용하려 하지 않았다. 그는 자신의 돈, 외모, 매력으로 다른 사람을 멋대로 조종하고자 시도한 무모한 인물이었다. 그는 스콧 피츠제럴드Scott Fitzgerald의 소설 『위대한 개츠비』에 나오는 '톰'과 '데이지' 같은 인물이다.

그들은 수많은 사물과 생물을 부수고, 엄청나게 부주의했으며, 자기들이 엉망진창 망친 결과를 다른 사람들의 손으로 치우게 했다.

잔혹한 암살은 용납될 수 없다. 그렇지만 케네디가 그렇게 죽었기 때문에 그의 사생활이 대중에게 공개되지 않았고 덕분에 나라가 분열되는 참극을 막았는지도 모른다. 1960년대 중반까지만 하더라도 미국 사회의 도덕적 엄격함은 공고했었다. 당시 그런 미국인의 대통령이 백악관 안팎에서. 아내가 아닌 여성과 성적 관계를 맺은 것으로도 모자라서 특정 폭도들과 의심스러운 관계를 맺었다. 그런 진실이 대대적으로 폭로되었다면, 아마도 워터게이트 사건의 여파보다 더욱 커다란 충격에 휩싸였을 것이다. 당시 대다수 미국인은 여전히 대통령의 권력과 명예를 중시했고, 나아가 대통령은 책무를 우선해야 하는 직책이라고 여겼기 때문이다.

미주

1장. 지미 카터

1   Dallek, *Hail of the Chief*, p. 195에서 재인용.

2   Smith, *The Power Game*, pp. 337-339.

3   Burns, *The Crosswinds of Freedom*, p. 530.

4   DeGregorio, *The Complete Books of Presidents*, p. 630에서 재인용.

5   *Wall Street Journal*, March, 15, 1979.

6   *Baltimore Sun,* January 7, 1979.

7   Kaufman, *The Presidency of James Earl Carter*, pp. 9-10.

8   Hertzberg, *Character Above All*, p. 180.

9   Stroud, *How Jimmy Won*, p. 133.

10   Lasky, *Jimmy Carter*, pp. 23-24.

11   Boller, *Presidential Anecdotes*, p. 340.

12   지미 카터의 집안 배경에 대해서는 Glad의 *Jimmy Carter*에서 확인할 수 있다.

13   Carter, *Why Not the Best?*, pp. 7-8.

14   *Ibid.*

15   *The Lucky Bad*, 1947.

16   Carter, *Why Not the Best?* p. 58.

17   *Ibid.*

18   DeGregorio, *Complete Book of Presidents*, p. 620.

19   조단의 메모는 Stroud의 *How Jimmy Won*에서 재인용.

20   Boller, *Presidents Anecdotes*, p. 341.

21   카터의 대통령직 수행에 대한 가장 섬세한 설명은 Kaufman의 *Presidency of James Earl Carter*에서 확인할 수 있다.

22   *Ibid*, p. 30.

23   *Burns, Crosswinds of Freedom*, pp. 558-560.

24   Dallek, *Hail to the Chief*, p. 35.

25   Donowan, *Roosevelt to Reagan*, p. 235.

26   이란 인질 사건에 대한 설명은 Sick의 *All Fall Down* 제5장에서 자세히 알 수
     있다.

2장. 윌리엄 태프트

1   Russell, *The President Makers*, p. 87.

2   Anderson, *William Howard Taft*, p. 4.

3   Boller, *Presidents Anecdotes*, p. 215.

4   Coletta, *The Presudency of William Howard Taft*, p. 2.

5   Burton, *William Howard Taft*, p. 11.

6   Butt, *Taft and Roosevelt*, p. 21.

7   *The Autobiography of William Allen White*, pp. 425-426.

8   Manners, *TR and Will*, p. 47.

9   Roosevelt, *Autobiography*, pp. 364-365.

10   Miller, *Theodore Roosevelt*, p. 485에서 재인용.

11   *Ibid*, p. 486.

12   Longworth, *Crowded Uours*, p. 145.

13   Manners, *TR and Will*, p. 53.

14   Sullivanm, *Our Times*, vol.4, pp. 331-332.

15   태프트의 어린 시절에 대한 설명은 Pringle의 *The Life and Times of William
     Howard Taft* vol. I에 잘 묘사되어 있다.

16   Manners, *TR and Will*, p. 32.

17   Russell, *President Makers*, p. 91.

18   Coletta, *Presidency of William Howard Taft*, p. 4.

19   Manners, *TR and Will*, p. 17.

20   Russel, *President Makers*, pp. 110-111.

21   페인·올드리치 관세법에 대해서는 Coletta의 *Presidency of William Howard
     Taft* 중 제3장을 읽으면 상세하게 알 수 있다.

22   밸린저와 핀초트 사건에 대해서는 앞서 말한 도서의 제4장에서 잘 설명하고
     있다.

23   Butt, *Taft and Roosevelt*, p. 418.

24   Russell, *President Makers*, p. 118.

25   Butt, *Taft and Roosevelt*, p. 829.

26   Russell, *President Makers*, p. 123.

27 *Ibid*, p. 122.

28 Boller, *President Anecdotes*, p. 216.

29 Manners, *TR and Will*, p. 305.

30 Burton, *William Howard Taft*, p. 129.

3장. 벤저민 해리슨

1   Josephson, *The Politicos*, p. 433.

2   윌리엄 해리슨은 인디애나주(당시 준주)의 주지사로 부임한 이후 북아메리카 인
    디언 선주민들과의 싸움을 주도했다. 그는 1811년 티피카누 전투에서 대대적인
    승리를 거둔 이후 '티피카누'라는 별명을 얻었다.

3   Allan Nevins and Henry Steele Commager, *A Pocket History of the United
    States*, New York: Washington Square Press, 1986.

4   *Ibid*, p. 438.

5   Morris, *The Rise of Theodore Roosevelt*, p. 426.

6   Miller, *Theodore Roosevelt*, p. 205.

7   Carraty, *The New Commonwealth*, p. 297.

8   Boller, *Presidential Anecdotes*, p. 184.

9   정치적인 변화에 대해서는 Carraty의 *The New Commonwealth*의 제6장과
    Wiebe의 *The Search for Order*에 잘 정리되어 있다.

10 블레인의 경력에 대해서는 Hofstadter의 *The American Political Tradition* 중
    pp. 171-174를 보면 알 수 있다. 특히 Josephson의 *The Politicos*에서는 블레인
    이 핵심 인물로 등장한다.

11 해리슨의 전기는 *Sievers, Benjamin Harrison* vol 1, 2가 중심이다.

12 DeGregorio, *The Complete Book of Presidents*, p. 139.

13 Morgan, *From Hayes to McKinley*, p. 326.

14 Carraty, *The New Commonwealth*, pp. 296-297.

15 *Ibid*, pp. 297-298.

16 Josephson, *The Politicos*, pp. 430-433.

17 Miller, *Stealing From America*, p. 254.

18 Josephson, *The Politicos*, p. 439.

19 리드에 대해서는 Tuchman의 *The proud Tower* 중 제11장에 잘 정리되어 있다.

20 Billings, "Social and Economic Life in Washington in the 1890's", Records
    of the Columbia Historical Society of Washington, D.C., 1966-1968.

21 Morgan, *From Hayes to McKinley*, p. 329.

22 Josephson, *The Politicos*, p. 437.

23 Morgan, *From Hayes to McKinley*, p. 395.

24 *Ibid*, p. 338.

25 Stoddard, *As I Knew Them*, p. 178.

26 Socolofsky and Specter, *The Presidency of Bennjamin Harrison*, p. 81.

4장. 캘빈 쿨리지

1 McCoy, *Calvin Coolidge*, p. 159.

2 Manchester, *Disturber of the Peace*, p. 217.

3 Parrish, *Anxious Decades*, p. 93.

4 Lathem, *Meet Calvin Coolidge*, p. 52.

5 *Memoirs of Hebert Hoover*, vol. 2, p. 22.

6 Burner, *Herbert Hoover*, p. 247.

7 Longworth, *Crowded House*, p. 337.

8 McCoy, *Calvin Coolidge*, p. 6.

9 Boller, *Presidential Anecdotes*, p. 234.

10 *Ibid*

11 Parrish, *Anxious Decades*, p. 50.

12 McCoy, *Calvin Coolidge*, p. 161.

13 Lathem, *Meet Calvin Coolidge*, p. 59.

14 *Ibid,* p. 80.

15 Hoover, *Forty-two Years in the White House*, p. 251.

16 DeGregorio, *The Complete Book of Presidents*, p. 460.

17 *Time*, January 5, 1981.

18 McCoy, *Calvin Coolidge*, p. 8.

19 *Ibid*, p. 31.

20 Lathem, *Meet Calvin Coolidge*, p. 64.

21 McCoy, *Calvin Coolidge*, p. 50.

22 Boller, *Presidential Anecdotes*, p. 245.

23 보스턴 경찰 파업에 관한 설명은 Russell의 *A City in Terror*에 잘 설명되어 있다.

24 쿨리지의 대통령직에 대해서는 McCoy와 Goodfellow의 *Calvin Coolidge*에 잘 설명되어 있다.

25 McCoy, *Calvin Coolidge*, p. 157.

26 Ables, *In the Tine of Silent Cal*, p. 43.

27 1924년 민주당 전당대회와 그 여파에 대해서는 Murray의 *The 103rd Ballot*에 명확하게 서술되어 있다.

28 Coolidge, *Autobiography*, p. 190.

29 Goodfellow, Calvin Coolidge, p. 372.

30 White, *A Puritan in Babylon*, p. 366.

31 Lathem, *Meet Calvin Coolidge*, p. 58.

32 *Ibid*, p. 171.

33 Boller, *Prsidential Anecdotes*, p. 235.

5장. 율리시스 그랜트

1 Edmund Wilson, *Patriotic Gore*, p. 169.

2 Woodrow Wilson, *A History of American People*, vol. 5, p. 112.

3 Morgan, *The Gilded Age*, p. 85.

4 White, *The Republican Era*, pp. 8-9.

5 Nevins, *The Emegence of Modern America*, pp. 181-182.

6 그랜트의 전기는 맥필리(McFeely)의 *Grant*와 카펜터(Carpenter)의 *Ulysses S. Grant*가 유명하다.

7 Wecter, *The Hero in America*, p. 320.

8 Boller, *Presidential Anecdotes*, p. 159.

9 Wecter, *The Hero in America*, p. 327.

10 Welles, *Diary*, vol 3, pp. 184-185.

11 Foner, *Reconstruction*.

12 Adams, *The Education of Henry Adams*, pp. 260-262.

13 Rugoff, *America's Gilded Age*, p. 29.

14 Boller, *Presidential Anecdotes*, p. 160.

15 그랜트 행정부의 업적에 대해서는Hesseltine의 *Uiysses S. Grant, Plolitician*에 잘 설명되어 있다.

16 황금 사기사건은 Ackerman의 *The Gold Ring*에서 잘 설명되어 있다.

17 산토도밍고 사건은 Nevins의 *Hamilton Fish : The Inner History of the Grant Administration*에 잘 설명되어 있다.

18 Rugoff, *America's Gilded Age*, pp. 26-27.

19 이 사건은 Hesseltine의 *Ulysses S. Grant, Politicion*에 잘 설명되어 있다.

20 Adams, *The Education of Henry Adams*, p. 261.

21 그랜트 시대의 스캔들은 Hesseltine의 *Ulysses S. Grant, Politicion*에 잘 설명되어 있다.

6장. 앤드루 존슨

1 존슨의 탄핵에 대해서는 Thomas의 *The First President Johnson*, pp. 597-603와 Trefousse의 *Andrew Johnson* 중 pp. 325-327에 잘 설명되어 있다.

2 Castel, *The Presidency of Andrew Johnson*, pp. 218-230.

3 Foner, *Reconstruction*, pp. 176-177.

4 Castel, *The Presidency of Andrew Johnson*, p. 30.

5 Eric Foner, *Reconstruction : America's Unfinished Revolution*, New York: Harper & Row, 1980, p. 180

6 *Ibid*, p. 8.

7 Bailey, *Presidential Greatness*, p. 204.

8 Trefousse, *Andrew Johnson*, p. 196.

9 *Ibid*, pp. 197-198.

10 존슨의 배경에 대해서는 Trefousse의 *Andrew Jhonson*에서 세밀하게 알 수 있다. Thomas의 *The First President Johnson*의 경우는 오류가 많아 추천하지 않는다.

11 Castle, *The Presidency of Andrew Johnson*, p. 6.

12 Trefousse, *Andrew Johnson*, p. 119.

13 Thomas, *The First President Johnson*, pp. 294-297. Castel, *The Presidency of Andrew Johnson*, pp. 9-10.

14 Trefousse, *Andrew Johnson*, p. 191.

15 Castel, *The Presidency of Andrew Johnson*, p. 27.

16 Foner, *Reconstruction*, p. 191.

17 *Ibid*, p. 192.

18 Castle, *The Presidency of Andrew Johnson*, p. 72.

19 Thomas, *The Firtst President Johnson*, pp. 189-198.

20 Dallek, *Hail to the Chief*, p. 180.

7장. 프랭클린 피어스

1 Rossiter, *The American Presidency*, p. 101.

2 Ferrell, ed, *Off the Record*, p. 266.

3   Kenin and Wintle, eds, *Dictionary of Biographical Quantations*, p. 600.

4   Nichols, *Franklin Pierce*, p. 232.

5   Boller, *Presidential Anecdotes*, p. 113.

6   Nichols, *Franklin pierce*, p. 205.

7   Gara, *The Presidency of Franklin Pierce*, p. 29.

8   Nichols, *Franklin Pierce*, p. 217.

9   Gara, *The Presidency of Franklin Pierce*, p. 41.

10 Nichols, *Franklin Pierce*, p. 533.

11 Donald, *Charles Sumner and the Coming of the Civil War*, p. 208.

12 시대적 배경에 대한 설명은 Potter의 *The Impending Crisis*와 McPherson, *The Battle Cry of Freedom*에서 확인할 수 있다.

13 피어스의 성장 배경에 대해서는 Nichols의 *Franklin Pierce*에서 자세히 확인할 수 있다.

14 *Ibid*.

15 *Ibid*.

16 Gara, *The Presidency of Franklin Pierce*, p. 49.

17 Nevins, *Ordeal of the Union* vol. 2, pp. 43-44.

18 피어스의 내각에 대해서는 Gara의 *The Presidency of Franklin Pierce* 중 pp. 44-47에서 확인할 수 있다.

19 Nevins, *Ordeal of the Union*, p. 51.

20 Gara, *The Presidency of Franklin Pierce*, p. 49.

21 Nevins, *Ordeal of the Union*, p. 72.

22 오스탕드 성명서에 대해서는 Nevins가 저술한 *Ordeal of the Union*의 제10장에서 잘 설명되어 있다.

23 태평양 철도문제에 대해서는 Gara가 저술한 *The Presidncy of Fraklin Pierce*의 pp. 88-90에 잘 설명되어 있다.

24 캔자스-네브래스카 법안을 둘러싼 정치적 기류는 다음에서 확인할 것. Rhodes, *History of the United States* vol. 1, pp. 425-451.

25 Nichols, *The Stakes of Power*, p. 54.

26 Nichols, *Franklin Pierce*, p. 338.

27 Nevins, *Ordeal of the Union*, p. 145.

28 아메리카당에 대한 설명은 Nevins의 *Ordeal of the Union* 중 pp. 327-330에서 확인할 수 있다.

29 *Ibid*, p. 455.

30 Boller, *Presidential Anecdotes*, p. 116.

8장. 제임스 뷰캐넌

1 Gienapp, "Buchanan, James," in Garraty and Foner, eds., *The Reader's Companion to American History*, p. 134.

2 Van Woodward, ed., *Responses of the Presidents to Charges of Misconduct*, p. 85.

3 Morison, *The Grouth of the American Republic* vol. 1, p. 651.

4 Nevins, *The Emergence of Lincoln* vol. 1, p. 63.

5 뷰캐넌의 성격에 관한 상세한 설명은 *Ibid*에서 알 수 있다.

6 *Ibid*, p. 61.

7 Smith, *The Presidency of James Buchanan*, p. 13.

8 Klein, *President James Buchanan*, p. 275.

9 Boller, *Presidential Anecdotes*, p. 118.

10 Stampp, *America in 1857*, p. 48.

11 *Ibid*.

12 Boller, *Presidential Anecdotes*, p. 120.

13 뷰캐넌의 인생에 대해서는 Klien의 *President James Buchanan*에서 확인할 수 있다.

14 *Ibid*, p. 34.

15 *Ibid*, p. 150.

16 Smith, *The Presidency of James Buchanan*, p. 14.

17 Boller, *Presidential Anecdotes*, p. 117.

18 Klien, *President James Buchanan*, p. 229.

19 뷰캐넌과 드레드 스콧에 대해서는 Smith의 *The Presidency of James Buchanan* 중 pp. 24-29와 Nevins의 *The Emergence of Lincoln*의 pp. 91-118에 잘 설명되어 있다.

20 Klien, *President Jame Buchanan*, p. 272.

21 뷰캐넌과 르컴튼 헌법에 대해서는 Smith의 *The Presidency of James Buchanan* 중 pp. 31-46에 잘 설명되어 있다.

22 *Ibid*, p. 41.

23 Van Woodward, ed, *Responses of the Presidents to Charges of Misconduct*, pp. 86-87.

24 Smith, *The Presidency of James Buchanan*, p. 81.

25 1857년 공황에 대해서는 Stampp의 *America in 1857* 중 pp. 219-236에 잘 설명되어 있다.

26 모르몬 교도와의 전쟁에 대해서는 *Ibid* 의 pp. 201-209에서 확인할 수 있다.

27 남북전쟁 직전에 대한 설명은 Nevins의 *The Emergence of Lincoln*에서 확인할 수 있다.

28 Rhodes, *History of the United States* vol. 3, p. 150.

29 Boller, *Presidential Anecdotes*, p. 120.

30 Klein, *President James Buchanan*, p. 402.

31 *Ibid*, p. 427.

9장. 워런 하딩

1 Manchester, *Disturber of the Peace*, pp. 116-117, Menken, *A Carnival of Buncombe*, p. 32.

2 Adams, *Incredible Era*, p. 115.

3 Parrish, *Anxious Decades*, p. 11.

4 Longworth, *Crowded Hours*, p. 324.

5 Russell, *The Shadow of Blooming Grove*, p. 230.

6 Adams, *Incredible Era*, pp. 188-189에서 재인용.

7 Allen, *Only Yesterday*, p. 146.

8 Sinclair, *The Available Man*, pp. 36~37.

9 Sullivan, *Our Times*, vol. 6, pp. 16-19.

10 *Ibid*, p. 22.

11 Sinclair, *The Available Man*, pp. 41-42, Werner and Starr, *Teapot Dome*, p. 10.

12 Sullivan, *Our Times*, p. 29.

13 Russell, *The Shadow of Blooming Grove*, p. 334.

14 *Ibid*, pp. 341-342.

15 Werner and Starr, *Teapot Dome*, p. 23.

16 White, *Autobiography of William Allen White*, p. 584.

17 *Ibid.*

18 Sinclair, *The Available Man*, p. 160.

19 Bode, *Mencken*, p. 178.

20 Adams, *Incredible Era*, pp. 234-236.

21 Longworth, *Crowded Hours*, p. 324.

22 Werner and Starr, *Teapot Dome*, p. 38.

23 Russell, *Shadow of Blooming Grove*, p. 452.

24 Sinclair, *Available Man*, p. 231~235.

25 석유저장소 사용 및 관리권 변경 문제는 Werner and Starr의 *Teapot Dome*에 잘 정리되어 있다.

26 Adams, *Incredible Era*, chapter 22.

27 Russell, *Shadow of Blooming Grove*, p. 558.

28 Adams, *Incredible Era*, pp. 323-324.

29 Sullivan, *Our Times*, pp. 232-237, Werner and Starr, *Teapot Dome*, pp. 95-100.

30 White, *Autobiography of William Allen White*, p. 619.

31 *Memoirs of Herbert Hoover* vol. 2, p. 49.

32 Russell, *Shadow of Blooming Grove*, p. 597.

33 Mee, *The Ohio Gang*, p. 115에서 재인용.

34 Adams, *Incredible Era*, pp. 433-434.

10장. 리처드 닉슨

1 Potter, *Nixon: Political Pitchman*.

2 Blum, *Years of Discord*, p. 319.

3 *New York Times*, July 9, 1976.

4 Ambrose, *Nixon* vol. 1, p. 39.

5 Patterson, *Grand Expectations*, p. 719.

6 닉슨이 미국 국내문제에서 세운 업적에 대해서는 Hoff의 *Nixon Reconsidered*를 참고하라.

7 Wicker, "Richard M. Nixon," in *Character Above All*, p. 130.

8 London Sunday Times Team, *Watergate*, p. 79.

9 닉슨의 어린 시절은 Ambrose의 *Nixon* vol. 1에서 확인할 수 있다.

10 Wicker, *Richard M. Nixon*, p. 142.

11 Ambrose, *Nixon*, p. 32.

12 *Ibid*, p. 27.

13 Wicker, *Richard M. Nixon*, p. 135.

14 Ambrose, *Nixon*, p. 29.

15 *Ibid*, p. 72.

16 *Ibid*, p. 140.

17 Whitney, *The American Presidents*, p. 335.

18 Safire, *Before the Fall*, p. 690.

19 Ambrose, *Nixon* vol. 2, p. 660.

20 *Ibid*, p. 560.

에필로그

1   Ellis, *American Sphinx*, 8.

2   Berlin, *Russian Thinkers*, 187.

3   제퍼슨이 대통령직에 간단하게 올라간 것에 대한 견해는 McDonald의 *The Presidency of Thomas Jefferson*을 보면 잘 나와 있다.

4   Roosevelt, *The Naval War of 1812*, 5. 시어도어 루스벨트는 이 책의 p. 405에서 "제퍼슨은 아마도 역대 대통령 중 가장 무능한 인물"이라고 평가했다.

5   제퍼슨과 시민의 자유에 대한 연구를 다룬 Levy의 *Jefferson and Civil Liberties*는 매우 흥미롭다.

6   Ellis, *American Sphinx*, 238.

7   Schlesinger, "The Ultimate Approval Rating."

8   Miller, *Spying for America*, 421.

9   Kennedy, *Public Papers of the President*, September 2, 1963.

참고문헌

Ables, Jules, *In the Time of Silent Cal*, New York: Putman's, 1969.

Ackerman, Kenneth D., *The Gold Ring*, New York: Dodd, Mead, 1988.

Adams, Henry, *The Education of Henry Adams*, New York: Modern Library, 1931.

Adams, Samuel Hopkins, *Incredible Era*, Boston: Houghton Mifflin, 1939.

Allen F Lewis, *Only Yesterday*, New York: Bantam, 1946.

Ambrose, Stephen E., *Nixon* 3 vols, New York: Simon & Schuster, 1987-1991.

Anderson, Donald F., *William Howard Taft*, Ithaca, New York: Cornell Univ. Pres, 1968.

Bailey, Thomas A., *Presidential Greatness*, New York: Appleton-Century, 1966.

Barry, John M., *Rising Tide: The Great Mississippi Flood of 1927 and How it Changed America*, New York: Simon & Schuster, 1997.

Berlin, Isaiah, *Russian Thinkers*, New York: Viking Press, 1978.

Billings, Elden E., "Social and Economic Life in Washington in the 1980's" *Records of the Columbia Historical Society of Washington D. C., 1966~1968.*

Blum, John Morton, *Years of Discord*, New York: Norton, 1991.

Bode, Carl, Mencken, *Carbondale*, Illinois: Southern Illinois Univ. Press, 1969.

Boller, Paul F., *Presidential Anecdotes*, New York: Penguin, 1982.

Bourne, Peter, *Jimmy Carter*, New York: Scribner, 1997.

Britton, Nan, *The President's Daughter*, New York: Elizabeth Ann Guild, 1927.

Burner, David, *Herbert Hoover : A Public Life*, New York: Knopf, 1979.

Burns, James McGregor, *The Crosswinds of Freedom*, New York: Knoft, 1989.

Burton, David H., *William Howard Taft : in the Public Service*, Malabar, Florida: Robert E. Krieger, 1986.

Butt, Archie, *Taft and Roosevelt* 2 vols., Garden City, New York: Doubleday, Doran, 1930.

Carpenter, John A., *Ulysses S. Grant*, New York: Twayne, 1920.

Carter, Jimmy, *Why Not the Best?*, New York: Bantam, 1976.

Castel, Albert, *The Presidency of Andrew Johnson*, Lawrence, Kansas: Regents Press, 1979.

Catton, Bruce, *U.S Grant and the American Millitary Tradition*, Boston: Little, Brown, 1954.

Class of 1947, *The Luck Bag*, Annapolis, Md: 1946.

U.S Naval Academy, Coletta, Paolo E., *The Presidency of William Howard Taft*, Lawrence, Kans: Univ, Press of Kansas, 1973.

Coolidge, Calvin, *Autobiography*, New York: Cosmopolitan, 1929.

Cunliffe, Marcus, *The Presidency*, Boston: Houghton Mifflin, 1987.

Dallek, Robert, *Hail to the Chief*, New York: Hyperion, 1996.

DeGregorio, William A., *The Complete Book of Presidents*, New York: Dembner Books, 1984.

Donald, David, *Charles Sumner and the Coming of the Civil War*, New York: Knopf.

Donovan, Hedley, *Roosevelt to Reagan*, New York: Harper & Row. 1985.

Fallows, James, "The Passionless Presidency," *Atlantic*, May 1979.

Ferrell, Robert H., *Strange Deaths of President Harding*, Columbia, Mo. Univ. of Missouri Press, 1996.

Ferrell, Robert H. ed., *Off the Record: The Private Papers of Harry Truman*, New York: Harper & Row, 1980.

Foner, Eric, *Reconstruction: America's Unfinished Revolution*, New York: Harper & Row, 1988.

Galbraith, John Kenneth, *The Great Crash*, Boston: Houghton Mifflin, 1955.

Gara, Rarry, *The Presidency of Franklin Pierce*, Lawrence, Kans.: Univ. Press of Kansas, 1991.

Garraty, John A., *The New Commonwealth, 1877-1890*, New York: Harper & Row, 1968.

Garraty, John and Eric Foner eds., *The Reader's Companion to America n History*, Boston: Houghton Mifflin, 1991.

Glad, Betty, *Jimmy Carter*, New York: Norton, 1980.

Goldwater, Barry, *Goldwater*, Garden City, N.Y.: Doubleday, 1988.

Goodfellow, Guy, "Calvin Coolidge: A Study of Presidential Inaction," Ph.D. diss., Univ. of Maryland, 1969.

Grant, U.S., *Personal Memoirs*, New York: Library of America, 1990.

Haas, Garland A., *Jimmy Carter and the Politics of Frustration*, Jefferson, N.C.: McFarland, 1992.

Hamilton, Holman, *Prologue to Conflict*, Lexington, Ky.: Univ.of Kentucky Press, 1964.

Hertzberg, Henry, "Jimmy Carter," *In Character Above All*, edited by Robert A. Wilson, New York: Simon & Schuster, 1995.

Hesseltine, William B., *Ullyses S. Grant*, Politician, New York: Dodd, Mead, 1935.

Hicks, John D., *The Republican Ascendancy*, New York: Harper & Row, 1960,

Hoff, Joan, *Nixon Reconsidered*, New York: Basic Books, 1994

Hofstadter, Richard, *The American Political Tradition and the Men Who Made It*. New York: Knopf, 1949.

Holt, Michael F., *The Political Crisis of the 1850s*, New York: John Wiley, 1978.

Hoover, Herbert C., *Memoirs of Herbert Hoover* Vol. 2, New York: Maxmillan, 1952.

Hoover, Irwin H., *Forty-two Years in the White House*, Boston: Houghton, 1936.

Josephson. Matthew, *The Politicos*, New York: Harcourt, Brace, 1938.

Kaufman, Burton I., *The Presidency of James Earl Carter, Jr.*, Lawrence, Kans: Univ. Press of Kansas, 1993.

Kenin, Richard, and Justin Wintle eds., *Dictionary of Biographical Quotations*, New York : Knopf, 1978.

Klein, Philip S., *President James Buchanan*, Univ. Park. Pa.: Pennsylvania State Univ Press, 1962.

Lasky, Victor, *Jimmy Carter: The Man & the Myth*, New York: Marek, 1979.

Lathem, Edward C., *Meet Calvin Coolidge*, Brattleboro, Vt.: Greene Press, 1960.

Leuchtenberg, William E., *The Perils of Prosperity*, Chicago: Univ. of Chicago Press, 1958.

Londen Sunday Times Team, *Watergate*, New York: Bantam, 1973.

Longworth, Alice Roosevelt, *Crowded Hours*, New York: Scribner's, 1933.

McCoy, Donald R., *Calvin Coolidge : The Quiet President*, Lawrence, Kans.: Univ. of Kansas, 1988.

McElvaine, Robert S., *The Great Depression*, New York: Times Books, 1984.

McFeely, William, Grant, New York: Norton, 1981.

McKitrick, Erich, *Andrew Johnson and Reconstruction*, Chicago: Univ. of

Chicago, 1964.

McPherson, James M., *Battle Cry of Freedom*, New York: Oxford Univ. Press, 1988. Manchester, William L., *Disturber of the Peace*, New York: Harper, 1951. Manner, William, *TR and Will*, New York: Harcourt, Brace, 1969.

Matusow, Allen J., *The Unravelling of America*, New York: Harper & Row, 1984

Mee, Charles L., Jr., *The Ohio Gang*, New York: M. Evans, 1981.

Mencken, H. L., *A Carnival of Buncombe*, Baltimore: Johns Hopkins Univ. Press, 1956 Mencken, H. L., *A Mencken Chrestomathy*, New York: Knopf, 1949.

Miller, Nathan, *Spying for America: The Hidden History of U.S. Intelligence*, New York: Dell, 1989.

Miller, Nathan, *Stealing From America: A History of Corruption from Jamestown to Whitewater*, New York: Marlowe, 1996.

Miller, Nathan, *Theodore Roosevelt: A Life*, New York: William Morrow, 1992. Morgan, H. Wayne, *From Hays to McKiney*, Syracuse, N.Y.: Syracuse Univ. Press, 1969,

Morgan, H. Wayne, *The Gilded Age: A Reappraisal*, Syracuse, N.Y.: Syracuse Univ. Press, 1963.

Morison, Samuel Eliot, *The Growth of the America Republic* Vol. 2. New York: Oxford Univ. Press, 1966.

Morris, Edmund, *The Rise of Theodore Roosevelt*, New York: Coward, McCann & Geoghegan, 1979.

Mowry, George E., *The Era of Theodore Roosevelt*, New York: Harper, 1958.

Murray, Robert K. Tim and H. Blessing, *Greatness in the White House*, Univ. Park, Pa.: Pennsylvania State Univ. Press, 1988.

Murray, Robert K., *The Harding Era*, Minneapolis: Univ. of Minnesota Press, 1969.

Murray, Robert K., *The 103rd Ballot*, New York: Harper & Row, 1976.

Nevins, Allan, *The Emergence of Lincoln* 2 vols., New York: Scribner's, 1950.

Nevins, Allan, *Hamilton Fish: The Inner History of the Grant Administration*, New York: Dodd, Mead, 1936.

Nevins, Allan, *Ordeal of the Union* 2 vols., New York: Scribner's, 1947.

Nevin, Allan, and Henry Steele Commager, *A Pocket History of the United States*, New York: Washington Square Press, 1986.

Nichols, Roy F., *The Disruption of American Democracy*, New York: Macmillan, 1948. Nichols, Roy F., *Franklin Pierce: Young Hickory of the Granite Hills*,

Philadelphia: univ. of Pennsylvania Press, 1931.

Nichols, Roy F., *The Stakes of Power*, New York: Hill and Wang, 1961.

Noggle, Burl, *Teapot Dome Oil and Politics in the 1920's*, Baton Rouge, La: Louisiana State Univ., 1962.

Parmet, Herbert S., *Richard Nixon and His America*, Boston: Little, Brown, 1990.

Parrish, Michael E., *Anxious Decades*, New York: Norton, 1992.

Patterson, James, *Grand Expectations*, New York: Oxford Univ. Press, 1996.

Potter, David M., *The Impending Crisis*, New York: Harper & Row, 1976.

Potter, Philip, "Nixon," *In Candidates 1960*, ed. by Eric Sevareid, New York: Basic Books, 1959.

Potts, Louis W., "Who Was Warren G. Harding?," *The Historian*, August 1974.

Pringle, Henry, *The Life and Times of William Howard Taft* 2 vols., New York: Farrar & Rinehart, 1939.

Rhodes, James Ford, *History of the United States from the Compromise of 1850* Vol. L, New York: Macmillan, 1910.

Ridings, William J. and Stuart B. Melver, *Rating the Presidents*, Secaucus, N.J.: Citadel Press, 1977.

Roosevelt, Theodore, *Autobiography*, New York: Da Capo, 1985.

Roosevelt, Theodore, *The Naval War of 1812*, Annapolis, Md.: Naval Institute Press, 1987.

Rossiter, Clinton, *The American Presidency*, New York: Mentor, 1956.

Rugoff, Milton, *America's Gilded Age*, New York: Holt, 1989.

Russel, Francis, *A City in Terror: A Boston Police Strike*, New York: Viking, 1975

Russel, Francis, *The President Makers*, Boston: Little, Brown, 1976.

Russel, Francis, *The Shadow of Blooming Grove*, New York: MaGraw-Hill, 1968.

Safire, William, *Before the Fall*, Garden City, N.Y.: Doubleday, 1975.

Schlesinger, Arthur M., Jr., "The Ultimate Approval Rating, *New York Times Magazine*, December 16, 1996.

Sick, Gary, *All Fall Down America's Tragic Encounter With Iran*, New York: Random House, 1985.

Sievers, Harry J., *Benjamin Harrison* Vols. 1-2, New York: Univ. Publishers, 1952, 1959. Vol. 3, Indianapolis: Bobbs-Merrill, 1968.

Sinclair, Andrew, *The Available Man*, New York: Macmillan, 1965.

Smith, Elbert B., *The Presidency of James Buchanan*, Lawrence, Kans.

University Press of Kansas, 1975.

Smith, Hedrick, *The Power Game*, New York: Random House, 1988.

Socolofsky, Homer and Allan B. Specter, *The Presidency of Benjamin Harrison*, Lawrence, Kans. Univ. Press of Kansas, 1987.

Stampp, Kenneth, *America in 1857*, New York: Oxford Univ. Press, 1990.

Stoddard, Henry L., *As I Knew Them*, New York: Harper, 1927.

Stone, Irving, *They Also Ran*, New York: Signet, 1968. Stroud, Kandy, How Jimmy Won, New York: Morrow, 1977.

Sullivan, Mark, *Our Times* 6 vols., New York: Scribner's, 1926-1935.

Thomas, Lately, *The First President Johnson*, New York: Morrow, 1968.

Trefousse, Hans L., *Andrew Johnson*, New York: Norton, 1989.

Trefousse, Hans L., *The Radical Republicans*, New York: Knopf, 1969.

Triani, Edward P. and David L. Wilson, *The Presidency of Warren G. Harding*. Lawrence, Kans. Regents Press, 1977.

Tuchman, Barbara, *The Proud Tower*, New York: Macmillan, 1962.

Wecter, Dixon, *The Hero in America*, Ann Arbor, Mich. Univ. of Michigan, 1963.

Welles, Gideon, *Diary* vol.3, Boston: Houghton Mifflin, 1911.

Werner, M. R., John Starr, *Teapot Dome*, New York: Viking, 1959.

White, Leonard, *The Republican Era*, New York: Macmillan, 1958.

White, William Allen, *The Autobiography of William Allen White*, New York: Macmillan, 1946.

White, William Allen, *A Puritan in Babylon*, Macmillan: New York, 1938.

Whitney, David C., *The American Presidents*, Garden City, N. Y.: Doubleday, 1985.

Wicker, Tom, "Richard M. Nixon," *In Character Above All*, edited by Robert A. Wilson, New York: Simon & Schuster, 1995.

Wiebe, Robert H., The Search for Order, New York: Hill and Wang, 1967. Williams, R. Hal, *Years of Decision: American Politics in the 1890s*, New York: Knopf, 1978.

Wilson, Edmund, *Patriotic Gore*, New York: Oxford Univ. Press, 1962.

Wilson, Woodrow, *A History of the American People*, Vol. 5, New York: harper, 1902.

Woodward, C. Vann, *Responses of the Presidents Charges of Misconduct*, New York: Dell, 1979.

찾아보기

최악의 대통령

국가와 국민의 삶을 파괴한 10인의 대통령 이야기

초판 1쇄 발행 | 2025년 3월 31일

지은이 | 네이선 밀러
옮긴이 | 김형곤
펴낸이 | 최용범
편집기획 | 박승리
마케팅 | 강은선
디자인 | 이수정
관리 | 이영희
인쇄 | (주)다온피앤피

펴낸곳 | 페이퍼로드
출판등록 | 제2024-000031호(2002년 8월 7일)
주소 | 서울특별시 관악구 보라매로5가길 7 1309호
이메일 | book@paperroad.net
페이스북 | www.facebook.com/paperroadbook
전화 | (02)326-0328
팩스 | (02)335-0334

ISBN 979-11-92376-50-9 (03940)